Kerstin Hack

Danke, Leben!

365 Impulse, die Fülle zu entdecken

DTE

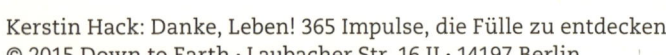

Kerstin Hack: Danke, Leben! 365 Impulse, die Fülle zu entdecken
© 2015 Down to Earth · Laubacher Str. 16 II · 14197 Berlin

Gestaltung und Satz: www.michaelzimmermann.com
Fotos: shutterstock.com - Seksan Panpinyo (Cover);
pixabay.com - Unsplash (7, 41, 279), markusspiske (75, 109),
shixugang (143), uroburos (211), Nikasucha (347), carllilo3070 (381);
photocase.com - busdriverjens (177), Tasmas (245), kemai (313)
Lektorat: Esther Sommerfeld, Andrea Specht, Bea Speckert,
Bettina Stockmayer
Druck: Druckerei C. H. Beck, Nördlingen
Printed in Germany

ISBN: 978-3-86270-897-0
ISBN E-Book: 978-3-86270-898-7

Zitate stammen aus der Zitate-Sammlung »Gut gesagt«,
Down to Earth, 2008.
Verwendete Bibelübersetzung: überwiegend »Hoffnung für alle«.

Bibliografische Informationen der Deutschen Nationalbibliothek sind
im Internet unter http://dnb.dnb.de abrufbar.

Auch als E-Book erhältlich: u.a. unter www.down-to-earth.de/e-books

Bezug im Buchhandel oder direkt beim Verlag:
Down to Earth bei Chrismedia
Robert-Bosch-Str. 10 · 35460 Staufenberg
Telefon 06406 - 8346-0 · Fax: 06406 - 8346-125
bestellung@chrismedia24.de

Mehr Inspiration und weitere Publikationen unter
www.down-to-earth.de

Inhaltsverzeichnis

Gut zu wissen

Oberthemen

Zur besseren Orientierung haben wir dieses Buch
in drei große Themenblöcke eingeteilt:

- Leben mit dir selbst
- Leben mit anderen
- Leben mit Gott

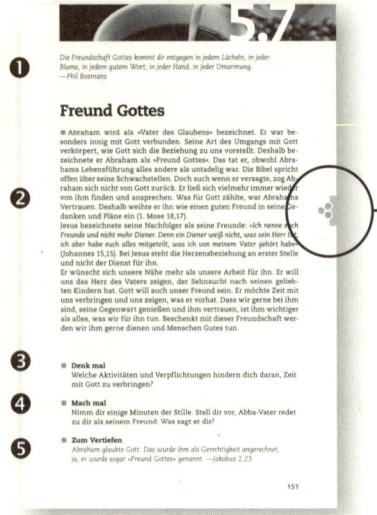

Du kannst an den
Symbolen auf der rechten
Seite erkennen, zu
welchem Themenkreis der
jeweilige Monat gehört:

Leben mit dir selbst
(eine Person)

Leben mit anderen
(zwei Personen)

Leben mit Gott
(Dreieinigkeit)

Tageselemente

Jeder Tag hat fünf Elemente:

❶ Ein bewegendes Zitat
❷ Einen Text zur Inspiration
❸ Eine Frage zum Weiterdenken
❹ Einen Impuls zum Handeln
❺ Eine Bibelstelle zum Vertiefen

Einleitung

»Ich bin so dankbar!« Als ich gerade in der Mittagspause durch die Straßen in der Umgebung meiner Wohnung lief, war ich erfüllt von Dankbarkeit. Für nette Ladeninhaber, die mir kurzfristig bei PC-Problemen helfen, für die wunderschönen Bäume am Straßenrand, die Möglichkeit, gesunde Lebensmittel einkaufen zu können, und vieles mehr. Ich bin dankbar für das Leben, für die Chancen und Gelegenheiten, die es mir bietet, für den Schöpfer-Gott, der mich geschaffen hat. Ich bin dankbar dafür, dass ich leben kann.

Das heißt nicht, dass in meinem Leben alles einfach ist. Als beruflich Selbstständige habe ich einige Herausforderungen zu schultern. Andere suche ich mir selbst – etwa ein altes DDR-Marineschiff zu einem Ort umzubauen, an dem Menschen Inspiration und Orientierung erleben. Das ist mit Schwierigkeiten und der einen oder anderen kleinen Katastrophe verbunden. Eine Freundin erzählte mir kürzlich, sie könne meine Newsletter nur lesen, wenn es ihr gerade gut gehe – ansonsten würde die Vielzahl an Herausforderungen, in denen ich stehe, sie schier erschlagen.

Einfach habe ich es nicht immer – doch voller Dank bin ich meistens. Dankbarkeit fürs Leben kommt nicht von selbst – doch man kann es lernen, die Wunder des Lebens zu sehen und zu genießen. Dieses Buch lädt dich dazu ein, das Leben neu wahrzunehmen, deine Perspektive zu verändern und zu erweitern. Tief durchzuatmen und zu sagen: Ich lebe. Wie wunderbar!

Dieses Inspirationsbuch ist kein »Du musst«-Buch, sondern ein »Du darfst«-Buch. Hier haben alle Monate 31 Tage, damit du mit dem Thema beginnen kannst, das dir am meisten zusagt. Die Reihenfolge kannst du selbst bestimmen.

Es ist mein Wunsch, dass *Danke, Leben!* dich zur Freude am Leben und zur Dankbarkeit inspiriert. Viel Freude beim Lesen wünscht dir

—Kerstin Hack

PS. Ein Dank auch an alle, die an diesem Buch mitgewirkt haben. Autoren, die mir Texte zur Verfügung stellten: Manfred Lanz, Henning Rietz, Harald Sommerfeld, André Springhut und die Autoren der Weltveränderer. Und an Bea, Jörg, Esther, Andrea, Bettina und Michael für Lektorat, Recherche und Gestaltung. Danke!

Monat 1
Dankbar leben lernen

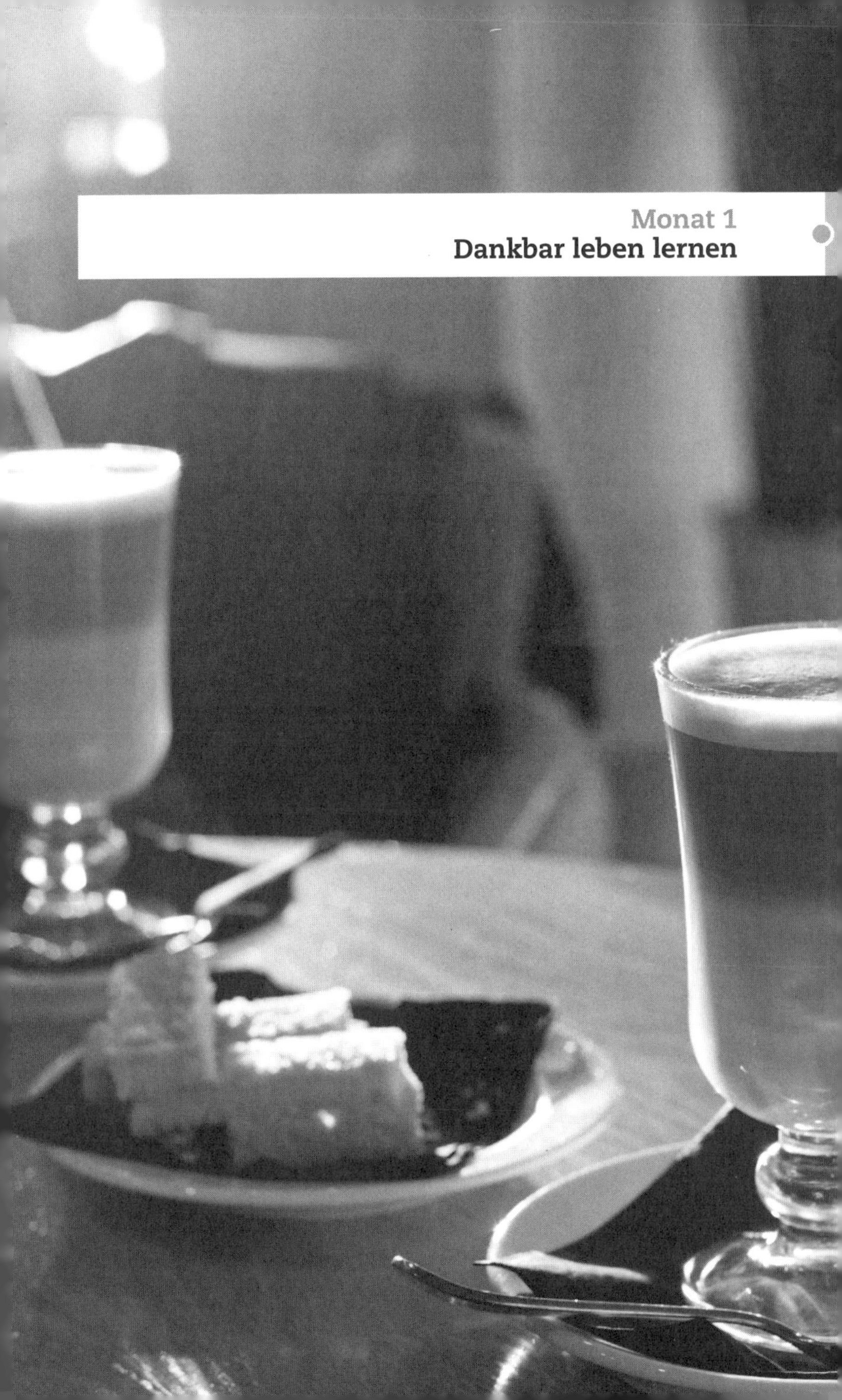

Dankbar leben lernen

■ Eine dankbare Haltung bietet dem Menschen, der darin geübt ist, großen Nutzen. Sie trägt – wissenschaftlich erwiesen – zu besserer Gesundheit und allgemeinem Wohlbefinden bei. Daneben wirkt Dankbarkeit gegen Depression und Stress. Und führt obendrein zu glücklicheren Beziehungen. Warum sind wir dann nicht alle dankbarer? Leider ist unser Verhalten nicht immer so vernunftgeprägt, wie wir es gerne hätten. Die meisten Menschen sind nicht halb so dankbar, wie es ihnen gut täte.

Umso wunderbarer ist es, Menschen zu begegnen, die die vielen schönen Momente im Alltag wahrnehmen und genießen können. Oder Menschen, die – zum Teil trotz schwerster Schicksalsschläge – dankbar für ihr Leben sind.

Es gibt Dinge, die im Rahmen unseres Einflussbereichs liegen. Man kann Sport treiben. Das schüttet Glückshormone aus, die etwa acht Stunden lang im Blut bleiben. Bei Lichtmangel kann man Vitamin D zu sich nehmen. Das hilft tatsächlich. Und ergänzend dazu kann man – egal ob bei Sonnenschein oder Regen – Dankbarkeit einüben.

Die Resilienz- und die Glücksforschung der letzten Jahrzehnte haben nachgewiesen, dass man Dankbarkeit regelrecht trainieren kann. Menschen, die Dankbarkeit geübt haben, erleben eine Zunahme an Lebenszufriedenheit und Gesundheit. Ich lade dich in diesem Monat dazu ein, eine Perspektive der Dankbarkeit zu entwickeln.

Dankbarkeit ist das Gedächtnis des Herzens.
—Jean-Baptiste Massillon

Was ist Dankbarkeit?

■ »Jetzt sei mal artig und sag der Tante danke!« – einige Leser werden derartige Aufforderungen noch aus ihrer Kindheit kennen. Dankbarkeit als Ausdruck guter Manieren und als Beweis für eine gelungene Erziehung. Hübsch, brav, aber ist das echte Dankbarkeit?

Nach meinem Verständnis ist Dankbarkeit eine natürliche Regung, die sich einstellt, wenn man Gutes im Leben wahrnimmt. Sie hat zwei Bestandteile: Das Wahrnehmen und das Ausdrücken des Dankes.

Kaum dankbar ist der, der das Schöne gar nicht sieht. Oder der die guten Aspekte des Lebens nicht wahrnimmt, weil er es zum Beispiel für selbstverständlich hält, was er hat oder bekommt. Wer das Gute sieht und wahrnimmt, dass es keine Selbstverständlichkeit ist, wird automatisch Dankbarkeit empfinden.

Was im Inneren erlebt wird, drückt sich in der Regel auch aus. Das kann ein feines Lächeln um die Mundwinkel sein. Oder ein Strahlen in den Augen. Vielleicht auch das hektisch-schnelle Aufreißen des Geschenkpapiers. Vielleicht auch ein »Wow. Ist das toll!« Oder auch ein artiges »Vielen Dank!«

Wer die Mimik anderer achtsam lesen kann, ist im Vorteil. Er kann sehen, ob der andere Dankbarkeit empfindet – und sich daran freuen. Selbst wenn womöglich ein verbales »Danke« fehlt. Wenn etwas als nicht wirklich toll empfunden wird – dann ist das halt so. Dank kann und braucht man nicht zu erzwingen.

■ **Denk mal**
Was brauchst du, damit Danken leichter und natürlicher wird?

■ **Mach mal**
Vergib – wenn du die Last loswerden möchtest – den Menschen, die dich mit moralischen Appellen zum Danken getrieben haben.

■ **Zum Vertiefen**
Vergib uns unsere Schuld, wie wir denen vergeben, die uns Unrecht getan haben. —Matthäus 6,12

Danken kostet nichts und gefällt Gott und Menschen wohl.
—Karl Simrock

Geschichte der Dankbarkeit

■ Es scheint in der Natur des Menschen zu stecken, Dank zum Ausdruck zu bringen. In vielen Religionen und Kulten waren Opfergaben an einen Gott oder die Götter oder Grabbeigaben für Menschen schon früh verbreitet. Im Judentum gab es die Praxis, die ersten Früchte einer Ernte Gott zu opfern, um zum Ausdruck zu bringen, dass das Leben und alles, was das Leben erhält, von ihm kommt.

Daneben werden Gläubige dazu aufgefordert, Dank gegenüber Gott auch mit Worten und Liedern auszudrücken. Besonders im Judentum und Christentum hat der persönliche, dankbare Dialog mit Gott einen hohen Stellenwert.

In den 150 Psalmen des Alten Testaments, einer Sammlung jüdischer Gebete und Lieder, nimmt Dank einen großen Raum ein. Die Psalmen besingen mit kraftvollen Worten und Bildern Gott als Schöpfer der Welt und als denjenigen, der sein Volk führt, erlöst, begleitet und immer wieder auch aus scheinbar ausweglosen Situationen befreit. Im Neuen Testament verlieren sogar die materiellen Opfergaben an Gott ein Stück ihre Bedeutung. Gott jederzeit und für alles zu danken, galt den Aposteln als ausreichendes Opfer.

Gläubige Menschen aller Zeiten haben ihren Dank in vorformulierten Gebeten gesprochen oder in eigenen Worten zum Ausdruck gebracht. Unser Dank reiht sich in die lange Kette des Dankes ein, die schon vor vielen Jahren begann.

■ **Denk mal**
Dank und Opfer – wie gehört das zusammen?
Was kostet dich der Dank? Was darf dich Dank kosten?

■ **Mach mal**
Opfere etwas von deiner Zeit, um Gott oder einem Menschen intensiv und kreativ zu danken.

■ **Zum Vertiefen**
Dank ist das Opfer, das ich von dir erwarte; erfülle die Versprechen, die du mir, dem Höchsten, gegeben hast! —Psalm 50,14

Alle Menschen wollen glücklich sein.
—Aristoteles

Die Philosophie zu Dank

■ Seit Jahrtausenden beschäftigen sich Philosophen und Denker mit der Frage nach dem Glück – angefangen bei Aristoteles bis hin zu Schopenhauer, Nietzsche und Höhler.

Laut Aristoteles hat jeder eine bestimmte Aufgabe, die sich aus seinen Möglichkeiten und Fähigkeiten ergibt. Ein glückliches Leben ist demnach eines, in dem wir unsere Talente ausbilden und anwenden. Wenn wir also im Einklang mit unseren Fähigkeiten leben.

Epikur definierte Glück als Abwesenheit von Schmerz und Bedürfnissen. Oder als das Ignorieren derselben. Auf ihn geht die Strategie der »stoischen Ruhe« zurück. Damit ist der Versuch gemeint, sich durch nichts aus der Ruhe und dem inneren Gleichgewicht bringen zu lassen. Epikur hat die Medizin und die Psychologie beeinflusst. Man dachte lange, Menschen zu heilen oder das Schmerzhafte aus ihrem Leben zu entfernen, würde sie automatisch glücklich machen.

Seneca war der Ansicht, Glück sei natürlich im Menschen vorhanden und entspräche seinem Naturell. Es werde lediglich durch Einflüsse von außen gestört. Auch diese Ansicht ist bis heute verbreitet.

Augustinus vertrat die Meinung, Glück stelle sich ein, wenn man bekommt, was man sich wünscht. Diese Haltung prägt bis heute viele Menschen, die Glück in erster Linie von der Erfüllung ihrer Wünsche erwarten.

■ **Denk mal**
Welcher Definition von Glück stimmst du am ehesten zu?

■ **Mach mal**
Mache heute etwas, das dir und deinen Fähigkeiten entspricht.
Probiere aus, ob du dich dabei glücklich und/oder dankbar fühlst.

■ **Zum Vertiefen**
Wer mir dankt, der bringt ein Opfer, das mich ehrt. Es gibt keinen anderen Weg, nur so kann ich ihn erretten! —Psalm 50,23

Hundert kleine Freuden sind tausendmal mehr wert als eine große.
—Paul Wilhelm von Keppler

Soziologie des Glücks

■ Glück, Dankbarkeit und Zufriedenheit sind eng miteinander verbunden. Deshalb sind die Ergebnisse der Glücksforschung auch bei der Beschäftigung mit Dankbarkeit sehr inspirierend.

Der niederländische Professor Ruut Veenhoven schrieb 1984 seine Dissertation über die Bedingungen des Glücklichseins. Das war quasi der Startschuss der wissenschaftlichen Glücksforschung – einer relativ neuen Disziplin.

Für Soziologen war eine wichtige Frage, unter welchen Bedingungen Menschen mehr oder weniger glücklich sind. Es wurden verschiedene Glücksindikatoren ermittelt. Sie kamen zu folgenden Ergebnissen: Menschen mit mehr sozialen Kontakten sind in der Regel glücklicher als Einsame. Auch Sport, Ernährung, Sonnenlicht und andere Faktoren wirken sich auf die Zufriedenheit aus. Darüber hinaus wurde etwa untersucht, ob Glück mit zunehmendem Lebensstandard steigt. Ergebnis: nicht unbedingt. Ein zunehmender Lebensstandard kann sich sogar negativ auf die Zufriedenheit auswirken. Außerdem wurde das Glücks-Niveau einzelner Länder verglichen. Die Ergebnisse daraus, wie etwa »Die Dänen sind am glücklichsten«, stießen auf großes Medienecho.

Langsam beginnen sich die Studien auf Politik und Lebensführung auszuweiten. Großbritannien etwa erhebt neben anderen Indikatoren auch das subjektive Wohlbefinden der Einwohner, um bessere Politik machen zu können.

■ **Denk mal**
Welche Ergebnisse der Glücksforschung sind dir bekannt?

■ **Mach mal**
Mach mal einen Test, um dein Glückspotential zu testen.
Etwa: *psychotipps.com/glueck-test.html*

■ **Zum Vertiefen**
Ich habe euch ein Beispiel gegeben, damit auch ihr so handelt, wie ich an euch gehandelt habe. Ihr wisst das jetzt alles; glücklich seid ihr zu nennen, wenn ihr auch danach handelt. —Johannes 13,15.17

Wer danken gelernt hat, der ist gesund geworden.
—Friedrich von Bodelschwingh

Erforschung des Danks

■ Die Psychologie untersuchte lange, was Menschen krank macht. Erst um das Jahr 2000 entstanden mit der Resilienzforschung und der Positiven Philosophie Forschungsrichtungen, die untersuchten, was Menschen stark macht. Die zentrale Frage war: Wieso bekommen manche Menschen nach Schicksalsschlägen und Katastrophen psychische Probleme, während andere scheinbar unbeschädigt daraus hervorgehen?

Im angloamerikanischen Raum etablierte sich unter Martin Seligmann die Positive Psychologie, die erforscht, was Menschen stärkt. Im deutschsprachigen Raum geht die Glücksforschung der Frage nach, was Menschen glücklich macht. Die Resillienzforscher schließlich untersuchen, was Menschen krisenfest macht.

Unterschiedliche Forschungsergebnisse deuten auf das Gleiche hin: Dankbarkeit ist ein wichtiger Faktor für die Zufriedenheit, innere Stärke und für die Gesundheit eines Menschen.

Die Forscher haben verschiedene Experimente gemacht, um herauszufinden, ob und in welcher Form eine dankbare Haltung erlernt werden kann. Das Ergebnis: Dankbarkeit kann man offensichtlich tatsächlich entwickeln. Menschen etwa, die sich täglich Zeit nehmen, drei Dinge zu notieren, für die sie an diesem Tag dankbar waren, sind weniger anfällig für Depressionen und insgesamt widerstandsfähiger. Es lohnt sich also, eine Haltung der Dankbarkeit einzuüben.

■ **Denk mal**
Was könnte der erste Schritt für dich sein, dankbarer zu werden?

■ **Mach mal**
Erzähle oder schreibe heute einem Menschen, wofür du dankbar bist.

■ **Zum Vertiefen**
Seid fröhlich in der Hoffnung darauf, dass Gott seine Zusagen erfüllt. Seid standhaft, wenn ihr verfolgt werdet. Und lasst euch durch nichts vom Gebet abbringen. —Römer 12,12

Trinke, wenn du glücklich bist, niemals wenn du unglücklich bist.
—*Gilbert Keith Chesterton*

Glück in den Genen?

■ »Ich bin halt so, ich kann nicht anders!«, sagen Menschen, die chronisch das Negative wahrnehmen. Sie sehen wenige Einflussmöglichkeiten, und gehen davon aus, dass sie die dunkle Stimmung von ihren Vorfahren geerbt haben. Und dem »Blues« damit ausgeliefert sind. Stimmt das?

Die Forschung dazu steckt noch in den Kinderschuhen, doch erste Ergebnisse gibt es bereits. Zum Teil liegt seelische Stabilität tatsächlich in den Genen. Das Gen 5-HTTLPR reguliert den Serotoninstoffwechsel im Gehirn. Serotonin wird im Volksmund auch als Glückshormon bezeichnet. Es gibt vom 5-HTTLPR eine lange und eine kurze Variante. Menschen mit der langen Variante bauen das Stresshormon Noradrenalin schneller ab und können dadurch mit Schicksalsschlägen besser umgehen. Sie sind seelisch stabiler.

Wissenschaftler vermuten: Eine hohe Ausschüttung von Stresshormonen kann Gene verändern und – zumindest bei Mäusen – sogar vererbt werden. Das heißt, Stress wirkt sich auf die Nachkommen aus, die dadurch weniger stabil sind.

Doch trotz des Einflusses, den die Gene haben, ist man ihnen keineswegs ausgeliefert. Neuere Forschungen zeigen: Für dauerhafte Zufriedenheit sind Familie, Religion und regelmäßiger Sport wichtiger als die genetische Veranlagung. Darüber hinaus kann man durch gezielte Ernährung die Hormone stärken, die für gute Stimmung und allgemeines Wohlbefinden sorgen.

■ **Denk mal**
Was half und hilft dir, schwierige Situationen zu meistern?

■ **Mach mal**
Schreibe fünf herausfordernde Situationen auf, die du in der Vergangenheit bewältigt hast.

■ **Zum Vertiefen**
Passt euch nicht dieser Welt an, sondern ändert euch, indem ihr euch von Gott völlig neu ausrichten lasst. —*Römer 12,2*

Niemand ist eine Insel.
—Buchtitel von Johannes Mario Simmel

Dank verbindet

■ Dankbarkeit ist ein warmes Gefühl, das sich einstellt, wenn man etwas Positives erlebt oder erhalten hat. Kinder sind oft natürlich dankbar und bringen das zum Ausdruck. Sie können über alles staunen, was sie entdecken – ob es Büroklammern sind, ein neues Tier oder der Inhalt eines Werkzeugkastens. Hat die Tante etwas mitgebracht, was Dankbarkeit auslöst, dann wird das sichtbar – an den strahlenden Augen. Egal, ob dem Dank Worte folgen oder nicht.
Dankbarkeit hat mit Demut zu tun. Es beginnt mit der Erkenntnis, dass man die schönen Dinge im Leben nicht für selbstverständlich hält, sondern sie als Geschenk wahrnimmt.
Zu einem Geschenk gehört auch der Schenkende – Gott, die Natur, das Leben, ein anderer Mensch. In gewisser Weise ordnet sich der Dankbare dem Beschenkenden unter. Der Blick auf den anderen und das, was man von ihm erhalten hat, löst Dankbarkeit aus.
Manche Menschen mögen aus genau diesem Grund die Dankbarkeit nicht: Sie wollen von nichts und niemandem abhängig sein. Andere schätzen genau das Wissen darum, auf dieser Welt nicht allein zu sein, sondern andere an ihrer Seite zu haben.
Wir sind eingewoben in ein vielfältiges Netz aus Verbindungen und Beziehungen – in dem wir einander geben und voneinander empfangen – und so das Leben bereichern können. Wie wunderbar.

■ **Denk mal**
Wann warst du zuletzt dankbar? Wofür? Und wem?

■ **Mach mal**
Beobachte, wenn du das nächste Mal Dank spendest oder empfängst, wie es dich mit dem anderen verbindet.

■ **Zum Vertiefen**
Wenn ihr zusammenkommt, hat jeder etwas beizutragen: Einige singen ein Loblied, andere legen Gottes Wort aus. —1. Korinther 14,26

Alles in der Welt ist merkwürdig und wunderbar
für ein paar wohlgeöffnete Augen.
—José Ortega y Gasset

Offene Augen

■ Ein Mann und eine Frau liegen am Strand. Er sagt: »Schau mal den wunderbaren Sonnenuntergang an!« Sie, die gemütlich döst, antwortet: »Mach ein Foto – ich schau es mir später an!«
Das ist überzeichnet, doch leider oft nicht weit von der Realität entfernt. Mit verschlossener Miene und verschlossenem Hirn fahren wir zur Arbeit und nehmen die blühenden Bäume am Straßenrand kaum wahr, die Gesichter von Menschen, das Gras unter unseren Füßen, den leichten Wind. Oder wir sehen im Alltag nur die Akten, die vor uns liegen, die Unordnung, die beseitigt werden soll – aber wir gönnen uns keinen Blick aus dem Fenster oder einen wirklich genussvollen Moment.
Ich mag Ziele. Und ich liebe es, Ziele zu erreichen. Ich glaube nicht, dass der Weg immer das Ziel ist. Doch ich halte es für sinnvoll, bewusste Momente der Wahrnehmung einzubauen. Zeiten, in denen wir die Augen aufmachen – und das Herz – und wahrnehmen, was um uns herum ist.
Ich schreibe gerade an diesem Kapitel. Und will es pünktlich fertigstellen. Über mir ist trüber Himmel zu sehen, aus dem Nieselregen tröpfelt – aber vor mir ein Baum vor einer südländisch roten Hauswand, der sich im Wind wiegt. Mit Früchten, die der Reife entgegen leben … ich nehme es wahr, speichere das Bild – und bin einen Moment lang dankbar für Gottes Schöpfung.

■ **Denk mal**
Welche Zeiten könntest du bewusst als Wahrnehmungszeiten gestalten?

■ **Mach mal**
Gönne dir heute mehrere Pausen – indem du deine Umgebung wahrnimmst. Wenn du Dankbarkeit empfindest, drücke sie aus.

■ **Zum Vertiefen**
Der Himmel verkündet Gottes Größe und Hoheit, das Firmament bezeugt seine großen Schöpfungstaten. —Psalm 19,2

Die Berge lassen uns staunen.
Sie fördern unsere Bereitschaft, Wunder anzuerkennen.
—Robert Macfarlane

Das Majestätische – die Berge

■ Sentiero in Cresta. Der Höhenwanderweg vom Monte Lema zum Monte Tamaro im Tessin ist wohl einer der schönsten Europas. Er führt auf dem Grat der Berge entlang und bietet einen herrlichen Weitblick auf Berge und Seen.

Ich lebe in Berlin, wo die höchste natürliche Erhebung der Müggelberg mit gerade mal 114,7 Meter über dem Meeresspiegel ist. Ein Hügel, der sich zwar »Berg« nennt, aber kaum als solcher zu bewerten ist. Von daher war die Höhe der Tessiner Berge – fast 2000 Meter – für mich etwas ganz Besonders.

Doch auch meine Schweizer Begleiterin war voller Bewunderung. Wir waren an einem Tag mit klarer Sicht unterwegs. Von jeder Ecke bot sich ein anders Bild: Man sah den Lago Maggiore und den Luganer See. In der Ferne konnten wir das Matterhorn und sowohl die Schweizer als auch die französischen Alpen sehen. Und in den Tälern die spielzeugkleinen Häuser und Straßen. Man kann ehrfürchtig zu Bergen aufschauen – oder staunend von Bergen heruntersehen – beides ist beeindruckend und lässt einen über den Schöpfer staunen. Und ihm tiefer vertrauen.

Für die Israeliten war der Blick auf die Berge immer eine Erinnerung an Gottes Macht. Für sie war klar: Der Gott, der die riesigen und majestätischen Berge geschaffen hat, ist selbst groß und stark. Und einflussreich genug, um unsere kleinen und großen Probleme zu bewältigen.

■ **Denk mal**
Welche Probleme belasten dich gerade?
Wie groß oder klein sind sie im Vergleich zu einem Berg?

■ **Mach mal**
Schaue zu einem echten Berg auf – oder betrachte ein Bergbild – und lass dich davon zum Gebet inspirieren.

■ **Zum Vertiefen**
Mit deiner Kraft hast du die Berge gebildet, deine Macht ist allen sichtbar.
—Psalm 65,7

Nur in stillen Wassern spiegeln sich die Sterne.
—Chinesisches Sprichwort

Das Stille – die Seen

■ Das stand nicht auf dem Programm. Als eine Bekannte und ich in der Abendsonne auf einem Steg saßen, glitten vier Schwäne majestätisch an uns vorbei. Ein traumhaft schönes Bild. Anschließend kackten sie dann direkt vor unseren Augen graugrün ins Wasser – alle vier! Trotz der ungeplanten Einlage war es ein wunderbarer Abend. Es tat gut, am klaren Wasser zu sitzen, und die Weite des Sees, den sanften Wellengang und die grünen Hänge zu betrachten. Die Hügelketten und die im Dunst liegenden fernen Berge zu sehen.

Die Autoren der Bibel und viele Dichter beschreiben die beruhigende Wirkung, die Seen auf uns ausüben. Sie sind meist sanft, das Wasser wogt nur leicht. Schwäne und Enten bewegen sich oft ruhig. Wenn wir am See sitzen, erleben wir oft: Unsere Seele selbst wird still.

David schreibt in Psalm 23 davon, dass Gott uns zum stillen Wasser führt. Er wusste, wie sehr wir das brauchen. Stille Wasser sind Orte, an denen wir unseren Durst stillen können. Orte, an denen unsere Seele zur Ruhe finden kann. David sagt, dass Gott selbst als guter Vater uns zu solchen wohltuenden Oasen führen will, wenn wir vielleicht selbst gar nicht mehr wissen, wo wir diese Orte der Stille finden können.

Schon der Gedanke an Natur und Stille kann entlasten und dankbar machen. Wenn es gerade nicht möglich ist, in die Natur zu gehen, können schon Naturbilder auf dem Computer eine Wohltat sein.

■ **Denk mal**
Wo in deinem Umfeld ist ein See?
Wann könntest du das nächste Mal dorthin gehen?

■ **Mach mal**
Setz dich an einen See oder – notfalls – an einen Springbrunnen.
Bitte Gott, deine Seele zur Ruhe zu bringen.

■ **Zum Vertiefen**
Er weidet mich auf saftigen Wiesen und führt mich zu frischen Quellen.
—Psalm 23,2

Die beste Zeit, einen Baum zu pflanzen, war vor zwanzig Jahren.
Die nächstbeste ist jetzt.
—Ugandisches Sprichwort

Das Erhabene – die Bäume

■ Während ich schreibe, fällt mein Blick auf ein Birkenwäldchen. Ich betrachte die Birken, während meine Finger über die Tastatur gleiten. An diesen Bäumen kann ich mich kaum sattsehen: ihre schlanke Gestalt, der elegante weiß-schwarze Stamm, die zarten, gezackten Blätter ... einzigartig.

Die Birke ist nur ein Baum von vielen. Da gibt es auch noch die Tannen und Fichten, die Riesenbäume des Regenwaldes und die bis zu 2000 Jahre alten kalifornischen Mammutbäume, die ein einzelner Mensch gar nicht umfassen kann. Dann gibt es noch den rot leuchtenden Ahorn und die betrübte Trauerweide. Außerdem – wie wunderbar – Bäume, die köstliche Früchte tragen, die uns nähren: Äpfel, Kirschen, Mirabellen, Nüsse ...

Bäume sind nicht nur wunderschön anzusehen, sondern ungemein praktisch. Die Rinde von Birken eignet sich hervorragend zum Feuer machen, Obst- und Nussbäume nähren uns, aus dem Holz vieler Bäume kann man Möbel und Häuser bauen. Und Musikinstrumente: Geigen, Flöten, Cellos usw. – Klangkörper, in denen die Natur mit der Hand des Menschen herrlich in Resonanz geht.

Bäume werden in der Bibel auch als Symbol für den Menschen gebraucht. Zum Beispiel wird ein in Gottes Augen gerechter Mensch, der sich auf ihn verlässt, mit einem Baum verglichen, der in der Nähe eines Baches gepflanzt ist – und immer wieder neue Früchte und Blätter hervorbringt.

■ **Denk mal**
Welcher Baum gleicht deinem Leben?
Was brauchst du, um aufzublühen und Frucht zu bringen?

■ **Mach mal**
Berühre und bestaune Holz – und seinen Schöpfer. Halte die Augen offen für unterschiedliche Bäume und Holzarten.

■ **Zum Vertiefen**
Lobt ihn, ihr Berge und Hügel, ihr Obstbäume und Tannen! —Psalm 148,9

Sammle das Blau des Himmels, die Farben der Blumen und mische sie mit
hellem Vogelgezwitscher – dann wird es ein fröhlicher Tag sein.
—Puschkina

Das Verspielte – die Vögel

■ Kürzlich stieg ich aus der Tram. An dem belebten Platz waren viele Menschen unterwegs. Es war hektisch, schmutzig und unruhig. Da hörte ich über mir zauberhafte Klänge. Auf dem einzigen Baum des Platzes zwitscherten Hunderte von Vögeln um die Wette. Ihrem wunderbaren Klang zu lauschen, war für mich der absolute Höhepunkt dieses Tages.

Vögel gibt es in allen Arten, Größen und Schattierungen. Von Adler und Schwan bis zur Ente und dem Spatz. Die einen sind kraftvoll und majestätisch. Es gibt gewaltige Raubvögel, die sich hoch in die Luft erheben. Und den stolzen Pfau, der Rad schlagend Aufmerksamkeit auf sich zieht. Andere Vögel sind zart, zurückhaltend und winzig – wie der Kolibri. Dann gibt es ziemlich »schräge Vögel«, wie etwa die bunten, plappernden Papageien oder die rosa Flamingos mit ihren langen, dünnen Beinen. Und dann gibt es noch gackernde Hühner, schnatternde Enten und herrlich singende Nachtigallen.

Ich kann nicht anders, als mir vorzustellen, dass Gott unendlich viel Spaß dabei hatte, Vögel zu erschaffen. Diese Vielfalt an Formen, Funktionen, Farben und Geräuschen. Ich bin mir sicher: Er hat sich kreativ unendlich ausgetobt.

Der Vogel ist ein Tier, das sowohl in den Himmel aufsteigen, als sich auch auf der Erde bewegen kann. Vielleicht ist das der Grund, warum Gott einen Vogel – die Taube – als Symbol für seine Gegenwart wählte, die den Menschen in Form seines Heiligen Geistes nahe kommt.

■ **Denk mal**
Welche Vögel magst du besonders gern?

■ **Mach mal**
Halte heute deine Augen offen und sieh, welche Vögel du entdeckst!

■ **Zum Vertiefen**
Lobt ihn, ihr wilden und ihr zahmen Tiere, ihr Vögel und alles Gewürm!
—Psalm 148,10

Wie viele Freuden werden zertreten, weil die Menschen meist nur in die Höhe gucken, und was zu ihren Füßen liegt, nicht achten.
—Catharina Elisabeth Goethe

Das Winzige sehen

■ Ich habe ihn *Spinoza* genannt. Vielleicht war es auch eine Sie. Auf alle Fälle war es eine Spinne, deren kleinen Rücken ein winziges Kreuz zierte. Und die zwischen den duftenden Lavendelpflanzen auf meinem Balkon ihr kunstvolles, feines Netz spann.

Eigentlich mag ich – wie viele Menschen – Spinnen nicht sonderlich gern. Doch der oder die zierliche *Spinoza* hatte es mir angetan. Täglich, wenn ich in der sommerlichen Mittagspause auf dem Balkon saß, bewunderte ich ihren kleinen Körper, ihre zierlichen Beine, die hauchdünnen Fäden, die sie zwischen den Blütendolden spannte.

Noch kleiner geht es in der Welt der Bakterien und Mikroben zu. Doch wenn man diese Winzlinge unter dem Mikroskop betrachtet, entdeckt man zauberhafte Wunderwerke von einzigartiger Geometrie. Jeder Schneekristall formt ein einmaliges, unvergleichliches Muster von atemberaubender Schönheit.

Ich kann nicht aufhören zu staunen, wenn ich sehe, wie kunstvoll komponiert, einzigartig gestaltet und wunderbar die Welt gemacht ist, von der wir umgeben sind. Oder die in uns ist. Das Wunderwerk unserer Zellen. Mikroskopisch kleine Immunzellen, die böse Viren vernichten und uns so das Leben sichern!

Wer die Augen offenhält, findet täglich etwas zu staunen. In der Struktur eines Blattes oder einer Feder. Das Wunder entdeckt, wer auf das ganz Kleine fokussiert.

■ **Denk mal**
Welche winzige Pflanze oder welches kleine Lebewesen kann dich ins Staunen versetzen?

■ **Mach mal**
Entdecke heute etwas Winziges. Und bestaune es.

■ **Zum Vertiefen**
Du bist der Herr, du allein! Du hast den Himmel geschaffen mit all seinen Sternen! Die Erde und das Meer sind dein Werk mit allen Geschöpfen, die es dort gibt. —Nehemia 9,6

*Bei keiner anderen Erfindung ist das Nützliche mit dem Angenehmen so innig
verbunden, wie beim Fahrrad.*
—Adam Opel

Wunderbare Technik

■ »Was ist ein Diaprojektor?«, fragte mein Patenkind seine Mutter. Sie
hatte tatsächlich noch nie ein derartiges Gerät gesehen. Als wir so
alt waren wie sie, waren Faxgeräte, Stereoanlagen und Handys noch
nicht erfunden worden – vom Internet ganz zu schweigen.

Gott hat dem Menschen die Fähigkeit gegeben, Dinge zu erfinden, die
das Leben leichter und angenehmer machen. Manche belächeln Erfindungen wie den automatischen Teeaufgießer mit Zeitschaltuhr. Für
Morgenmuffel hingegen ist dieses Gerät nahezu lebensrettend. Oft sind
es Notsituationen, die Erfindungen auslösen. Als vor einigen Jahrhunderten viele Pferde starben, erfand jemand als Alternative das Laufrad,
das das Fahrrad inspirierte. Ich bin ihm fast täglich dankbar dafür.

Gott hat manche Menschen besonders mit der Gabe gesegnet, Dinge
zu erfinden. Sie nehmen Probleme wahr, tüfteln und entwickeln Lösungen. Manche haben den berühmten Geistesblitz: Die Lösung steht
fertig vor ihren Augen. Andere tüfteln jahrelang.

Einige dieser Lösungen bringen Verbesserungen für Millionen von
Menschen – etwa Erfindungen zur Trinkwasserversorgung. Ich genieße Erfindungen, die mir das Leben leichter machen – wie den Laptop,
auf dem ich diesen Text schreibe, und das Internet, über das ich mit
den Lektoren und Grafikern, die es optimieren und gestalten, kommu-
niziere. Oder auch Leckereien wie Pizza und Schokolade.

■ **Denk mal**
Welches Problem auf der Welt würdest du richtig gern lösen
können?

■ **Mach mal**
Nimm dir Zeit – vielleicht zusammen mit einem Kind – und
erfinde etwas. Das kann eine Dekorationsidee sein oder eine
Lösung für ein Problem.

■ **Zum Vertiefen**
*Mit meinem Geist habe ich ihn erfüllt; ich habe ihm Weisheit und Verstand
gegeben und ihn befähigt, alle für den Bau erforderlichen handwerklichen
und künstlerischen Arbeiten auszuführen.* —2. Mose 31,3

Tu deinem Leib etwas Gutes, damit deine Seele Lust hat, darin zu wohnen.
—Teresa von Ávila

Dein Körper

■ Da kann man wirklich nur staunen: Unser Körper setzt sich aus 10.000.000.000.000.000.000.000.000.000 Atomen zusammen – zehn Quadrilliarden. Verteilt auf zehn bis 100 Billionen Zellen. Allein der Blutkreislauf des Menschen ist 96.000 Kilometer lang. Wir tragen etwa 150.000 Haare auf dem Kopf. Unser Herz schlägt im Leben 2.207.520.000-mal. Und etwa 8000 – im Alter weniger – Geschmacksknospen sorgen dafür, dass Menschen Geschmack intensiv wahrnehmen können.

In unserem Körper laufen Prozesse ab, die aufs Feinste aufeinander abgestimmt sind: Atmung, Blutkreislauf und Verdauung sind hochkomplexe Systeme, die perfekt ausgesteuert sind. Wäre etwa der Urin zu sauer, würde er die Ausscheidungskanäle verätzen. Ein perfektes System sorgt dafür, dass das verhindert wird.

Auch die Fähigkeiten zu fühlen, zu sprechen, zu lieben, zu staunen sind in uns angelegt und befähigen uns, das Leben zu feiern und zu genießen. Kein Wunder, dass David beim Betrachten seines Körpers aus dem Staunen nicht herauskam und Gott für dieses Wunderwerk nur loben und preisen konnte.

Fast jeder Mensch betrauert, dass Teile des Körpers optisch vielleicht nicht nach den gängigen Schönheitsmodellen geraten sind. Oder dass manche Funktionen des Körpers nicht mehr so gut funktionieren. Trotz aller Einschränkungen – jeder einzelne Körper ist ein Wunderwerk. Geschaffen von einem Gott voller Kreativität und Fantasie.

■ **Denk mal**
Welcher Aspekt des menschlichen Körpers fasziniert dich besonders?

■ **Mach mal**
Betrachte deinen Körper von Kopf bis Fuß und danke Gott für alles: deine Haare, deinen Kopf, dein Gesicht, Ohren, Augen usw.

■ **Zum Vertiefen**
Du hast mich geschaffen – meinen Körper und meine Seele, im Leib meiner Mutter hast du mich gebildet. —Psalm 139,13

Die Kunst des Führens ist das Entdecken, Freisetzen und Fördern der Begabungen bei den uns anvertrauten Menschen.
—Max de Pree

Deine Gaben

■ Die Redakteurin einer Zeitschrift sagte mir: »Ich wäre glücklich, wenn alle Beiträge, die ich erhalte, die gleiche Qualität hätten, wie deine.« Ich war ehrlich überrascht. Ich wusste, dass ich Schreiben kann, aber ich dachte, dass das ja eigentlich jeder kann. Erst durch ihren Kommentar wurde mir bewusst: Mir fällt das offensichtlich leichter als anderen. So wie mir geht es vielen. Das, was sie können und was ihnen leicht fällt, nehmen sie kaum als etwas Besonderes wahr.

Gaben sind Geschenke, die Gott uns gegeben hat. Der eine hat eine Begabung für Bewegung, der andere für Sprache, der dritte findet leicht Zugang zu Kindern, der vierte hat ein natürliches Talent für Komik und kann Menschen problemlos zum Lachen bringen. Wieder jemand ist besonders einfühlsam. Wenn uns etwas leichter fällt als anderen Menschen, ist das in der Regel eine Gabe.

Natürlich kann man eine Gabe weiter ausbauen und trainieren. Allein davon, dass man musikalische Gaben hat, wird man noch kein Konzertpianist. Erst durch Übung gelangt eine Gabe zur Vollendung. Man sagt, dass ein Top-Musiker etwa 10.000 Stunden geübt hat, um seine Gabe zur vollen Entfaltung zu bringen.

Es ist wenig sinnvoll, Zeit und Kraft in Bereiche zu stecken, für die man kaum Talent hat. Es ist erfolgversprechender, in die Bereiche zu investieren, in denen eine Begabung vorliegt und diese auszubauen.

■ **Denk mal**
Was fällt dir leichter als anderen Menschen?

■ **Mach mal**
Überlege dir, wie du ein vorhandenes Talent weiter ausbauen kannst.

■ **Zum Vertiefen**
Er hat die beiden mit Weisheit erfüllt und sie fähig gemacht, alle Arbeiten eines Kunsthandwerkers, Stickers oder Buntwebers auszuführen. Sie können mit violettem, purpurrotem und karmesinrotem Stoff und mit feinem Leinen umgehen, sie können weben und auch alles selbst entwerfen und ausführen.
—2. Mose 35,35

Chancen sind wie Sonnenaufgänge. Wer zu lange wartet, verpasst sie.
—Joan Lunden

Deine Chancen

■ Kaum eine Woche vergeht, in der ich nicht dankbar darüber bin, als Frau in einer Welt zu leben, die von jüdisch-christlichen Werten geprägt ist. Mit Schmerz denke ich an eine Begegnung im Jemen. Ich beobachtete ein verschüchtertes Mädchen. Um sie zu stärken, sagte ich ihrem Vater, was für eine schöne Tochter er hat. Er meinte nur: »Du kannst sie mitnehmen. Ist ja nur ein Mädchen.« Ihre Mutter hatte er, weil sie ihm keine Söhne gebar, verstoßen.

Zweifelsohne: Auch hierzulande werden Frauen erniedrigt und ausgebeutet und auch in Kulturen, die Frauen einen niedrigeren Stellenwert zugestehen, lieben Männer ihre Frauen und Töchter.

Ich bin dankbar, dass Gott Männern und Frauen gleich zu Beginn, in Genesis, den gleichen Wert zusprach: »Ihr seid verschieden – Mann und Frau – und gemeinsam seid ihr Mensch!« Die damit verbundene Würde wurde Mann und Frau gleichermaßen von Gott verliehen. Kein Geschlecht ist mehr wert als das andere. Ich bin dankbar für eine Kultur, die Frauen und Mädchen gleiche Chancen einräumt – zum Wohl beider Geschlechter. Dort wo Frauen sich ebenso entfalten können wie Männer, entwickeln und bereichern sich alle!

Es ist klar: Keiner darf sich über den anderen erheben. Weder in Gedanken, Worten, noch in abschätzigen Männer- und Frauenwitzen. Keiner braucht andere klein machen, um selbst besser dazustehen. Gemeinsam sind wir – Mann und Frau – Mensch. Wunderbar!

■ **Denk mal**
Für welche Chancen und Möglichkeiten bist du dankbar?

■ **Mach mal**
Tue etwas, um Chancen von benachteiligten Menschen zu erhöhen. Petitionen unterschreiben, eine Patenschaft eingehen …

■ **Zum Vertiefen**
Wer hart arbeitet, hat Erfolg und kommt nach oben; der Faule dagegen muss als Sklave dienen. —Sprüche 12,24

Beurteile einen Tag nicht danach, welche Ernte du am Abend eingefahren hast. Sondern danach, welche Samen du gesät hast.
—Robert Louis Balfour Stevenson

Saat und Ernte

■ Während ich dies schreibe, leuchtet die Abendsonne auf die Felder. Da wächst der Weizen. Ich bin auf dem Land aufgewachsen, wo man den Wechsel der Jahreszeiten hautnah mitbekam. Und wo man sich dessen bewusst war, dass schlechtes Wetter zum falschen Zeitpunkt einem die Ernte gründlich verderben konnte.

Umso trostreicher ist es, dass Gott uns Saat und Ernte zusagt – für immer. Ja, es gibt auf den Feldern draußen in der Natur wie auch auf den Saatfeldern in unserem Leben Ernteausfälle. Man investiert – und es kommt nichts oder nur sehr wenig zurück. Das schmerzt.

Dennoch gilt: Meist ist es anders. Es gehört zur Würde unseres Lebens, dass wir säen und ernten können. Wer Liebe sät, wird Liebe ernten. Wer Hoffnung sät, wird Hoffnung ernten. Wer Glauben sät, wird Glauben ernten, wer Gebet sät, wird Nähe zu Gott und die eine oder andere Gebetserhörung ernten. Saat und Ernte werden nicht aufhören. Darauf gab Gott sein Wort!

Zudem geht Ernte über das eigene Leben hinaus. Einige Schätze in deinem Leben sind womöglich das Ergebnis der Saat von anderen Menschen. Da hat jemand an dich geglaubt, in dich investiert, dich unterstützt und dir geholfen. Womöglich wird – wenn du längst nicht mehr auf dieser Erde lebst, die eine oder andere Saat deiner Handlungen aufgehen – und weiter Frucht bringen. Wir können dankbar sein für Ernte – aber auch für jedes Samenkorn, das wir säen.

■ **Denk mal**
Wo in deinem Leben hast du etwas gesät – und konntest ernten? Finde wenigstens fünf Beispiele.

■ **Mach mal**
Nimm dir Zeit – vielleicht zusammen mit einem Kind – und säe etwas. Beobachtet gemeinsam, ob und wie die Saat wächst.

■ **Zum Vertiefen**
Weinend geht er hinaus und streut die Saat aufs Feld; doch wenn er zurückkommt, jubelt er über die reiche Ernte. —Psalm 126,6

Jeder Mensch ist ein Autobus, in dem die Vorfahren mitfahren.
—Oliver Wendell Holmes

Deine Vorfahren

■ Er hieß wirklich Pankratz Hack, der älteste Vorfahre meiner Familie väterlicherseits, der namentlich bekannt ist. Und heiratete Kunigunde Lechner, die acht Jahre älter war als er selbst. Das war kurz nachdem der Dreißigjährige Krieg die Gegend, aus der meine Familie stammte, mit Zerstörung und Tod überzogen hatte. In meiner Heimatstadt überlebten gerade mal sieben Menschen das Grauen.

In den folgenden Jahrhunderten war es auch nicht immer einfach. Als Bauern waren die Nachkommen von Pankratz und Kunigunde dem Wetter und den Jahreszeiten ausgeliefert. Viele Kinder überlebten nicht. Kriege forderten ihre Opfer – so wurde etwa der Arm meines Großvaters von einer Granate zerfetzt, obwohl er nur Hilfskoch im Zweiten Weltkrieg war.

Durch alle Höhen und Tiefen hindurch gelang es dieser Familie, am Leben zu bleiben, und etwas Bleibendes an ihre Nachkommen weiterzugeben. Dazu gehören Bodenständigkeit und Pragmatismus, Zähigkeit, Kampfeswillen und Verbundenheit zur Heimat und zur Natur. Daneben auch die Fähigkeit zur Akzeptanz dessen, was das Leben so mit sich bringt. Ebenso das Vertrauen auf einen Gott, der alles in seinen guten Händen hält. Das habe ich von meiner Familie geerbt.

Andere Menschen haben von ihrer Familie Zugang zu Musik, Kunst und Literatur erhalten. Oder zu Flora und Fauna, zum Reisen. Es lohnt sich, die eigene Familiengeschichte zu sehen und zu entdecken, was man von seinen Vorfahren geerbt hat.

■ **Denk mal**
Was hast du von deinen Vorfahren geerbt?
Wofür bist du dankbar?

■ **Mach mal**
Befrage deine Eltern und Verwandten nach dem, was sie über ihre Vorfahren wissen.

■ **Zum Vertiefen**
Ich bin der Gott deiner Vorfahren, der Gott Abrahams, Isaaks und Jakobs.
—2. Mose 3,6

Ein wahrer Freund ist jemand, der die Melodie deines Herzens kennt und sie dir vorsingt, wenn du sie vergessen hast.
—Albert Einstein

Deine Wegbegleiter

■ Kürzlich sprach ich mit einer Freundin über ein Verhalten an mir, das ich gerne ändern möchte. Nichts »Schlimmes«, sondern eher eine fast automatische Reaktion auf bestimmte Umstände. Jedes »automatische« Verhalten nimmt Freiräume, auch anders zu empfinden, zu reagieren, sich zu verhalten. Wir sprachen intensiv darüber, versuchten zu verstehen und dem auf die Spur zu kommen, was das automatische Verhalten auslöst.

Dann erzählte sie mir etwas Mut machendes. Sie erinnerte mich, wie sie mir vor vielen Jahren von einem automatischen Verhalten erzählte, in dem sie selbst verhaftet war. Ich habe damals nur gesagt: »Es geht auch anders. Du brauchst in diesem Verhalten nicht verhaftet zu bleiben.« Das war ihr vorher gar nicht klar gewesen.

Es begann ein herausfordernder, aber lohnender Prozess, sich von den bisherigen Denkmustern und dem eingeübten Verhalten zu lösen und andere Optionen zu entdecken. Sie fand mehr Souveränität, Freiheit und Lebensfreude. Mit einem Satz fing alles an.

Mir machte das Mut für meinen Prozess. Und ich bin neu dankbar dafür, dass es Menschen gibt, denen ich auch Schwachpunkte offen zeigen kann: Hier ist etwas, damit komme ich nicht klar. Die nicht verurteilen, sondern erst mal ruhig anerkennen: So ist es gerade. Und sich dann mit mir auf die Suche nach Ursachen und Lösungen machen. Was für ein Geschenk!

■ **Denk mal**
Welcher Mensch hat dich in deinem Leben bisher am meisten ermutigt? Was kannst du von ihm lernen?

■ **Mach mal**
Sage oder schreibe heute einem Menschen etwas, was ihm Mut macht, Herausforderungen zu bewältigen.

■ **Zum Vertiefen**
Duftendes Öl und Weihrauch erfreuen das Herz, aber noch angenehmer und wertvoller ist der gute Rat eines Freundes. —Sprüche 27,9

Man kann das Leben schwerlich leicht nehmen, aber leicht zu schwer.
—Curt Goetz

Wir sehen nur Fragmente

■ Ich habe darum gekämpft, nicht eifersüchtig zu sein. Erfolglos. Sie hatte alles: ein bildschönes, zartes Gesicht, umrahmt von wunderbaren roten Locken. Klassisch schön. Dann erzählte sie mir, wie Valentinstage für sie als Single immer schwer waren – bis zu dem Valentinstag, an dem ihr Traummann sie zum ersten Date ausführte und später heiratete. »Warum sie? Warum so ein Glück nicht auch für mich?«, fragte ich mich und fand keine Antwort. Ihre Geschichte ging weiter – doch nicht wie im Märchen.

Was genau passiert ist, weiß ich nicht, ich kenne nur Fragmente: postnatale Depression nach der Geburt eines Kindes, weitere psychische Probleme, Scheidung, Verlust des Sorgerechts für die Kinder. Sie lebt Hunderte von Kilometern entfernt. Ohne Zuhause. Ein Alptraum. Ich bete für sie, dass Gott – an dem sie dennoch festhält – ihr in irgendeiner Form Wiederherstellung schenkt. Und weiß, er kann auf eine Weise erneuern, die jedes Märchen übersteigt.

Was mich betroffen gemacht hat, war ich. In meiner Undankbarkeit sah ich nur ein Fragment ihres Lebens. Einen gerade wunderbar hell glitzernden Teil. Ich schreibe das nicht, um mich und uns zu ermutigen. Sondern um den Blick wegzuwenden vom Leben anderer, das keiner je vollständig erfassen kann. Stattdessen tut es gut, den Blick auf das eigene Leben zu lenken. Auf die Bereiche, die gut sind oder die du im Rahmen deiner Möglichkeiten ändern möchtest.

■ **Denk mal**
Worin vergleichst du dich besonders oft mit anderen?
Was bräuchtest du, um dich weniger zu vergleichen?

■ **Mach mal**
Gott geht mit dir durch dein Leben und macht es auf seine Art und Weise gut mit dir. Danke ihm dafür.

■ **Zum Vertiefen**
Wir sehen jetzt durch einen Spiegel ein dunkles Bild; dann aber von Angesicht zu Angesicht. Jetzt erkenne ich stückweise; dann aber werde ich erkennen, wie ich erkannt bin. —1. Korinther 13,12

Der Preis des Erfolges ist Hingabe, harte Arbeit und unablässiger Einsatz für das, was man erreichen will.
—Frank Llyod Wright

Die Kosten

■ Ich erlebe manchmal, dass mich Menschen für einzelne Aspekte meines Lebens beneiden. Das kann meine schlanke Figur sein, meine Selbständigkeit oder die Zahl der Bücher, die ich geschrieben habe. Manchmal sagen sie es ganz direkt, dass sie mich darum beneiden, manchmal spüre ich es nur.

Die wenigsten wollen wissen, welchen Preis ich dafür gezahlt habe. Wie ich – aufbauend auf einem Talent – weiter geübt und geschliffen habe, bis Stil und Design an Qualität gewannen. Manche beneiden mich um die vermeintliche Freiheit, die ich als Selbständige habe. Aber fragen kaum, was es an Lehrgeld, Tränen, Verlusten, Fehlentscheidungen, Rückschlägen, Risiken, Enttäuschungen und tragischkomischen Momenten gekostet hat, eine eigene Existenz aufzubauen. Etwa als ich vermeintlichen Gewinn gespendet habe und kein Geld mehr für die Steuer hatte. Anfängerpech!

Münzen haben in der Regel zwei Seiten. Lebenssituationen ein paar Dutzend. Die kann man von außen gar nicht wahrnehmen. Man kann sie vielleicht erfragen: »Ich schätze, dass du viel Freiheiten hast – wie siehst du das? Und: »Gibt es Aspekte in deinem Leben, die ich nicht sehe?«

Fast alles Schöne – Kinder, Küche, Kirche, Kreativität, Kunst, Kinder und sogar Kerstin – hat seine Schattenseiten: die Aspekte, die anstrengend, mühsam, stressig und traurig sind. Behalte das im Blick, wenn du in Versuchung gerätst, andere für ihr Schönes zu beneiden.

■ **Denk mal**
Wonach sehnst du dich im Leben? Was wäre der Preis, den du dafür zu zahlen hättest? Bist du bereit dazu?

■ **Mach mal**
Sprich mit einem – in deinen Augen – erfolgreichen oder beneidenswerten Menschen über den Preis seines Erfolges.

■ **Zum Vertiefen**
Will sich jemand ein Haus bauen, dann überlegt er doch auch vorher, ob das überhaupt bezahlen kann. —Lukas 14,28

Tadle Gott nicht, weil er den Tiger geschaffen hat!
Danke ihm dafür, dass er dem Tiger keine Flügel gab.
—Abessinisches Sprichwort

Dankbar für alles?!

■ Das konnte nicht ihr Ernst sein! Corrie ten Boom hörte ungläubig zu, als ihre Schwester Betsy Gott für Läuse dankte. Läuse! Diese ekligen Tiere, die schmerzhaft in die Haut bissen, so dass es stundenlang juckte, einem den Schlaf raubte, die Kopfhaut zerfraß. Für Läuse danken?! Doch Betsy nahm die biblische Aufforderung, für alles zu danken, ernst. Und dankte für Läuse.

Ihr hörten Dutzende von Frauen zu. Frauen, die im KZ Ravensbrück gefangen waren, und Trost in dem Glauben und der Zuversicht von Betsy und Corrie fanden. Für viele war die KZ-Baracke der Beginn eines neuen Lebens mit Gott.

Worüber sich alle wunderten: Ihre – verbotenen – Andachten und Gebetszeiten wurden praktisch nie von den KZ-Aufseherinnen unterbrochen. Sie konnten ungestört beten, trösten, Gottes Wort teilen. Erst eine ganze Weile später löste sich das Rätsel auf. Eine Frau hörte, wie zwei KZ-Aufseherinnen sich unterhielten. Eine sagte: »In diese Baracke bringen mich keine zehn Pferde – die ist so voller Läuse!« Es wurde klar: Die Läuse hatten sie davor geschützt, dass ihre Treffen entdeckt wurden – und ihre Zeiten der Ermutigung und des Trostes ungestört blieben.

Nicht immer erfahren wir, ob etwas Schweres auch eine gute Seite hatte. Danken hat trotzdem Sinn. Unangenehmes bleibt unangenehm. Es wäre verrückt, das zu leugnen. Aber das Herz wird leichter, wenn wir Gott unser Vertrauen aussprechen: »Danke – selbst für das, was mir gerade das Leben schwer macht!«

■ **Denk mal**
Welche großen und kleinen »Läuse« in deinem Leben nerven und belasten dich?

■ **Mach mal**
Fange an, Gott bewusst für die belastenden Dinge zu danken.

■ **Zum Vertiefen**
Dankt Gott für alles, denn das erwartet Gott von euch, weil ihr zu Jesus Christus gehört. —1. Thessalonicher 5,18

Die wahre Lebenskunst besteht darin,
im Alltäglichen das Wunderbare zu sehen.
—Pearl S. Buck

Das Besondere wahrnehmen

■ Zur Dankbarkeit gehört die Kunst, das Besondere wahrzunehmen. Und das Alltägliche als etwas Besonderes zu sehen. In meinem Buch *Die Hütte und ich* beschreibe ich eine Woche, die ich 2009 in Antwerpen verbracht habe. Mein Ziel war – nach einer schwierigen Zeit –, Gott neu zu begegnen. Die Stadt war der Hintergrund, vor dem ich Antworten auf tiefere Fragen suchte.

Seitdem habe ich von verschiedenen Lesern gehört, dass sie nach Antwerpen gefahren sind, weil die Beschreibung der Stadt in meinem Buch sie so fasziniert hat. Ja, Antwerpen ist eine wunderschöne Stadt voll Kunst und Kultur. Dort läuft einem schon mal eine Kunstausstellung über den Weg – 20 Menschen, die große Fotografien tragen, begleitet von einer Blaskapelle.

Es stimmt: Antwerpen ist etwas Besonderes. Doch: Das Besondere ist überall. Ich konnte Antwerpen für die Leser faszinierend beschreiben, weil ich meine Augen trainiert habe, das Besondere zu sehen. Doch das kann ich überall. Auch mitten in der Gegend, in der ich lebe.

Wer das Staunen eingeübt hat, braucht nicht unbedingt an herausragende Orte zu fahren. Er kann das Besondere auch in seiner eigenen Umgebung und Nachbarschaft entdecken: egal ob in Duisburg, Bern oder Mühlhausen. Das Interessante, Spannende ist überall und für offene Augen und Herzen leicht zu erkennen.

■ **Denk mal**
Was gefällt dir an dem Ort, an dem du lebst?

■ **Mach mal**
Mach einen Spaziergang durch deine Umgebung, als hättest du sie noch nie gesehen. Nimm alles wahr, was dich fasziniert.

■ **Zum Vertiefen**
Seid stille und erkennet, dass ich Gott bin! Ich will der Höchste sein unter den Heiden, der Höchste auf Erden. —Psalm 46,11

Man kann nicht gleichzeitig dankbar und unglücklich sein.
—Christiane Deutsch

Eine Bohne Dank

■ Der Dankbarkeit geht die Wahrnehmung voraus. Damit wir dankbar sein können, ist es zuerst nötig, wahrzunehmen, was uns an Schönem und Gutem geschenkt wurde. Das ist gar nicht so schwer.

Horst Conen erzählt in dem Buch *Sei gut zu dir, wir brauchen dich* die Geschichte von einem italienischen Grafen, der das Leben zu genießen wusste: »Er verließ niemals sein Haus, ohne sich zuvor eine Handvoll Bohnen einzustecken. Er tat dies nicht etwa, um eine Bohne zu kauen. Nein, er nahm sie mit, um so die schönen Momente des Tages bewusster wahrzunehmen und um sie besser zählen zu können. Für jede positive Kleinigkeit, die er tagsüber erlebte – zum Beispiel einen fröhlichen Plausch auf der Straße, das Lachen seiner Frau, ein köstliches Mahl, eine feine Zigarre, einen schattigen Platz in der Mittagshitze, ein Glas guten Weines –, für alles, was die Sinne erfreute, ließ er eine Bohne von der rechten in die linke Jackentasche wandern.

Manchmal waren es gleich zwei oder drei. Abends saß er dann zu Hause und zählte die Bohnen aus der linken Tasche. Er zelebrierte diese Minuten. So führte er sich vor Augen, wie viel Schönes ihm an diesem Tag widerfahren war, und freute sich. Und sogar an einem Abend, an dem er bloß eine Bohne zählte, war der Tag gelungen – hatte es sich zu leben gelohnt!«

Wahrzunehmen, was einen glücklich und dankbar macht, ist gar nicht so schwer. Man braucht nur eine Handvoll Bohnen.

■ **Denk mal**
Welche Tricks und Tipps helfen dir besonders, dankbar zu sein?

■ **Mach mal**
Mach das Experiment: Besorge dir einige Perlen oder Kaffeebohnen. Steck sie in deine rechte Hosentasche und mach es wie der Graf.

■ **Zum Vertiefen**
Für das, was Gott euch geschenkt hat, könnt ihr gar nicht genug dankbar sein. —Kolosser 2,7

Die schlechteste Tinte ist besser als das beste Gedächtnis.
—Chinesisches Sprichwort

Dankbarkeitstagebuch

■ Psychologen um Martin Seligmann haben Menschen die Aufgabe gegeben, eine Woche lang täglich drei Dinge aufzuschreiben, für die sie dankbar sind. Die Ergebnisse waren erstaunlich. Die Menschen fühlten sich – auch langfristig – besser und glücklicher als die Vergleichsgruppe, die nichts aufschrieb.

Diese Übung war so erfolgreich, dass viele Teilnehmer das Tagebuch noch weiterführten, als die Studie schon längst zu Ende war. Es ergibt jedoch kaum Sinn, nur drei Dinge auf einen Zettel zu kritzeln, um seine »Dankespflicht« erfüllt zu haben. Und dabei womöglich an die Einkaufsliste oder nicht gelöste Probleme zu denken. So bringt das Experiment kaum Nutzen.

Besser ist es, ein kleines Ritual daraus zu machen. Ein schönes Notizbuch extra für diesen Zweck zu reservieren. Sich am Ende des Tages hinzusetzen – vielleicht mit einem Getränk und einer Kerze – und bewusst einige Momente zu reflektieren. Dabei den Tag noch einmal in Gedanken durchgehen und sich die schönen Erlebnisse aktiv in Erinnerung rufen, die Gefühle fühlen, die damit verbunden sind. So werden noch einmal ein paar Glückshormone ausgeschüttet und das Erlebte verankert sich tiefer.

Wer will, kann es noch sportlicher angehen: Jeden Tag für drei neue Sachen dankbar sein, die bisher noch nicht auf der Liste standen. Das erhöht die Entdeckungsfreude im Alltag.

■ **Denk mal**
Für welche drei Dinge aus den letzten 24 Stunden bist du gerade besonders dankbar?

■ **Mach mal**
Lebe die drei besonderen Momente noch einmal innerlich nach. Wenn du möchtest, besorge dir ein Dankbarkeitstagebuch. Und starte.

■ **Zum Vertiefen**
Dir, Herr, will ich von ganzem Herzen danken, und erzählen will ich von deinen wunderbaren Taten. —Psalm 9,2

Dankbarkeit ist das Gedächtnis des Herzens.
—Peter Bamm

Anderen danken

■ »Schreibe auf, wofür du einem bestimmten Menschen dankbar bist und gehe dann zu ihm und übergib ihm den Brief oder erzähle es ihm.« Das war die Aufgabenstellung für ein weiteres Experiment der Glücksforscher. Die Ergebnisse waren auch hier erstaunlich. Die Teilnehmer erlebten eine zehnprozentige Erhöhung der Glücklichkeitspunkte und eine signifikante Verringerung der Depressionspunkte. Das Experiment wirkte sich stärker auf die Stimmung aus als (leichte) Psychopharmaka.

Das Erstaunliche war, dass diese Veränderungen bis zu einen Monat nach dem Besuch bei der Person, der man dankte, anhielten. Wenn man erst einmal beginnt, darüber nachzudenken, findet man viele Menschen, denen man dankbar ist – und die es vielleicht gar nicht wissen: der Trainer der Jugend-Fußballmannschaft, ein einfühlsamer Lehrer oder Freund, unterstützende Kollegen.

Es kostet Zeit, sich zu überlegen und zu notieren, wofür man jemandem dankbar ist. Aber es ist auch schön, sich an besondere Erlebnisse, Momente und Prägungen zu erinnern und sie noch einmal zu erleben und zu notieren. Es kostet ein bisschen Überwindung und Mut, zu einem Menschen zu gehen und ihm den Dank zu überbringen. Vielleicht stärkt und vertieft der Dank die Verbindung. Er macht aber auf alle Fälle glücklich. Vermutlich sogar zwei Menschen: Denjenigen, der dankt, und denjenigen, der den Dank empfängt.

■ **Denk mal**
Wer hat dein Leben positiv geprägt – vielleicht ohne es zu wissen?

■ **Mach mal**
Nimm dir Zeit und schreibe diesem Menschen, wofür du ihm dankbar bist. Und überbringe ihm deinen Dank.

■ **Zum Vertiefen**
Und seid dankbar. —Kolosser 3,15

Man kann ohne Liebe Holz hacken, Ziegel formen, Eisen schmieden, aber mit Menschen kann man nicht ohne Liebe umgehen.
—Leo Tolstoi

Sich selbst danken

■ Fast jeder Mensch bejaht, dass man mit Menschen freundlich, achtsam und wertschätzend umgehen sollte. Doch im Leben vieler Menschen gibt es einen Menschen, den sie ständig schlecht behandeln. Sie schimpfen mit ihm, meckern wegen jeder Kleinigkeit, klagen ihn dauernd an: »Wie konntest du nur so blöd sein!« Anerkennung erhält er fast nie. Sie behandeln ihn wie den letzten Dreck. Dieser Mensch sind sie selbst. Wenn sie mit ihren Freunden so umgehen würden, wie mit sich selbst, hätten sie kaum Freunde.

Ein Weg zu mehr Freundlichkeit kann sein, sich selbst in inneren Dialogen weniger zu beschimpfen. Und sich stattdessen öfter mal Anerkennung auszusprechen. Ich habe das von Gott gelernt, nach dessen Bild ich geschaffen bin. Am Ende eines jeden Schöpfungstages legte Gott eine Pause ein. Er blickte auf das, was er geschaffen hatte und sagte: »Das war gut!« Die Bestnote »sehr gut« vergab er übrigens erst, nachdem er Mann und Frau geschaffen hatte – welche Wertschätzung für uns Menschen. Und auch ein Grund für Dankbarkeit.

So wie Gott können wir auf Arbeitsabschnitte, Begegnungen oder Herausforderungen zurücksehen und dankbar anerkennen: Das war gut, was ich gemacht habe. Vielleicht nicht brillant, aber immerhin gut. So ein Rückblick kann am Ende eines Tages stattfinden – oder auch zwischendrin. In einer kleinen, wohltuenden Ein-Minuten-Pause zwischen zwei Aufgaben.

■ **Denk mal**
Wofür bist du dir gerade dankbar?

■ **Mach mal**
Wann immer du heute eine Aufgabe erledigt hast, danke dir selbst dafür. Sprich dir leise ein »gut gemacht« zu.

■ **Zum Vertiefen**
Dann betrachtete Gott alles, was er geschaffen hatte, und es war sehr gut!
—1. Mose 1,31

Glücklichmachen ist das höchste Glück.
Aber auch dankbar empfinden können ist ein Glück.
—Theodor Fontane

Dank annehmen

■ »Das ist doch selbstverständlich!« Es erstaunt mich in Gesprächen immer wieder, wie schwer es Menschen fällt, den Dank anderer Menschen anzunehmen. Sie haben einem Kollegen bei einem Projekt geholfen oder einem Freund beim Umzug. Der bedankt sich und erhält eine Abfuhr: »Nicht der Rede wert.« Wie schade.
Sich zu bedanken ist eine Möglichkeit, um auszudrücken: »Ich sehe, was du für mich getan hast. Und ich schätze es.« Wenn der andere den Dank annimmt, entsteht Verbindung. Wenn er ihn verweigert, reißt die Verbindung ab.
Manche Menschen meinen, nur wirklich herausragende Leistungen sind des Dankes wert. Eine Freundin zu trösten, Geschirr zu spülen oder Gäste willkommen zu heißen ist für viele Menschen glücklicherweise eine Selbstverständlichkeit. Dank dafür anzunehmen bedeutet nicht, dass man es für etwas Besonderes halten muss. Es erkennt lediglich an, dass der andere sich beschenkt weiß, und dass ihm die Handlung etwas bedeutet hat.
Jesus hat sehr viel für Menschen getan. Für ihn war es vermutlich selbstverständlich. Er konnte und wollte nicht anders. Dennoch hat er sich dem Dank der Menschen nie mit einem »Ist doch nichts Besonderes!« entzogen. Er hat ihren Dank dankbar angenommen.
Verbindung geschieht, wenn man Dank von anderen nicht abschmettert, sondern lächelnd annimmt. »Wie schön, dass du dich freust!«

■ **Denk mal**
Wann fällt es dir leicht, Dank anzunehmen, wann weniger?

■ **Mach mal**
Danke heute vielen Menschen – auch für Kleinigkeiten.
Und nimm ihren Dank an.

■ **Zum Vertiefen**
Weshalb kommt als einziger dieser Fremde zurück, um sich bei Gott zu bedanken? —Lukas 17,18

Bewahren von Dankbarkeit besteht darin,
dass ich für alles, was ich Gutes empfangen habe, Gutes tue.
—Albert Schweitzer

Toilettenpatenschaften

■ Eine Toilettenpatenschaft – die Idee war einfach zu cool, um sie nicht umzusetzen. Weltweit haben Millionen Menschen keinen Zugang zu sauberem Trinkwasser. Oft werden Bäche und Quellen durch Fäkalien und Krankheitserreger verschmutzt, weil Menschen die Umgebung ihrer Wohnorte für ihre Notdurft verwenden. Einfache Latrinen könnten Abhilfe schaffen und das Leben von vielen Menschen verbessern – manchmal sogar retten.

Doch in vielen Gegenden fehlt das nötige Wissen und häufig auch das Geld für Baumaterial. Deshalb führt die Hilfsorganisation *Tear Fund* vor Ort Hygieneschulungen durch und baut mit den Menschen vor Ort je nach Bedarf einfache Latrinen. Finanziert wird das durch Spender, die als Dank eine Urkunde über ihre Partnertoilette erhalten. Klar habe ich da mitgemacht und eine Toilette gestiftet. »Meine« steht im Bergdorf Maghzar in Afghanistan, ist aus Lehm gebaut und hat auch einen Wasseranschluss zum Händewaschen. *www.toilettwinning.org*

Ich brauche nur daran zu denken und fange an zu lächeln. Weil die Idee so schräg und zugleich so genial ist. Und weil ich weiß, dass an einem Ort in der Welt jetzt die Kindersterblichkeit und Krankheitsrate geringer ist. Nur weil ich einen kleinen Beitrag dazu geleistet habe. Das macht glücklich. Und dankbar.

Wenn du Gutes tun und dir selbst Freude machen willst, wähle etwas aus, was dich begeistert. Genieße es, etwas Gutes tun zu dürfen.

■ **Denk mal**
Für welche Art von Projekten kannst du dich völlig begeistern? Wofür spendest du richtig gern? Wieso?

■ **Mach mal**
Suche heute einen konkreten Weg, das Leben eines anderen nachhaltig zu verbessern. Durch eine Spende oder Handlung.

■ **Zum Vertiefen**
Vertraue auf den Herrn und tue Gutes; wohne im Land und hüte Treue.
—Psalm 37,3

Das Glück ist das einzige, das sich verdoppelt, wenn man es teilt.
—*Albert Schweitzer*

Dank teilen

■ Dank multipliziert sich, wenn man ihn teilt. Das kann in Worten sein – auf Facebook, in der Gebetsgruppe, beim Abendessen als Familie, bei einem Fest oder im Gottesdienst. Anderen Menschen zu erzählen, wofür man dankbar ist, vertieft das eigene Erleben – was wir anderen erzählen, bleibt im eigenen Gedächtnis besser haften.

Dank steckt andere an, auch ihrerseits dankbar zu sein, und Dinge wahrzunehmen, für die sie dankbar sind. Eine Möglichkeit, den Dank sichtbar zu machen, ist, an einem für mehrere Menschen zugänglichen Ort eine Dankmauer zu errichten. Das kann in einer Schule sein, einem Bürgeramt oder in den Gemeinderäumen einer Kirchengemeinde. Oder im Flur der eigenen Wohnräume. Oder virtuell zum Beispiel in einer Facebook-Gruppe, bei Pinterest oder Tumblr.

Auf bereitliegenden Zetteln können die Dinge, für die man dankbar ist, notiert und anschließend aufgehängt werden. Es tut zum einen gut, den eigenen Dank zum Ausdruck zu bringen. Durch das Lesen der Dankbarkeitsnotizen werden ebenfalls die Leser inspiriert und bekommen vielleicht die eine oder andere Idee, wofür sie dankbar sein könnten.

Wer will, kann auch hier seiner Kreativität Ausdruck verleihen, und den geschriebenen Dank mit Zeichnungen, Fotos oder Musik anreichern, so dass er für alle Sinne erfahrbar wird. Dann einfach davon ausgehen, dass der Dank Wellen schlagen wird – im eigenen Herzen und Leben. Sowie im Leben anderer Menschen.

■ **Denk mal**
Wo könntest du eine Dankwand oder Dankmauer initiieren?

■ **Mach mal**
Schreibe dir fünf Impulse auf, für die du nach dem Lesen dankbar bist.

■ **Zum Vertiefen**
Darum will ich dich loben, Herr. Alle Völker sollen es hören! Zu deiner Ehre will ich singen. —*2. Samuel 22,50*

Monat 2
Gott kennen

Gott kennen

■ Gott schenkt uns unendlich viel, wofür wir dankbar sein können. Aus seinen guten Gaben können wir seine Liebe zu uns ablesen. Vor allem aber macht Gott uns das Angebot, mit ihm in Beziehung zu leben. Damit das möglich ist, hat er sogar seinen einzigen Sohn geopfert.

So wie unsere Beziehung zu anderen Menschen an Tiefe gewinnt, wenn wir sie besser kennenlernen, wird auch unsere Beziehung zu Gott gestärkt, wenn wir besser und tiefer erkennen, wer und wie er ist.

In diesem Monat geht es um eine Entdeckungsreise zu Gott. Ich möchte dich einladen, unterschiedliche Seiten Gottes besser kennenzulernen. Dabei werde ich dir am Anfang eine Vielzahl unterschiedlicher Namen vorstellen, mit denen Gott in der Bibel vorgestellt wird. Danach werden wir uns mit einigen der Verheißungen beschäftigen, die Gott uns macht. Und schließlich geht es darum, in unser Herz sinken zu lassen, dass Gott uns so liebt, wie wir sind. Dass wir ihm nahekommen können. Ohne Schuldgefühle.

Gott betreibt keine Geheimniskrämerei. Er will sich uns zu erkennen geben. Er sehnt sich danach, dass wir uns auf die Suche nach ihm machen.

Ich wünsche dir, dass du in den nächsten Wochen einige neue Facetten Gottes entdeckst. Und dass deine Dankbarkeit darüber zunimmt, dass solch ein Gott dein Vater und Freund sein möchte.

Glaube ist Liebe, welche die Form des Sehnens angenommen hat.
—William Ellery Channing

Gott suchen

■ Gott verheißt uns, dass er sich finden lässt. Dem Finden geht voraus, dass wir suchen. Doch warum suchen wir Gott? Wir suchen Gott, weil uns seine Nähe und sein Frieden guttun und uns Leben schenken. Wir suchen Gott, weil wir uns nach ihm sehnen.

Oft suchen wir Gott, weil wir etwas von ihm wollen: In Notsituationen, wenn wir mit unserem Latein am Ende sind und keine andere Lösung mehr sehen. Oder wenn wir etwas brauchen – wie Frieden oder Trost. Gott wünscht sich, dass wir ihn zuerst um seinetwillen suchen. Nicht wegen der Dinge, die er uns geben kann – und geben möchte. Er ruft Menschen in seine Nähe. Durch Christus hat er allen diese Möglichkeit eröffnet.

Der Gott der Bibel ist ein Gott, der sich nach seinen Geschöpfen sehnt und mit ihnen Gemeinschaft haben möchte. Er, der unerforschliche Gott des Universums, kommt uns nahe und macht sich uns begreifbar – indem er sich uns vorstellt mit Eigenschaften, durch bildliche Vergleiche, mit Namen und Verheißungen.

Er selbst hat die Voraussetzungen dafür geschaffen, dass wir ihn suchen und immer mehr finden und begreifen können. Er hat ein Stück Ewigkeit in unseren Herzen angelegt. Und sogar die Sehnsucht nach der Gemeinschaft mit ihm gibt er uns. Wenn wir ihn gefunden haben, wenn unser Herz bei Gott »zu Hause« angekommen ist – dann hat im Grunde Gott uns gefunden.

■ **Denk mal**
Warum suchst du Gott? Was zieht dich zu ihm hin?

■ **Mach mal**
Bitte Gott, seine Sehnsucht nach ihm größer werden zu lassen. Mache dich auf die Suche nach der Sehnsucht nach Gott.

■ **Zum Vertiefen**
Wendet euch Gott zu, dann wird er zu euch kommen. —Jakobus 4,8

Gott ist etwas, worüber hinaus nichts Größeres gedacht werden kann.
—Anselm von Canterbury

Groß, größer, Gott

■ Keiner von uns kann Gott in seiner ganzen Größe erfassen. Gottes Vielseitigkeit ist immer wieder überraschend. Sie übersteigt unseren Verstand. Für einen Kalender haben wir allein 365 verschiedene Namen und Beschreibungen Gottes aus der Bibel herausgesucht. Gott passt in keine Schublade.

In unterschiedlichen Lebensphasen werden uns jedoch unterschiedliche Facetten Gottes besonders präsent und wichtig. Vielleicht erleben wir Gott besonders als liebevollen Vater. Oder als treuen Versorger und Tröster. Oder wir sind uns besonders seiner Größe und Allmacht bewusst. Das ist völlig normal.

Gleichzeitig geschieht es manchmal, dass wir Gott dadurch doch in Schubladen stecken. Wir sind so beeindruckt von seiner Macht, dass es uns schwer vorstellbar erscheint, dass er uns ganz nahe sein möchte. Oder wir sind so auf unsere eigene Beziehung mit ihm fokussiert, dass wir ein wenig aus den Augen verlieren, wie wichtig ihm Gerechtigkeit und der Einsatz für Schwächere sind.

Auch wenn Gott sich nicht ändert, gibt es für uns immer wieder Neues an ihm zu entdecken. Es tut uns und unserer Beziehung zu Gott gut, wenn wir offen dafür bleiben, immer wieder neue Facetten an ihm zu entdecken.

■ **Denk mal**
Welche Seite Gottes steht in deinem Leben zurzeit im Mittelpunkt?

■ **Mach mal**
Tausche dich mit einer anderen Person darüber aus, welcher Aspekt Gottes ihr gerade besonders wichtig ist.

■ **Zum Vertiefen**
Groß ist der Herr! Jeder soll ihn rühmen! Seine Größe kann niemand erfassen. —Psalm 145,3

Nenn' ich dich, so kenn' ich dich.
—Andreas Hofer

Namen Gottes

■ Verliebte schreiben den Namen des geliebten Menschen überall hin: auf ihre Handflächen, auf Schmierzettel, an die Windschutzscheibe und den Badezimmerspiegel. Das tun sie nicht nur, weil sie Opfer ihrer Hormone geworden sind, sondern weil ihnen der Name etwas bedeutet. Er drückt all das in Kurzform aus, was sie mit dem geliebten Menschen verbinden.

Gott hat nicht nur einen Namen, sondern stellt sich uns mit vielen verschiedenen Namen vor. Die Bibel nennt Hunderte von Namen, die jeweils einen anderen Aspekt seines Charakters oder Wesens betonen. Kraftvolle Namen ebenso wie zärtliche, Namen, die seine Herrschaft zum Ausdruck bringen, genauso wie Namen, die sein fürsorgliches Wesen beschreiben. Wir können Gott anhand seiner Namen besser kennenlernen.

Gottes Namen haben Kraft, weil jeder einzelne der Namen, mit denen Gott bezeichnet wird, etwas von seinem Wesen, seiner Vielfalt und seiner Allmacht beschreibt. Wir lernen Gott besser kennen, wenn wir seine Namen auf uns wirken lassen und bedenken, was sie über Gottes Wesen und seinen Charakter aussagen. Auf diese Weise kann die Beschäftigung mit den Namen Gottes unseren Glauben und unser Gebetsleben stärken.

■ **Denk mal**
Welche Namen Gottes fallen dir auf Anhieb ein?

■ **Mach mal**
Schreibe für jeden Buchstaben deines Vornamens eine positive Eigenschaft auf, die Gott in dir sieht.

■ **Zum Vertiefen**
Unser Vater im Himmel! Dein heiliger Name soll geehrt werden.
—Matthäus 6,9

*Kreativität ist nichts anderes, als eine ausgebaute Straße zu verlassen,
um neue Wege zu suchen.*
—Willy Meurer

Krea-tieferes Erleben

■ Es gibt verschiedene, kreative Zugänge, wie wir uns vertieft mit
Gottes Namen und seinem Charakter auseinandersetzen können.

- *Nachsinnen:* Über Gottes Wort nachsinnen ist wahrscheinlich den
  meisten geläufig. Nachsinnen – oder auch meditieren – bedeutet,
  sich gründlich mit einem Text auseinanderzusetzen und ihn tief auf
  sich wirken zu lassen. Im Hebräischen bedeutet »meditieren«, etwas
  vor sich hin murmeln. Es ist das ständige Wiederholen einer Wahrheit oder Aussage, die man sozusagen wiederkäut. So lange, bis die
  Nährstoffe, die verborgenen Wahrheiten, freigesetzt werden und in
  unser Denken einfließen.

- *Aussprechen:* Weil der Glaube aus dem Hören kommt, gewinnt unser
  Glaube an Kraft, wenn wir laut aussprechen, was wir glauben, zum
  Beispiel: »Du bist unser Vater, unser Hirte, unser Freund ...« Wir können diese Namen in unser Gebet integrieren, Gott ansprechen mit
  dem Charakterzug, auf den wir uns konzentrieren wollen.

- *Kreativ ausdrücken:* Viele Namen Gottes sind an Bilder angelehnt: der
  gute Hirte, der König, der Freund. Wir können sie tiefer verinnerlichen, wenn wir diese Bilder mit allen Sinnen ausdrücken, zum Beispiel als Zeichnung, Collage, Tanz oder Lied.

- *Aufschreiben:* Aufschreiben hilft beim Einprägen, zum Beispiel indem
  wir die Namen Gottes an einem Platz notieren, an dem wir ihnen
  immer wieder begegnen.

■ **Denk mal**
Welche Methode hast du noch nie oder lange nicht genutzt?

■ **Mach mal**
Wende diese Methode heute auf einen Namen Gottes an.

■ **Zum Vertiefen**
*Herr, du bist mein Gott! Ich lobe und preise dich, denn du vollbringst
wunderbare Taten.* —Jesaja 25,1

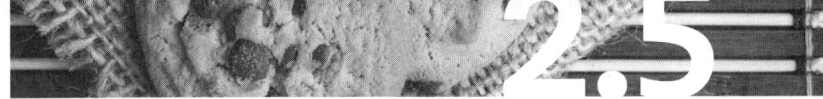

Gott ist nicht verborgen, er offenbart sich mitten in der Geschichte.
—Peter Hahne

Jahwe

■ Im Alten Testament stellt sich Gott als Jahwe vor: »Ich bin, der ich bin.« Jahwe wird mit acht anderen Namen kombiniert, die jeweils einen anderen Aspekt seines Charakters betonen.

- *Jahwe Zidquenu – Herr der Gerechtigkeit* (Jeremia 23,6): Wir können und müssen uns nicht selbst gerecht machen. Durch den Tod von Jesus können wir vor Gott bestehen.
- *Jahwe Meqaddesch – Herr meiner Heiligung* (3. Mose 20,7–8): Wir alle haben Bereiche in unserem Leben, die Gott keine Freude machen, und Verhaltensweisen, durch die wir uns und anderen schaden. Gott kann hier Veränderung bewirken.
- *Jahwe Shalom – Der Herr des Friedens* (Richter 6,24): In unseren Leben und Städten ist viel Unfriede. Als Herr des Friedens, der in unseren Herzen wohnt, kann Gott durch uns Frieden in unsere Umgebung bringen.
- *Jahwe Nissi – Der Herr, das Banner des Sieges* (2. Mose 17,15): Gott ist in Auseinandersetzungen mit uns und ringt mit uns um gute Lösungen.
- *Jahwe Schammah – Der anwesende Herr* (Hesekiel 48,35): Gott ist greifbar, erfahrbar und nah.
- *Jahwe Jireh – Der Herr der Versorger* (1. Mose 22,14): Gott versorgt uns materiell, sozial, emotional und geistlich, wenn wir ihn darum bitten.
- *Jahwe Rapha – Der Herr der Arzt* (2. Mose 15,26): Als unser Arzt kann Gott uns körperliche und innere Wiederherstellung schenken.
- *Jahwe Roi – Der Herr mein Hirte* (Psalm 23,1): Gott ist unser Versorger und Tröster. Er kümmert sich um uns und behütet uns.

■ **Denk mal**
Welchen »Jahwe« brauchst du zurzeit besonders nötig?

■ **Mach mal**
Bete heute zu dem »Jahwe«, der dir in deiner aktuellen Situation eine Zusage mit seinem Namen gibt.

■ **Zum Vertiefen**
Da sprach Gott zu Mose: »Ich bin, der ich bin.« —2. Mose 3,14

*Nicht halbe Wahrheiten, nicht unvollständige Erkenntnis, sondern Gottes
ganze Weisheit und Gottes ganze Güte wird in Jesus offenbar.*
—Friedrich von Bodelschwingh

»Ich bin«-Worte

■ »Ich bin« im Neuen Testament ist bedeutungsgleich mit dem hebräischen »Jahwe« oder »Jehova«. Gott stellt sich damit vor als: »Ich bin,
der ich bin.« Jesus greift das auf. Indem er »Ich bin ...« sagt, bringt er
zum Ausdruck: Ich bin – Gott.

Mit den »Ich bin«-Worten beschreibt Jesus, wer und wie er ist und was
er für die Menschen ist und tut. Gleichzeitig beschreibt er damit auch
Gottes Wesen – denn in ihm ist Gott selbst lebendig und wirksam. So
wie Jesus ist, so ist auch Gott. Er sagt, ich bin ...

- *das Brot des Lebens* (Johannes 6,35): Er kann unsere tiefste Sehnsucht
  stillen.
- *das Licht der Welt* (Johannes 8,12): Die Bereiche unseres Lebens und
  unserer Gesellschaft, in denen Dunkelheit herrscht, möchte er mit
  seinem Licht erhellen.
- *die Tür* (Johannes 10,9): In Zeiten der Veränderung steht er uns bei.
- *der gute Hirte* (Johannes 10,11): Er versorgt und führt uns.
- *die Auferstehung und das Leben* (Johannes 11,25): Er kann Tod in Leben
  verwandeln und in aussichtslosen Situationen neue Perspektiven eröffnen.
- *der Weg, die Wahrheit und das Leben* (Johannes 14,6): Durch Jesus können wir dem Vater begegnen.
- *der Weinstock* (Johannes 15,5): Er ist unsere Kraftquelle. Durch ihn
  wird unser Leben kraftvoll und wir können Gutes bewirken.

■ **Denk mal**
Welches Bild, welche Vorstellung hast du von Jesus?

■ **Mach mal**
Nimm heute eines der Ich-bin-Worte von Jesus in deinen Tag.
Überlege, in welchen Situationen deines Alltags du es anwenden
kannst.

■ **Zum Vertiefen**
*Ich bin der Weg, ich bin die Wahrheit, und ich bin das Leben! Ohne mich
kann niemand zum Vater kommen.* —Johannes 14,6

Den Charakter kann man auch aus den kleinsten Handlungen erkennen.
—Seneca

Gottes Wesen

■ Gottes Geist hat den gleichen Charakter wie Gott selbst. Das Wesen des Geistes Gottes, der in uns lebt und in und auch durch uns wirkt, wird in der Bibel mit neun Eigenschaften beschrieben (siehe Galater 5,22):

- *Liebe* (1. Johannes 4,16): Wir dürfen Gottes Liebe erfahren und weitergeben.
- *Freude* (Psalm 16,11): Gott kennt Freude und feiert gern.
- *Friede* (Epheser 2,14): Wenn wir ihm begegnen, erfahren wir tiefen inneren Frieden.
- *Geduld* (Psalm 103,8): Er hat langen Atem, Geduld und Ausdauer.
- *Freundlichkeit* (Titus 3,4): Gott begegnet uns nicht hart und abweisend, sondern freundlich.
- *Güte* (Psalm 36,6): Gottes Güte ist grenzenlos.
- *Treue* (2. Mose 34,6): Wenn wir Fehler machen, gibt er uns nicht auf. Er ist und bleibt eng mit uns verbunden.
- *Sanftmut* (Matthäus 11,29–30): Mit seiner sanften Kraft kann er unser Herz verändern. Damit wir so werden, wie er ist.
- *Enthaltsamkeit* (Philipper 2,6–7): Jesus hat auf seine göttlichen Privilegien verzichtet, um uns zu retten.

Je mehr wir uns vom Geist Gottes erfüllen und von Jesus verändern lassen, umso mehr werden diese Eigenschaften auch in unserem Leben sichtbar.

■ **Denk mal**
Welche der genannten Eigenschaften fehlt in deinem Leben am meisten?

■ **Mach mal**
Sprich ehrlich mit Gott darüber.

■ **Zum Vertiefen**
Die Frucht des Geistes aber ist: Liebe, Freude, Friede, Langmut,
Freundlichkeit, Güte, Treue, Sanftmut, Enthaltsamkeit. —Galater 5,22

Es sind Harmonien und Kontraste bin den Farben verborgen,
die ganz von selbst zusammenwirken.
—Vincent van Gogh

Gegenüber

■ Manchmal verstehen wir besser, wer Gott ist, wenn wir kontrastierende Paare bilden und die Worte, die ihn beschreiben, dem gegenüberstellen, wer wir sind. So lernen wir Gott tiefer kennen. Und verstehen gleichzeitig besser, wer wir selbst sind und wozu Gott uns berufen hat.

- *Schöpfer – Geschöpfe* (Psalm 149,2): Gott ist unser Schöpfer. Als seine Geschöpfe haben wir unser Leben und alles, was dazugehört, von ihm bekommen.
- *Vater – Kinder* (Matthäus 6,9): Wir sind Gottes Töchter und Söhne. Gott versorgt uns, erzieht und liebt uns und spricht uns Identität und Würde zu. So wie nur ein Vater es kann.
- *Töpfer – Ton* (Jesaja 64,7): Gott ist derjenige, der unseren Charakter formen und prägen möchte. Er wird uns verändern, wenn wir uns ihm nicht widersetzen.
- *Hirte – Schafe* (Psalm 23,1): Gott ist unser Hirte. Wir sind wie Schafe, die ihm folgen. Er geht uns voran und führt uns. Er bewahrt uns vor dem Bösen und beschenkt uns mit seiner Nähe.

Es gibt noch viele weitere kontrastierende Paare:

Retter – Geretteter
Ewiger – Zeitlicher
Unendlicher – Endlicher
Suchender – Gefundener
...

■ **Denk mal**
Welche Paare fallen dir noch ein?

■ **Mach mal**
Stelle dich vor den Spiegel und erinnere dich daran, dass du Gottes Gegenüber bist.

■ **Zum Vertiefen**
Wir sind der Ton, und du bist unser Töpfer! Wir alle sind Gefäße aus deiner Hand. —Jesaja 64,7

Wir sollen uns nicht darüber sorgen, wenn wir uns schwach fühlen,
da wir doch wissen, dass Gott stark und gut zu uns ist.
—Franz von Sales

Der starke Gott

■ In vielen Texten der Bibel wird Gottes Stärke auf unterschiedliche Art und Weise beschrieben. Die Beschäftigung mit Aussagen über Gottes Allmacht kann unseren Glauben vertiefen. Mit diesem starken Gott an unserer Seite werden wir für die Herausforderungen des Alltags gestärkt. Besonders in Zeiten, in denen wir uns schwach und hilflos fühlen, tut es gut, wenn wir uns an Gottes Stärke erinnern. Denn er steht auf unserer Seite.

Gottes Stärke wird zum Beispiel in folgender Hinsicht beschrieben:

- *Allmacht* (1. Chronik 29,11): Alles im Himmel und auf der Erde gehört Gott. Es gibt nichts und niemanden, der über Gott steht. In seiner Allmacht sind wir geborgen.
- *Schutz* (2. Samuel 22,2–3): Gott wird in der Bibel mit vielen Bildern beschrieben: als unser Fels, unsere Burg, unser Schild, unsere Zuflucht … Sie bringen zum Ausdruck, dass er uns Schutz und Sicherheit gibt. Und in scheinbar ausweglosen Situationen rettend eingreift.
- *Wundertäter* (Psalm 77,15): Für Gott gibt es kein »Unmöglich«. Er kann Wunder tun. Dadurch sind seine Möglichkeiten, Situationen zu verändern, unbegrenzt.
- *Beistand* (Psalm 46,2–4): Egal, was um uns herum geschieht, Gott steht uns bei. Als Herr der Welt gibt es nichts, dem er nicht gewachsen ist.

■ **Denk mal**
Wovon fühlst du dich bedroht?

■ **Mach mal**
Stell dir bildlich vor, wie die Bedrohung vor dem starken Gott an deiner Seite weicht.

■ **Zum Vertiefen**
Ich liebe dich, Herr! Du bist meine Kraft! —Psalm 18,2

Gott liebt uns nicht, weil wir liebenswert sind, sondern weil er die Liebe ist.
—C. S. Lewis

Der liebende Gott

■ Gott ist Liebe. Immer und immer wieder wird in der Bibel beschrieben, wie sehr er uns, seine Kinder, liebt. Doch oft fällt es uns schwer, das wirklich in der Tiefe zu begreifen. Besonders weil uns die Vorbilder fehlen. Denn selbst die besten irdischen Eltern sind fehlbar.

So kommt es, dass wir uns immer wieder (auch) vor Gott fürchten. Deshalb ist es so wichtig, dass wir uns beständig damit beschäftigten, wie tief Gottes Liebe zu uns ist. Denn »vollkommene Liebe treibt die Furcht aus« (1. Johannes 4,18). Nur wenn wir seine Liebe in der Tiefe begriffen haben, werden wir uns Gott völlig angstfrei nähern.

Die Bibel verwendet verschiedene Bilder, um uns Gottes liebevolles Wesen näherzubringen.

- *Der gegenwärtige Gott* (Matthäus 28,20): Gott ist in unserem Leben gegenwärtig. Er wird uns nie verlassen.
- *Der gütige Gott* (Psalm 31,20): Gottes Wesen ist Güte. Er ist von Grund auf gut und will uns Gutes tun und schenken.
- *Der vergebende Gott* (Daniel 9,9): Wir werden immer wieder schuldig. Doch wenn wir Gott um Vergebung bitten, vergibt er uns gern. Immer wieder neu.
- *Der mütterliche Gott* (Jesaja 66,13): Gott will uns trösten, wie eine Mutter tröstet. Er kennt unsere Nöte und will uns innerlich begegnen.
- *Der väterliche Gott* (Epheser 3,14–15): Gott ist ein guter Vater. Als seine Kinder dürfen wir seine bestätigende, stärkende Vaterliebe erfahren.

■ **Denk mal**
Wie unterscheidet sich Gottes Liebe von der Liebe, die du von deinen Eltern/Bezugspersonen erlebt hast?

■ **Mach mal**
Lass die Menschen los, die nicht vollkommen geliebt haben. Danke Gott für seine vollkommene Liebe für dich.

■ **Zum Vertiefen**
Das haben wir erkannt, und wir vertrauen fest auf Gottes Liebe. Gott ist Liebe, und wer in dieser Liebe bleibt, der bleibt in Gott und Gott in ihm.
—1. Johannes 4,16

Nicht alle unsere Wünsche, aber alle seine Verheißungen erfüllt Gott.
—Dietrich Bonhoeffer

Gottes Verheißungen

■ Gott stellt sich uns in der Bibel nicht nur mit unterschiedlichen Namen oder Eigenschaften vor. Sein Wort ist voller Verheißungen. Sie gelten allen Lebensbereichen: von Schutz über Versorgung bis hin zu Rettung, Nähe und Trost und der Erhörung unserer Gebete.

Manche der Verheißungen sind bedingungslos und gelten allen Menschen. Andere sind an bestimmte Voraussetzungen geknüpft: »Wenn ihr dies tut, werde ich jenes tun.« Viele davon sind mit der Aufforderung zum Gebet verbunden: »*Ihr habt nichts, weil ihr nicht bittet*« (Jakobus 4,2).

Jede Verheißung hat Kraft, weil sie von Gottes Charakter getragen ist. Dabei bringen unterschiedliche Verheißungen unterschiedliche Seiten von Gottes Charakter zum Ausdruck, zum Beispiel seine Großzügigkeit und Treue sowie seinen Wunsch, uns Gutes zu tun. Durch die Beschäftigung mit ihnen kannst du Gott besser kennenlernen.

Die Verheißungen können auch die Grundlage für dein Gebet bilden. Weil Gott vertrauenswürdig ist und nicht lügt, können wir uns darauf verlassen, dass Gebete, die sich auf seine Verheißungen gründen, erhört werden. Die Erhörung der Gebete kann jedoch anders aussehen, als wir es erwarten. Der Theologe Karl Rahner hat dieses große Geheimnis einmal so formuliert: »Zum Bittgebet gehört beides: die Gewissheit der Erhörung und der restlose Verzicht, nach eigenem Plan erhört zu werden.«

■ **Denk mal**
Welches ist deine »Lieblingsverheißung«?

■ **Mach mal**
Finde einige weitere Verheißungen Gottes in der Bibel.

■ **Zum Vertiefen**
Was Gott verheißt, das kann er auch tun. —Römer 4,21

Der Verstand liebt die Abwechslung; das Herz die Wiederholung.
—Esther von Kirchbach

Verankern

■ Bei der Informationsflut, die uns täglich überschwemmt, können wir Dinge oft gar nicht in der Tiefe wahrnehmen. Wir klicken uns von Inspiration zu Inspiration, doch bleibt am Ende häufig nur wenig hängen. Zur Ruhe zu kommen, sich bewusst und wiederholt mit einer Verheißung Gottes auseinanderzusetzen hilft, sie tief im Herzen zu verankern.

- *Meditierendes Gebet*: Man nimmt eine Wahrheit aus der Bibel über Gott und betet diese wiederholt im Dialog mit Gott. Zum Beispiel: »Christus ist unser Friede« oder »Gott ist meine Zuflucht«. Wenn wir diese Wahrheit dazu laut aussprechen, gewinnt der Glaube an Kraft.

- *Aufschreiben*: Etwas schriftlich festzuhalten hilft beim Einprägen, beispielsweise indem wir die Verheißungen Gottes an einem Platz befestigen, an dem wir ihnen immer wieder begegnen.

- *Bildhaft beten*: Es hilft, wenn man sich das, was man liest, innerlich vorstellt. Wie könnte die Erfüllung von Gottes Verheißung konkret aussehen? Hier sind weniger blühende Fantasiegebilde gefragt als realistische, aber durchaus auch emotionale Vorstellungen, die das Gelesene konkret werden lassen.

- *Nachlesen und Bibelstudium*: Wenn man Verheißungen in der Bibel nachliest und studiert, ist es hilfreich, den Kontext der Verheißungen zu lesen. Häufig gibt es mehrere ähnliche Verheißungen, die unterschiedliche Aspekte betonen. Wenn man diese Stellen miteinander vergleicht, erhält man ein noch tieferes Bild von Gottes Versprechen.

■ **Denk mal**
Auf welche der genannten Arten hast du dich noch nicht mit Gottes Verheißungen beschäftigt?

■ **Mach mal**
Wähle eine Verheißung Gottes aus, die dich anspricht, und beschäftige dich heute auf kreative Weise damit.

■ **Zum Vertiefen**
Glücklich ist, wer Freude hat am Gesetz des Herrn und darüber nachdenkt – Tag und Nacht. —Psalm 1,2

Gnade bringt die königliche Nähe.
—Friedrich Schiller

Nähe

■ Gott ist ein Gott, der sich in unsere Nähe begeben hat und sich bei uns aufhalten will. Als das Volk Israel Ägypten verlassen hatte und durch die Wüste zog, war Gott stets gegenwärtig. Tags zog er als Wolkensäule vor ihnen her, nachts erleuchtete er als Feuersäule ihren Weg (2. Mose 13,21).

Auch in unserem Leben ist Gott immer anwesend. Viele Verheißungen der Bibel betonen seine Nähe. Sich mit ihnen zu beschäftigen kann uns helfen, Gottes Gegenwart in unserem Bewusstsein zu verankern. Auch wenn wir uns manchmal fern von ihm fühlen, ist er immer da. Er will uns führen, behüten, versorgen und trösten.

- *Gegenwart* (Matthäus 28,20): Der gegenwärtige Gott wird uns nie verlassen. Er ist an jedem Tag bei uns – bis zum Ende der Zeit.
- *Gottes Geist* (Johannes 14,16–17): Gott hat uns den Heiligen Geist als Tröster geschickt. Er ist immer bei uns und zeigt uns die Wahrheit über uns und das Leben.
- *Bewahrung* (Johannes 10,29): Gott ist stärker und mächtiger als jede andere Macht. Wenn wir uns ihm anvertrauen, können wir mit seinem Schutz rechnen.
- *Hirte* (Psalm 23,1): Als unser Hirte ist Gott immer bei uns. Er führt uns und versorgt uns. Er kümmert sich um uns und behütet uns.
- *Beistand in Extremsituationen* (Jesaja 43,2): Auch in extremen Situationen bleibt Gott nahe bei uns.

■ **Denk mal**
In welchen Situationen hast du dich Gott besonders nahe gefühlt? In welchen besonders fern von ihm?

■ **Mach mal**
Stell dir bildlich vor, dass Gott direkt neben dir sitzt.
Unterhalte dich mit ihm.

■ **Zum Vertiefen**
Wenn du durch tiefes Wasser oder reißende Ströme gehen musst – ich bin bei dir, du wirst nicht ertrinken. Und wenn du ins Feuer gerätst, bleibst du unversehrt. Keine Flamme wird dich verbrennen. —Jesaja 43,2

Die Liebe Gottes bewahrt uns zwar nicht vor allem Leid,
aber sie bewahrt uns in allem Leid.
—Hans Küng

Schutz

■ Krieg, Terroranschläge, Naturkatastrophen – jeden Tag konfrontieren uns die Medien mit Schreckensnachrichten. Für viele Menschen ist ein Gefühl von Angst und Schutzlosigkeit zum ständigen Begleiter geworden. Doch gerade in solch einer Welt ist es wichtig, sich Gottes Verheißungen des Schutzes immer wieder vor Augen zu halten. Gott hat sich nicht passiv aus dem Geschehen der Welt zurückgezogen. Er ist ein Gott, der aktiv handelt. Er verspricht uns, immer und überall bei uns zu sein und seine schützende Hand über uns zu halten.

Immer und immer wieder ermutigt er Menschen in der Bibel: »Fürchte dich nicht! Hab keine Angst.« Diese Aufforderung gilt auch uns.

Gott schützt uns …

- *überall* (1. Mose 28,15): Egal, wo wir hingehen, wir können an jedem Ort mit Gottes Schutz rechnen. Er ist überall bei uns.
- *immer* (5. Mose 33,12): Gott schläft nicht. Zu allen Zeiten hält er seine Hand über uns und schützt uns.
- *unterwegs* (Psalm 91,11): Auch wenn wir unterwegs sind, können wir mit Gottes Schutz rechnen. Er begleitet uns auf unseren Wegen.
- *in Krisen* (Psalm 138,7): Gott bewahrt uns nicht vor jeder Krise. Aber auch in Krisenzeiten ist er uns nahe.
- *in Angriffen* (Psalm 27,1–3): Auch wenn Menschen uns angreifen, schützt Gott uns. Wir können uns auf ihn verlassen.

■ **Denk mal**
In welcher Hinsicht fühlst du dich gerade schutzlos?

■ **Mach mal**
Wenn du das nächste Mal Nachrichten liest, hörst oder siehst, erinnere dich bewusst daran, dass Gott da ist.

■ **Zum Vertiefen**
Von allen Seiten umgibst du mich und hältst deine schützende Hand über mir.
—Psalm 139,5

Wenn die Not am größten, dann ist Gottes Hilfe am nächsten.
—Deutsches Sprichwort

Hilfe

■ Die Bibel ist voll von Berichten über Gottes Eingreifen in schwierigen, ja ausweglosen Situationen. In den unterschiedlichen Lebenslagen hilft Gott gerne. Er gibt uns Kraft und Stärke (Jesaja 41,10). Wenn wir vor wichtigen Entscheidungen stehen, führt er uns (Psalm 32,8). Wenn wir nicht weiterwissen, schenkt er uns Weisheit (Sprüche 2,6). Und wenn wir Fehler gemacht haben und schuldig geworden sind, vergibt er uns (Psalm 103,3).

Gott hilft uns …

- *in Herausforderungen* (Philipper 4,12–13): Egal, welcher Herausforderung wir uns gegenübersehen, wir können mit Gottes Hilfe rechnen.
- *bei Versagen* (Psalm 37,24): Auch wenn wir versagen, straucheln und fallen, hilft Gott uns wieder auf.
- *in Krankheit* (Psalm 41,4): Zu Gottes Geschenken gehört auch Heilung. Er richtet uns wieder auf und lässt uns neu zu Kräften kommen.
- *bei Mobbing* (Psalm 57,4): Manchmal verstehen uns Menschen nicht oder falsch. Sie wenden sich von uns ab und greifen uns an. Auch dann hält Gott zu uns. Er bleibt uns nahe und hilft uns in solchen schwierigen Situationen.
- *in schlimmen Situationen* (Römer 8,35–38): In jeder noch so schrecklichen Situation ist Gott bei uns und zeigt uns seine Liebe. Er verspricht uns, dass nichts uns überwältigen kann, weil seine Liebe so stark ist.

■ **Denk mal**
Wobei benötigst du zurzeit Hilfe?

■ **Mach mal**
Bitte Gott um Unterstützung.

■ **Zum Vertiefen**
Weder Tod noch Leben, weder Engel noch Dämonen, weder Gegenwärtiges noch Zukünftiges, noch irgendwelche Gewalten, weder Himmel noch Hölle oder sonst irgendetwas können uns von der Liebe Gottes trennen, die er uns in Jesus Christus, unserem Herrn, bewiesen hat. —Römer 8,38

*Gott kann den Gegenstand unserer Sorge
zum Gegenstand des Wunders machen.*
—Helmut Thielicke

Versorgung

■ Viele Texte der Bibel beschreiben Gott als den, der seine Kinder mit dem versorgt, was sie brauchen – in emotionaler, praktischer, geistlicher und materieller Hinsicht. Gerade in Versorgungsengpässen ist es gut, sich an Gottes Versprechen zu erinnern und sie als Basis für das Gebet zu nehmen. »*Solange ihr nicht Gott bittet, werdet ihr nichts empfangen*«, heißt es in Jakobus 4,2. Wir dürfen also mit all unseren Anliegen vertrauensvoll zu Gott kommen. Als unser liebender Vater sorgt er gerne und gut für uns.

Gott sagt uns seine Versorgung zu ...

- *mit allem* (Philipper 4,19): Gottes Versorgung ist umfassend. Er verspricht uns alles, was wir zum Leben brauchen. Und »alles« bedeutet auch wirklich alles.
- *bei Sorgen* (1. Petrus 5,7): All unsere Sorgen und Grübeleien dürfen wir bei Gott ablegen und ihm vertrauen.
- *bei materiellen Bedürfnissen* (Lukas 12,24): Unser Vater im Himmel kümmert sich um unsere materiellen Bedürfnisse. Anstatt uns Sorgen wegen der Zukunft zu machen oder in blinden Aktionismus zu verfallen, dürfen wir ihm bewusst für alles vertrauen.
- *als Geschenk* (Matthäus 7,11): Gott ist liebevoller als jeder irdische Vater. Er beschenkt uns gern. Es liegt an uns, uns von ihm beschenken zu lassen.

■ **Denk mal**
Wo benötigst du ein »Versorgungswunder«?

■ **Mach mal**
Lass dir von Gott zeigen, wem du heute etwas von deinem Überfluss abgeben kannst.

■ **Zum Vertiefen**
Euer Vater weiß genau, was ihr braucht, noch ehe ihr ihn um etwas bittet.
—Matthäus 6,8

Ich leiste mir Gelassenheit – in Gottes Geborgenheit.
—Arno Backhaus

Emotionale Geborgenheit

■ Gott verspricht uns, sich nicht nur um unsere materiellen und geistlichen Bedürfnisse zu kümmern, sondern auch um das, was unsere Seele braucht, um sich geborgen und sicher zu fühlen.
Er bietet uns …

- *Geborgenheit* (Psalm 27,1): Gott schützt unsere Seele vor Angst und Terror. Wir müssen nichts fürchten, denn er ist bei uns.
- *Trost* (Jesaja 66,13): Gott ist ein Tröster, der unsere Not kennt und uns innerlich begegnen will.
- *innere Heilung* (Psalm 147,3): Auch mit unseren inneren Wunden dürfen wir zu Gott kommen. Er schenkt uns Heilung für unsere Verletzungen.
- *Hoffnung* (2. Thessalonicher 2,16): Unsere Hoffnung geht über dieses Leben hinaus, weil wir durch Gott ewige Hoffnung haben.
- *Frieden* (Johannes 14,27): In einer Welt voller Unfrieden schenkt Gott uns seinen tiefen Frieden.
- *Freude* (Psalm 64,11): Freude über Gott gibt uns neue Energie für das Leben.
- *Zufriedenheit* (Psalm 17,15): Unsere Seele wird satt, wenn wir Gott begegnen.
- *Liebe* (Johannes 14,21): Wir dürfen uns ganz sicher sein, von unserem himmlischen Vater geliebt zu sein.

■ **Denk mal**
Fällt es dir leichter, Gott für äußere oder für innere Versorgung zu vertrauen?

■ **Mach mal**
Lies den Text von Dietrich Bonhoeffers Gedicht »Von guten Mächten wunderbar geborgen«.

■ **Zum Vertiefen**
Der Herr ist mein Licht, er rettet mich. Vor wem sollte ich mich noch fürchten? Bei ihm bin ich geborgen wie in einer Burg. Vor wem sollte ich noch zittern und zagen? —Psalm 27,1

*Gott liebt uns, wie wir sind, aber er liebt uns zu sehr,
um uns so zu lassen, wie wir sind.*
—Autor unbekannt

Wirksamkeit und Erfolg

■ Wir alle sehnen uns danach, mit unserem Leben etwas Sinnvolles zu bewirken. Viele Verheißungen Gottes konzentrieren sich auf diesen Aspekt.

- *Innere Veränderung* (Galater 5,22): Durch seinen Heiligen Geist stößt Gott in unserem Leben Veränderungsprozesse an. Je mehr Raum wir ihnen geben, desto mehr Gutes kann in unserem Leben hervortreten.

- *Charakter* (Jesaja 64,7): Gott möchte unseren Charakter formen und prägen – wie ein Töpfer den Ton.

- *Erfolg* (Sprüche 3,6): Erfolg fällt nicht vom Himmel. Er ist das Ergebnis vieler kleiner Schritte. Gott will uns bei jedem dieser Schritte begleiten und uns den richtigen Weg zeigen.

- *Ausdauer* (Jesaja 40,31): Wenn wir auf Gott hoffen, gibt er uns immer wieder neue Kraft und Ausdauer.

- *Produktivität* (Psalm 1,3): Gott lässt gute Frucht in uns wachsen und – zur richtigen Zeit – Gutes aus unserem Leben hervorkommen.

- *Geistliche Frucht* (Johannes 15,5): Wenn wir in Jesus bleiben, dann fließt sein Leben durch uns hindurch. Er wirkt dann durch uns in unserem Umfeld.

- *Erfüllte Herzenswünsche* (Psalm 37,4): Gott gibt uns nicht nur, was wir brauchen, sondern er möchte darüber hinaus auch unsere Wünsche erfüllen.

■ **Denk mal**
Wo wünschst du dir in deinem Leben gerade Erfolg oder Frucht?

■ **Mach mal**
Was ist der erste, kleinstmögliche Schritt dorthin?
Gehe ihn heute – mit Gott an deiner Seite.

■ **Zum Vertiefen**
Denke bei jedem Schritt an ihn; er zeigt dir den richtigen Weg und krönt dein Handeln mit Erfolg. —Sprüche 3,6

Kein Gebet bleibt ohne Antwort.
—Heinrich Lhotzky

Gebetserhörung

■ Gott handelt nicht unabhängig von uns, sondern will mit uns kooperieren. Er möchte, dass wir ihm unsere Anliegen mitteilen und um sein Eingreifen bitten. Er erhört uns gerne. Manchmal gilt es, konkrete Bedingungen zu beachten, wenn wir möchten, dass unsere Gebete Erhörung finden.

- *Glaubensvoll beten* (Lukas 11,9): Gottes Verheißungen sind fantastisch. Er hat uns versprochen, uns das zu geben, worum wir ihn bitten.
- *Um Perspektive beten* (Jeremia 33,3): Gott möchte uns in seine Pläne einweihen.
- *In Jesu Namen beten* (Johannes 16,24): Wir dürfen in Jesu Namen zum Vater im Himmel kommen und ihn bitten.
- *In Einheit beten* (Matthäus 18,19): Eine besondere Verheißung liegt auf dem Gebet in Einheit. Gott selbst kann uns darin unterstützen, Beziehungen gut zu führen und in gelebter Einheit zu ihm zu kommen.
- *Umkehren* (2. Chronik 7,14): Gott freut sich darüber, wenn wir erkennen, wo wir falsch gehandelt haben. Er verspricht, uns und unser Land zu heilen, wenn wir zu ihm umkehren.
- *Dranbleiben* (Lukas 18,7–8): Manchmal benötigen wir Geduld und Glauben, um weiterzubeten, wenn Gott uns (scheinbar) einmal nicht sofort erhört. Aber es lohnt sich, dranzubleiben.

■ **Denk mal**
Welches deiner Gebete hat Gott in letzter Zeit erhört? Wie? So wie du es erwartet hattest oder anders?

■ **Mach mal**
Beginne ein Gebetstagebuch. So erinnerst du dich später besser daran, wie viele deiner Gebete Gott bereits erhört hat.

■ **Zum Vertiefen**
Bittet Gott, und er wird euch geben. Sucht und ihr werdet finden. Klopft an, dann wird euch die Tür geöffnet. —Lukas 11,9

In der Welt muss man Prüfungen bestehen, um etwas wert zu sein,
vor Gott aber darf man versagen und wird dennoch auserwählt.
—Corrie ten Boom

Glauben ohne Schuldgefühle

■ Als Christen wissen wir, dass Jesus Christus unsere Schuld auf sich genommen hat. Und trotzdem gibt es kaum jemanden, der mehr unter Schuldgefühlen leidet, als gerade die Christen.

Wir fühlen uns nicht gut genug, nicht fröhlich genug, nicht entschieden genug. Wir beten zu wenig, lieben zu wenig und tun eigentlich alles zu wenig. Und wenn wir einmal keine Schuldgefühle haben, fühlen wir uns schuldig, weil wir womöglich stolz geworden sind. Alle diese Schuldgefühle haben eines gemeinsam: Sie sind komplett überflüssig.

1. Gott hat nichts davon, wenn wir uns schlecht und schuldig fühlen. Im Gegenteil. Er vermisst seine Kinder, wenn sie schuldbewusst den Blickkontakt mit ihm vermeiden.
2. Der »Nächste« hat nichts davon. Die Zeit, die wir mit Schuldgefühlen verbringen, geht für konstruktive Beziehungen verloren.
3. Der Betroffene hat nichts davon. Den Christen müsste ich erst noch treffen, der durch gute Vorsätze und Beschäftigung mit eigener Schuld ein »besserer Christ« geworden wäre.

Wenn du einer dieser Betroffenen bist, gibt es eine gute Nachricht: Diese Schuldgefühle sind überflüssig und unberechtigt. Du kannst getrost auf sie verzichten.

In den nächsten Tagen lade ich dich dazu ein, dich tiefer damit zu beschäftigen, wie Gott dich sieht. Und zu erkennen, dass zu einem Leben voller Unschuld-Gefühle berufen bist.

Text von Harald Sommerfeld (ebenso Kapitel 2.21–2.31).

■ **Denk mal**
Wo hast du in deinem Glaubensleben Schuldgefühle ohne dass konkrete Schuld vorliegt?

■ **Mach mal**
Überlege dir, welchen »Gewinn« du durch diese Schuldgefühle hast. Bist du bereit, ihn aufzugeben?

■ **Zum Vertiefen**
Wer nun zu Jesus Christus gehört, wird der Verurteilung durch Gott entgehen; er wird leben. —Römer 8, 1

Das Geschenk der Liebe kann man nicht geben.
Es wartet darauf, angenommen zu werden.
—Rabindranath Tagore

Du bist okay

■ Menschen, die Jesus begegneten, hörten von ihm als Erstes einen Satz der Annahme und Bejahung: »Für mich bist du okay!« Einen gelähmten Mann begrüßte Jesus mit den Worten: »Dir sind deine Sünden vergeben« (Markus 2,5). Einer Frau, die Ehebruch begangen hatte, versicherte er: »Ich verurteile dich nicht« (Johannes 8,11). Einen Betrüger überraschte er mit dem Wunsch: »Ich würde gern dein Gast sein« (Lukas 19,5). Dem Ausbeuter Levi und dem mutmaßlichen Terroristen Simon der Zelot erklärte er: »Euch kann ich brauchen. Kommt und geht mit mir« (Markus 2,14; Lukas 6,15). Ein wankelmütiger Mann wie Petrus hörte als Erstes: »Für mich bist du ein Fels« (Johannes 1,42).

Diese Leute hatten keine Vorleistungen erbracht. Sie hatten womöglich ihr falsches Verhalten noch gar nicht erkannt, geschweige denn Sünde bekannt, um Vergebung gebeten und ihr Verhalten geändert.

Aber egal, ob sie gewohnheitsmäßige Ganoven, auf frischer Tat ertappt oder von Schuldgefühlen belastet waren – Jesus wischte jede Schuld und alle Schuldgefühle mit dem einfachen Satz weg: »Dir sind deine Sünden vergeben. Punkt.«

Das ist auch das Erste, was Jesus dir sagt: »Deine Schuld ist dir erlassen. Vergiss die Vergangenheit. Mach dir keinen Kopf mehr über das, was in deinem Leben alles schiefgelaufen ist. Für mich bist du okay. Geh mit mir und erlebe das Abenteuer eines Lebens frei von Schuldgefühlen.«

■ **Denk mal**
Mit welchem Satz hätte Jesus dich bei der ersten Begegnung begrüßt?

■ **Mach mal**
Stell dich vor den Spiegel und sprich dir selbst die Worte zu: »Dir sind deine Sünden vergeben.«

■ **Zum Vertiefen**
Jesus fragte sie: »Wo sind jetzt deine Ankläger? Hat dich denn keiner verurteilt?« »Nein, Herr«, antwortete sie. »Dann will ich dich auch nicht verurteilen«, entgegnete ihr Jesus. —Johannes 8,10–11

Wo viel Liebe ist, da ist viel Vergebung.
—Jeremias Gotthelf

Schon erledigt

■ Jesus verharmloste das Problem der Schuld nicht, sondern er nahm es von deinen Schultern auf seine eigenen: »Schuld ist ein Riesenproblem, das du nie lösen können wirst. Sie macht dich fertig und zerstört dich und andere. Deshalb bin ich gekommen, um dieses Problem für dich zu lösen.«

Eine der ersten Aussagen, die im Neuen Testament über Jesus gemacht wurde, lautet: »*Siehe, das ist Gottes Lamm, das die Schuld der Welt hinwegträgt*« (Johannes 1,29). Vielleicht sagt dir der Ausdruck »Gottes Lamm« nicht viel. Für die Menschen damals brachte er zum Ausdruck, dass ein Unschuldiger leidet, damit die Schuldigen frei ausgehen können.

Das hat Jesus getan: Er hat die Schuld der Welt, und damit auch deine eigene, hinweggetragen. Also muss sie für dich auch nicht mehr vorhanden sein. Hier liegt das eigentliche Problem mit den Schuldgefühlen: Wir leben so, als hätte Jesus noch nicht all unsere Schuld »hinweggetragen«. Wir versuchen, Probleme zu lösen, die schon gelöst sind.

Jesus hat dies erledigt, ohne dass du dazu etwas beitragen musst. Für dich bleibt nur eins zu tun: Diese Tatsache zustimmend zur Kenntnis zu nehmen: »Siehe, das ist Gottes Lamm, das deine Schuld hinweggetragen hat.«

■ **Denk mal**
Wer würde es zuerst merken, wenn du keine Schuldgefühle mehr hättest? Woran?

■ **Mach mal**
Überlege dir, wie du heute feiern kannst, dass Jesus dein Schuldproblem abschließend gelöst hat.

■ **Zum Vertiefen**
Mit seinem Tod hat Christus ein für alle Mal beglichen, was die Sünde fordern konnte. —Römer 6,10

Das Gesetz fordert, die Strafe nimmt, die Gnade gibt.
—Franz von Assisi

Du hast einen guten Anwalt

■ Vor einiger Zeit war ich zu einem Geburtstag eingeladen. Unser Gastgeber hatte einen speziellen Geschenkwunsch: Er bat uns, ihm je ein Exemplar einer Obdachlosenzeitung mitzubringen, wie es sie in vielen Großstädten gibt. Wir sollten dem Verkäufer so viel Trinkgeld geben, wie wir sonst für ein Geschenk ausgegeben hätten.

So suchte ich einen Straßenverkäufer auf, der auf jemanden hoffte, dem die Zeitung 1,20 Euro wert war oder der ihm aus Mitleid eine Spende geben würde. Doch an diesem Tag erlebte er etwas anderes. Denn ich sollte ihn nach dem Wert behandeln, den mein Gastgeber für mich hatte. Der Zeitungsverkäufer war mit dem Resultat ausgesprochen zufrieden.

Viele Christen stehen vor Gott wie dieser Verkäufer. Sie hoffen, dass Gott irgendetwas an ihnen findet, das ein bisschen Anerkennung verdient, oder dass er wenigstens Mitleid mit ihnen hat. Aber Gott möchte auch einen Geschenkwunsch erfüllen. Jesus »tritt für uns ein«. Das heißt, er sagt seinem Vater: »Behandle die Menschen so, wie du mich behandeln würdest. Sieh sie so an, wie du mich ansiehst.«

In Gottes Augen bist du genauso unschuldig wie Jesus. Die Frage, ob dein Tun vor ihm »reicht«, stellt sich nicht mehr. »Reicht das, was Jesus getan hat?«, ist die wirkliche Frage, und die Antwort darauf lautet: »Ja.« Ist Jesus in Gottes Augen okay? Dann bist du es auch. Das, was ich als »okay« bezeichne, heißt im Neuen Testament übrigens »gerecht«.

■ **Denk mal**
Gott sieht dich genauso, wie er Jesus sieht.
Welche Empfindungen löst diese Aussage in dir aus?

■ **Mach mal**
Mache es wie Gott: Tue heute jemandem etwas Gutes, weil du ihn behandeln möchtest, als ob er Jesus sei.

■ **Zum Vertiefen**
Wer wollte es wagen, die von Gott Auserwählten zu verurteilen? Keiner, denn Christus ist für sie gestorben. Er tritt jetzt vor Gott für uns ein.
—Römer 8,34

Kein Schuldiger wird vor dem eignen Richterstuhl freigesprochen.
—Ambrosius Theodosius Macrobius

Du hast einen guten Richter

■ Zuerst kommt die Leistung, dann die Bewertung – so ist unsere Erfahrung. In der Schule musst du erst herausragende Leistungen erbringen, bevor ein »Sehr gut« auf deinem Zeugnis steht. Wenn Prüfungen schlecht laufen, steht im Zeugnis etwas anderes.

Falls du jemals vor Gericht gestellt werden solltest, wird man dort untersuchen, ob du schuldig bist oder nicht. Einen »Freispruch wegen erwiesener Unschuld« wirst du nur bekommen, wenn deine Unschuld nachgewiesen wurde.

Kannst du dir einen Lehrer vorstellen, der in die Klasse kommt und allen Schülern ein Zeugnis mit lauter Einsen aushändigt und erst danach die Klassenarbeiten schreiben lässt (durch die sie ihre Noten nicht mehr verlieren können)?

Kannst du dir einen Richter vorstellen, der den Gerichtssaal betritt und den Angeklagten mit den Worten begrüßt: »Im Namen des Volkes ergeht folgendes Urteil: Sie sind von allen Vorwürfen freigesprochen und gelten als unbescholten. Und jetzt treten wir in die Beweisaufnahme ein, die aber an dem Urteil nichts mehr ändern wird.«

Solch ein Lehrer und Richter ist Gott. Du bekommst deine sehr gute Note, wenn du in seine Schule eintrittst. Und wenn du anfängst, mit ihm über dein Leben zu sprechen, sagt er dir: »Egal, was wir alles entdecken, das Urteil steht fest – du bist und bleibst unschuldig.« Denn Gott ist ein Gott, »der die Schuldigen freispricht« (Römer 4,5).

■ **Denk mal**
Was würde sich in deinem Leben verändern, wenn die Frage nach der Beurteilung keine Rolle mehr spielte?

■ **Mach mal**
Begegne den Herausforderungen des kommenden Tages mit dem Bewusstsein, dass du bei Gott bereits »bestanden« hast.

■ **Zum Vertiefen**
Der Herr bestraft uns nicht, wie wir es verdienen; unsere Sünden und Verfehlungen zahlt er uns nicht heim. So fern, wie der Osten vom Westen liegt, so weit wirft Gott unsere Schuld von uns fort! —Psalm 103,10.12

Die Freiheit der Seelen ist die Freiheit der Welt.
—Jean Baptiste Henri Lacordaire

Die Angst vor dem Freibrief

■ Manche Leser werden angesichts des bisher Gelesenen besorgt fragen: Wenn Gott uns wirklich die Zensur für unser Leben im Voraus gratis schenkt und diese ein »Sehr gut« ist, warum sollten wir uns dann noch anstrengen?

Gnade macht vielen Christen Angst. Warum sollte jemand, der nichts mehr zu befürchten hat, nicht über die Stränge schlagen? Meine Beobachtung geht jedoch dahin, dass Christen diese Sorge in der Regel für andere haben. Ich habe noch niemanden getroffen, der über sich selbst sagte: »Ich brauche einen strengen Gott, sonst betrüge ich meine Frau, überfalle meinen Nachbarn oder töte meinen Chef. Nur die Furcht vor Sanktionen hält mich davon ab.«

Stell dir vor, Gott träte heute persönlich vor dich und sagte dir: »Ich habe dich begnadigt und erklärt, dass du okay bist. Das werde ich nie zurücknehmen. Wenn du willst, kannst du den Rest deines Lebens lügen und betrügen und die Sau rauslassen, mein ›Ja‹ zu dir steht fest.« Würdest du antworten: »Super, Gott, danke für den Freibrief. Wir sehen uns nach einigen Jahrzehnten der Ausschweifung wieder«?

Nein, du würdest sagen: »Gott, das alles will ich doch gar nicht tun. Ich brauche keinen Freibrief zum Sündigen, sondern deine Hilfe, um so zu werden, wie ich gern sein möchte. Und dass ich mich bei dir nicht fürchten und schuldig fühlen muss, wenn etwas noch nicht klappt, das macht mich wirklich dankbar.«

■ **Denk mal**
Wie würdest du auf einen Freibrief von Gott reagieren?

■ **Mach mal**
Kennst du einen anderen Christen, der unter Schuldgefühlen leidet? Vermittle ihm anhand dessen, was du bis hierher gelernt hast, dass auch er okay ist.

■ **Zum Vertiefen**
Mit meinem Geist erfülle ich euch, damit ihr nach meinen Weisungen lebt, meine Gebote achtet und sie befolgt. —Hesekiel 36,27

Der Selbstzweifel ist ein harter Gegner.
—Raymond Walden

Gnade funktioniert

■ An einer kanadischen Hochschule studierte eine junge Frau, die ebenso begabt wie unsicher war. Sie stand ständig unter Prüfungsstress, hatte Angst, die erforderliche Leistung nicht zu bringen – und bekam dennoch ständig Bestnoten.

Eines Tages meldete sie sich für ein neues Seminar an. Der Dozent wusste um ihre Anfälligkeit für Selbstzweifel und Perfektionismus und um den Stress, den ihre vermeintliche Unzulänglichkeit ihr bereitete. Er wusste, dass sie ihr Studium eigentlich liebte, aber dass der Leistungsdruck, den es in ihr auslöste, ihr alles zur Qual machte.

Deshalb griff er zu einer ungewöhnlichen Maßnahme. Er machte ihr folgende Auflage: Sie dürfe an dem Seminar nur teilnehmen, wenn sie eine Bedingung akzeptierte. Sie würde bereits vor Beginn des Seminars die bestmögliche Note bekommen und sie würde diese Note nicht mehr verlieren, egal, wie ihre Teilnahme am Seminar aussähe. Ein Risiko für den Dozenten? Vielleicht. Aber er rechnete damit, dass die Studentin an dem Inhalt des Seminars interessiert war und dass sie ihm viel entspannter und begeisterter folgen würde, wenn die Abschlussprüfung nicht mehr im Raum stünde.

Und so war es. Nie genoss die Studentin ein Seminar so sehr wie dieses, nie war sie mehr bei der Sache, nie lernte sie mehr. Gnade funktioniert tatsächlich.

■ **Denk mal**
Weil es nicht mehr darum geht, wie Gott dich bewertet, stelle dir die Frage: Was möchtest du von ihm lernen?

■ **Mach mal**
Mache eine Liste dieser Dinge und gibt dir für jeden Bereich schon mal eine Eins.

■ **Zum Vertiefen**
Die Sünde hat ihre Macht über euch verloren. Denn ihr seid nicht länger an das Gesetz gebunden, sondern ihr lebt von der Barmherzigkeit Gottes.
—Römer 6,14

Veränderung heißt Vertrauen; Vertrauen ist Veränderung.
—Robert Kroiß

Veränderung statt Dressur

■ Zum christlichen Leben gehört die Veränderung. Aber diese Veränderung besteht nicht in frommer Dressur. Wenn ein Tier dressiert wird, bringt man ihm ein Verhalten bei, das für dieses Tier unnatürlich oder gar beschwerlich ist. Im Zirkus läuft so manches Wesen auf zwei Beinen, das viel lieber mit vier Füßen Bodenkontakt hätte. Dressur funktioniert, weil ein System von Belohnung und Bestrafung eingesetzt wird. Aber niemand würde ein Pferd für einen Zweibeiner halten, weil es sich aus Furcht vor der Peitsche unnatürlich bewegt. Bei Menschen ist das ganz anders. Ein Kleinkind, das gut ernährt wird und sich gesund entwickelt, krabbelt zwar am Anfang auch auf allen vieren, aber auf Dauer werden weder Misserfolge noch gelegentliche blaue Flecken das Kind vom aufrechten Gang abhalten können. Es hat das Wesen und die Gene eines Zweibeiners. Gott verändert dich nicht, indem er dich durch Schuldgefühle zu einem Verhalten dressiert, das dir gar nicht liegt. Gott verändert dich durch eine neue Natur. »Er hat seinen Willen in dein Herz geschrieben.« Am Anfang magst du noch herumkrabbeln wie zuvor, aber wenn du dich innerlich gut ernährst und gesund entwickelst, werden immer mehr neue Verhaltensweisen in dir heranwachsen. Weil sie schon in dir drinstecken.

■ **Denk mal**
Welche neuen Neigungen hat die Begegnung mit Jesus in dein Leben gebracht?

■ **Mach mal**
Lies einen kurzen Brief des Neuen Testaments. Ignoriere alle Handlungsanweisungen. Konzentriere dich auf das, was dir zugesprochen wird.

■ **Zum Vertiefen**
Gehört jemand zu Christus, dann ist er ein neuer Mensch. Was vorher war, ist vergangen, etwas Neues hat begonnen. —2. Korinther 5,17

Der Ärger über uns selbst macht uns unfähig, gegen uns selbst gerecht zu sein; wir beurteilen unsere Fehler nicht nach dem wahren Verhältnis, sondern nach unserer Leidenschaft. —Franz von Sales

Der wahre Petrus

■ Petrus hatte es richtig vermasselt. Unter Eid hatte er dreimal abgestritten, Jesus zu kennen. Seinen Glauben zu verleugnen ist eine der schlimmsten Sünden, die die Bibel kennt.

Petrus wusste das. Er schämte sich und war über sich selbst verzweifelt. Am Ende war er so entmutigt, dass er an seiner Berufung zweifelte und zur Fischerei zurückkehren wollte. Jesus erkannte, dass Petrus Hilfe brauchte. Von allein wäre dieser nicht mehr aus dem Loch herausgekommen. Also suchte er den geknickten Jünger auf und klärte die Sache bei einem Frühstück.

Dabei tat Jesus nicht das und erwartete von Petrus nicht das, was viele für unverzichtbar gehalten hätten. Die Schuld von Petrus wurde überhaupt nicht thematisiert. Schließlich war Jesus zwischenzeitlich dafür gestorben. Petrus musste nicht seine Sünde »bekennen«, nicht um Vergebung bitten und Änderung geloben. Jesus war auf etwas ganz anderes aus. Dreimal fragte er Petrus: »Hast du mich lieb?«

Petrus spürte nur seine Schuldgefühle. Jesus wollte, dass er wieder zu spüren begann, was viel tiefer und unzerstörbar in sein Herz geschrieben war: seine Liebe zu Jesus. Er erreichte sein Ziel. Am Ende sagte Petrus: »Herr, du weißt alles, du weißt, dass ich dich lieb habe.« Das konnte er sagen, weil er es jetzt auch selbst wieder wusste. Damit war alles klar. Die Verleugnung Jesu war etwas, das Petrus überwältigt hatte. Die Liebe zu Jesus, das war der wahre Petrus.

■ **Denk mal**
Denkst du, Jesus mit etwas enttäuscht zu haben, und fühlst dich deswegen schlecht?

■ **Mach mal**
Setze dich mit Jesus an den Frühstückstisch und sage ihm, dass du ihn lieb hast.

■ **Zum Vertiefen**
Petrus antwortete: »Herr, du weißt alles. Du weißt auch, wie sehr ich dich liebe!« Darauf sagte Jesus: »Dann hüte meine Schafe!« —Johannes 21,17

Niemand tadelt uns so scharf, wie wir uns oft selbst verurteilen.
—Luc de Clapiers Vauvenargues

Gott ist größer als dein Herz

■ Zu Menschen, die sich in einer ähnlichen Situation befinden wie Petrus, sagt Johannes: »*Wenn das Herz uns nicht verurteilt, haben wir gegenüber Gott Zuversicht; alles, was wir bitten, empfangen wir von ihm, weil wir … tun, was ihm gefällt*« (1. Johannes 2,21–22).

Aber was ist, wenn einer nicht in dieser Position ist? Johannes wusste, dass der Normalfall für viele Christen ganz anders aussieht: Sie entdecken 1000 Punkte, an denen sie anders hätten handeln sollen, oder Dinge, die sie besser gelassen hätten. Auf sie trifft eher die Aussage zu: »*Wenn das Herz uns verurteilt…*« (Vers 20). Was ist dann zu tun?

Der religiös eingeübte Reflex sagt: »Um Gott gegenüber in den oben beschriebenen Zustand der Zuversicht und Empfangsbereitschaft zu kommen, musst du bereuen, büßen, dein Leben bessern.« Johannes sagt etwas ganz anderes: »Wenn uns unser Herz auch verurteilt – Gott ist größer als unser Herz und weiß alles.«

Gott ist nicht allzu erschüttert von deinem Fehlverhalten, weil er tiefer blickt. Er sieht, was er »in dein Herz geschrieben« hat. Er weiß, dass du ihn liebst und ihm gefallen möchtest, auch wenn du selbst das inmitten von Fehlverhalten und Schuldgefühlen kaum noch spüren oder glauben kannst. Wenn du dich auf Gottes Einschätzung mehr verlässt als auf deine eigene, kannst du »*dein Herz (deine Schuldgefühle) in seiner Gegenwart beruhigen*« (Vers 19). So wie Petrus.

■ **Denk mal**
Was denkst du selbst über dich?
Was denkt Gott über dich?

■ **Mach mal**
Schreibe für beide Fragen eine Liste mit Antworten.
Dann zerreiße die erste und glaube der zweiten.

■ **Zum Vertiefen**
Durchforsche mich, o Gott, und sieh mir ins Herz, prüfe meine Gedanken und Gefühle! —Psalm 139,23

In Hinsicht auf unser Wohl und Wehe kommt es in letzter Instanz darauf an, womit das Bewusstsein erfüllt und beschäftigt ist.
—Arthur Schopenhauer

In Jesus bleiben

■ Deine Beziehung zu Gott ist durch Jesus gesichert. Wer »in ihm ist«, also zu ihm gehört, gegen den liegt nichts mehr vor. Deshalb sagt Jesus: »Bleibt in mir.« Aber was ist, wenn du nicht »in ihm geblieben« bist, wenn Schuld und Schuldgefühle erneut bei dir Einkehr gehalten haben?

Stell dir vor, du sitzt in einer Veranstaltung. Auf einmal gehen deine Gedanken auf Wanderschaft: Sie schweifen zu deinem Cousin, mit dem du am Nachmittag zu einem Fußballspiel gehen wirst … Schon sitzt du in deinen Tagträumen im Stadion. Von der Veranstaltung bekommst du nichts mehr mit. Du bist nicht »in ihr geblieben«, sondern in Gedanken ins Stadion gewandert.

Wie kommst du jetzt in die Veranstaltung zurück? Musst du den weiten Fußweg vom Stadion in den Saal zurücklegen oder dir ein Taxi nehmen? Nein, plötzlich wachst du aus deinen Tagträumen auf und dir wird bewusst, dass du immer noch in der Veranstaltung sitzt. Es war dir nur nicht mehr bewusst gewesen.

So ist es mit dem »Bleiben in Jesus«. Du kannst ihn nicht verlassen, weil er dich nicht verlässt. Aber deine Gedanken und dein Herz können auf Wanderschaft gehen. Dann ist kein mühsamer Rückweg nötig. Du musst dich nur erinnern, dass du immer noch in ihm bist. Wenn also der Blues wieder nach dir greift, dann brauchst du nicht deine Beziehung zu Jesus neu zu klären. Du musst nur aufwachen und merken: »Ach ja, ich bin ja immer noch in ihm und alles ist in Ordnung.«

■ **Denk mal**
Hast du das Gefühl, dass Jesus ganz weit weg ist?

■ **Mach mal**
Mache einen Spaziergang durch den Park oder die Natur und stelle dir vor, dass Jesus direkt neben dir läuft. Unterhalte dich mit ihm.

■ **Zum Vertiefen**
Meinen Schafen gebe ich das ewige Leben, und sie werden niemals umkommen. Niemand kann sie aus meiner Hand reißen. —Johannes 10,28

Angst klopfte an. Vertrauen öffnete. Keiner war draußen.
—Chinesisches Sprichwort

Lass es drauf ankommen

■ Ich hoffe, du hast, angeregt durch die Lektüre der letzten Tage, den Weg in das Land der Unschuld gefunden. Vielleicht stehst du aber auch noch kurz davor und traust dich nicht, den letzten Schritt zu machen. Du wärest nicht der Einzige.

Immer wieder höre ich von Christen: »Kann das wirklich so einfach sein? Steht nicht auch in der Bibel, dass ...?« Sie sind sehr erfindungsreich darin, Gründe zu finden, warum es um sie doch nicht gut bestellt sein kann. Dahinter lauert eine Urangst des Menschen, am Ende doch abgelehnt zu werden und nicht gut genug zu sein.

Diese Angst überwindest du nicht durch Argumente, sondern durch Vertrauen. Hier ist ein beliebter Vergleich: Ein kleines Kind sitzt auf dem Schrank, vor ihm steht der Vater und fordert es auf, in seine Arme zu springen. Das Kind hat Angst. Wenn der Vater es nicht festhält, wird es hart auf dem Boden aufschlagen. Aber schließlich springt es und macht die Erfahrung, aufgefangen und gehalten zu werden.

So steht Gott vor dir und lädt dich ein, in seine Arme der Vergebung und Annahme zu springen. Was ist, wenn diese Arme dich nicht auffangen? Nun, was soll's – dann hast du sowieso keine Chance! Doch wenn du springst, dann wartet auf dich die wunderbare Erfahrung, aufgefangen und gehalten zu werden. Verzichte auf jede andere Art, dich mit deiner Schuld zu beschäftigen, und lass es darauf ankommen, dass sie durch Jesus geklärt ist. Das mag sich eine Zeit lang mulmig anfühlen, aber es endet gut.

■ **Denk mal**
Ist jetzt dieser Sprung in die Arme Gottes für dich dran?
Kannst du seine offenen Arme vor dir sehen?

■ **Mach mal**
Dann spring!

■ **Zum Vertiefen**
Sind wir untreu, bleibt er treu. Ihm können wir vertrauen.
—2. Timotheus 2,13

Reich machende Begegnungen

■ Was Freundschaft ist, ist nicht leicht zu sagen. Sie ist so einzigartig und einmalig, wie die zwei Menschen, die sie leben. Da gibt es Definitionen, was sie ist und wo ihre Grenzen liegen: Freundschaft bezeichnet eine positive Beziehung und Empfindung zwischen Menschen. Sie beruht auf Zuneigung und gegenseitiger Wertschätzung. In einer Freundschaft schätzen und mögen die befreundeten Menschen einander und verbringen ohne äußeren Druck gerne Zeit zusammen.

Eine Freundschaft ist kein Selbstläufer, sondern beinhaltet aktive Prozesse. Sie wird zu Beginn »geschlossen«, kann aber bei mangelnder Pflege, Enttäuschungen oder Disharmonien auch »erkalten«.

Freundschaftliche Beziehungen werden oft nach dem Grad ihrer Stärke abgestuft: Die schwächste Form ist die »Bekanntschaft«. Im Gegensatz dazu ist »der Freund fürs Leben« die Beschreibung einer intensiven und bedingungslosen Bindung, der auch lange Trennungen nichts anhaben können. Der stärkste Ausdruck von Freundschaft ist die Selbstaufopferung zugunsten des anderen. Das hat Jesus auch gesagt: *»Die größte Liebe beweist jemand, der sein Leben für die Freunde hingibt«* (Johannes 15,13). Und er sprach davon, dass seine Jünger seine Freunde sind. Freunde Gottes zu sein – eine noch größere Dimension von Beziehung.

Freundschaft ist eine besondere Form der Zugehörigkeit, eine Begegnung von Herz zu Herz. Ein sicherer Ort, an dem man so sein kann, wie man ist. Gute Freunde sind ein riesiger Schatz. Für die Freunde in meinem Leben bin ich unendlich dankbar!

Jedes Mal, wenn man einen neuen Freund gewinnt,
definiert sich Freundschaft neu!
—Autor unbekannt

Wer ist ein Freund?

■ Gerade habe ich eine sehr ausgedehnte, angenehme Mittagspause mit jemandem verbracht, der ein Freund werden könnte. Was ist eigentlich ein Freund? Es gibt verschiedene Möglichkeiten, Freundschaft zu definieren. Ich selbst formuliere es so: Ein Freund ist ein Mensch, mit dem ich freiwillig gerne Zeit verbringe und der mir im Lauf der Zeit vertraut geworden ist.

Gemeindemitglieder, Verwandte, Vereinsbrüder, Nachbarn und Kollegen können durchaus nett sein. Man verbringt vielleicht auch gerne Zeit mit ihnen und freut sich, sie zu sehen – doch so ganz freiwillig ist das nicht. Man ist nicht immer sicher, ob man genau diese Menschen gewählt hätte. Und umgekehrt.

Der nette Zeitgenosse hingegen, mit dem ich die Mittagspause im Sonnenschein verbracht habe, ist ein angenehmer und interessanter Mensch. Unser Gespräch war vielseitig und bewegend. Es war eine sehr schöne Zeit – nicht nur weil die Sonne schien.

Dennoch: Als Freund würde ich ihn noch nicht bezeichnen. Dazu fehlt für mich noch ein großes Stück Vertrautheit. Wir sind uns erst wenige Male begegnet und mit dem Leben des jeweils anderen noch kaum bekannt. Vertrautheit wächst erst im Lauf der Zeit. Ich bin gespannt auf weitere Begegnungen und das, was daraus wächst – oder auch nicht.

■ **Denk mal**
Was bedeutet für dich Freundschaft?
Wen bezeichnest du als einen Freund?

■ **Mach mal**
Überlege dir, wo du zuletzt jemanden kennengelernt hast und ob er ein Freund werden könnte.

■ **Zum Vertiefen**
David und Jonatan schlossen einen Bund und schworen sich ewige
Freundschaft. —1. Samuel 18,3

Am ersten Tag sind wir Freunde, am zweiten sind wir Brüder.
—*Afghanisches Sprichwort*

Neue Freunde finden

■ »Ich bin neu hier – ich weiß gar nicht, wo ich jemanden kennenlernen kann.« Heute führt die Arbeitsmarktsituation zu häufigem Ortswechsel. Meine alten Freunde leben mittlerweile nicht nur verstreut in ganz Deutschland, sondern auf allen fünf Kontinenten.

Es ist hilfreich, die Kunst zu beherrschen, neue Freunde zu finden. Dabei können alte Freunde Türen zu anderen netten Menschen öffnen. In meinem Leben entstand eine Reihe von Freundschaften dadurch, dass Freunde mich mit anderen Menschen zusammengebracht haben. Gemeinsame Interessen sind ebenfalls ein guter Weg, um Freunde zu finden. Das können sportliche, kulturelle oder spirituelle Aktivitäten sein. Wenn man aktiv ist und sich mit dem beschäftigt, was einem Freude macht, findet man viele Gelegenheiten, Menschen kennen zu lernen, die sich für das Gleiche interessieren.

Manche Menschen scheuen sich, andere zu fragen, ob sie Zeit mit ihnen verbringen wollen. Sie fürchten, eine Absage zu bekommen. Zwei Gedanken können hier hilfreich sein: Womöglich geht es dem anderen genauso – vielleicht sehnt er sich nach Freunden und wagt es nicht, jemanden anzusprechen, und freut sich, wenn du den ersten Schritt machst. Und: Der andere hat alle Freiheit, »Nein« zu sagen oder zu signalisieren. Wenn er es tut, brauchst du das nicht persönlich zu nehmen. Es kann sein, dass er dich nett findet, aber sein Leben schon so voll ist, dass er keinen Raum für eine neue Freundschaft hat.

■ **Denk mal**
Wie hast du deine bisherigen Freunde kennengelernt?
Was war dabei hilfreich?

■ **Mach mal**
Gehe bei der nächsten Feier oder Party auf Leute zu, die du noch nicht kennst und sympathisch findest. Sprich sie an.

■ **Zum Vertiefen**
Sei gütig und treu, und werde nicht nachlässig, sondern sporne dich immer wieder an! So wirst du Freundschaft und Ansehen bei Gott und Menschen finden. —Sprüche 3,3–4

Charme und Ausstrahlung überleben die Schönheit.
—Karl Lagerfeld

Ausstrahlung

■ Es gibt Menschen, in deren Nähe sich viele gerne aufhalten und die ungemein anziehend wirken. Was ist ihr Geheimnis? Ein attraktiver Wesenszug ist die Fähigkeit, den Blick auf die schönen Seiten des Lebens zu lenken. Die wenigsten Menschen fühlen sich bei Leuten wohl, die ständig jammern. Sympathischer sind Menschen, die für vieles dankbar sind und das Gute im Leben sehen.

Attraktivität strahlen auch Menschen aus, die anderen zugewandt sind. Eine Frau begegnete kurz hintereinander zwei berühmten Männern. Einer erzählte viel von sich. Der andere zeigte Interesse an ihr. Hinterher sagte sie: »Nach der Begegnung mit dem einen dachte ich: ›Was für ein bewundernswerter Mann ist er!‹ Das Gespräch mit dem anderen hinterließ bei mir das Gefühl ›Was für eine bewundernswerte Frau bin ich!‹«

Mit solchen Menschen, die ihren Blick auf den anderen lenken und das Einzigartige in ihm entdecken können, verbringt jeder gern Zeit. Jeder kann so ein Mensch werden. Man kann es lernen.

Wenn man dazu neigt, sich und seine Probleme in den Mittelpunkt zu stellen, kann man umlernen. Indem man den Blick auf das richtet, was schön und gut ist – im eigenen Leben und im Leben anderer. Dann wird man auch darüber sprechen. Ganz natürlich. Es ist ein Wechsel der Blickrichtung – auf das Gute, das da ist. Das macht einen glücklicher – und attraktiver für andere.

■ **Denk mal**
Welche Menschen sind für dich besonders attraktiv?
Was zeichnet sie aus?

■ **Mach mal**
Achte bei der nächsten Begegnung darauf, dich dem anderen mit Interesse zuzuwenden. Und von schönen Dingen zu erzählen.

■ **Zum Vertiefen**
Einen fröhlichen Menschen erkennt man an seinem strahlenden Gesicht,
aber einem verbitterten fehlt jede Lebensfreude. —Sprüche 15,13

Wer Freunde sucht, ist sie zu finden wert,
wer keinen hat, hat noch keinen begehrt.
—Gotthold Ephraim Lessing

Risiko

■ Freundschaft ist immer Risiko. Man weiß bei den ersten Begegnungen nicht, ob der andere tatsächlich so ist, wie er wirkt, und ob er die Sympathie erwidert.

Damit Freundschaft wachsen kann, ist es nötig, sich immer wieder auf Begegnung einzulassen – mit vielen Menschen, aus denen man dann einige wenige Freunde wählt. Und auf immer neue Begegnungen mit den Menschen, zu denen sich Freundschaft entwickelt hat.

Manchmal sind geteilte Interessen die Grundlage für die Beziehung, ein anderes Mal spüren zwei Menschen innere Nähe, obwohl sie äußerlich wenig verbindet. Gelegentlich entdecken sogar frühere Feinde ihre Sympathie füreinander und werden zu Freunden. Freundschaft entsteht und entwickelt sich auf vielfältige Weise.

Es gibt Handlungsweisen, die Freundschaften zerstören, und andere, die sie stärken und haltbar machen. Zu geschäftig zu sein für Freundschaftszeit, Misstrauen zu pflegen oder nur von sich zu reden, bietet keine allzu gute Basis für Beziehungen. Sich Zeit zu nehmen für Freunde, verlässlich und nachsichtig zu sein dagegen, sind bewährte Bausteine für eine gute Freundschaft. Der Mut, ehrlich und offen zu sein, prägt tiefe, vertrauensvolle Beziehungen. Man kann sich vortasten und sehen, wie viel Vertrautheit möglich ist und abwarten, was zurückkommt.

■ **Denk mal**
Wann hast du schon einmal zugemacht und gespürt, eine Freundschaft geht hier nicht tiefer? Woran lag das?

■ **Mach mal**
Wage in einer neuen Freundschaft den Schritt, dich zu öffnen. Schaue, was zurückkommt und ob ihr gemeinsam vertrauter werden wollt.

■ **Zum Vertiefen**
Auf einen Freund kannst du dich immer verlassen; wenn es dir schlecht geht, ist er für dich wie ein Bruder. —Sprüche 17,17

Viele Menschen werden in deinem Leben kommen und gehen,
aber deine Freunde werden Spuren in deinem Herzen hinterlassen.
—Eleanor Roosevelt

Nutzen und Zweck

■ Der Psychologe Herb Goldberg beschreibt verschiedene Phasen in der Entwicklung von Freundschaften. In der ersten Phase basiert die Beziehung auf gegenseitigem Nutzen. Der eine hat Fähigkeiten oder Ressourcen, von denen der andere profitiert. Und umgekehrt. Solche Verbindungen bestehen häufig im beruflichen Umfeld. Bringt die Beziehung keinen Vorteil mehr, löst sie sich in der Regel auf.

Die zweite Ebene stellen Beziehungen dar, die sich um gemeinsame Aktivitäten drehen. Man gesellt sich zueinander, um einen bestimmten Zweck zu verfolgen. Oft hat man für unterschiedliche Unternehmungen andere »Freunde«. Mit einem ist man in einem Ehrenamt aktiv. Mit einem anderen treibt man Sport. Schwindet das gemeinsame Interesse, endet häufig auch die Beziehung. Aus solchen zweckgebundenen Beziehungen können sich aber auch echte Freundschaften entwickeln. Sie zeichnet aus, dass Menschen zueinander kommen, ohne bestimmte Ziele oder Zwecke zu verfolgen. Konkurrenz und Überlegenheit spielen in solch einer Beziehung keine Rolle mehr. Im Gegenteil: Befindet der eine sich in einer Notlage, versucht der andere, ihn emotional und praktisch zu unterstützen.

Zu einigen wenigen Freunden entwickelt man eine besonders intensive Beziehung. Das sind die engsten Freunde, mit denen man »Pferde stehlen« kann.

■ **Denk mal**
Mit welchen Freunden teilst du spezielle Interessen?
Welche Freundschaften sind »zweckfrei«?

■ **Mach mal**
Gehe bei einer Zweckfreundschaft einen Schritt weiter. Plane ein Treffen außerhalb des üblichen Rahmens und lass dich überraschen, was passiert.

■ **Zum Vertiefen**
Zwei haben es besser als einer allein, denn zusammen können sie mehr erreichen. Stürzt einer von ihnen, dann hilft der andere ihm wieder auf die Beine. —Prediger 4,9–10

Leicht finden wir Freunde, die uns helfen.
Schwer verdienen wir uns jene, die unsere Hilfe brauchen.
—Antoine de Saint-Exupéry

Helfen

■ Die meisten Menschen helfen anderen gern. Oft entstehen Freundschaften sogar durchs Helfen. So erlebte ich es bei einer Bekannten, die mit mir Möbel einkaufte, da ich die auf meinem Fahrrad nicht gut transportieren konnte. Diese Aktion und das anschließende Kaffeetrinken waren der Beginn einer bis heute anhaltenden, bereichernden Freundschaft.

Helfen verbindet. Man kann das bei der Suche nach Freunden bewusst einplanen: Wenn man Zeit und Lust hat, kann man anderen helfen – und vielleicht stellt man fest, dass man auch über die aktuelle Notsituation hinaus in Verbindung bleiben möchte. Hierbei ist es natürlich wichtig, auch die eigenen Grenzen zu kennen und zu benennen. Und selbst um Hilfe zu bitten, wenn man sie braucht.

Helfen kann man ganz unterschiedlich. Das Spektrum reicht von Kinderhüten über Autoverleih bis zu Rat und Einrichtungshilfe für die Wohnung. Dabei gibt es Tätigkeiten, die man gern für den anderen tut, weil sie einem Freude machen, und solche, zu denen man nur im Notfall bereit ist, weil man sie als belastend empfindet. Es tut gut, unter Freunden offen zu kommunizieren: »Hierbei helfe ich dir gern, in dem Bereich nur ungern.« So weiß der andere, womit er im Zweifelsfall rechnen kann und braucht ein »Nein« nicht persönlich zu nehmen.

Gerade brauche ich das nötige Werkzeug und Hilfe, um eine Hängematte auf meinem Balkon zu befestigen. Vielleicht frage ich einen Freund.

■ **Denk mal**
Wie leicht fällt es dir, andere um Hilfe zu bitten?
Gibt es Freunde, bei denen es dir leichter fällt?

■ **Mach mal**
Überlege, wer die Freunde sind, auf die du immer zählen kannst.
Und wer jederzeit auf dich als Freund zählen kann.

■ **Zum Vertiefen**
Ein wirklicher Freund steht mehr zu dir als ein Bruder. —Sprüche 18,24

Freundschaft ist die Blüte des Augenblicks und die Frucht der Zeit.
—August von Kotzebue

Entwicklung

■ Einige der Menschen, die heute meine Freunde sind, und ich, wissen nicht mehr, wo wir uns zum ersten Mal begegnet sind. Der Anfang war so unscheinbar, dass er uns nicht in Erinnerung geblieben ist. Vielleicht war es ein Gespräch während einer Kaffeepause. Oder ein Austausch an einem Info-Tisch. Fest steht nur: Bei weiteren Begegnungen hat sich die Beziehung vertieft. Und ist zur Freundschaft geworden.

Bei anderen Freunden erinnere ich mich noch genau an die erste Begegnung. Etwa bei Birgit. Wir waren beide Referentinnen auf der gleichen Tagung. Ich wusste von ihr, dass sie ein Problem, an dem ich kaute, schon erfolgreich bewältigte. Also sprach ich sie nach dem Mittagessen an: »Du, kann ich dich mal was fragen?« Zwei Stunden später war klar: Wir mögen uns und finden uns sympathisch.

Eine Freundschaft wäre wohl dennoch nicht daraus entstanden, hätte Birgit nicht die Initiative ergriffen und mich einige Monate später zu sich eingeladen. Wann genau aus der gegenseitigen Sympathie echte Freundschaft wurde, weiß ich nicht. Vermutlich irgendwann zwischen den E-Mails Nr. 250 und 340, in denen wir einander am Leben Anteil gaben. Das passierte weniger in persönlichen Treffen, da wir weit entfernt wohnen.

Freundschaft beginnt mit dem ersten Funken Sympathie. Manchmal wird daraus von selbst ein warmes Feuer. In anderen Fällen kann man aktiv nachhelfen, damit es zu lodern beginnt.

■ **Denk mal**
Wie kannst du eine Freundschaft, die sich anbahnt, weiterentwickeln?

■ **Mach mal**
Werde aktiv und schaffe eurer werdenden Freundschaft Raum. Plane ein nächstes Treffen oder Telefonat.

■ **Zum Vertiefen**
Ein freundliches Wort schenkt Freude am Leben. —Sprüche 15,4

Wir wissen, dass es zu dem Verwerflichsten gehört, Misstrauen zu säen und zu begünstigen, dass vielmehr Vertrauen, wo es nur möglich ist, gestärkt und gefördert werden soll. —Dietrich Bonhoeffer

Vertrauen

■ Drei Freunde sitzen zusammen. Einer schlägt vor, sich gegenseitig eigene Schwächen zu offenbaren. Der Erste gesteht, dass er ab und zu in Luxusläden etwas mitgehen lässt. Der nächste erzählt davon, dass er seiner Frau nicht immer treu ist. Der Dritte druckst lange herum. Schließlich sagt er: »Meine größte Schwäche ist, dass ich nichts für mich behalten kann. Ich bin ein schreckliches Klatschmaul und erzähle alles weiter, was ich gehört habe.«

Was hier ein guter Witz ist, ist im realen Leben oft bitterer Ernst. Fast jeder hat schon einmal die Erfahrung gemacht, dass er einem anderen Menschen etwas Kostbares anvertraut hat und erleben musste, wie Vertrauen missbraucht wurde. Gute Freundschaften zeichnen sich dadurch aus, dass über die Zeit ein tiefes Vertrauen gewachsen ist und man offen über Schwächen und Nöte sprechen kann. Kennt man sich noch nicht so gut, ist es hilfreich, vorher zu überlegen, wie viel man jemandem anvertrauen möchte.

Vertrauen ist immer eine Entscheidung. Man beurteilt aufgrund dessen, was man weiß, für wie vertrauenswürdig man den anderen hält und wie groß das Risiko ist, ihm zu vertrauen. Misstrauen verdient ein Mensch erst dann, wenn er mehrfach hintereinander gezeigt hat, dass er in einem Bereich nicht vertrauenswürdig ist.

Selbst vertrauenswürdig zu sein – zuverlässig, verschwiegen, loyal –, ist die Entscheidung, die man treffen kann, um selbst die Grundlage für Vertrauen zu schaffen.

■ **Denk mal**
Wie leicht – auf einer Skala von eins bis zehn – fällt es dir, zu vertrauen? Wie leicht kann man dir vertrauen?

■ **Mach mal**
Entscheide dich, einem Menschen erst dann zu misstrauen, wenn er dir dazu wiederholt Anlass gegeben hat.

■ **Zum Vertiefen**
Worauf vertraust du eigentlich, dass du dich so sicher fühlst? —Jesaja 36,4

Am besten nützen wir uns selbst, wenn wir anderen Gutes tun;
die richtige Art zu sammeln ist auszuteilen.
—Seneca

Teilen

■ »Wir sind in den Ferien, aber unser Haus steht zur Verfügung«, schrieb mir ein Freund, nachdem ich gefragt hatte, ob ich während einer Lese-Tour durch die Schweiz bei ihm und seiner Frau übernachten könnte.

Großzügigkeit gehört zur Freundschaft. Ich genieße es, in den Häusern meiner Freunde willkommen zu sein. Für mich ist es ebenso selbstverständlich, dass Freunde zeitweise bei mir unterkommen und sich in meiner Wohnung nehmen können, was sie brauchen. Das finde ich entspannt und schön. Andere Freunde haben mir gelegentlich ihr Auto geliehen, weil ich als passionierte Fahrradfahrerin keines besitze. Für sie war das selbstverständlich. Für andere weniger. Ich habe Freunde, die mir ihr Auto nur im Notfall zur Verfügung stellen würden. Für manche ist es nicht so leicht, Gäste zu haben. Sie treffen Freunde lieber im Restaurant oder leihen und verleihen nur selten Gegenstände. So wichtig es für eine gute Freundschaft ist, Materielles und Immaterielles zu teilen, so wesentlich ist es auch, die Grenzen zu akzeptieren, die jeder hat.

Das betrifft auch persönliches Erzählen. Manchen Menschen fällt es leicht, mitzuteilen, was sie bewegt. Andere brauchen längere Anlaufphasen oder halten sich mit Persönlichem eher zurück. Möglicherweise entfaltet und vertieft sich das Vertrauen im Laufe der Zeit. Und vielleicht leiht der andere einem nach fünf Jahren Freundschaft sogar den Rasenmäher.

■ **Denk mal**
Was teilst du gerne und mit wem?

■ **Mach mal**
Teile heute etwas, das dir wertvoll ist, mit einem Freund: eine Erfahrung, einen Gegenstand, deine Zeit.

■ **Zum Vertiefen**
Geben macht glücklicher als Nehmen. —Apostelgeschichte 20,35

Niemand kann einem anderen die Tränen trocknen,
ohne sich selbst die Hände nass zu machen.
—Afrikanisches Sprichwort

Trösten

■ Nein, die Welt war nicht untergegangen. Oder nur ein bisschen: Das Verhalten einer anderen Person hatte mich schmerzlich getroffen und aus dem Konzept gebracht. Ich mailte einer lieben Freundin von meiner Erfahrung. Dann sprachen wir am Telefon. Sie hörte zu, fühlte mit, sprach tröstende Worte und ein Gebet für mich. Es entlastet mich, in solchen Momenten Freunde um Beistand und Trost bitten zu können. Es ändert.nicht immer gleich die Situation, doch stets das eigene Empfinden: Ich bin immer noch ein bisschen traurig, aber zugleich getröstet und fühle mich getragen.

Es ist für die meisten Menschen selbstverständlich, Freunden in notvollen Situationen beizustehen. So rief mich kürzlich mein Vater an. Seinem besten Freund ging es gesundheitlich nicht gut. Die Ärzte konnten ihm nicht wirkungsvoll helfen. Als Freund litt er mit und suchte nach Lösungen. Es hat mich gerührt, zu sehen, wie mein Vater seinem Freund helfen will. Weil er ihm wertvoll ist. Es kostet etwas, einem anderen Menschen in der Not beizustehen: Zeit, Energie, Mitgefühl. Gerade weil er etwas kostet, ist Trost so wertvoll.

In vielen Situationen, wie etwa bei der Krankheit des Freundes, ist man tatsächlich hilflos. Da kann man dann »nur« mitfühlen, bei dem anderen sein und ihn durch Anwesenheit trösten. Das ist kostbar. Denn noch schlimmer als Not zu erleiden, ist, Not allein zu erleiden. Freunde tragen einen hier mit. Dafür kann man danken.

■ **Denk mal**
Welcher deiner Freunde braucht gerade Trost?
Wie könntest du ihn ganz praktisch trösten?

■ **Mach mal**
In der Bibel steht, dass wir mit dem Trost, mit dem wir getröstet wurden, andere trösten können. Überlege, wo du Trost erfahren hast.

■ **Zum Vertiefen**
In allen Schwierigkeiten ermutigt Gott uns und steht uns bei, so dass wir auch andere trösten können, die wegen ihres Glaubens zu leiden haben. Wir trösten sie, wie Gott auch uns getröstet hat. —2. Korinther 1,4

Das Mitgefühl macht aus uns eine wunderbare Gemeinschaft.
—David Garrick

Mitfühlen

■ Wer in Not ist, fühlt sich oft allein und ratlos. Dann zu erleben, dass jemand einem in der Not beisteht, ist ein großer Trost. Allein das Zuhören und Mitfühlen erfüllt mit neuer innerer Kraft. Auch wenn das Problem noch nicht gelöst ist, ist man selbst gelöster.

Mitfühlen bedeutet, mit dem Herzen zu verstehen. Mitzuschwingen und ganz beim anderen zu sein. Es ist das Anerkennen dessen, wo der andere gerade steht – mit all der Not, den Schwierigkeiten und der Trauer oder Frustration.

Man greift seine Sorgen auf und signalisiert, dass man ihn versteht: »Das klingt, als ob du unsicher bist, ob dir das gelingt.« Oder »Ich verstehe, dass dich die Situation traurig macht. Und du gerade nicht sehen kannst, wo die Lösung liegen könnte.«

Beim Mitfühlen geht es erst einmal nicht um Ratschläge oder das eilige Lösen eines Problems. Sondern um das Mitempfinden dessen, was der andere gerade spürt. Es dem anderen zu sagen und zu zeigen: Ich fühle mit dir mit. Ich teile deinen Schmerz, deine Besorgnis, deinen Kummer. Mitgefühl eröffnet den vertrauensvollen Raum, so sein zu können, wie es einem gerade geht. Und genau an diesem Punkt verstanden zu sein. Das Problem und die Wahrnehmung wird anerkannt und es darf erstmal sein. Wenn der Freund sich angenommen und verstanden fühlt, kann man gemeinsam nach der Basis für Hoffnung Ausschau halten.

■ **Denk mal**
Auf einer Skala von eins bis zehn: Wie schwer fällt es dir, dich mit schnellen Ratschlägen zurückzuhalten?

■ **Mach mal**
Übe bei der nächsten Gelegenheit Mitgefühl ein: Bleibe bewusst bei den Gefühlen und Fragen deines Freundes. Zeige Verständnis, fühle mit.

■ **Zum Vertiefen**
Seid so barmherzig wie euer Vater im Himmel! —Lukas 6,36

Ein Freund ist jemand, der das Lied deines Herzens kennt und es dir vorsingen kann, wenn du die Worte vergessen hast.
—Joan Chittister

Ermutigen

■ Da hatte ich schon so lange gekämpft und noch keinen Erfolg gesehen. Entmutigt klagte ich meiner Freundin Rosemarie mein Leid. Sie fühlte mit und sagte dann: »Für mich ist es gar nicht vorstellbar, dass du das nicht schaffst. Ich muss nur auf all das blicken, was du schon erreicht hast – dann ist klar, dass du diese Herausforderung auch bewältigen wirst.«

Die Antwort meiner Freundin beinhaltete zwei zentrale Aspekte von Ermutigung: echtes Mitfühlen und einen konkreten Grund für die Hoffnung. Manche Menschen versuchen zu trösten, indem sie die Probleme kleinreden: »So schlimm ist das gar nicht.« Oder gar den anderen dafür kritisieren, dass er sich Sorgen macht: »Du nimmst das alles viel zu schwer. Mach dir doch nicht immer so einen Kopf!«

Hoffnung findet man, wenn man den Blick auf die Ressourcen lenkt, die einem Menschen zur Verfügung stehen. Das können seine Fähigkeiten und Erfahrungen sein oder auch das Netzwerk, das gesamte Umfeld an Freunden und Bekannten, die in einer Situation Hilfe leisten könnten.

Für mich gehört auch Gott zu den »Ressourcen«. In einer Notsituation daran erinnert zu werden, dass der Schöpfer mich nicht vergessen hat, ist für mich oft sehr tröstlich. Das erinnert mich daran, dass ein guter Gott über Möglichkeiten verfügt, die über meine eigenen weit hinausgehen, und auch daran, dass er mich genug liebt, um für mich zu handeln.

■ **Denk mal**
Wann hast du zuletzt Ermutigung erfahren, die richtig gut getan hat?

■ **Mach mal**
Biete jemandem, von dessen Problemen du weißt, ein offenes Ohr oder praktische Hilfe an.

■ **Zum Vertiefen**
Duftendes Öl und Weihrauch erfreuen das Herz, aber noch angenehmer und wertvoller ist der gute Rat eines Freundes. —Sprüche 27,9

Aller höherer Humor fängt damit an,
dass man die eigene Person nicht mehr ernst nimmt.
—Hermann Hesse

Heiter bis tiefgründig

■ Eine Freundschaft braucht in der Regel beides: Zeiten, in denen tiefe Verbundenheit wachsen kann, und Momente, die einfach nur schön und vielleicht auch ein bisschen albern sind. So wie der Abend, an dem eine Freundin und ich beschlossen, nur Sätze zu sagen, in denen jedes Wort mit »H« begann. »Haste heute Hunger?« »Habe heftigen Hunger.« »Haste Hüttenkäse?« »Haja!«

Ähnlich amüsant kann es sein, mal wieder etwas zu tun, das man seit der Kindheit nicht mehr gemacht hat: Kettenkarussell fahren, »Mensch ärgere dich nicht« spielen, die Straße mit Kreide bemalen. Gemeinsam erlebte Freude wirkt wie starker Kitt, der die Freundschaft zusammen hält.

Wann hast du das letzte Mal etwas mit einem lieben Menschen gemacht, das euch einfach nur Unbeschwertheit und Freude bereitet hat? Diese leichten, fröhlichen Momente, die uns in unsere Kindheit zurückversetzen, beleben uns. Es tut jeder Freundschaft gut, solche Leichtigkeit zu erleben. Es verbindet und stärkt.

Verbindung kann man auch anders aufbauen. Je nach Persönlichkeit und Geschlecht ist das verschieden. Man sagt allgemein, dass Männer oft die tiefste Verbundenheit bei gemeinsamen Aktivitäten erleben. Frauen hingegen bei tiefen Gesprächen, in denen sie sich gegenseitig ihr Herz ausschütten können. Egal was für ein Typ man ist, es tut gut, wenn man den Raum dafür schafft.

■ **Denk mal**
Was zeichnet deine Beziehungen besonders aus?
Welche Komponente kommt eher zu kurz?

■ **Mach mal**
Plane mit einem Freund eine Aktion, bei der ihr den fehlenden Aspekt neu aufleben lasst.

■ **Zum Vertiefen**
Wen kann man zu den Weisen zählen? Ein weiser Mensch hat ein fröhliches Gesicht, alle Härte ist daraus verschwunden. —Prediger 8,1

Es gibt eine schöne Offenheit, die sich öffnet wie eine Blume:
Nur um zu duften.
—Friedrich von Schlegel

Offenheit

■ Eine tiefe Freundschaft besteht auch darin, dass man sich einander öffnet. Dass man irgendwann begonnen hat, Schwächen zu zeigen anstatt stark zu sein.

Erste Begegnungen, flüchtige Bekanntschaften und Kollegenbeziehungen zeichnet häufig aus, dass man ein gewisses Bild von sich aufrechterhalten möchte. Souverän, fröhlich, den Herausforderungen des Lebens gewachsen, ideal und bewunderungswürdig. Jeder ist gerne stark und sehnt sich danach, das Leben in vollen Zügen zu leben – und das auch auszustrahlen.

Einem wirklichen Freund gestattet man aber auch den Blick auf seine anderen Seiten. Auf die Eigenschaften, die man selber nicht so gerne an sich mag, die einem zu schaffen machen. Die eigene Niedergeschlagenheit, Unsicherheit, die Sorgen, Ängste und verletzlichen Punkte. Doch die Freundschaft ist gewachsen, weil beide sich Stück für Stück mehr gezeigt haben. Nicht darin, wie bravourös man das Leben meistert. Sondern in den eigenen Fragen und Ungereimtheiten.

Ein echter Freund ist jemand, der einen verheult und beim Versagen sehen darf – und es einem nicht unangenehm ist. Sich öffnen kostet immer ein bisschen Mut. Aber wenn man spürt, der andere tut es auch, gibt es nichts, was verbindender ist, als sich in Schwachheit und Vertrautheit zu begegnen. In der urteilsfreien Annahme des anderen lernt man selbst, mit seinen Schwächen nachsichtiger zu sein.

Text von Andrea Specht.

■ **Denk mal**
Mit wem kannst du ganz offen sein?

■ **Mach mal**
Sprich mit Gott offen über deine Schwächen. Mach dir bewusst, dass er mit deiner Offenheit gut umgeht und dich annimmt.

■ **Zum Vertiefen**
Ich bin davon überzeugt: Wer wenig sät, der wird auch wenig ernten;
wer aber viel sät, der wird auch viel ernten. —2. Korinther 9,6

Ehrlichkeit ist der schönste Juwel der Kritik.
—Benjamin Disraeli

Ehrlichkeit

■ Ehrlich zu sein ist keine Kunst. An jemandem Kritik zu üben, ist für viele eine der leichtesten Übungen. Da braucht man sich nur die Meinungen über Politiker, Lehrer oder Vorgesetzte anzuhören, an denen man allzu schnell etwas auszusetzen findet. Herausfordernder ist es dann schon, wenn man einer Person die Kritik direkt ins Gesicht sagt. Bei Ehrlichkeit kommt es entscheidend auf die Haltung an: Was will ich auslösen? Warum spreche ich einen kritischen Punkt an?

Ehrlichkeit in einer Freundschaft ist – im Idealfall – gekoppelt mit Liebe. Sie hat das Beste des anderen im Blick, will ihm spiegeln, dass bestimmte Verhaltensweisen für ihn selbst, für Beziehungen oder die Freundschaft schädlich sind.

Ein Freund spiegelt, dass die »vorübergehende« 60-Stundenwoche nun schon ein halbes Jahr andauert und man sich dabei enorm verändert hat. Ein Freund darf so ehrlich sein, einen zu hinterfragen, ob einem ein bestimmtes Umfeld guttut. Er darf kritisch ansprechen, dass man seit Monaten auf der Stelle tritt, obwohl man Schritte gehen wollte.

In Freundschaften ist es auch wichtig, selbst ehrlich zu sein. Wenn man sich zurückgesetzt fühlt oder verletzt wurde. In Liebe angesprochen, als Frage formuliert, führt sie fast immer zu mehr Verbundenheit und Tiefe.

Text von Andrea Specht.

■ **Denk mal**
Wann hat dir zuletzt ein Freund ehrlich einen Spiegel vorgehalten? Wie ging es dir dabei?

■ **Mach mal**
Sprich eine Entwicklung, die dich besorgt, bei einem Freund direkt an. Auch wenn es dich Mut kostet.

■ **Zum Vertiefen**
Liebe, die offen zurechtweist, ist besser als Liebe, die sich ängstlich zurückhält. —Sprüche 27,5

Das Lächeln, das du aussendest, kehrt zu dir zurück als Glück.
—Indisches Sprichwort

Dankbarkeit

■ »Danke, dass du das für mich gemacht hast! Das hat mir gut getan!«
Diese Worte kosten nur ein paar Momente Zeit, signalisieren dem anderen jedoch: »Ich nehme es nicht für selbstverständlich, was du für mich tust.« Das stärkt Beziehungen.

Mindestens einmal jährlich zu meinem Geburtstag und oft auch zwischendurch sagt mir meine Freundin Rosemarie, was ihr in ihrem Leben an Inspiration und Freude fehlen würde, wenn es mich nicht gäbe. Gelegentlich flachse ich dann: »Na, du hättest dann ja keine Ahnung, was dir fehlt.« Doch meist nehme ich die Wertschätzung einfach an. Und danke ihr dafür.

Das gehört auch zur Kunst des Dankens: den Dank anzunehmen. Es gibt Menschen, die fast jeden Dank mit Worten wie: »Na, das ist doch selbstverständlich« oder: »Das ist ja nichts Besonderes« zurückweisen. Damit werten sie sich und den, der dankt, ab.

Es stärkt die Beziehung, wenn man Dank lächelnd entgegennimmt. Das kann durch ein einfaches »Oh, danke – schön, dass du das sagst« geschehen. Oder indem man dem Dankenden signalisiert, was er einem bedeutet: »Ich habe das gerne für dich getan, weil du wertvoll für mich bist. Es ist mir wichtig, dass dir die Dinge gelingen und ich helfe dir gern.«

Wer »Danke« sagt, gibt dem anderen die Chance zu erkennen, was einem eine bestimmte Handlung oder Eigenschaft bedeutet. Das Teilen verbindet und stärkt die Freundschaft.

■ **Denk mal**
Wie hast du dich gefühlt, als dir zuletzt jemand für etwas gedankt hat?

■ **Mach mal**
Finde zehn Dinge an einem guten Freund, für die du dankbar bist. Drücke Gott und dem Freund deinen Dank aus.

■ **Zum Vertiefen**
Wir danken Gott von ganzem Herzen für euch alle, jedes Mal wenn wir für euch beten. —1. Thessalonicher 1,2

Man lernt das Leben am besten kennen, wenn man viele Dinge liebt.
—Autor unbekannt

Genießen

■ »Schau mal, ist das nicht wunderschön?!« Wer mich kennt, hat sich daran gewöhnt, diesen Satz oft von mir zu hören. Ich bin ein visueller Mensch, nehme viele Dinge wahr und mache andere darauf aufmerksam. Ein interessantes Detail in der Architektur. Ein wunderschöner Schmetterling. Ein kreatives Werbeplakat. Wenn man das Schöne teilt, ist der Genuss doppelt.

Zum Genießen reicht es, wahrzunehmen: Dies ist ein besonderer Moment und ich nehme ihn mit allen Sinnen wahr und freue mich daran. Zum Genießen trägt auch die Haltung bei, Dinge – egal wie klein oder groß – als Geschenk des Lebens wahrzunehmen.

So saß ich an einem Sonntagnachmittag mit einem Buch an der Spree und genoss die Begegnung mit einer Hauskatze, die vorbeikam, um sich streicheln zu lassen. Ich bewunderte einen Hund, der stolz am Bug eines Motorbootes stand – er liebte wohl seine Rolle als Galionsfigur. Ab und zu ist es wunderbar, etwas Einzigartiges zu zelebrieren.

So fand ich es toll, dass eine Freundin, als ich einige Tage zu Besuch war, mehrere verschiedene Frühstücksrezepte ausprobierte, um mich zu verwöhnen. An einem Abend fuhren wir dreißig Minuten quer durch die Stadt, um bei einer Tasse Kakao in einem Café am Fluss zu sitzen. Kakao hätten wir auch zu Hause trinken können – doch wir genossen beide die besondere Atmosphäre an dem stillen, breiten, träge fließenden Fluss – ein Genuss.

■ **Denk mal**
Was hast du heute schon genossen und als Geschenk des Lebens zelebriert?

■ **Mach mal**
Plane ein besonderes Ereignis für einen Freund oder eine Freundin, das ihr so richtig genießen könnt.

■ **Zum Vertiefen**
Wie kostbar ist deine Güte, o Gott: Bei dir finden Menschen Schutz und Sicherheit. Aus deinem Überfluss schenkst du ihnen mehr als genug, mit Freude und Wonne überschüttest du sie. —Psalm 36,8–9

Motiviert sein heißt, sich mit Freude bewegen.
—Andreas Tenzer

Gemeinsame Projekte

■ Die Liste der Dinge, die meine Freundin Rosemarie und ich im Laufe unserer zwei Jahrzehnte dauernden Freundschaft miteinander entwickelt haben, ist beeindruckend: Wir haben zusammen mehrere Initiativen gestartet, Seminare und Bücher konzipiert. Das ist außergewöhnlich viel. Unsere Interessen ähneln sich und so kommt es häufig vor, dass eine von uns eine Idee hat und die andere sie begleitet.

Doch auch in anderen Freundschaften erlebe ich es als beglückend, wenn man gemeinsam etwas für andere tut. Das kann ein Beitrag zu einem Geburtstag oder einem sonstigen Jubiläum sein. Oder ein Kunstprojekt, eine Spendeninitiative, eine Veranstaltung für Kinder. Ich habe mit Freunden schon gemeinsam Schulen renoviert, Gottesdienste für Leute, die sonst nicht in die Kirche gehen würden, veranstaltet, Flaschen bei einem Stadtteilfest aufgesammelt, Wohnungen gestrichen und vieles mehr.

Wichtig ist, dass die Projekte zu den Menschen passen, die sie durchführen. Das kann ganz verschieden sein. Der eine fühlt sich zu sozial schwachen Menschen hingezogen, der andere hat eher Berührungsängste. Er kann es als Herausforderung sehen, Grenzen zu erweitern. Doch vermutlich wird es ihm auf Dauer wenig Spaß machen. Hier gilt es, Projekte zu entwickeln, die für beide Freunde interessant sind. Inspirieren lassen kann man sich auch von Freiwilligenagenturen, die für dauerhafte oder einmalige Einsätze Helfer suchen. So eine Aktion verbindet und stärkt die Freundschaft.

■ **Denk mal**
Welche gemeinsamen Projekte für andere sind dir als beglückend in Erinnerung geblieben?

■ **Mach mal**
Überlege mit einem Freund, wo ihr euch einbringen wollt. Informiert euch, wo Hilfe benötigt wird.

■ **Zum Vertiefen**
Gut geht es dem, der freundlich zu den Armen ist und ihnen gerne Geld leiht, der sich an das Recht hält bei allem, was er unternimmt! —Psalm 112,5

Nichts kommt ohne Interesse zustande.
—Georg Wilhelm Friedrich Hegel

Begeisterung teilen

■ Es gehört zum Wesen von Freundschaft, dass man sich für das interessiert, was den anderen begeistert – zumindest ein Stück weit. Man braucht ja nicht gleich selbst den schwarzen Gürtel zu machen, doch einmal zu einer Vorführung mitzugehen und sich anzusehen, was der Freund da tut, kann bereichern.

Wenn man es wagt, sich auf unbekanntes Terrain zu begeben, kann man besser verstehen, was den Freund fasziniert. Es besteht sogar die Chance, dass die Begeisterung überspringt und man Lust bekommt, das gleiche zu tun. Es verbindet noch mehr, wenn man die Aktivität dann gemeinsam ausüben kann.

Das gelingt nicht immer. Gelegentlich ist einem etwas so fremd, dass man kein Interesse dafür entwickeln kann. So wie ich für Stabheuschrecken. Ich verstehe nicht, was an diesen blattähnlichen Lebewesen so toll sein soll. Dennoch habe ich mir von einem Bekannten, der diese Tiere faszinierend findet, viel über ihre Lebensweise und ihr Tarnverhalten erzählen lassen. Mir war wichtig, meine Beziehung zu ihm zu stärken – und dazu gehörte, zu verstehen, was ihn begeistert.

Das kann man immer tun: den anderen bitten, zu erzählen und zu zeigen, was ihn begeistert. Auf diese Weise habe ich schon erfahren, wie man bei alten Bügeleisen die Überhitzungssicherung ausbaut, um das Eisen zum Schmelzen zu bringen. Das werde ich wohl kaum nachmachen, aber beim Erzählen das Leuchten in den Augen des Freundes zu sehen, hat mich mit ihm verbunden.

■ **Denk mal**
Was begeistert dich gerade? Mit wem könntest du es teilen?

■ **Mach mal**
Bitte Freunde, dir von ihrem Interessensgebiet zu erzählen und finde heraus, warum es sie fasziniert.

■ **Zum Vertiefen**
Einige sprachen begeistert von der Schönheit des Tempels, den wertvollen Steinen und den kostbaren Weihegeschenken. —Lukas 21,5

Einander zu schreiben ist der Versuch, einen Sonnenstrahl aus Worten in das Herz eines anderen Menschen zu schicken.
—Jochen Mariss

Schriftlich festhalten

■ Vor der Zeit von E-Mail und Telefon-Flatrates habe ich viele Briefe geschrieben und erhalten. Ich besitze noch eine Kiste voller Briefe aus diesen Jahren. Die werde ich vielleicht als Oma im Schaukelstuhl lesen und mich freudig an diese Zeit zurückerinnern.

Briefe bereichern. Was man aufgeschrieben hat, ist festgehalten. Man kann es immer und immer wieder lesen. Manche Briefe habe ich so oft gelesen, dass ich sie jetzt fast auswendig kann. So wie einen Trostbrief, den ich nach dem plötzlichen Tod einer Freundin erhielt. Tröstende, wertschätzende Worte immer wieder zur Hand nehmen zu können, ist ein unermessliches Geschenk. Auf meiner Wohnzimmerkommode liegt ein »Liebesbrief«, den ein siebenjähriger Junge mir mal geschrieben hat: »Du bist lieb, stark und mutig.« Wann immer meine Augen auf diese Zeilen fallen, huscht ein Lächeln über mein Gesicht.

Manchmal fällt es uns nicht so leicht, Wertschätzung in der direkten Begegnung auszudrücken. Deshalb kann es Freundschaften bereichern, wenn man sich ab und zu die Zeit zum Schreiben nimmt. Es ist wunderbar, wenn man dem Freund oder der Freundin schreiben kann, was man an ihnen schätzt. Zum Beispiel zum Geburtstag. Oder dem anderen – völlig überraschend – einen Brief oder eine Karte schreiben, in der man ihm für gemeinsame Erlebnisse dankt und ihm ausdrückt, was er einem bedeutet.

■ **Denk mal**
Welche Briefe, die du erhalten hast, haben dich besonders bewegt? Warum?

■ **Mach mal**
Schreibe einem Menschen einen handschriftlichen Brief. Zu einem besonderen Anlass oder einfach so.

■ **Zum Vertiefen**
Jeder weiß auch, dass ihr selbst ein Brief Christi seid, den wir in seinem Auftrag geschrieben haben; wenn auch nicht mit Tinte, sondern mit dem Geist des lebendigen Gottes, nicht auf steinerne Gesetzestafeln wie bei Mose, sondern in eure lebendigen Herzen. —2. Korinther 3,3

Wenn du schnell gehen willst, geh alleine.
Wenn du weit kommen willst, gehe mit anderen.
—*Afrikanisches Sprichwort*

Gemeinsamer Urlaub

■ Gemeinsame Unternehmungen und Urlaube sind fantastische Gelegenheiten, Freunde besser kennen zu lernen. Und oft auch herausfordernd. Das fängt schon bei der Anreise an. Auf einer langen Autofahrt mit einer Freundin reagierten wir beide gereizt, weil die jeweils andere stets an den »falschen« Toiletten hielt. Sie hielt an einfachen Rastplätzen. Ich bei Raststätten mit Tankstelle und Restaurant.
Wir kamen ins Gespräch: Ihr ist Sparsamkeit wichtig. Ich hingegen gebe lieber etwas Geld aus, als mich über zugige, stinkende Klohäuschen zu ärgern. Wir konnten einander besser verstehen und waren erleichtert. Zwar behielten wir unsere Vorlieben bei, doch wir konnten entspannter damit umgehen.
Manche Freundschaften sind schon daran zerbrochen, dass man zu schnell zu viel gewagt hat. Wer sich nur vom Kaffeetrinken kennt, geht ein Risiko ein, wenn er sich zu einem gemeinsamen Abenteuerurlaub in der Wildnis oder einer Reise ans Meer verabredet. Um Enttäuschungen zu vermeiden, ist es sinnvoll, im Vorfeld klar über Wünsche und Bedürfnisse zu sprechen: »So stelle ich mir unseren Urlaub vor …«, und: »Mir ist wichtig, dass …« Am besten ist es, wenn man schon gemeinsam kleinere Unternehmungen durchgeführt hat, bevor man sich auf eine größere Reise macht. Es ist gut, realistisch zu sein. Es gibt Menschen, die sind so verschieden, dass sie zwar gute Freunde sein können, aber besser nicht zusammen verreisen sollten – um Freunde zu bleiben.

■ **Denk mal**
Mit wem fährst du gerne in den Urlaub?
Was genießt du daran besonders?

■ **Mach mal**
Schreibe dir deine zehn wichtigsten Bedürfnisse für einen gelungenen Urlaub auf.

■ **Zum Vertiefen**
Achte darauf, dass du die Weisheit und Besonnenheit nie aus den Augen verlierst. —Sprüche 3,21

Wer sich gern erinnert, lebt zweimal.
—Franca Magnani

Geteilte Erlebnisse

■ Mein Vater und sein bester Freund können auf über fünfzig Jahre Freundschaft zurückblicken. In ihren Jugendjahren haben sie gemeinsam Sport getrieben und im Urlaub die Alpen überquert – zu dritt auf zwei Vespas, einer musste bergauf immer joggen. Sie brachten zwei Flaschen Rotwein von dort bis nach Hause – wo sie ihnen beim Ausladen aus den Händen fielen und zerbrachen. Später haben sie sich im Berufsleben etabliert – sogar zum Teil in konkurrierenden Firmen –, Familien gegründet und Häuser gebaut. Immer wieder trafen sie sich zum Reden und zu gemeinsamen Unternehmungen, teilten die Höhen und Tiefen des Lebens und erzählten sich Geschichten.

Man braucht keine fünfzig Jahre zu warten, um Rückblick zu halten. Ein gemeinsamer Rückblick mit einem Freund kann helfen, die Erinnerung aufzufrischen und wiederzubeleben. Es ist, als würde man schöne Momente doppelt erleben. Das gilt besonders dann, wenn es gelingt, einen schönen Rahmen dafür zu schaffen. Zum Beispiel bei einen gemütlichen Abend mit leckerem Wein, an dem man Bilder anschaut, aus früheren Zeiten oder aus dem letzten Urlaub. Die schönen gemeinsamen Erinnerungen verbinden und stärken die Freundschaft. Je mehr man miteinander erlebt und teilt, desto enger verflechten sich die beiden Leben. Und es wird bewusst – man hat vieles gemeinsam erlebt, was ein Schatz ist, den man genau mit diesem Freund teilt. Das ist einmalig.

■ **Denk mal**
An welche Momente, die du mit einem Freund erlebt hast, denkst du besonders gerne zurück?

■ **Mach mal**
Lade einen Freund zu einem besonderen Abend ein und lasst Erinnerungen aufleben.

■ **Zum Vertiefen**
Ich erinnere mich an frühere Zeiten, an Jahre, die längst vergangen sind.
—Psalm 77,6

Liebe ist der Entschluss, das Ganze eines Menschen zu bejahen,
die Einzelheiten mögen sein wie sie wollen.
—Otto Flake

Macken annehmen

■ Eine Freundin von mir hat eine kleine Macke. Wenn sie bei mir ist, füllt sie ihr Glas oft voll und trinkt es dann nicht leer. Mich ärgert das. Wenn es sich um Wasser handelt, kann ich damit Blumen gießen. Bei Saft nicht. Saft wegschütten mag ich nicht. Außerdem habe ich die Getränke mit meinem Geld bezahlt und finde es rücksichtslos, wenn jemand es verschwendet. Ich habe sie mehrfach darauf angesprochen. Sie weiß, dass es mich stört – trotzdem passiert es ihr immer wieder. »Ich denke, ich hätte mehr Durst, und stelle erst später fest, dass ich doch nicht so durstig bin, wie ich dachte«, erklärte sie mir. Mir fällt es trotzdem schwer, mich nicht darüber zu ärgern. Doch die Freundschaft zu ihr ist mir wertvoll.

Um sie mit ihrer Macke anzunehmen, hilft es mir, mich zu erinnern, dass ich auch Macken habe, unter denen sie leidet. Hilfreich ist es auch, zu akzeptieren, dass manche Veränderung seine Zeit braucht. Und das Wissen, dass ich ihr Verhalten nicht persönlich zu nehmen brauche. Sie macht es nicht absichtlich, um mich zu ärgern. Sie macht es für sich selbst.

Zu guter Letzt hilft mir folgende Perspektive: Meine Freundin bereichert mein Leben auf vielfältige Weise. Sie ermutigt und unterstützt mich, wir erleben wunderbare Dinge zusammen, hecken Pläne aus, setzen sie um und feiern unsere Erfolge. Mein Leben wäre ohne sie so viel ärmer. Was sind da schon ein paar weggeschüttete Gläser oder – auf die Jahre gerechnet – Fässer Saft? Dafür lohnt es sich nicht, ein Fass aufzumachen.

■ **Denk mal**
Welche deiner Macken tragen deine Freunde mit Gelassenheit?

■ **Mach mal**
Danke ihnen dafür.

■ **Zum Vertiefen**
Als wir noch seine Feinde waren, hat Gott uns durch den Tod seines Sohnes mit sich selbst versöhnt. —Römer 5,10

Ach, wir wissen, dass die Blumen welken schon nach kurzer Frist,
doch Erwartung ihrer Blüte unsres Herzens Leben ist.
—Meiji-ishin Tenno

Erwartungen loslassen

■ So verrückt es klingt – nur wenn wir loslassen, können wir uns auf Begegnung einlassen. Dazu gehört, liebgewonnene Ansichten loszulassen. Wir haben feste Vorstellungen über andere, die uns den Blick dafür verstellen, wie der andere tatsächlich ist.

Zur Freundschaft gehört aber gerade, dass man den anderen wahrnimmt: Wie ist er oder sie wirklich? Das bedeutet auch, Erwartungen loszulassen, wie der andere zu sein und was er zu tun hat. Es ist ganz natürlich, von Freunden bestimmte Dinge zu erwarten: »Zu einer Freundschaft gehört doch, dass ...« Doch genau diese Erwartungen können Freundschaften auch erdrücken. Vielleicht ist für den einen regelmäßiger Kontakt nicht so wichtig. Trotzdem kann er ein guter Freund sein – nur anders als man es erwartet.

Viele neue Freundschaften scheitern auch daran oder entstehen erst gar nicht, weil man sich innerlich aufgrund vergangener Verletzungen abschottet. »So etwas will ich nicht wieder erleben«, ist die Grabinschrift vieler Beziehungen. Wenn wir uns vor möglicherweise drohenden Verletzungen abschotten, verschließen wir uns gleichzeitig auch vor der Begegnung. Hier ist es gut, Altes loszulassen. Du kannst das tun, indem du dich fragst: Welches Verhalten hat mich verletzt? Was möchte ich nicht mehr erleben? Wie versuche ich, mich vor neuen Verletzungen zu schützen? Wenn dir das klar ist, kannst du den Menschen verzeihen, die dich verletzt haben. Und dich öffnen für Neues.

■ **Denk mal**
Welche Erwartungen hast du an Freundschaft und an Freunde?

■ **Mach mal**
Bitte Gott, dir zu zeigen, wo es wichtig ist, zu vergeben und loszulassen, um dich neu auf Begegnung einzulassen.

■ **Zum Vertiefen**
Weil ihr von Gott auserwählt und seine geliebten Kinder seid, die zu ihm gehören, sollt ihr euch untereinander auch herzlich lieben in Barmherzigkeit, Güte, Demut, Nachsicht und Geduld. —Kolosser 3,12

Ja sagen verlangt mitunter Courage, Nein sagen immer Stärke.
—Kurt Haberstich

Abgrenzen

■ Es gibt Menschen, die sich stark nach Freundschaften sehnen und gehen dieses Ziel sehr intensiv an. Sie zeigen dem anderen, was er ihnen bedeutet, überhäufen ihn mit Geschenken, Anrufen und erzählen schon früh Persönliches. Merkt dann der andere: »So eng möchte ich es nicht«, ist er häufig ratlos, wie er das vermitteln kann. Er fürchtet, er könne den anderen verletzen. Das möchte er gern vermeiden. Oft zieht man sich dann langsam, aber sicher zurück, ohne dass der andere weiß, wieso. Gerade das kann dann besonders irritieren und verletzen.

Hilfreich ist es, schon frühzeitig zu reagieren. Man kann die unterschiedlichen Erwartungen offen ansprechen. Vielleicht fragt man dezent: »Ich empfinde, dass du gerne mehr Zeit mit mir verbringen möchtest, als bisher. Liege ich da richtig?« Wenn der andere bejaht, kann man dann zum Ausdruck bringen, wie man sich die Intensität der Freundschaft wünscht. Im Idealfall findet man einen guten Weg zusammen. Freundschaften blühen durch ihre Freiwilligkeit – nicht indem man Erwartungen des anderen erfüllt.

Ein wichtiger Aspekt ist, dass man selbst weiß, was man will. Und dass es in Ordnung ist, etwas nicht zu wollen. Wer diese Klarheit hat, kann sie auch anderen vermitteln – meist ohne, dass sie verletzt werden. Jeder ist verantwortlich dafür, dass er sein eigenes Leben gut lebt. Nicht dafür, die Erwartungen anderer zu erfüllen – selbst wenn es Freunde sind.

■ **Denk mal**
Wo sagst du in einer Freundschaft »Ja«, obwohl du »Nein« sagen möchtest?

■ **Mach mal**
Teile deinen Freunden mit, welcher Rahmen dir für eure Beziehung wichtig ist.

■ **Zum Vertiefen**
Sag einfach »Ja« oder »Nein«. Alle anderen Beteuerungen zeigen nur, dass du dich vom Bösen bestimmen lässt. —Matthäus 5,37

Gewitter reinigen die Luft.
—*Deutsches Sprichwort*

Streiten

■ Streit darf sein, muss aber nicht. Ich streite mich zwar hin und wieder mit Freunden, doch es kommt selten vor. Das liegt daran, dass es bessere Wege gibt, Unstimmigkeiten zu klären, als aggressiv zu streiten. Streit entsteht oft, wenn man unterschiedliche Meinungen darüber hat, was in einer gegebenen Situation das Beste ist. Jeder kann andere Vorstellungen davon haben, was das genau ist. Werte sind Vorstellungen darüber, wie das Leben am sinnvollsten gelebt werden kann. In der Regel sind sie tief verinnerlicht und nicht als solche bewusst.

So kann für den einen die Integration aller Beteiligten ein hoher Wert sein, für den anderen ist Effizienz wichtiger. Streit entsteht meistens dann, wenn einem nicht klar ist, dass man einen Wert schützen will. Man streitet immer um die Umsetzung: »Du nimmst ja keine Rücksicht, ziehst nur dein Ding durch!« Es entschärft die Situation, wenn es gelingt, die Werte hinter dem gewählten Vorgehen transparent zu machen. »Sag mal, warum ist es dir denn so wichtig, dass wir das so machen?«

Werte lassen sich nicht wegdiskutieren. Wenn Effizienz, Integration oder Umweltschutz für jemanden von Bedeutung sind, dann ist das für ihn wertvoll. Punkt. Wenn man das respektiert, tritt meist Entspannung ein – selbst wenn man noch keine Lösung für die Situation gefunden hat. Man begreift das Handeln des Freundes – und wertet es nicht mehr ab. Ihn zu verstehen und eine gute Lösung zu suchen, verbindet.

■ **Denk mal**
Mit welchen Menschen gerätst du häufig in Streit?
Welche unterschiedlichen Werte könnten dahinter stehen?

■ **Mach mal**
Notiere, welche fünf Werte dir besonders wichtig sind und welche Wege du wählst, sie umzusetzen.

■ **Zum Vertiefen**
Ein Hitzkopf schürt Zank und Streit, ein Geduldiger aber schafft Versöhnung. —Sprüche 15,18

Wer seinen Nächsten verurteilt, kann irren; wer ihm verzeiht, irrt nie.
—Karl Heinrich Waggerl

Vergeben

■ Es gehört zur Freundschaft, dass wir Unrecht erleiden und Schmerz erfahren. Wir erleben, dass Erwartungen nicht erfüllt werden und der andere uns enttäuscht. Das tut besonders weh, wenn man sich sehr nahe stand. Dann gilt es, einen Weg zu finden, mit dem erlittenen Unrecht umzugehen. Ein erster Schritt dazu ist, dem nachzuspüren, was uns tatsächlich bewegt. Drei Fragen können dabei helfen: Was denke ich über das Geschehene? Was genau hat der andere getan? Was genau hat mir wehgetan?

Es ist gut, sich in verletzenden Situationen daran zu erinnern, dass man selbst Fehler macht und Vergebung braucht – ständig. Jeder tut fast täglich Dinge, die andere Menschen irritieren und manchmal sogar tief verletzen. Mal bewusst, meist jedoch unbewusst. Wir alle leben nicht so, wie der Schöpfer sich das vorgestellt hat. Wir brauchen jeden Tag neu das Geschenk der Vergebung. Für uns und andere.

Viele Verletzungen und Enttäuschungen beruhen auf Missverständnissen, die einfach geklärt werden können. Wo immer möglich, empfiehlt es sich, den Austausch unter vier Augen zu suchen. Man kann dem Freund erzählen, wie man sich in der Situation gefühlt hat und ihn bitten, seine Handlungsweise zu erklären. Häufig kann man das Problem so schon aus der Welt schaffen. Wo Verletzungen geschehen sind, ist es gut, einander zu verzeihen bzw. um Entschuldigung zu bitten. Das klärt und stärkt die Verbundenheit. Denn man signalisiert, dass einem die Freundschaft mehr bedeutet, als im Recht zu sein.

■ **Denk mal**
Wo hast du Beziehungen aufgegeben, weil du etwas nicht verzeihen konntest?

■ **Mach mal**
Bring die Beziehung und die Schuld vor Gott und vergib. Wenn dir daran liegt, die Freundschaft wieder aufzunehmen, tu es.

■ **Zum Vertiefen**
Wer über die Fehler anderer hinwegsieht, gewinnt ihre Liebe; wer alte Fehler immer wieder ausgräbt, zerstört jede Freundschaft. —Sprüche 17,9

*Geld haben ist schön, solange man nicht die Freude an Dingen verloren hat,
die man nicht mit Geld kaufen kann.*
—Salvador Dalí

Das liebe Geld

■ Ein Sprichwort besagt: »Bei Geld hört die Freundschaft auf.« Das kann so sein – muss aber nicht. Der Umgang mit dem Geld bringt Haltungen zum Ausdruck. Diese Verhaltensweisen können uns irritieren und verstören. Oft liegt die Irritation darin, dass uns in Bezug auf den Umgang mit Geld unterschiedliche Werte beigebracht wurden. Wenn man in der eigenen Familie zur Sparsamkeit erzogen wurde, kann es irritieren, wenn man erlebt, wie die Freundin sich bei einem Stadtbummel mit allen möglichen nötigen und unnötigen Dingen eindeckt oder der Freund sich ein teures Spielzeug zulegt. Vielleicht ist man traurig, weil man selbst sich das nicht leisten kann. Es ist hilfreich, offen über das zu sprechen, was irritiert, und zu versuchen, einander besser zu verstehen.

Für manche ist es selbstverständlich, Freunden in finanziellen Nöten beizustehen. Sie schenken und leihen gerne. Auch ich habe Freunden schon Geld geschenkt oder selbst welches geschenkt bekommen. Es war bereichernd und stärkte die Freundschaft. Andere sehen in finanzieller Hilfe eine Gefahr für die Freundschaft. Geliehenes oder verschenktes Geld schafft Abhängigkeiten und kann zu einem Ungleichgewicht in der Freundschaft führen.

Wenn man materiell helfen will, ist es immer gut, zu fragen, ob der andere das möchte. Und offen über Bedenken zu sprechen, wie das die Freundschaft beeinflussen könnte.

■ **Denk mal**
Was sind deine Werte und Prägungen in Bezug auf Geld und Geld ausgeben?

■ **Mach mal**
Danke Gott für deine Freunde. Für all die Hilfe – ob materiell oder immateriell – die du durch sie erfahren darfst.

■ **Zum Vertiefen**
*Ihr müsst euch entscheiden, ob ihr Gott oder dem Geld dienen wollt.
Beides zugleich geht nicht. —Lukas 16,13*

Das einzig Beständige ist die Veränderung.
—Heraklit

Veränderung meistern

■ »Wir sind aus beruflichen Gründen umgezogen und bauen uns ein neues Leben auf«, erzählte mir eine Freundin. »Das größte Problem ist, dass unsere alten Freunde nicht akzeptieren, dass wir die bisherigen Freundschaften nicht mehr so intensiv pflegen können wie bisher.«
Ihr Problem ist nachvollziehbar. Meine Freundin möchte sich neu verwurzeln. Sie kann die vielen Beziehungen ihres alten Wohnortes nicht pflegen wie bisher. Schon wegen der räumlichen Entfernung, aber auch wegen der fehlenden natürlichen Begegnungsräume. Verändern sich die Lebensumstände, dann schläft manchmal auch die Freundschaft ein. Nicht weil man sich nicht wichtig war, sondern weil man als Mensch nur begrenzt Kapazitäten hat.
Die meisten Menschen können Veränderungen in einer Freundschaft recht gut akzeptieren. Schwieriger ist es, wenn eine Freundschaft zerbricht, weil man sich gestritten oder auseinandergelebt hat. Schöner ist es, wenn man Veränderungen miteinander aushält. Beieinander bleibt, auch wenn die Zeit des gemeinsamen sozialen Engagements vorbei ist. Mit dem anderen mitzugehen, auch wenn man selbst nicht alle Neuheiten mitmacht, ermöglicht Freundschaften zu erhalten.
Dazu gehört auch Humor: Wenn sich beim früheren Leistungssportler plötzlich die Jahresringe über dem Gürtel abzeichnen, kann man über die Veränderung lachen. Und mit einem Bier oder Mineralwasser auf die Jahre anstoßen, die man gemeinsam verlebt hat.

■ **Denk mal**
Welche deiner Freundschaft hat lange Jahre überstanden? Was ist euer Geheimnis?

■ **Mach mal**
Lade einen langjährigen Freund ein und feiere mit ihm die gemeinsam verbrachte Zeit und eure Freundschaft.

■ **Zum Vertiefen**
Alles, was gut und vollkommen ist, das kommt von Gott, dem Vater des Lichts. Er ist unwandelbar; niemals wechseln bei ihm Licht und Finsternis.
—Jakobus 1,17

Nachdem Gott die Erde erschaffen hatte, schuf er Mann und Frau.
Um das Ganze vor dem Untergang zu bewahren, erfand er den Humor.
—Mordillo

Männer und Frauen

■ »Können ein Mann und eine Frau gute Freunde sein?«, fragen sich die Hauptfiguren des Kinofilmes *Harry und Sally*. Für sich selbst kommen sie zu dem Ergebnis: »Wir nicht«, und werden ein Liebespaar. Weil wir nun mal geschlechtliche Wesen sind, schwingt Erotik bei Begegnungen zwischen Männern und Frauen immer ein wenig mit. Oft nur so wenig, dass es tatsächlich nicht der Rede wert ist.

Ich genieße meine männlichen Freunde. In der Regel erlebe ich sie einfach nur als individuelle Menschen, die mir Anteil an ihrem Leben geben. Egal ob Mann oder Frau – Hauptsache Freund. Doch das spezifisch Männliche erlebe ich auch als sehr bereichernd. Ich genieße es, dass Männer Dinge oft anders beschreiben und angehen als Frauen. Es erweitert meinen Horizont und oft sind es auch andere Themen und Expertisen, die Männer ausmachen.

Häufig funktionieren gegengeschlechtliche Beziehungen entspannt und komplikationslos. Doch nicht immer. Dann ist Reden sinnvoll. Etwa wenn nicht klar ist, wie Signale des anderen zu deuten sind. Oder wenn einer von beiden sich mehr als eine platonische Freundschaft wünscht. Häufig ist das einseitig. Nicht immer wird es möglich sein, eine entspannte Freundschaft zu erhalten, wenn Liebe ins Spiel kommt. Es ist sinnvoller, reinen Tisch zu machen und zu klären, wie es weitergeht: romantisch, getrennt oder weiter freundschaftlich verbunden. Als Mann und Frau und gute Freunde.

■ **Denk mal**
Was schätzt du an deinen Freunden vom anderen Geschlecht? Wie bist du für sie eine Bereicherung?

■ **Mach mal**
Sprich es an, wenn dir in einer Beziehung etwas unklar ist.

■ **Zum Vertiefen**
Niemals kann die Liebe einer Frau ersetzen, was deine Freundschaft mir bedeutet hat. —2. Samuel 1,26

Alles kann man sich in der Einsamkeit aneignen, außer Charakter.
—Henri Stendahl

Charakterformung

■ Es ist kostbar, wenn man mit einem Freund die Wahrheit diskutieren, suchen und entdecken kann. Das gilt sogar und gerade dann, wenn der Freund einen an seine Grenzen bringt. Davon erzählt auch die Geschichte eines Rabbis, der weinend durch das Dorf lief, weil sein größter Feind gestorben war. »Warum trauerst du?«, fragten ihn die Leute erstaunt. Der Rabbi antwortete: »Mit wem soll ich denn jetzt noch die Wahrheit entdecken?«

So ein charakterbildendes Gegenüber ist nicht jemand, der dir immer zustimmt. Sondern einer, der sich mit deinen Gedanken auseinandersetzt und dir auch mal widerspricht. Einen solchen Freund brauchst du nicht, wenn deine Ansichten über diese Welt schon fein säuberlich sortiert sind.

Um einen solchen Lern-Freund zu finden, ist es notwendig, dass du hungrig nach Wahrheit und nach Veränderung bist. Dazu gehört auch die Bereitschaft, deine Ansichten hinterfragen zu lassen. Außerdem der Wille, nicht länger mit Entschuldigungen für deine Marotten, Macken und Ticks herumzulaufen. Es ist schwer, so einen Freund zu finden. Aber du kannst üben, ein gutes Gegenüber zu sein. Setze dich mit Meinungen auseinander, die dir gegen den Strich gehen. Wenn du immer eine bestimmte Zeitung liest, dann lies mal eine andere. Wenn du dir so Offenheit bewahrst, wirst du andere anziehen, die ähnlich weit und offen denken.

Text von André Springhut, Leiter von *www.paismovement.com/de*.

■ **Denk mal**
Welche Menschen bereichern dich, gerade weil sie viele deiner Meinungen nicht teilen?

■ **Mach mal**
Suche den Austausch mit jemandem, der andere Werte vertritt als du.

■ **Zum Vertiefen**
Eine aufrichtige Antwort ist ein Zeichen echter Freundschaft, so wie ein Kuss auf die Lippen. —Sprüche 24,26

Monat 4
Ich selbst sein

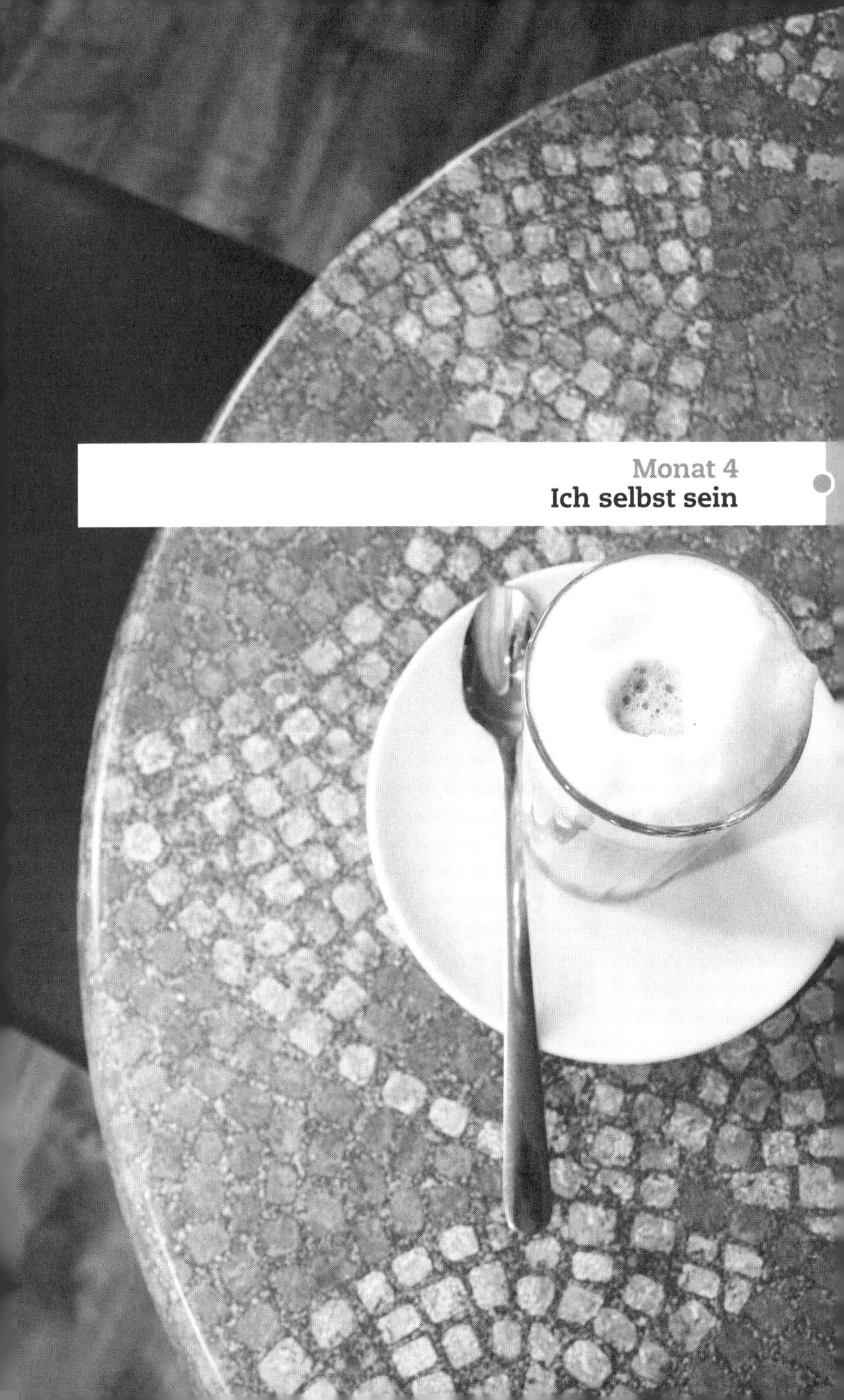

Ich selbst sein

■ *»Ich bin einzigartig gemacht!«* Das ist ein erstaunlicher Jubelruf. Da kann einer nicht fassen, was er sieht: Ein Körper, der einzigartig und individuell ist. In dem alle Organe auf erstaunliche Art und Weise geformt sind.

Der Schreiber von Psalm 139 vergleicht sich mit einem kunstvoll gewebten Teppich. *»Du hast mich im Leib meiner Mutter gewoben!«* So ein handgewebter Teppich besteht oft aus Dutzenden von Farben, die zu kunstvollen Mustern angeordnet sind. Sicher ist das eine oder andere Muster Geschmackssache: Der eine mag es lieber dezenter, der andere bunt. Der eine bevorzugt grafische Symbole, der andere mag Tiere und Pflanzen.

Manches ist Geschmackssache. Vielleicht hätte man sich die eigene Nase zierlicher oder kraftvoller gewünscht, die Haare voller oder in einer anderen Farbe. Vermutlich stecken hinter diesen »Änderungswünschen« Bedürfnisse, die zu betrachten und anzunehmen sich lohnt. Geschmack hin oder her – im Großen und Ganzen ist alles an uns ein Wunderwerk.

In diesem Monat wollen wir dem auf die Spur kommen – und lernen, das Wunder tiefer zu bestaunen und uns auch mit den Aspekten zu versöhnen, mit denen wir nicht so glücklich sind.

Ein reiches, volles Ja zu dir, das auch die schmerzhaften Realitäten nicht leugnet, aber das Gesamtbild sieht und feiert. Das ist das, wozu dich dieser Monat einladen möchte.

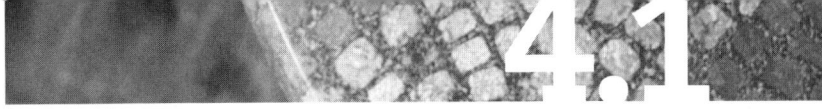

Wenn du nicht weißt, wohin du gehst,
wirst du garantiert woanders ankommen.
—Laurence J. Peter

Wo willst du hin?

■ Herzlich willkommen zu diesem Weg, auf den du dich gemacht hast. Was ist dein Ziel? Willst du dein »Ja« zu dir stärken und vertiefen? Was genau möchtest du erreichen? Wo möchtest du – wenn du dieses Kapitel durchgelesen hast – angekommen sein?

Wünsche wie »mehr Selbstannahme« oder »zunehmende Gelassenheit« sind gut. Ihre volle, wegweisende Kraft entfalten sie jedoch erst, wenn klar ist, wie das konkret aussieht. Um dir zu mehr Klarheit zu verhelfen, möchte ich dich zu einem Experiment einladen: Stell dir vor, es sind vier Wochen vergangen. Du hast dieses Kapitel durchgearbeitet und bist Schritt für Schritt deinem Ziel näher gekommen. Du bist zum Beispiel innerlich stärker geworden. Du hast mehr Selbstvertrauen gefunden, kannst plötzlich 100 Prozent »Ja« zu dir sagen. Voll und ganz. Ein echtes Wunder!

Und jetzt sollst du einen Film über die Veränderungen drehen.

Wie würdest du die Veränderung in einem Film zeigen? Was ist am Ende anders, als es jetzt ist? Welches Verhalten zeigst du dann, das du bisher nicht gezeigt hast? Welche Gedanken denkst du über dich und andere? Woran zeigt sich, dass die Veränderung geschehen ist? Und woran würde man es noch merken? Woran noch?

Und woran würden andere merken, dass du dein Ziel erreicht hast und Veränderung geschehen ist? An welchem Verhalten würden sie merken, dass du dich verändert hast und du tiefer »Ja« zu dir sagen kannst?

■ **Denk mal**
Woran würdest du die Veränderung hin zu mehr »Ja zu dir« zuerst bemerken? Und woran noch?

■ **Mach mal**
Nimm dir zehn bis 20 Minuten Zeit für das Nachdenken über dein Ziel. Notiere die wichtigsten Erkenntnisse.

■ **Zum Vertiefen**
Ich will dich unterweisen und dir den Weg zeigen, den du gehen sollst.
Ich will dich mit meinen Augen leiten. —Psalm 32,8

Das größte Wunder ist, dass jeden Tag Wunder passieren.
—Autor unbekannt

Du und die anderen

■ Du hast dir gestern Gedanken über dein Wunder gemacht und erste Dinge entdeckt, die sich ändern würden, wenn du dich tiefer bejahen könntest. Einiges davon wird mit deinen Gedanken zu tun haben. Vielleicht kommen Dinge nicht mehr in deinen Gedanken vor.
Vielleicht erlaubst du dir neue, wärmere Gedanken, die du bisher nur selten gedacht hast. Vielleicht spielt sich das Wunder nur in deinem Inneren ab. Möglicherweise wirkt es sich aber auch auf deine Handlungen aus. Vielleicht kleidest du dich anders, sprichst anders über dich oder über andere. Vielleicht tust du manche Dinge nicht mehr, die du bisher getan hast. Oder du entwickelst neue Handlungen, die bisher nicht Teil deines Repertoires waren.
Experiment Teil 2: Gehe nochmal innerlich in die Wunder-Erfahrung zurück. Das Wunder ist geschehen – du kannst tief und voll »Ja« zu dir sagen. Doch weder du noch die Menschen in deinem Umfeld wissen, dass es geschehen ist.

• Woran würden die Menschen in deinem Umfeld bemerken, dass das Wunder geschehen ist?
• Wer würde es zuerst bemerken? Woran?
• Woran würden die Menschen, die dir am nächsten sind (Partner/in, enge Freunde, Eltern, Kinder, Verwandte), merken, dass das Wunder geschehen ist?

Sammle mehrere Punkte zu jeder Frage.

■ **Denk mal**
Welcher Mensch in deinem Umfeld würde das Wunder zuerst bemerken? Woran?

■ **Mach mal**
Mache das Wunder-Experiment Teil 2.
Nimm dir zehn bis 20 Minuten Zeit, dich intensiv einzufühlen.
Notiere dann die wichtigsten Erkenntnisse.

■ **Zum Vertiefen**
Darum nehmt einander an, wie Christus euch angenommen hat zu Gottes Lob. —Römer 15,7

In die Augen des Vaters zu sehen, gibt uns die Stärke zu geben und zu handeln. In die Augen der Mutter zu sehen, gibt uns die Fähigkeit, zu empfangen und zu fühlen. —Arthur Burk

Gesehen werden

■ Wie entstehen Selbstannahme und Selbstwert? Die Basis dafür wird in unserer Kindheit gelegt. Selbstwert entsteht, wenn die primäre Bezugsperson – in der Regel die Mutter – angemessen auf die Bedürfnisse des Kindes eingeht: Ein Kind äußert eine Not und die Mutter reagiert, indem sie passend zum Alter des Kindes handelt, Mitgefühl zeigt und die Not löst oder lösen hilft. Gleiches gilt für das Glück, das ein Kind spürt, wenn seine Bedürfnisse erfüllt sind und die Bezugsperson sich mitfreut. Wenn dieser Prozess gut funktioniert, dann spürt das Kind: »Was ich fühle und brauche, ist in Ordnung. Ich bin in Ordnung.« Die Basis für Selbstwert ist gelegt.

Leider klappt dieser Prozess nicht immer so wie beschrieben. Viele Eltern sind überfordert und reagieren häufig gereizt auf die Bedürfnisse der Kinder. Das Kind bekommt verbal, noch häufiger nonverbal, die Botschaft vermittelt: »Du bist eine Last. Was du willst, ist nicht gut. Du bist nicht gut.«

Andere Eltern sind ambivalent. Manchmal reagieren sie angemessen auf die Bedürfnisse und Emotionen des kleinen Kindes, zu anderen Zeiten nicht. Das Kind erhält innerlich die Botschaft: »Ich weiß nicht, was ich vom Leben zu erwarten habe. Ich bin unsicher.«

Die solide oder instabile Basis ist erst einmal so gelegt, wie sie gelegt ist. Es tut gut, das anzuerkennen: Ja so war es. Anschließend kann man sich auf den Weg zur Veränderung machen.

■ **Denk mal**
Welche der oben beschriebenen Reaktionen hast du in deiner Kindheit am häufigsten erlebt?

■ **Mach mal**
Stelle dir vor, du hast ein Bedürfnis und siehst in die Augen deines Vaters/deiner Mutter, die gut darauf reagieren. Spüre die Gefühle, die das auslöst.

■ **Zum Vertiefen**
Gott spricht jeden frei und nimmt jeden an, der an Jesus Christus glaubt. —Römer 3,22

Man muss sein Leben aus dem Holz schnitzen, das man hat,
und wenn es krumm und knorrig wäre.
—Theodor Storm

Webfehler

■ Die Mutter war überfordert. Sie hatte schon zwei Kinder, die erste Ehe zerbrach und plötzlich wurde sie von ihrem neuen Freund schwanger. Sie rauchte während der Schwangerschaft, nahm Medikamente, die erwiesenermaßen Kinder im Mutterleib schädigen.

Das Kind – ein Junge – kam mit Schäden an der Wirbelsäule und am Nervensystem zur Welt, die irreparabel sind. Er wird ein Leben lang unter dem zu leiden haben, was die fahrlässigen Handlungen seiner Mutter in seinem Körper bewirkt haben. Wunderbar erdacht und geplant von Gott – wie ein kostbarer Teppich –, geschädigt von Menschen, das ist hart. Medikamente, Umweltgifte, Strahlungen – all das kann einen wunderbaren Körper beeinflussen und schädigen.

Aber natürlich auch das Erleben von Krieg, Gewalt, Hunger, Unfall oder Not. Solche Erfahrungen hinterlassen ihre Spuren im Körper und in der Seele.

Wer Schäden an Körper und Seele davongetragen hat, braucht Trost und Mitempfinden. Das kann er sich selbst spenden – echtes Mitgefühl über das Erlittene. Es ist echte Resonanz mit dem Erlebten und etwas anderes als im Selbstmitleid zu versinken. Auch der Trost und das Mitgefühl von anderen können stärken und helfen.

Auf der Basis des Trostes kann man Hoffnung entwickeln: Das Leben ist – auch mit Einschränkungen – wunderbar und lebenswert. Auf seine einzigartige Weise.

■ **Denk mal**
Wo haben Menschen dich durch ihr Handeln direkt oder indirekt geschädigt?

■ **Mach mal**
Akzeptiere das, was ist, als gegeben. Überlege, wie du die Zukunft gestalten möchtest.

■ **Zum Vertiefen**
Diesen kostbaren Schatz tragen wir in uns, obwohl wir nur zerbrechliche Gefäße sind. So wird jeder erkennen, dass die außerordentliche Kraft, die in uns wirkt, von Gott kommt und nicht von uns selbst. —2. Korinther 4,7

Kinder lieben anfangs ihre Eltern. Wenn sie älter werden, beurteilen sie sie. Bisweilen verzeihen sie ihnen.
—Oscar Wilde

Alte Wunden heilen

■ Wer gestärkt in die Zukunft gehen möchte, tut gut daran, sich von der Vergangenheit zu lösen. Nicht im Sinne von Verdrängen, sondern im Sinne von Verwandeln.

Wir alle haben in der einen oder anderen Form Mangel erlebt. Der erste Schritt zur Heilung und zu einem gestärkten Selbstvertrauen ist, den Mangel zu erkennen, zu spüren und klar zu benennen: Hier hat mir etwas gefehlt. Oder: Jenes hat mich verletzt. Es ist gut, dich auch zu fragen: Wie fühlt sich das an? Wo spüre ich den Mangel in der Seele und auch im Körper?

Vergebung auszusprechen ist der nächste Schritt. Meist sind bestimmte Personen für den Mangel verantwortlich, den wir erlebt haben. Solange wir bei der Anklage stehen bleiben, bleiben wir selbst in der Situation gefangen. Deshalb ist Vergebung so befreiend. Wenn du vergibst, sagst du: »Du warst verantwortlich für das, was geschah. Aber ich mache dich nicht mehr länger verantwortlich für meine weitere Entwicklung. Ab jetzt übernehme ich die Verantwortung dafür, wie ich mich auf dieser Basis weiter entwickeln werde.«

Vergebung heißt nicht, dass du gutheißen musst, was der andere getan hat. Was schlecht war, darf auch schlecht genannt werden. Es bedeutet auch nicht, dass du dich dem anderen gegenüber gut oder sicher fühlen musst. Das geht meist nur, wenn er sein Verhalten ändert. Vergebung heißt: Ich entlasse denjenigen aus der Verantwortung für mein Leben und nehme sie ab jetzt selbst wahr. Das stärkt!

■ **Denk mal**
Welcher Mangel hat bisher dein Leben am meisten beeinflusst?

■ **Mach mal**
Liste die Menschen auf, die zu Mangel und Verletzung in deinem Leben beigetragen haben. Entscheide dich, wovon du dich vergebend lösen willst.

■ **Zum Vertiefen**
Aber zu dir sage ich, der Herr: Ich will dich wieder gesund machen und deine Wunden heilen. —Jeremia 30,17

Es ist nie zu spät für eine glückliche Kindheit.
—Milton Erickson

Neue Gefühle fühlen

■ Der nächste Schritt ist, dich von dem Gedanken und den damit verbundenen Gefühlen zu lösen, es wäre deine Schuld, dass du von anderen schlecht behandelt wurdest.

Das geht so: Frage dich: Was hat der Person, die den Mangel verursacht hat, selbst gefehlt? Was hätte er oder sie gebraucht, um mir das geben zu können, was ich gebraucht hätte? Allein dieser Perspektivwechsel kann entlastend und erlösend sein. Anschließend kannst du dich in die schmerzhafte Situation oder den Zustand des Mangels zurückversetzen. Stell dir vor, die verursachende Person hätte das gehabt, was ihr fehlte. Stell dir vor, wie sie dich dann behandelt hätte. Versuche zu spüren:

- Wie hätte ich mich gefühlt?
- Was wäre dadurch anders?
- Wie wäre es dann für mich gewesen?
- Was würde ich dann anders über mich und das Leben denken?

Versuche, dieses neue, wohltuende Gefühl tief in deinem Körper und Empfinden wahrzunehmen und zu verankern.

Nimm das gute Gefühl bewusst wahr und sage dir: »Ja, so kann ich auch fühlen.« Erinnere dich immer wieder daran. Wenn wir uns etwas intensiv vorstellen, entdecken wir neue Möglichkeiten, zu fühlen und zu denken. Dem Gehirn ist es dabei egal, ob es etwas tatsächlich erlebt oder sich nur vorstellt. Es registriert: »Ah, ich könnte mich ja auch sicher, gelassen und akzeptiert fühlen.« Es verfügt so über neue Denk- und Handlungsmuster.

■ **Denk mal**
Was hat deiner engsten Bezugsperson am meisten gefehlt?

■ **Mach mal**
Probiere das obige Experiment an einer oder mehreren spezifischen Situationen aus.

■ **Zum Vertiefen**
Ja, der Herr hat große Taten für uns vollbracht! Wir waren außer uns vor Freude. Herr, wende auch jetzt unser düsteres Geschick zum Guten, so wie du ausgetrocknete Bäche wieder mit Wasser füllst! —Psalm 126,3–4

Niemand kann dich dazu bringen, dich minderwertig zu fühlen,
wenn du ihm nicht die Erlaubnis dafür gibst.
—Eleanor Roosevelt

Du nimmst dich schon an

■ Die gute Nachricht: Bei dem Projekt »Ja zu mir« hast du schon einen erheblichen Teil des Weges geschafft. Mir ist noch niemand begegnet, der sich 100 Prozent ablehnt. Der gar nichts an sich gut findet. Die meisten Menschen leben mit einer Mischung aus bejahenden und ablehnenden Gedanken und Gefühlen. Es gibt Eigenschaften und Eigenheiten, die sie an sich sehr mögen, andere Aspekte, die sie okay finden, und dann die Bereiche, mit denen sie sich schwertun.

Ich zum Beispiel finde meine Augen jeden Morgen, wenn ich in den Spiegel schaue, wunderschön. Hier hatte ich nie ein Problem mit Annahme. Die Farbmischung und Gestaltung hat mir schon immer sehr gefallen. Doch wie jeder Mensch habe ich auch zwei Ohren – eines davon liegt schön an, das andere steht ab. Die Versuche meiner Mutter, es mit Pflaster festzukleben, waren erfolglos. Hier war innere Arbeit nötig, um »Ja« zu meinen Ohren zu sagen.

Ich bin mir sicher, dass du Bereiche in deinem Leben hast, die einzigartig und einmalig sind und die du wunderbar findest: Zum Beispiel (Teile deines) Aussehens und Körperbaus, deine Gaben und Talente, deine eigene Geschichte, manche Menschen, die zu deinem Leben gehören, bestimmte Erfahrungen.

Hier kannst du auch das Feedback anderer Menschen einbeziehen:

• Was schätzen sie an dir?
• Was halten sie für einzigartig an dir?
• Was an dir mögen sie besonders gern?

■ **Denk mal**
Welche zehn oder mehr Dinge an dir magst du besonders gern?

■ **Mach mal**
Finde einen Weg, all das zu feiern, was du an dir bereits magst.

■ **Zum Vertiefen**
»Hab keine Angst, Israel, denn ich habe dich erlöst! Ich habe dich bei deinem Namen gerufen, du gehörst zu mir«, spricht Gott der Herr. —Jesaja 43,1

Der Mensch erfährt sich selbst in der Zerrissenheit seines Daseins auf unterschiedlichste Art. Aber er darf sich selbst so annehmen, wie er ist, weil er sich von Gott geliebt weiß. —Franz von Sales

Änderungswünsche

■ Kürzlich habe ich einen Rock zum Änderungsschneider gebracht. »Ich hätte den Saum, der bis zu den Schuhsohlen reicht, gern zehn Zentimeter kürzer. Ich wünsche mir, dass der Rock wieder dynamischer wird.« Jetzt trage ich das Kleidungsstück wieder richtig gern.

Manchmal wünschten wir uns, wir könnten mit unserem Körper zum Änderungsschneider gehen: etwas zierlicherer Knochenbau, eine andere Nase usw. Manche Menschen tun das ja auch und geben erstaunlich viel Geld dafür aus, um besser auszusehen.

Neben den körperlichen gibt es auch andere Änderungswünsche: Diese oder jene Begabung hätte man gern noch – oder auch an der einen oder anderen Stelle ein anderes Temperament. Hier lässt sich durch Eigenleistung manches erreichen – doch aus einem introvertierten Bastler wird auch bei viel Training kaum ein extrovertierter Showmaster werden, der alle mitreißt. Hilfreicher kann es sein, dem nachzuspüren, was hinter den Wünschen steckt. Ist der Wunsch nach einer anderen Haarfarbe oder einem anderen Temperament verbunden mit der Hoffnung auf mehr Akzeptanz oder besserer Beziehungen?

Wenn man weiß, welches tiefer liegende Bedürfnis hinter dem Veränderungswunsch steht, kann man sich fragen, wie man dieses Bedürfnis noch stillen kann. Etwa durch Training in Kommunikation oder durch Einübung von Resonanz mit anderen.

■ **Denk mal**
Was an dir würdest du am liebsten verändern? Was für ein tieferer Wunsch steckt dahinter?

■ **Mach mal**
Suche nach fünf bis zehn Möglichkeiten, wie du den tiefer liegenden Wunsch erfüllen kannst.

■ **Zum Vertiefen**
Das eine aber wissen wir: Wer Gott liebt, dem dient alles, was geschieht, zum Guten. —Römer 8,28

Gott ist einer, der sagt: »In deiner Haut möchte ich stecken!«
Er sagt es jedem.
—Beat Rink

Seelische Schäden

■ Unsere Seele ist so gemacht, dass sie intensiv mit dem in Resonanz gehen kann, was sie sieht und erlebt. Die warme Sonne, die auf die Haut scheint, das Lächeln eines Kindes, das Bellen eines Hundes, die Tränen eines geliebten Menschen. All das kann mit uns in Resonanz gehen.

Menschen, die aufnehmen können, was um sie herum geschieht, und dann angemessen reagieren, erleben tragfähigere Beziehungen als andere. Forscher haben herausgefunden, dass die Fähigkeit, mit jemand anderem mitzufühlen und sich mit ihm zu freuen, der sicherste Indikator für eine stabile Ehe ist. In anderen Worten: Wenn beide Partner geübt darin sind, mit dem mitzuschwingen, was vom anderen kommt, hat die Ehe eine Chance von 85 Prozent, lange zu bestehen.

Resonanzfähigkeit kann zerbrechen. Ein Kind beispielsweise, das immer wieder erlebt, dass seine Wünsche ignoriert oder verachtet werden, wird innerlich starr. Die Resonanz erstirbt.

Die gute Nachricht: Sie kann wiederbelebt werden. Zum einen durch Üben. Durch bewusstes Einfühlen und Mitschwingen – mit der Umgebung, mit Menschen. Ein Einfühlen in das, was den anderen bewegt, sowie ein Wahrnehmen dessen, was einen selbst bewegt.

Und zum anderen durch Heilung. Wer schmerzhafte Erlebnisse liebevoll betrachtet, kann Entlastung erfahren. Das kann der eigene Blick sein – oder auch der warme Blick eines Therapeuten oder Seelsorgers.

■ **Denk mal**
In welchen Situationen erlebst du dich als »eingefroren«, mit wenig Resonanz für dich selbst oder andere?

■ **Mach mal**
Nimm dir heute immer mal wieder Zeit, etwas wahrzunehmen. Frage dich: Was spüre und empfinde ich jetzt?

■ **Zum Vertiefen**
Sie werden weinend kommen, aber ich will sie trösten und leiten.
—Jeremia 31,9

*Betrachte einmal die Dinge von einer anderen Seite, als du sie bisher sahst;
denn das heißt ein neues Leben beginnen.*
—Marc Aurel

Beneide dich selbst

■ Oft vergleichen wir uns mit anderen. Neid und Vergleichen sind
meist jedoch wenig hilfreich. Wir haben nicht uns im Blick, sondern
die anderen. In der Regel die, die besser, schöner, begabter, reicher
und erfolgreicher sind als wir selbst. Das führt dazu, dass wir uns
abwerten und schlecht fühlen.

Du kannst das – als Experiment zum Perspektivwechsel – einmal
bewusst umgekehrt machen, um einen Blick für das zu bekommen,
was nicht selbstverständlich ist, sondern ein Geschenk. Vergleiche
dich mit Menschen, die weniger haben als du: weniger Geld, weniger Nahrung, weniger stärkende Freunde, weniger freie Zeit, weniger
Bildung ... Millionen Menschen können noch nicht einmal lesen oder
wissen nicht, woher sie die nächste Mahlzeit bekommen.

Ich habe dieses Experiment einmal auf einer längeren Autofahrt gemacht und überlegt, worum ich mich beneiden würde, wenn ich nicht
ich selbst wäre. Mir fielen mehrere Hundert (!) Aspekte ein, um die ich
mich beneiden würde, wenn ich nicht ich selbst wäre – von der freien
Kindheit in einem Dorf über die warmherzige Oma bis zu Talenten,
Gesundheit, medizinischer Versorgung, Sprachen und sonstigen Fähigkeiten, die ich erlernen konnte.

Nach zwei Stunden Neid auf mich selbst war ich am Ende so glücklich,
dass ich an einer Raststätte von der Polizei angehalten wurde – sie
dachten, ich hätte Drogen genommen. So glücklich ist sonst keiner.

■ **Denk mal**
Was in deinem Leben möchtest du auf keinen Fall hergeben, weil
es im Grunde richtig gut ist?

■ **Mach mal**
Liste auf, was du an materiellen und immateriellen Schätzen
hast, die für viele Menschen nicht selbstverständlich sind.

■ **Zum Vertiefen**
*Mein Leben lang gibt Gott mir Gutes im Überfluss, darum fühle ich mich
jung und stark wie ein Adler.* —Psalm 103,5

Das Ganze ist mehr als die Summe seiner Teile.
—Aristoteles

Dein buntes Leben

■ Dein Leben ist vielfältig und facettenreich. Du bist kein großer Klumpen oder Gesteinsbrocken, der nur aus einer homogenen Masse besteht. Du bist vielmehr ein wunderbar vielfältiger Mensch mit einem Körper aus Millionen Zellen, mit einer Herkunft und Geschichte, mit ganz unterschiedlichen Fähigkeiten und Eigenschaften. Mit Stärken und Grenzen.

Dich selbst – die ganze Vielfalt, die dich ausmacht – pauschal und umfassend mit einem Mal anzunehmen, ist quasi unmöglich. Es ist sinnvoller, die einzelnen Aspekte, aus denen sich dein Leben »zusammensetzt«, separat zu betrachten. So kannst du entdecken: Was an meinem Leben liebe ich? Was macht mir eher Mühe?

Wer Deutscher ist, hat eine andere historische Last und Prägung als eine Schwedin oder ein Inder. Eine Frau hat andere Themen, die sie beschäftigen, als ein Mann. Ein alter Mensch andere als ein junger. Ein berufstätiger andere als ein arbeitsloser Mensch oder jemand im Ruhestand. Ein alleinlebender Mensch andere als ein WG-Bewohner oder Familienmensch.

Zu den unterschiedlichen Aspekten, die du betrachten kannst, können folgende gehören: dein Geschlecht, deine Familie und dein Platz darin, deine Begabungen, deine geograpische und kulturelle Herkunft, deine Berufswahl und deine Arbeit sowie deine Erfahrungen.

■ **Denk mal**
Welche Aspekte deines Lebens kannst du gut annehmen? Welche weniger?

■ **Mach mal**
Stelle dir vor, dein Leben wäre eine Landkarte. Male die einzelnen Regionen auf, die dazugehören, oder mache eine Mindmap.

■ **Zum Vertiefen**
Darum will ich dich loben, Herr. Alle Völker sollen es hören! Zu deiner Ehre will ich singen. Der Herr hat David, den König, aus großen Gefahren errettet. Ihm erweist er seine Liebe, und auch seine Nachkommen wird er nicht im Stich lassen. —Psalm 18,50–51

In der Sauna sehen Sie die Mitmenschen,
wie Gott sie schuf und McDonalds sie formte.
—Eckart von Hirschhausen

Dein Körper

■ Zu den verschiedenen Aspekten, die dich ausmachen, gehört zuerst einmal dein Körper. In einer Welt, in der selbst Fotografien der schönsten Frauen und Männer erst nach der Bearbeitung mit Photoshop publiziert werden, ist es herausfordernd, ein entspanntes Verhältnis zum eigenen Körper zu pflegen. Doch ganz egal, wie sehr dein Körper vorherrschenden Schönheitsidealen entspricht: Er ist ein Wunderwerk. Millionen von Zellen wirken zusammen, um dich zu ernähren, zu stärken und zu tragen. Das ist faszinierend. Und dein Körper ist einzigartig. So wie du sieht niemand sonst aus. Frage dich:

- Was macht dich aus?
- Was ist typisch für dich?
- Wie ist deine Haltung, dein Gang?
- Woran kann man dich leicht erkennen?
- Welche Teile deines Körpers hältst du für besonders gelungen?
- Mit welchen tust du dir eher schwer?

Neben den von der Natur gegebenen Dingen wird dein Körper auch von Ereignissen – zum Beispiel Verletzungen und Krankheiten – und auch von Fitness und Ernährung – von McDonald's bis Rohkost – geformt. Manchmal vorteilhaft, manchmal weniger.

Auch hier gilt es, zuerst anzunehmen, was geworden ist: »So ist es jetzt. Es darf für jetzt erst mal so sein, wie es ist. Das bin ich jetzt. So sehe ich jetzt aus. Das macht mich jetzt aus.«

■ **Denk mal**
Was würde ein Zeichner betonen, der eine Skizze von dir zeichnen müsste, auf der man dich schnell erkennt?

■ **Mach mal**
Schau dich in einem Spiegel von oben bis unten an, ohne zu urteilen. Nimm wahr, was du siehst, und sage: »Ja, das bin ich!«

■ **Zum Vertiefen**
Schon als ich im Verborgenen Gestalt annahm, unsichtbar noch, kunstvoll gebildet im Leib meiner Mutter, da war ich dir dennoch nicht verborgen.
—Psalm 139,15

Ich habe keine besondere Begabung,
sondern bin nur leidenschaftlich neugierig.
—Albert Einstein

Deine Begabungen

■ Das Verrückte an Talenten ist: Die meisten Menschen halten ihre Talente für selbstverständlich – und die der anderen für etwas Besonderes. In gewisser Weise stimmt das auch. Gerade weil Talente angeboren sind, leben wir damit. Und in den Bereichen, in denen uns die Begabungen fehlen, müssen wir uns anstrengen.

Ich habe wenig Rhythmusgefühl und bewundere Menschen, die im Takt klatschen können oder gar Schlagzeug spielen. Flüssig schreiben zu können hingegen finde ich ganz normal. Ein guter Gradmesser für Talent ist die Leichtigkeit. Wenn dir etwas leicht fällt, hast du vermutlich Talent dafür – egal ob es Kochen, Bewegung, Kommunikation oder der berühmte grüne Daumen ist.

Es ist okay, andere Menschen für ihre Talente zu bewundern – solange du die eigenen Fähigkeiten auch im Blick hast. Ja, der oder die hat ein großes Bewegungstalent. Aber mir fällt es leicht, Geschichten zu erzählen oder zu malen.

Daneben gilt: Viele Menschen, deren Talent wir bewundern, haben auf Basis des Talents ihre Fähigkeiten weiter ausgebaut. Sie haben zum Beispiel ein Instrument Tausende von Stunden geübt – mit den Ergebnissen, die wir heute hören und bewundern. Was wir wahrnehmen, ist oft nicht nur Talent, sondern Talent plus Übung. Freue dich an den Talenten, die du hast. Und stärke sie. Du kannst dir überlegen, welches deiner Talente du weiter ausbauen und fördern möchtest.

■ **Denk mal**
Welche Tätigkeiten fallen dir leichter als anderen?
Finde mindestens zehn.

■ **Mach mal**
Lobe einen Menschen für etwas, worin er offensichtlich begabt ist. Wenn dich jemand für ein Talent lobt, spiele es nicht herunter, sondern sage »Danke«.

■ **Zum Vertiefen**
Jeder soll dem anderen mit der Begabung dienen, die ihm Gott gegeben hat.
—1. Petrus 4,10

Viele Kinder haben schwer erziehbare Eltern.
—Jean-Jacques Rousseau

Deine Familie und Geschichte

■ Jede Familie bietet eigene Erfahrungen. Viele davon sind positiv und lebensstärkend. Andere bremsen eher aus und blockieren. Eine ganze Reihe sind neutral. Wenn du dich annehmen willst, gehört das, was du in deiner Familie erlebt hast, mit dazu. Du kannst einen Blick auf deine Geschichte werfen und überlegen:

- Was war in meiner Familie und meinem bisherigen Leben schön?
- Was bewerte ich als neutral – weder besonders gut noch besonders schlecht?
- Was macht mir das Leben bis heute schwer?

Betrachte diese Dinge in Ruhe. Sie gehören zu deinem Leben. Du kannst dankbar auf die stärkenden Dinge sehen. Mit Zufriedenheit auf die neutralen. Und mit Akzeptanz auf die eher schwierigen – so war es eben.

In vielen negativen Erfahrungen steckt der Samen für Potential. Ein Bekannter von mir kommt aus einer sehr armen Familie, in der das Geld oft knapp war. Das war schwer. Gleichzeitig hat er in seiner Familie gelernt, sich Lösungen einfallen zu lassen. Der Grundstein für seine Kreativität wurde in dieser Zeit gelegt. Heute gibt er Trainingskurse für Menschen, die Kreativität entwickeln wollten, es aber in ihrem bisherigen Leben nicht so lernen konnten.

Vielleicht findest du in einigen der Erfahrungen, die du bedauerst, ja auch den Samen für eine Stärke, die du entwickelt hast.

■ **Denk mal**
Welche verborgenen Schätze könnten in den für dich eher schwierigen Aspekten deiner Familie stecken?

■ **Mach mal**
Schreibe dir auf: Ich bedauere, dass ich folgende Erfahrung gemacht habe: ... Und ich erkenne, dass ich dadurch folgende Stärke(n) entwickelt habe: ...

■ **Zum Vertiefen**
Isaak sprach den Segen: »Gott mache dein Land fruchtbar, Getreide und Wein sollst du im Überfluss ernten!« —1. Mose 27,28

*Das allein macht glücklich, wenn wir uns unserer Rolle bewusst werden,
und sei sie noch so unbedeutend.*
—Antoine de Saint-Exupéry

Deine Rollen

■ Tochter, Sohn, Vater, Mutter, Schwester, Bruder, Freiberufler, Angestellte, Ehrenamtliche, Künstlerin, Therapeut, Helfer, Hilfsbedürftiger, Fürsorger – jeder Mensch hat verschiedene Rollen und lebt in ihnen. In manche Rollen – etwa unseren Platz in der Familie – wurden wir hineingeboren. Andere haben wir selbst gewählt.

Jede Rolle bringt Freiheiten und Einschränkungen mit sich. Als Selbständige etwa habe ich Freiheiten, die nicht jeder hat – und auch Lasten und Verantwortungen, die nicht jeder tragen muss. Eltern haben Freiheiten. Anders als Kinderlose können sie eine Menge Dinge mit ihren Kindern erleben und gestalten. Ebenso haben sie auch Einschränkungen etwa in Bezug auf Zeit und Finanzen.

Jede Rolle ist eine Mischung aus Positivem und Negativem. Wenn wir uns mit anderen vergleichen, sehen wir oftmals nur die positiven Aspekte ihrer Rollen. Die Wahrheit ist: Es gibt keine Rolle, die nur Freiheiten hat. Es gibt auch keine Rolle, die nur Einschränkungen bietet. Auch innerhalb der Rollen bieten sich viele Variationsmöglichkeiten.

Egal wo ich bin: Ich kann »Dienst nach Pflicht« tun, die Rolle immer gleich spielen, oder sie fantasievoll variieren. Als Verlagschefin kann ich kollegial agieren oder klare Ansagen machen – wie es passt und wie ich will. Wer die Freiheit entdeckt und lebt, die er im Rahmen seiner Rolle hat, kann die Rollen und sein Leben leichter bejahen.

■ **Denk mal**
Was ist aktuell deine Lieblingsrolle?
Welche Rolle willst du gern aufgeben oder anders gestalten?

■ **Mach mal**
Stell dir vor, du wärst Schauspieler oder Improvisationstalent und hättest die Aufgabe, eine deiner Rollen etwas anders zu spielen als bisher. Probiere es aus.

■ **Zum Vertiefen**
Du hast mich geschaffen – meinen Körper und meine Seele, im Leib meiner Mutter hast du mich gebildet. —Psalm 139,16

Wenn die Summe aller Teile mehr bedeutet als die Teile,
nennt man das Synergie. Oder Charakter.
—Marc Flint

Deine inneren Stimmen

■ Wer »Ja« zu sich sagen will, tut gut daran, sich zu kennen. Kommunikationsforscher Friedemann Schulz von Thun hat beschrieben, dass unser Denken und Fühlen nicht aus einem Guss sind, sondern in uns verschiedene Stimmen existieren, die unsere Identität und unsere Reaktionen prägen. Das kann zum Beispiel der Mutige sein, die Vorsichtige, die Pflichtbewusste, der Freiheitsliebende usw. Er nennt das »inneres Team«.

Er beschreibt, dass sich in uns verschiedene Anteile zu Wort melden – als Vertreter bestimmter Rollen, Erfahrungen und Anschauungen. Sie stehen in einem ständigen inneren Dialog miteinander – meist ohne dass man sich dessen bewusst ist. Manche Stimmen sind laut und dominant, andere leise und vorsichtig. Dieser Dialog macht unser alltägliches Denken aus. Die Mitglieder des inneren Teams unterhalten sich zum Beispiel über das, was sie über einen denken (»Ein toller Kerl!« oder »Was für ein Idiot!«). Sie versuchen auch, ihre jeweiligen Ziele durchzusetzen oder sich vor beängstigenden Situationen zu schützen.

Das kann zu Unzufriedenheit und innerer Zerrissenheit führen. Der Ausweg ist, den inneren Dialog wahrzunehmen und ihn bewusst zu führen. Hinzuhören, was die Stimmen sagen, welche Ängste, Bedürfnisse und Wünsche sie zum Ausdruck bringen. Und Wege der Lösung suchen. So kann aus dem zerstrittenen Haufen tatsächlich ein inneres Team werden.

■ **Denk mal**
Wenn du über dich selbst nachdenkst – welche Stimmen und Sätze hörst du?

■ **Mach mal**
Entdecke, welche Stimmen sich in dir am häufigsten zu Wort melden, wenn es um deine Identität geht. Gib ihnen passende Namen.

■ **Zum Vertiefen**
Gold und Silber prüft man durch Schmelzen, aber was im Herzen des Menschen vorgeht, prüft allein der Herr. —Sprüche 17,3

*Ob du glaubst, du schaffst es, oder ob du glaubst, du schaffst es nicht,
du wirst auf jeden Fall Recht behalten.*
—Henry Ford

Deine Überzeugungen

▨ Einige der inneren Stimmen äußern lautstark Überzeugungen. Manchmal sind das warme Sätze wie: »Am Ende wird alles gut«. Manchmal aber auch lähmende Sätze wie: »Mir gelingt nie etwas.« Die Psychologie nennt dies Glaubenssätze. In der Regel haben wir diese Überzeugungen von anderen vermittelt bekommen und übernommen. Oder einzelne negative Erfahrungen verallgemeinert. Auch hier ist es sinnvoll, sich die Sätze genau anzusehen und sie auf ihren Wahrheitsgehalt und ihre Auswirkungen hin zu überprüfen.

- Welche Sätze glaube ich über mich und mein Leben?
- Trenne den Satz von deinen bisherigen Erfahrungen und den scheinbaren Beweisen für seine Richtigkeit. Frage dich: Ergibt diese Meinung wirklich Sinn?
- Was spricht dagegen? Warum ist dieser Satz ggf. abwegig?
- War die Person, von der ich das übernommen habe, selbst glücklich?
- Was wird es mich emotional, gesundheitlich und finanziell kosten, wenn ich diese Überzeugung nicht aufgebe?
- Was wird es mein engstes Umfeld (Familie, Partner, Freunde) kosten, wenn ich diese Überzeugung beibehalte?
- Wie wird mein Leben verbessert, wenn ich diese Überzeugung jetzt ändere?
- Wie könnte eine neue, wahre Überzeugung lauten, die für mich jetzt mehr Sinn ergibt?

▨ **Denk mal**
Welche Überzeugung hindert dich bisher am stärksten daran, so zu leben, wie du es gern möchtest?

▨ **Mach mal**
Löse den Satz mit Hilfe der obigen Übung auf. Wenn du willst, nimm dir anschließend oder später noch weitere negative Glaubenssätze vor.

▨ **Zum Vertiefen**
Gott, der Herr, gab dem Menschen den Verstand, damit er seine innersten Gedanken und Gefühle überprüfen kann. —Sprüche 20,27

Wer alles für jeden sein will, könnte damit enden,
dass er nichts für niemanden ist.
—Henning Schulte-Noelle

Wer bist du nicht?

■ Wer alles sein will – Popstar, Tiefgänger, Weltveränderer, Held, Familienvater, Fürsorgerin – wird nie Frieden finden. Unser Leben ist begrenzt. Frieden – und tiefe Annahme unserer selbst – werden wir nur finden, wenn wir unsere Grenzen erkennen: »Das kann ich, das kann ich nicht. Das bin ich, das bin ich nicht.« Und sie annehmen: »Ich nehme an, was ist.«

Klare Definitionen sind hilfreich. Mich etwa beeindruckt in der Bibel, wie klar Jesus definiert, wie er sich und seine Aufgabe sieht und wie nicht. Er definiert auch klar, was er nicht ist oder wozu er nicht gekommen ist. »Mein Job ist es nicht, für die Gesunden da zu sein, sondern für die Kranken.«

Es kann hilfreich sein, dich zu fragen, welche Motivation dahinter steckt. Warum du gern etwas anderes sein oder tun möchtest als das, was du tust und bist. Mancher wünscht sich mehr Anerkennung und denkt, er bekäme sie, wenn er begabter, sportlicher, kommunikativer wäre – oder mehr für die anderen tun würde. Vielleicht gibt es auch Erwartungen von prägenden Personen, die du verinnerlicht hast. Sie melden sich jetzt als »Stimmen«: »Du solltest eher so sein … oder so …!« Diese Erwartungen kannst du überprüfen und dich fragen: Will ich diesen Ansprüchen weiter genügen? Wenn nein: Was ist mir stattdessen wichtig?

Im Gespräch mit anderen erkennen wir, wo unsere Grenzen sind. Das hilft uns, unsere blinden Flecken zu beseitigen.

■ **Denk mal**
Was bist du nicht, was du gern wärst?

■ **Mach mal**
Beschreibe, wer und wie du bist – und schreibe darunter: Und das ist gut so!

■ **Zum Vertiefen**
Jesus sagte: »Die Gesunden brauchen keinen Arzt, sondern die Kranken! Ich bin gekommen, um Menschen in die Gemeinschaft mit Gott zu rufen, die ohne ihn leben – und nicht solche, die sich sowieso an seine Gebote halten.«
—Matthäus 9,12–13

Ein Bild sagt mehr als tausend Worte.
—Sprichwort

Bilder für dich

■ Du hast dich bereits mit den Frage auseinandergesetzt: Wer bin ich? Wer bin ich nicht? Was kann ich? Und was kann ich nicht? Du hast dir Gedanken dazu gemacht und Worte gefunden, um das zu beschreiben.

Häufig ist es so, dass ein Bild mehr sagt als tausend Worte. Es könnte sein, dass dein Prozess der Selbstbejahung tiefer geht, wenn du auch Bilder findest, um dich zu beschreiben. Vielleicht durch Nachdenken oder auch im betenden Dialog mit Gott.

Frage dich: Welches positive Bild kann ich für das, was mich ausmacht, für meine Stärken und Besonderheiten, finden? Das Bild kann eine Landschaft sein, ein Bauwerk, ein Fahrzeug, ein Tier oder auch ein Mensch, der genau den Aspekt lebt und ausstrahlt, der dir wichtig ist. Zum Beispiel: Vielleicht bist du ein Mensch, der sich gerne Zeit nimmt, Dinge gründlich zu durchdenken und anderen erst nach einer ganzen Weile mitteilt, was er denkt. Das kannst du ausführlich mit vielen Worten beschreiben – oder in einem Bild. Zum Beispiel: »Ich bin wie ein tiefgründiger See.«

Möglicherweise bist du ein Garten, in dem andere Ruhe finden. Vielleicht aber auch sprudelnd wie ein Wasserquell und du erfrischst Menschen um dich herum. Vielleicht bist du ein dynamischer Vulkan, der andere mitreißt. Oder eher eine Katze, die weiß, wie sie Leben und Sonne genießen kann. Oder du bist einfach ein Fisch im Wasser, der das Leben und die Bewegung genießt.

■ **Denk mal**
Welches Bild beschreibt dich treffend?

■ **Mach mal**
Finde Fotografien, Kunstwerke oder Gegenstände, die dein Bild für dich darstellen. Betrachte sie mit Wohlwollen und Wärme.

■ **Zum Vertiefen**
Da nahm Gott Erde, formte daraus den Menschen und blies ihm den Lebensatem in die Nase. So wurde der Mensch lebendig. —1. Mose 2,7

In jedem lebt ein Bild des, der er werden soll.
Solange er das nicht ist, ist nicht sein Friede voll.
—Angelus Silesius

Negative Bilder verwandeln

■ Möglicherweise hast du, als du nach inneren Bildern gesucht hast, eher negative Bilder vor Augen gehabt. Eine Frau, die ich coache, hat mir einmal gesagt: »Ich bin wie ein Fass ohne Boden.« Andere Menschen sagen von sich: »Ich bin die Müllhalde für alle.«

Es kann sein, dass du ähnlich Negatives empfindest und das einen Teil deiner Lebenswirklichkeit ausmacht. Das Gute ist: Fast alles lässt sich verändern. Du kannst dich fragen: Was müsste geschehen, damit das Bild positiver wird? Was sollte sich verändern?

Bei den obigen Beispielen würde das heißen: Ich ziehe einen neuen Boden in mein »Fass« ein, damit es haltbar und stabil wird. Oder in Bezug auf die Müllhalde: Ich entsorge all das, was andere mir aufgeladen haben. Ich pflanze in meinem Inneren Blumen, indem ich mir Zeit für schöne Dinge nehme. Und ich stelle ein Schild auf »Müll abladen verboten!« Ich werde Menschen, die Negatives bei mir abladen wollen, freundlich darauf hinweisen, dass ich das nicht mehr hören will.

Du musst das auch nicht allein tun. Vielleicht mögen wohlwollende Freunde dich bei dem Veränderungsprozess unterstützen. Oder auch dein Schöpfer. Du könntest dich auch fragen, wie er dich wohl sieht.

• Welches Bild hat ein guter Schöpfer von mir?
• Wie hat er sich mein Leben wohl gedacht?
• Wie möchte er es erneuern?

■ **Denk mal**
Welches Negativbild von dir kommunizierst du gelegentlich oder häufig?

■ **Mach mal**
Plane: Was müsste geschehen, um das Bild zu verwandeln? Was wäre der erste Schritt dahin? Wer könnte dich dabei unterstützen?

■ **Zum Vertiefen**
Gottes Geist will euch durch und durch erneuern. Zieht das neue Leben an, wie ihr neue Kleider anzieht. Ihr seid neue Menschen geworden, die Gott selbst nach seinem Bild geschaffen hat. Ihr gehört zu Gott und lebt so, wie es ihm gefällt. —Epheser 4,23

Nur was du annimmst, kannst du verändern.
—Coaching-Weisheit

Es ist gut – für jetzt

■ In der biblischen Sammlung von Liebesgedichten besingt ein Paar die Schönheit des Partners – auch als Bild für die Liebe Gottes zu den Menschen. Da sagt der Mann zu der Frau: »*Du bist schön, kein Makel ist an dir!*« (Hohelied 4,7). Mir war es lange ein Rätsel, wie ein Mensch das über einen anderen sagen kann: »Du bist makellos!«.
Und ein noch größeres Rätsel war mir, wie Gott das über Menschen sagen könnte. Er sieht doch alle Schwächen. Das, was nicht gut geht. Wie kann er da sagen: »Kein Makel ist an dir!«?
Beim Verstehen dieses Geheimnisses hat mir die Liebe zu Babys geholfen. Die können noch ziemlich wenig. Die machen in die Windeln, schreien, haben keinen Blick für die Bedürfnisse anderer, sehen nur ihre eigenen. Wir finden sie wunderbar. Wir schauen diese schreienden, nur auf sich selbst zentrierten kleinen Menschen an – und sagen voller Überzeugung: »Kein Makel ist an dir.«
Ich glaube, dass Gott uns so sieht. Er sieht, wo wir jetzt stehen. Wo wir jetzt sind. Wie wir uns bis jetzt entwickelt haben. Und sagt: »Kein Makel ist an dir!« Natürlich ist da noch Raum für Wachstum. Veränderung. Reife. Aber für jetzt ist es gut, wie du augenblicklich bist. Bei guten Freunden ist es ähnlich. Sie schätzen unsere Stärken und nehmen unsere Schwächen an – als Teil dessen, was jetzt eben noch so ist.
Wenn schon Gott und wohlwollende Menschen uns so akzeptierend sehen – wie wäre es, wenn wir uns diese Perspektive auch selbst erlauben würden?

■ **Denk mal**
Wie fühlt es sich für dich an, wenn du sagst: »So wie ich jetzt gerade bin, ist es gut – für jetzt«?

■ **Mach mal**
Heute brauchst du gar nichts tun.

■ **Zum Vertiefen**
Deine Schönheit ist vollkommen, meine Freundin, kein Makel ist an dir.
—Hoheslied 4,7

Gott, gib mir die Gelassenheit, Dinge hinzunehmen, die ich nicht ändern kann, den Mut, Dinge zu ändern, die ich ändern kann, und die Weisheit, das eine vom anderen zu unterscheiden. —Reinhold Niebuhr

Was ist veränderbar?

■ »Ich bin halt so ... – so schmächtig, so schüchtern, so dick, so hilflos, so eingeschränkt, so unbegabt.« So etwas sagen Menschen oft. Es stimmt. Doch nur zum Teil. Viele dieser Aspekte sind veränderbar. Sich zu bemühen, etwas anzunehmen, mit dem man nicht glücklich ist, das aber veränderbar ist, wäre nicht klug.

Ein Freund von mir hat motorische Defizite. Er ist hochintelligent, aber der Körper macht nicht immer, was sein Kopf sagt. Das erschwerte es ihm, Autofahren zu lernen. Er hätte sagen können: »Dafür bin ich nicht begabt.« Ihm war jedoch wichtig, es zu lernen. Nach drei Jahren (!) und unzähligen Fahrstunden hatte er es geschafft. Nicht jeder hat die gleiche Energie wie dieser Mann. Man kann auch im echten Leben nicht alles verändern, was theoretisch veränderbar wäre.

Klar wäre es schön, wenn man noch Spanisch und Chinesisch könnte. Und gut tanzen. Und wenn man muskulöser oder graziler wäre, sich besser ausdrücken könnte. Und noch vier Instrumente und Dutzende Computerprogramme beherrschen würde.

Wenn wir etwas verändern möchten, ist es sinnvoll, nicht zu viel auf einmal anzupacken. Wir sind begrenzt. Zu viel auf einmal verändern zu wollen überfordert und stresst uns. Wähle deshalb für einen bestimmten Zeitraum nur ein bis zwei Dinge (nicht mehr!), die du aktiv angehen willst. Tipp: Wähle die, von denen du dir die größte Verbesserung deiner Lebensqualität versprichst.

■ **Denk mal**
Was in deinem Leben, mit dem du unzufrieden warst, hast du bereits erfolgreich verändert?

■ **Mach mal**
Notiere zehn Aspekte, mit denen du besonders unzufrieden bist. Markiere, ob sie veränderbar sind oder nicht. Wähle ein Veränderungsprojekt aus.

■ **Zum Vertiefen**
Der auf dem Thron saß, sagte: »Sieh, ich schaffe alles neu!«
—Offenbarung 21,5

Die meisten Menschen brauchen mehr Liebe, als sie verdienen.
—Johann Gottfried von Herder

Was du brauchst

■ In unserer Kindheit wird das Fundament für unser »Ja« zu uns gelegt – durch die Reaktion unserer Bezugspersonen auf unsere Bedürfnisse (siehe auch 4.3). Kinder drücken Bedürfnisse aus. Reagieren die Eltern angemessen – zum Beispiel indem sie dem Kind Nahrung geben, wenn es hungrig ist, oder Nähe, wenn es Zuwendung braucht –, dann erhält das Kind die Botschaft: »Das, was du brauchst, ist okay. Es ist in Ordnung, deine Bedürfnisse zu signalisieren. Sie sind berechtigt und gut. Du bist in Ordnung.« Es erlebt Annahme. Manchmal geht dieser Prozess schief. In der Regel immer dann, wenn Eltern auf die Bedürfnisse des Kindes nicht angemessen reagieren, weil ihre eigenen Bedürfnisse nicht gestillt sind.

Beispielsweise will ein Kind von seinen Erlebnissen erzählen. Der Vater hat ein Bedürfnis nach Ruhe und fährt das Kind unwirsch an: »Musst du immer so viel plappern?« Das Kind erhält die Botschaft: »Was ich will ist nicht gut – ich bin nicht gut.«

Die zentralen Bedürfnisse sind: Schutz, Nahrung, Lebenserhalt; Verbindung zu anderen; Liebe und Nähe; Sinn – etwas in dieser Welt beitragen; Feiern – die Freude teilen; Gestaltung und Kreativität; Entwicklung – etwas Neues entdecken; Autonomie – Freiheit und Freiraum; Erholung und Regeneration. Alle diese Bedürfnisse sind gut und berechtigt.

■ **Denk mal**
Welche der Grundbedürfnisse kannst du gut bejahen, bei welchen regt sich eher ein schlechtes Gewissen?

■ **Mach mal**
Versuche heute, einen Menschen zu entdecken, der ein Bedürfnis bejaht und auslebt, das du dir eher nicht so leicht erlaubst.

■ **Zum Vertiefen**
Also macht euch keine Sorgen! Fragt nicht: ›Was sollen wir essen?‹ ›Was sollen wir trinken?‹ ›Was sollen wir anziehen?‹ Mit all dem plagen sich Menschen, die Gott nicht kennen. Euer Vater im Himmel weiß, dass ihr all das braucht. —Matthäus 6,31–32

Es hat mich tief bereichert, authentisch ich selbst zu sein.
Hätte ich das schon früher gewusst, hätte ich es schon eher gemacht.
—Oprah Winfrey

Deine Bedürfnisse sind gut

■ Ganz wichtig: Es gibt keine schlechten Bedürfnisse! Alle in 4.23 genannten zentralen Bedürfnisse dienen dem Erhalt des Lebens. Wir brauchen all diese Dinge, damit wir überleben und unser Leben kraftvoll gestalten können. Sie sind grundsätzlich gut. Gefühle sind quasi das Thermometer, das anzeigt, ob und wie gut unsere Bedürfnisse erfüllt sind. Gefühle signalisisieren uns: »Hier ist ein Bedürfnis erfüllt!« Dann fühlen wir uns gut. Oder sie melden: »Da ist ein wichtiges Bedürfnis nicht erfüllt«. Wir fühlen uns schlecht und können, wenn wir wollen, aktiv werden und für die Erfüllung des Bedürfnisses sorgen.

Bedürfnisse können sich ganz verschieden ausdrücken. Alle Menschen haben das Bedürfnis, mit anderen Menschen verbunden zu sein. Die Ausdrucksformen sind vielfältig: Gespräch, körperliche Nähe, Geschenke, E-Mail, gemeinsame Erlebnisse – all das erfüllt das Bedürfnis nach Verbundenheit.

Nicht alle Wege, um ein Bedürfnis zu erfüllen, sind in jeder Situation passend. Eine Frau, die ich kenne, hat das berechtigte Bedürfnis nach Verbundenheit. Ihr Weg, es zu erfüllen, ist, mitten in der Nacht ein Gespräch mit ihrem Mann zu beginnen – über Probleme, die sie bewegen. Das begeistert ihn wenig. Ihr Bedürfnis ist berechtigt. Ihr Weg ist weniger hilfreich. Es gäbe andere Wege, ihr Bedürfnis zu erfüllen, beispielsweise indem sie sich an ihn kuschelt. Oder jemandem eine E-Mail schreibt und erzählt, was sie bewegt.

■ **Denk mal**
Welche deiner Bedürfnisse kommen oft zu kurz?
Wie hast du sie bisher erfüllt?

■ **Mach mal**
Finde zu jedem vernachlässigten Bedürfnis fünf neue kreative Wege, wie du es stillen kannst.

■ **Zum Vertiefen**
Diesen kostbaren Schatz tragen wir in uns, obwohl wir nur zerbrechliche Gefäße sind. So wird jeder erkennen, dass die außerordentliche Kraft, die in uns wirkt, von Gott kommt und nicht von uns selbst. —1. Korinther 4,4–5

Die Menschen sind wie das Meer. Manchmal glatt und freundlich, manchmal stürmisch und tückisch.
—Albert Einstein

Du bist manchmal

■ Manchmal, wie jetzt gerade, während ich dies schreibe, bin ich fahrig und unkonzentriert. Ich springe hin und her und es fällt mir schwer, bei einer Sache zu bleiben. Das mag ich nicht sonderlich.

In Situationen, in denen wir etwas tun, das wir nicht mögen, besteht die Gefahr, dass wir uns selbst mit dem Verhalten identifizieren und abwerten: »Ich bin halt unkonzentriert.« »Ich bin faul.« »Ich bin ...«

Die Realität ist: Wir verhalten uns nicht überall, zu allen Zeiten und bei allen Menschen gleich, sondern unterschiedlich. Manchmal, wenn ich – wie heute – sehr früh aufgewacht bin, bin ich morgens eher unkonzentriert. Später wird das oft besser. Unter Stress verhalten wir uns anders als in entspannten Situationen.

Auch unsere Mitmenschen beeinflussen uns. Da ist jemand bei öffentlichen Vorträgen sehr gehemmt, erzählt aber im Freundeskreis die besten Witze. Daneben hat auch unsere Umgebung einen Einfluss auf unser Verhalten. Manche Menschen sind zu Hause sehr offen und zugänglich und im Berufsleben eher »zugeknöpft« oder umgekehrt.

Wenn es Verhaltensweisen gibt, die du an dir nicht sonderlich magst, dann überlege, in welchem Umfeld und zu welchen Anlässen du dich so verhältst, und wann nicht.

Und wenn du wieder auf den Gedanken kommst, dir zu sagen: »Ich bin ...«, dann ändere den Satz in: »Manchmal verhalte ich mich auf diese Art und Weise.«

■ **Denk mal**
In welchen Situationen, welcher Umgebung und mit welchen Menschen tritt dieses Verhalten auf? Wann nicht?

■ **Mach mal**
Beobachte dich heute selbst. Wann tritt das (un)erwünschte Verhalten auf, wann nicht? Versuche die Faktoren zu finden, die dazu beitragen.

■ **Zum Vertiefen**
Denn ich weiß nicht, was ich tue. Denn ich tue nicht, was ich will; sondern was ich hasse, das tue ich. —Römer 7,15

Stress entsteht, wenn ich »nein« denke und »ja« sage.
—Sabine Asgodom

Deine Sätze wählen

■ Häufig vermitteln Eltern ihren Kindern Botschaften wie: »Du bist gut, wenn du dein Essen aufisst!« »Du bist ein liebes Mädchen, wenn du lieb, artig und still bist!« »Du bist ein toller Junge, wenn du kämpfst.« Anders gesagt: »Wenn du dich so verhältst, wie ich es dir sage und es von dir erwarte, dann nehme ich dich an und belohne dich mit Wertschätzung und Zuneigung.« Varianten dieser Sätze gibt es im religiösen, beruflichen und sogar freundschaftlichen Kontext.

Weil jeder Mensch das Bedürfnis hat, von anderen angenommen und wertgeschätzt zu sein, beugt er sich diesen Sätzen und behält sie ein Leben lang bei. Oft hinterfragt er sie nicht.

Die damals erlernten Verhaltensweisen sind im späteren Leben nicht immer hilfreich und nützlich. Beispielsweise sind weder immer Stillsein noch dauernd Kämpfen gute Strategien, wenn man beruflich weiterkommen oder Menschen prägen möchte.

Viele Frauen spielen noch als Erwachsene die Rolle des lieben Mädchens. Sie machen alles für alle anderen – und treten kaum für sich selbst ein. Wenn sie es wagen, eigene Interessen zum Ausdruck zu bringen, und souverän und entspannt als erwachsene Frau agieren, fühlen sie sich dabei schlecht. Und haben Angst vor Ablehnung – so tief sitzen die alten Sätze.

Du kannst deine alten Sätze entlarven und umformulieren: »Bisher stimmte das. Jetzt sage ich aber das: ...« Zum Beispiel: »Ich bin dann gut, wenn ich entscheide, welches Verhalten angemessen ist.«

■ **Denk mal**
Welche alten »Ich bin gut, wenn ...«-Sätze sitzen bei dir besonders tief?

■ **Mach mal**
Entwickle – eventuell mit Hilfe eines Begleiters – Gegensätze zu deinen bisherigen Sätzen und verinnerliche sie.

■ **Zum Vertiefen**
Wer seine Zunge im Zaum halten kann, schützt sich selbst. Ein Großmaul richtet sich zugrunde. —Sprüche 13,3

Der Körper ist der Übersetzer der Seele ins Sichtbare.
—Christian Morgenstern

Von außen nach innen

■ Manchen Menschen, die sich mit dem »Ja« zu sich schwertun, sieht man das an: Sie laufen in gebückter Haltung und machen sich klein. Andere bauen Fettpolster auf, um sich gegen Ablehnung abzupolstern oder um zu verhindern, dass sie in ihrer ganzen Stärke und Schönheit gesehen werden. Und wieder andere sprechen piepsig und leise.

Die gute Nachricht: Wir sind so genial geschaffen, dass das, was wir äußerlich mit unserem Körper tun, auch auf unser Inneres zurückwirkt – und umgekehrt.

Ich selbst mache regelmäßig Intensivtraining für meine Muskulatur. Die durch die stärkeren Muskeln verbesserte Haltung hat sich auch auf mein Inneres ausgewirkt. Ich stehe fester und klarer und habe mehr Kraft. Äußerlich wie innerlich. Andere haben durch Sprachtraining oder durch Gewichtsreduktion neue Souveränität und Ausstrahlung gewonnen. Oder durch bessere Körperbeherrschung.

Wer innerlich klar, stark, eindeutig und zugewandt sein will, sollte das auch durch seine Haltung ausdrücken – was man äußerlich zeigt, wirkt auch nach innen. Im Kleinen: Wer nur zwei Minuten breitbeinig mit den Händen in den Hüften dasteht, gewinnt innere Souveränität. Der Stresspegel sinkt nachweislich um 20 Prozent, die Handlungskapazität steigt um 20 Prozent. Wer eine Weile lang lächelt – selbst wenn es gerade nicht viel zu lächeln gibt –, wird offener für die Schönheit des Lebens.

■ **Denk mal**
Wenn du mehr Selbstsicherheit gewinnen würdest – woran würde man das äußerlich bei dir erkennen?

■ **Mach mal**
Gleich machen: zwei Minuten souverän dastehen. Laufe heute mit leicht rausgestreckter Brust – wie ein König oder eine Königin.

■ **Zum Vertiefen**
Lasst euch nicht mehr von Zorn und Hass beherrschen. Schluss mit aller Bosheit! Redet nicht schlecht übereinander, und beleidigt niemanden!
—Kolosser 3,8

Glück ist ein Maßanzug. Unglücklich sind meist die,
die den Maßanzug eines anderen tragen möchten.
—Karl Böhm

Für dich selbst leben

■ Die Autorin und Psychologin Sheila Lynn beschreibt in dem Buch *Belonging*, in dem es um das Gefühl der Zugehörigkeit geht, ihre eigenen Verhaltensmuster. Sie lernte, um sich selbst zu schützen, von klein auf, jede Stimmung ihrer psychisch kranken Mutter wahrzunehmen und vorbeugend zu reagieren. Immer war sie nach außen orientiert. Sie lernte erst später zu spüren: Was möchte ich gerade?

Viele Menschen sind stark auf andere hin orientiert. Die einen wollen ständig anderen Gutes tun. Sie geben viel. Sind oft für andere da. Machen alles für sie. Wenn die anderen dann positiv reagieren, tut ihnen das einen Moment lang gut. Es ist, als ob der Selbstannahme-Tank kurz gefüllt würde. Das ist schön.

Problematisch ist es nur, wenn man bestimmte Dinge für andere nicht tut, weil man sie tatsächlich gern macht, sondern »nur« um ihre Anerkennung zu bekommen. Das lässt innerlich am Ende leer zurück und füllt die Seele nicht wirklich.

Eine zweite auf andere hin orientierte Verhaltensweise ist die Schutz-Variante. Man ist voll Sorge, dass andere Menschen negativ reagieren könnten, und beugt vor. Etwa indem man alles vermeidet, was sie stören könnte – selbst wenn man Freude daran hätte. Oder indem man sich versteckt oder selbst schlechtmacht – in der Hoffnung, dass es dann die anderen nicht tun. Oder indem man verbirgt, was einen selbst bewegt – bis man es selbst gar nicht mehr spürt.

■ **Denk mal**
Welchen Menschen(gruppen) willst du es besonders oft recht machen?

■ **Mach mal**
Übe dich heute konsequent zu fragen: Was möchte ich in dieser Situation jetzt?

■ **Zum Vertiefen**
Du sollst deinen Nächsten lieben wie dich selbst. —3. Mose 19,18

Wachsen heißt: ganz behutsam und allmählich die uns eigene und angemessene Größe entwickeln, bis wir den Himmel in uns berühren.
—Jochen Mariss

Achtsamkeit mit dir

■ Viele Menschen stressen sich selbst – und dann oft auch andere. Sie hetzen durch den Tag, vergessen zu essen oder essen zu viel, überarbeiten sich, gönnen ihrem Körper und ihrer Seele zu wenig Pausen. Der Grund: Sie sind nicht achtsam mit sich. Sie nehmen nicht wahr, was sie brauchen.

Wer Schritt für Schritt lernt, achtsam, also aufmerksam, mit sich selbst umzugehen, nimmt die Signale, die der Körper sendet, besser wahr. Er entdeckt: Dies oder jenes tut mir gut – meinem Körper, meinen Sinnen, meinen Gefühlen. Wer sich achtsam wahrnimmt, drückt damit aus: Ich bin es wert, beachtet zu werden. Wer sich gut beachtet, nimmt sich automatisch selbst leichter an.

Wer wahrnimmt, was er braucht, kann dafür sorgen, dass es ihm gut geht und vorhandene Bedürfnisse so gut wie möglich erfüllt werden. Das ist befreiend und entlastend. Man muss Fürsorge, Wertschätzung und Erfüllung der Bedürfnisse nicht länger nur von anderen erwarten. Sondern man kann auch gut für sich selbst sorgen und sich wertschätzen. Jeder Akt der Selbstfürsorge signalisiert: Ich bin es wert, gut behandelt zu werden. Das stärkt den Selbstwert.

Übung: Stell dir vor, jemand würde dir richtig guttun, dir Wertschätzung zum Ausdruck bringen. Was genau würde er tun? Dann mache – wenn es möglich ist – genau diese Sache für dich.

■ **Denk mal**
Welche Dinge würde ein Mensch tun, der dir guttun will?
Finde mindestens fünf Antworten.

■ **Mach mal**
Achte heute auf deine fünf Sinne – Sehen, Schmecken, Hören, Riechen, Tasten – und auf deine Gefühle. Nimm wahr, was dein Körper dir sagt.

■ **Zum Vertiefen**
Der Duft deiner Salben betört mich. Dein Name ist wie ein besonderes Parfüm, darum lieben dich die Mädchen. —Hoheslied 1,3

Das, was wir aus dem, was wir haben, machen, nicht das, was uns mitgegeben ist, unterscheidet einen Menschen von einem anderen.
—Nelson Mandela

Potential entfalten

■ Ich höre oft von Menschen: »Ich wollte eigentlich ja auch mal ein Buch schreiben.« Oder: »Eigentlich wollte ich ein Instrument lernen.« Oder: »Eigentlich wollte ich mal dieses Land bereisen oder jenes tun.« Uneigentlich haben sie es dann doch nicht gemacht und sind unglücklich mit sich und mit ihrem Leben. Gaben, die nur nutzlos herumliegen, nützen niemandem etwas. Es fällt definitiv leichter, mit sich selbst im Reinen zu sein, wenn man etwas aus dem macht, was einem das Leben an Gaben und Talenten mitgegeben hat.

Auch ich arbeite daran, mein Potential zu entwickeln. Ich beschäftige mich mit Themen, die mich interessieren, und erweitere meinen Horizont und meine Fähigkeiten als Coach, Autorin und Meisterin des Lebens. Mit wachsendem Wissen und jeder neuen Fähigkeit, die ich mir aneigne, steigt mein Potential, mein Leben zu meistern. Ich genieße es, zu erleben, wie mein Wissen und meine Fähigkeiten wachsen. Und mein Vermögen. Nicht unbedingt in finanzieller Hinsicht, aber auf jeden Fall in dem, was ich zu tun vermag. Und welche Möglichkeiten sich mir eröffnen. Ich vermag lieber viel als wenig.

Keiner kann alle seine Potentiale vollkommen entfalten. Doch du kannst im Rahmen deiner Möglichkeiten mehr aus dem machen, was dir anvertraut wurde. Wie immer ist der erste Schritt, der gegangen wird – oder auch nicht –, der entscheidende. Ein kleiner Schritt, den du tatsächlich gehst, ist weit mehr wert als ein großer, von dem du nur träumst.

■ **Denk mal**
Welches Potential willst du entfalten? Welches ist der allererste Schritt dahin, den du jetzt gehen kannst?

■ **Mach mal**
Gehe den ersten Schritt. Gleich heute.

■ **Zum Vertiefen**
Wer seinen Feigenbaum pflegt, kann die Früchte ernten. —Sprüche 27,18

Gute Worte sind wie Samenkörner: Fallen sie auf fruchtbaren Boden,
quellen sie auf und entfalten ihre heilende Kraft.
—Helga Schäferling

Die Kraft des Segens

■ Wir brauchen Worte des Segens – warme, wertschätzende und tröstende Worte, die wir zu uns selbst sagen. Segnen heißt in seiner Grundbedeutung: »Gutes über jemanden aussprechen.« Wir brauchen Worte des Segens, die wir von anderen Menschen zugesprochen bekommen. Und auch segnende Worte unseres Gottes, die er zu uns spricht.

Wir hören tagtäglich und unser ganzes Leben lang viele negative Worte. Worte, die Menschen über uns aussprechen. Und die wir selbst zu uns sagen – laut oder auch nur innerlich. Es ist erstaunlich und erschreckend, wie manche Menschen sich selbst innerlich oder sogar laut hörbar beschimpfen können. »Was bist du für ein Idiot?!« »Wie kannst du nur so dumm sein?«

Wer sich so verhält, handelt wie jemand, der ständig Gift auf die Pflanzen im Garten seiner Seele gießt. Das kann der Seele nicht guttun! Wir brauchen kein Gift. Wir brauchen Leben spendendes Wasser.

Im alten Israel hatten die Priester den Auftrag, den anvertrauten Menschen den Segen Gottes zuzusprechen: »Der Herr segne und behüte dich, er lasse leuchten sein Angesicht über dir und sei dir gnädig.« Modern formuliert könnte man sagen: »Du bist kostbar. Du bist es wert, beschützt und behütet zu werden. Du bist einzigartig. Dein Gott sieht dich – und strahlt vor Freude.«

Wir brauchen es, Worte des Segens zu hören. Wir können zum Beispiel in der Bibel Gottes Segensworte lesen und/oder Menschen, denen wir vertrauen, bitten, dass sie uns sagen, was sie an uns schätzen.

■ **Denk mal**
Wer könnte dir wahre, wohltuende Worte zusprechen?

■ **Mach mal**
Bitte heute einen Menschen, dir konkret zu sagen, was er an dir schätzt.

■ **Zum Vertiefen**
Gott, sei uns gnädig und segne uns! Sieh uns an im Licht deiner Liebe!
—Psalm 67,2

Monat 5
Gottes Liebe

Gottes Liebe

■ Viele Menschen wissen im Kopf, dass Gott sie liebt, aber diese Wahrheit ist nicht in ihrem Herzen angekommen. Zwei Freunden von mir – Manfred und Esther Lanz – ging es auch so. Sie waren lange Christen, hatten ihr Leben auf Gott ausgerichtet und dienten ihm so gut sie konnten. Auf ihrem Weg mit Gott gab es Höhen und Tiefen. Sie machten beglückende, aber auch schmerzhafte Erfahrungen.

Dann kamen sie beide – zeitlich etwas versetzt – in eine heftige Lebenskrise. In dieser Zeit wurde ihr damaliges Glaubensfundament kräftig erschüttert. Sie waren geprägt von einem eher angstbesetzten und leistungsorientierten Gottesbild und bemühten sich darum, Gott zu gefallen und seine Anerkennung zu verdienen.

Sie glaubten zwar, dass Gott sie liebt und sie auch in schweren Phasen durchtragen will. Doch die Realität fühlte sich jetzt ganz anders an. Gottes Liebe schien unendlich weit weg. Ihr bisheriger Glaube gab ihnen nicht mehr wirklich Halt. Während dieser Zeit bat Esther Gott fast täglich: »Lass mich deine Liebe in allen Dimensionen in meinem Herzen erfassen und in ihr verwurzelt und gegründet sein« (inspiriert von Epheser 3,17–18). Die beiden hatten eine tiefe Sehnsucht, neu von Gott berührt zu werden. Am Tiefpunkt ihres Lebens zeigte er ihnen seine Liebe wie nie zuvor. Sie fingen an zu begreifen, dass Gott sie wirklich liebt und annimmt, wie sie sind. Ein Prozess begann. Diese Wahrheit erfüllte sie zunehmend. Vieles in ihnen löste und entspannte sich. Sie schöpften neuen Mut und neue Hoffnung.

Die Erfahrungen, die sie in dieser Zeit gemacht haben, teilen sie in einer Art Gastbeitrag auf den nächsten Seiten. In der Hoffnung, dass dir ihre Impulse helfen, Gott selbst und seine Liebe näher und tiefer zu erfahren.

Bedenke wohl, wie schnell die Menschen sich ändern, und wie wenig man sich auf sie verlassen kann; darum halte dich fest an Gott, der unveränderlich ist.
—Teresa von Ávila

Vaterschaft ist ewig

■ Auf der Erde sind fast alle Beziehungen veränderbar. Ehen können geschieden werden, geschäftliche Partnerschaften können aufgelöst werden. Freunde können sich auseinanderleben und politische Allianzen können zerbrechen. Dann spricht man vom Ex-Partner oder dem früheren Freund oder Alliierten.

Die einzige Beziehung auf dieser Welt, die unverbrüchlich ist, ist die zwischen Eltern und Kind. Egal, wie das Kind oder die Eltern sich verhalten. Egal, ob man zusammenlebt oder sich auseinandergelebt hat. Egal, ob das Kind die Eltern betrogen, beraubt oder hintergangen hat. Es ist und bleibt Kind dieser Eltern.

Kein Kind auf dieser Welt ist ein Ex-Kind von jemandem. Egal, was geschieht: Ein Kind bleibt das Kind dieser Eltern. In der Bibel wählt Gott dieses Bild der stärksten irdischen Partnerschaft, um seine Verbundenheit mit uns zu beschreiben. Es ist eine Verbindung, die unverbrüchlich ist.

- Egal, was wir tun oder lassen, wir bleiben sein Kind.
- Egal, wie wir uns verhalten, wir bleiben Sohn oder Tochter.
- Egal, ob wir gerade brav sind oder rebellisch, er ist unser Vater.

Natürlich ist es beglückender, eine gute Beziehung zum himmlischen Vater zu leben als eine schlechte. Doch es tut gut, erst einmal zu realisieren: Er ist der Vater. Egal, was geschieht oder was ich tue – ich bin und bleibe sein Kind. Darauf kann ich mich verlassen.

■ **Denk mal**
Was empfindest du, wenn du realisierst: Egal, was ich tue –
Gott ist und bleibt mein Vater?

■ **Mach mal**
Schau dir mal einen Stammbaum an oder zeichne selbst einen.
Denke darüber nach, dass Gott als Vater der Anfang von allem ist.

■ **Zum Vertiefen**
Die ihn aber aufnahmen und an ihn glaubten, denen gab er das Recht, Kinder Gottes zu werden. —Johannes 1,12

5.2

Gott ist Liebe

■ »Gott ist Liebe!« (1. Johannes 4,16). Das ist eine einzigartige Aussage des Evangeliums, die sich so in keiner anderen Religion der Welt findet. Gott liebt nicht, weil er Liebenswertes findet, sondern weil sein eigenes, ewiges Wesen Liebe ist. Seine Liebe zu uns macht sich nicht an dem fest, was wir sind; sie gründet in dem, was er ist.

Die Dreieinigkeit Gottes lässt uns etwas davon erahnen. Rational ist die Trinität Gottes wohl nie vollständig zu erfassen. Doch der Blick auf die Liebe kann uns einen Herzenszugang zu dieser Realität eröffnen. Gott, der Eine, der in sich Liebe ist, existiert in Form von drei »Personen«, die im Dialog miteinander stehen und sich gegenseitig lieben: Vater, Sohn und Heiliger Geist.

Wie atemberaubend schön: Im Zentrum des Universums steht eine Liebesbeziehung! Der dreieinige Gott schafft aus Liebe den Menschen so, dass er ihn widerspiegelt und zurückliebt. Er will »Mitliebende«, die ihm begegnen und andere mit in die Verbundenheit mit ihm »hineinziehen«.

Um die innige Verbundenheit zu veranschaulichen, die Gott sich zum Menschen wünscht, wird sie in der Bibel mit den engsten und vertrautesten Beziehungen verglichen, die es auf der Erde gibt: der zwischen Mann und Frau, zwischen Eltern und Kind und unter Freunden. Gott selbst möchte für uns Liebhaber, Vater und Freund sein. Beschenkt mit seiner Liebe werden wir befähigt, ihn, uns selbst und andere Menschen zu lieben.

■ **Denk mal**
Was denkst und fühlst du bei der Aussage: »Gott ist Liebe«?

■ **Mach mal**
Sprich mit Gott über deine Gedanken und Gefühle.

■ **Zum Vertiefen**
Gott ist ein Gott der Liebe und des Friedens. —2. Korinther 13,11

*Wenn Sie Gottes Herz anrühren wollen, benutzen Sie den Namen,
den er so gerne hört. Nennen Sie ihn Vater.*
—Max Lucado

Abba-Vater

■ Jesus hat uns Gott als liebenden Vater vor Augen geführt. Mit allem, was er sagte und tat, zeigte er uns das wahre Wesen Gottes. Mit jedem Wort, jeder Berührung, jeder Heilung spiegelte Jesus in vollkommener Weise seinen Vater im Himmel wider. Darum konnte er sagen: »*Wer mich sieht, der sieht den Vater!*« (Johannes 14,9).

Jesus ist das sichtbar gewordene Vaterherz Gottes. Sein Tod am Kreuz lässt keinen Zweifel mehr daran zu, wie wertvoll wir ihm und dem Vater sind: »Ich bin für dich – nicht gegen dich! Ich komme nicht, um dir deine Fehler vorzuhalten und dich zu verurteilen, sondern um alles Trennende wegzunehmen und dich nah an mich zu ziehen!«

Indem er uns Jesus schenkt, hat sich der Vater sozusagen sein Herz aus dem Leib gerissen. So sehr liebt er uns und so sehr sehnt er sich nach unserer Nähe. In seinem Sohn ist jegliche Distanz zwischen ihm und uns aufgehoben. Jesus hat uns den Vater nahe gebracht.

Der Weg zu Gott verläuft nicht mehr über religiöse Rituale oder das Halten von Geboten. Vielmehr werden wir durch den Glauben an ihn zu Kindern Gottes (siehe Johannes 1,12). Nun dürfen wir ihn »Abba« nennen, was soviel bedeutet wie »Vati«, »Papa«. »*Weil ihr nun Kinder seid, sandte Gott den Geist seines Sohnes in unser Herz, den Geist, der ruft: Abba, Vater!*« (Galater 4,6).

So, wie das Herz eines menschlichen Vaters bei dieser innigen, vertrauensvollen Anrede aufgeht, so berührt sie auch das Herz unseres himmlischen Vaters.

■ **Denk mal**
   Wie fühlst du dich, wenn du Gott »Abba, lieber Papa« nennst?

■ **Mach mal**
   Schreibe mindestens zehn Eigenschaften auf, die für dich einen guten Vater ausmachen. Beginne jeden Satz mit »Ein guter Papa ...«.

■ **Zum Vertiefen**
   Jesus entgegnete ihm: Ich bin nun schon so lange bei euch, und du kennst mich noch immer nicht, Philippus? Wer mich gesehen hat, der hat auch den Vater gesehen. —Johannes 14,9

Gottes Sohn wird Mensch, damit der Mensch Heimat habe in Gott.
—Hildegard von Bingen

Zu Hause beim Vater

■ Der Vater ist überglücklich. Diesen Tag hatte er lange mit Sehnsucht erwartet! Endlich ist es soweit: Der Sohn, der sich von ihm entfernt hatte, ist zurückgekehrt. Voller Liebe und Zärtlichkeit umarmt der Vater den Sohn. Als Zeichen, dass ihm vergeben wurde und er wieder in die Familie aufgenommen wird, bekommt er neue Kleider, Schuhe und einen Ring. Das fetteste Kalb wird geschlachtet.

Alle feiern fröhlich und ausgelassen – bis auf den älteren Sohn. Der arbeitet auf dem Feld. Er ist das Gegenteil seines rebellischen Bruders: pflichtbewusst, diszipliniert, gehorsam. Durch korrektes Verhalten und Übereifer will er die Anerkennung des Vaters gewinnen. Als nun sein Bruder »unverdienterweise« vom Vater beschenkt wird, reagiert er mit Wut und Bitterkeit. Man sieht, dass der »gute« Sohn den Vater und seine Haltung nicht wirklich kannte. Der Vater war nicht auf seine Arbeitsleistung aus, sondern wollte die Nähe zu seinem Sohn, eine Herzensbeziehung.

Der ältere Sohn blieb zwar im Haus des Vaters – aber er war nicht zu Hause bei ihm. Auch er war »verloren«. Das ist das zentrale Thema des Glaubens: Die Kinder haben sich vom Vater abgewandt – entweder in der Rebellion (in der »Welt«) oder in der Religion (auf dem »Feld«). Voller Liebe sehnt er sich nach ihnen. Er will, dass sie zu ihm zurückkommen. Deshalb sandte er Jesus, der uns mit ihm versöhnte und uns den Weg nach Hause zeigte. Wir werden mit offenen Armen erwartet.

■ **Denk mal**
Was denkst du, wie der Vater im Himmel wohl für dich empfindet?

■ **Mach mal**
Lies die Geschichte der beiden verlorenen Söhne in Lukas 15. Richte den Fokus auf das Herz des Vaters.

■ **Zum Vertiefen**
»Wir wollen feiern! Mein Sohn war tot, jetzt lebt er wieder. Er war verloren, jetzt hat er zurückgefunden.« —Lukas 15,23–24

Freude ist Gottes eigene Gabe.
—Arthur Michael Ramsey

Gott freut sich an dir

■ Stell dir vor, du würdest jeden Tag mit einem Menschen zusammentreffen, der dir gegenüber kritisch eingestellt ist. Bei jeder Begegnung würde er dir vorhalten, was du wieder falsch gemacht hast. Du denkst, seinen Ansprüchen nie gerecht werden zu können und immer negativ bewertet zu werden. Am liebsten würdest du einen großen Bogen um diesen Menschen machen. Dumm nur, wenn er dein Chef ist …

Wie anders wäre das Zusammentreffen mit jemandem, der dich voll Freude erwartet. Stell dir vor, dieser Mensch wäre dir gegenüber total positiv eingestellt. Bei jeder Begegnung würde er Worte der Wertschätzung und Ermutigung dir gegenüber aussprechen. Jedes Mal wärst du danach gestärkt, kraftvoll und zuversichtlich. Sicher könntest du es kaum erwarten, mit dieser Person wieder zusammen zu sein …

Die Qualität unserer Beziehung zu Gott hängt entscheidend davon ab, wie wir die Frage beantworten: »Was empfindet der Vater, wenn er an mich denkt?«

Wenn du glaubst, er will dich anklagen und einschüchtern, wirst du nicht freiwillig seine Nähe suchen. Du bleibst eher auf Abstand und beschränkst den Kontakt auf das Nötigste. Je mehr du es in dein Herz lässt, dass sich der Vater über dich freut und dich liebt, desto mehr wird es dich zu ihm hinziehen. Deine Begegnungen mit ihm werden ehrlicher und du wirst gern Zeit mit ihm verbringen wollen.

■ **Denk mal**
Mit welchen Adjektiven würdest du beschreiben, wie Gott dich sieht?

■ **Mach mal**
Formuliere »sich freuen und jubeln über dich« aus untenstehendem Vers in eigenen Worten: Was sagt Gott, wenn er dich sieht? Halte dir das heute immer wieder vor Augen.

■ **Zum Vertiefen**
Der Herr, dein Gott, freut sich und jubelt über dich. Er erneuert seine Liebe zu dir, er jubelt über dich und frohlockt, wie man frohlockt an einem Festtag.
—Zephania 3,17

Das Angesicht Gottes, die uns zugewandte helle Seite Gottes,
ist uns in Christus geschenkt.
—Detlev Block

Gott strahlt dich an

■ Gott hat ein Strahlen im Gesicht. Sein Blick ist wohlwollend. Er wendet sich dir freundlich und liebevoll zu. Diese Beschreibung Gottes aus 4. Mose 6, 24–26 sollten die Priester dem Volk Israel immer wieder in seinem Auftrag zusprechen. Die Menschen sollten ein Bild von Gott verinnerlichen, der sie mit leuchtenden Augen ansah und sich ihnen zuwandte. Diese Segenszusage beinhaltete auch Gottes Schutz und seinen Frieden.

In der antiken Welt war es üblich, am Gesichtsausdruck eines Königs dessen Urteil über einen Menschen abzulesen: Ein zorniger Blick bedeutete Tod, eine freundliche Miene hingegen Leben (Sprüche 16,14–15). Gott ist es wichtig, dass wir in seinem Gesicht erkennen, wie er zu uns steht: Er ist für uns, er ist mit uns, er freut sich über uns! Der Vater blickt voller Liebe und zärtlicher Hilfsbereitschaft auf seine Kinder. Sein Blick ist wohltuend und heilsam. Das wusste auch David. Jeden Morgen beim Erwachen »sättigte er sich am Anblick seines Gottes« (Psalm 17,15).

Er beschreibt die Wechselwirkung dieses Blickkontaktes: »*Die auf ihn sehen, werden strahlen vor Freude*« (Psalm 34,6). In Jesus, im Geschehen am Kreuz, in Gottes Schöpfung, in seinem Wort – überall können wir das strahlende Angesicht Gottes entdecken.

Das erlebe ich eindrücklich, wenn ich Menschen mit einer besonders gütigen und warmherzigen Ausstrahlung begegne. Wenn ich ihr Lächeln sehe, fällt es mir leicht, mir Gottes liebevollen Blick vorzustellen.

■ **Denk mal**
Was brauchst du, um dir vorstellen und glauben zu können, dass Gott dich anstrahlt?

■ **Mach mal**
Betrachte das Lächeln eines warmherzigen Menschen. Stell dir dabei vor, dass dich der Vater im Himmel noch liebevoller ansieht.

■ **Zum Vertiefen**
Der Herr segne dich und behüte dich; der Herr lasse sein Angesicht leuchten über dir und sei dir gnädig. Er hebe sein Angesicht über dich und gebe dir Frieden. —4. Mose 6,24–26

*Die Freundschaft Gottes kommt dir entgegen in jedem Lächeln, in jeder
Blume, in jedem gutem Wort, in jeder Hand, in jeder Umarmung.*
—Phil Bosmans

Freund Gottes

■ Abraham wird als »Vater des Glaubens« bezeichnet. Er war besonders innig mit Gott verbunden. Seine Art des Umgangs mit Gott verkörpert, wie Gott sich die Beziehung zu uns vorstellt. Deshalb bezeichnete er Abraham als »Freund Gottes«. Das tat er, obwohl Abrahams Lebensführung alles andere als untadelig war. Die Bibel spricht offen über seine Schwachstellen. Doch auch wenn er versagte, zog Abraham sich nicht von Gott zurück. Er ließ sich vielmehr immer wieder von ihm finden und ansprechen. Was für Gott zählte, war Abrahams Vertrauen. Deshalb weihte er ihn wie einen guten Freund in seine Gedanken und Pläne ein (1. Mose 18,17).

Jesus bezeichnete seine Nachfolger als seine Freunde: »*Ich nenne euch Freunde und nicht mehr Diener. Denn ein Diener weiß nicht, was sein Herr tut; ich aber habe euch alles mitgeteilt, was ich von meinem Vater gehört habe*« (Johannes 15,15). Bei Jesus steht die Herzensbeziehung an erster Stelle und nicht der Dienst für ihn.

Er wünscht sich unsere Nähe mehr als unsere Arbeit für ihn. Er will uns das Herz des Vaters zeigen, der Sehnsucht nach seinen geliebten Kindern hat. Gott will auch unser Freund sein. Er möchte Zeit mit uns verbringen und uns zeigen, was er vorhat. Dass wir gerne bei ihm sind, seine Gegenwart genießen und ihm vertrauen, ist ihm wichtiger als alles, was wir für ihn tun. Beschenkt mit dieser Freundschaft werden wir ihm gerne dienen und Menschen Gutes tun.

■ **Denk mal**
Welche Aktivitäten und Verpflichtungen hindern dich daran, Zeit mit Gott zu verbringen?

■ **Mach mal**
Nimm dir einige Minuten der Stille. Stell dir vor, Abba-Vater redet zu dir als seinem Freund: Was sagt er dir?

■ **Zum Vertiefen**
Abraham glaubte Gott. Das wurde ihm als Gerechtigkeit angerechnet, ja, er wurde sogar »Freund Gottes« genannt. —Jakobus 2,23

Nimm recht viel von Gottes Liebe in dich auf, dann verlangst du nicht mehr das Unmögliche von menschlichen Beziehungen!
—Oswald Chambers

Erste und zweite Liebe

■ Gottes Liebe ist die erste Liebe. Jede noch so innige menschliche Liebe ist bestenfalls die zweite Liebe. Auch die Liebe zwischen Mann und Frau, zu den eigenen Kindern und unter Freunden. Warum ist das so? Weil die Liebe Gottes von anderer Qualität ist. Sie ist die einzig verlässliche Quelle für die Bedürfnisse unserer Seele. Sie bleibt konstant – jahrelang, lebenslang, ewig. Sie ist bedingungslos und selbstlos. Nichts kann sie erschüttern.

Die Liebe zwischen Menschen dagegen schwankt sehr. Sie ist verletzlich und begrenzt, abhängig von Gefühlen und Umständen. Wenn unser Herz mit der vollkommenen ersten Liebe gefüllt ist, können wir versöhnt mit der unvollkommenen zweiten Liebe leben.

Wenn nicht, sind wir in Gefahr, die zweite Liebe zur ersten zu machen: Wir überfordern den anderen mit unrealistischen Erwartungen und überhöhten Ansprüchen. Daraus folgt oft Enttäuschung, Anklage, Bitterkeit und Rückzug.

Wir sind in unserer 31-jährigen Ehe häufig an die Grenze unserer Liebesfähigkeit gestoßen. Aufgrund unserer Prägungen und Lebenswunden haben wir uns – meist ohne es zu wollen – enttäuscht und verletzt. Seit wir Gottes Vaterherz mehr entdecken, lernen wir, unsere Sehnsucht von ihm stillen zu lassen. Dadurch wird unsere Ehe entspannter. Erfüllt von Gottes Liebe können wir unsere Erwartungen aneinander zunehmend loslassen. Wir können das mehr schätzen und genießen, was wir einander – bei aller Begrenztheit – zu geben haben.

■ **Denk mal**
Bei welchen Menschen bist du in Gefahr, überhöhte Ansprüche zu stellen?

■ **Mach mal**
Übe dich heute darin, Ansprüche loszulassen und für jede kleine menschliche Zuwendung dankbar zu sein.

■ **Zum Vertiefen**
Macht euch keine Sorgen! Ihr dürft Gott um alles bitten. Sagt ihm, was euch fehlt, und dankt ihm! —Philipper 4,6

Das Vergleichen ist das Ende des Glücks und der Anfang der Unzufriedenheit.
—Søren Kierkegaard

Ich bin, der ich bin

■ Ich habe mich oft mit anderen verglichen. Diese langjährige Gewohnheit bereitete mir viel Schmerz und bremste meine Entwicklung. Es gab immer Menschen in meinem Umfeld, bei denen ich dachte: »So müsste ich sein. Diese Fähigkeit oder jene Charaktereigenschaft sollte ich auch haben.« Bei mir sah ich oft mehr die Schwächen, bei anderen eher die Stärken.

Mitten in diese Infragestellung sprach Gott eines Tages überraschend zu mir: »Manfred, ›Ich bin, der ich bin!‹ Du bist in meinem Ebenbild geschaffen. Deshalb darfst auch du sagen: ›Ich bin, der ich bin!‹ Vergleiche dich nicht mit anderen. Ich vergleiche dich auch nicht. In meinen Augen bist du einzigartig. Sei versöhnt mit dir, mit deinem Wesen, mit deiner Persönlichkeit. Ruhe in meiner Liebe, stehe zu dir selbst. Sei ganz der, der du bist!«

Diese Wahrheit beflügelt mich zunehmend. Ich muss mich nicht mehr innerlich wundreiben. Ich muss nicht länger Teile meiner Persönlichkeit ablehnen.

Die Erfahrung von Gottes Akzeptanz und Liebe befähigt mich, Frieden zu schließen: Frieden mit mir selbst und mit allem, was mich ausmacht und was mich geprägt hat. Es darf sein, was ist. Ich kann es zunehmend annehmen und stehen lassen.

Erasmus von Rotterdam (1466-1536) hat dies mit folgenden Worten auf den Punkt gebracht: »Der Kern des Glücks ist: der sein zu wollen, der du bist.«

■ **Denk mal**
Mit welchen Eigenschaften anderer Menschen vergleichst du dich oft?

■ **Mach mal**
Feiere deine Einzigartigkeit. Gönne dir dabei etwas Gutes.

■ **Zum Vertiefen**
Lass mich deinem Herzen nahe sein, so wie der Siegelring auf deiner Brust.
Ich möchte einzigartig für dich bleiben, so wie der Siegelreif um deinen Arm.
—Hoheslied 8,6

Einfachheit ist die höchste Stufe der Vollendung.
—Leonardo da Vinci

Gut ist gut genug

■ Lange Zeit suchte ich Anerkennung durch Leistung und Erfolg. Ich definierte mich über das, was ich tat, und meine Position. Um meine vermeintliche Minderwertigkeit auszugleichen, wollte ich Besonderes leisten: als Ehemann, Vater, Pastor und Leiter. Durchschnitt genügte nicht. Meine innere Festlegung lautete: »Gut ist nicht gut genug. Es muss sehr gut sein!«

Dieser Anspruch prägte auch meine Sicht von Gott und meinen Umgang mit ihm. Ich versuchte durch Engagement und Disziplin zu »beweisen«, dass ich es mit meinem Glauben ernst meinte. Gott sollte mit meiner Leistung zufrieden sein. Auch im geistlichen Dienst wollte ich unbedingt erfolgreich sein. Das Unausweichliche kam: Ich konnte meinen Ansprüchen nicht genügen. Ich war zunehmend überfordert und schließlich am Ende meiner Kraft.

In dieser Krise begann Gott, mir sein Vaterherz zu zeigen. Ich entdeckte sein völliges »Ja« zu mir. Ein neues Lebensgefühl erwachte. Ich verstand: Ich bin und bleibe von meinem himmlischen Vater vorbehaltlos geliebt. Seine Wertschätzung muss ich mir nicht verdienen. In seinen Augen bin ich bereits okay. Seither lebe ich viel entspannter und gelassener.

Ich kann nicht nur mich selbst besser annehmen, sondern auch meine Mitmenschen und die Umstände. Ich muss nicht länger etwas Besonderes sein. Ich betrachte es als ein Geschenk, einfach und unperfekt sein zu dürfen. Mein neues Lebensmotto heißt: »Gut ist gut genug!«

■ **Denk mal**
Was löst der Satz »Gut ist (nicht) gut genug!« in dir aus?

■ **Mach mal**
Nimm dir heute bei drei Dingen, die du tust, vor zu sagen: »Gut ist gut genug.«

■ **Zum Vertiefen**
Ihr seid nicht länger Gefangene des Gesetzes, sondern Kinder Gottes.
—Galater 4,7

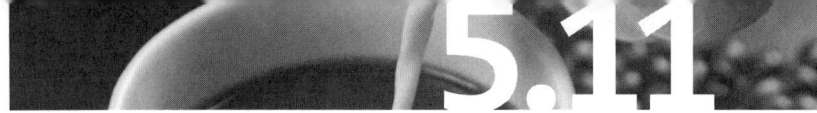

Wer erlösende Liebe erfahren hat, der kann rettende Liebe üben.
Und wer von Barmherzigkeit lebt, der kann Barmherzigkeit erweisen.
—Friedrich von Bodelschwingh

Barmherzig mit mir umgehen

■ Christen sollen mit allen Menschen barmherzig umgehen – das wird wohl jeder von uns bejahen. Bei befreundeten oder zumindest uns gegenüber positiv eingestellten Menschen fällt das relativ leicht. Schwieriger wird es bei denen, die uns kritisieren oder verletzen.

Vor der eigenen Person macht die Barmherzigkeit dann oft endgültig Halt. Wo man anderen gerade noch Verständnis und Geduld entgegenbringt, geht man mit sich selbst äußerst kritisch ins Gericht. Wenn man lieblos und hart zu sich selbst ist, kommt die Liebes des Vaters nicht in der Tiefe bei uns an. »Seid barmherzig!«, diese Aufforderung Jesu bezieht alle Menschen ein – auch mich.

Bei einer Fortbildung malten wir ein Bild über ein Lebensthema. Anschließend meinte der Dozent: »Tretet mal einen Schritt zurück. Seht euch nun euer Werk an. Ihr habt zwei Möglichkeiten. Ihr könnt es mit dem Blick eines kritischen Künstlers oder mit dem Blick einer wohlwollenden Mutter betrachten.«

Dieser Gedanke hat etwas in mir ausgelöst. Er inspiriert mich seitdem, dieselbe Wahlmöglichkeit auch im Umgang mit mir selbst bewusster zu nutzen. Ich frage mich immer wieder: Beurteile ich mich, mein Sein und Tun, destruktiv-selbstkritisch oder lebensspendend-barmherzig?

Der Vater will, dass wir barmherzig sind – auch uns selbst gegenüber. Je mehr das gelingt, desto mehr können wir auch mit anderen barmherzig sein – vgl. »*Liebe deinen Nächsten wie dich selbst*« (3. Mose 19,18).

■ **Denk mal**
Was hilft dir, barmherziger mit dir selbst zu sein?

■ **Mach mal**
Betrachte heute dein Sein und Handeln mit dem wohlwollenden Blick einer gütigen Mutter.

■ **Zum Vertiefen**
So wie ihr von den Menschen behandelt werden möchtet, so behandelt sie auch. Denn das ist die Botschaft des Gesetzes und der Propheten.
—Matthäus 7,12

Eingehüllt in die schützenden Hände Gottes sind wir geborgen.
—Ernst Ferstl

Geborgen

■ König David aus dem Alten Testament war mit unzähligen Herausforderungen, Kämpfen und ausweglosen Situationen konfrontiert. Er wurde oft verfolgt und bedroht oder er war verlassen und verzweifelt. Umso erstaunlicher ist seine Aussage in Psalm 131,2: »*Ich bin ganz still und geborgen, so wie ein Kind bei seiner Mutter. Ja, wie ein Kind, so ist meine Seele in mir.*«

Offensichtlich hatte David einen Weg zur Ruhe bei Gott gefunden, auch wenn es um ihn herum tobte und stürmte. Das Bild, das er beschreibt, ist eindrücklich: Ein vollkommen gesättigtes, gestilltes und zufriedenes Kind, liebevoll gehalten von seiner Mutter. So fühlte sich David bei Gott. Bei ihm war seine Seele völlig beschützt und geborgen. Dieser Psalm tröstet mich oft in schwierigen Lebensphasen oder Konflikten. Wenn ich mich verletzt und abgelehnt fühle oder mich Sorgen und Ängste gefangen nehmen, sehne ich mich nach kindlicher Unbeschwertheit.

Ich sehne mich nach einer »heilen Welt«. Diese heile Welt gibt es weder in uns selbst noch um uns herum, sondern nur in der Begegnung mit Gott und seiner Liebe.

Gottes Nähe – der Schoß des Vaters – ist der Ort tiefster Geborgenheit. Bei ihm sind wir stets herzlich willkommen, auch und gerade mit unseren belastenden Erfahrungen und verletzten Gefühlen. Hier werden wir geliebt, versorgt und beschützt. Hier kommt unser Herz zur Ruhe.

■ **Denk mal**
Welche Gedanken machen dich immer wieder unruhig?
Mit welchen Gefühlen sind sie verbunden?

■ **Mach mal**
Lege dir ein Tuch oder eine Decke um. Mache dir bewusst, dass du in Gottes Liebe genauso eingehüllt bist.

■ **Zum Vertiefen**
Mein Herz ist zufrieden und still. Wie ein Kind in den Armen seiner Mutter, so ruhig und geborgen bin ich bei dir! —Psalm 131,2

Könnten wir alles mit eigener Kraft,
wie bald wär' Gott aus dem Himmel geschafft.
—Wilhelm Müller

Beschenkt im Schlaf

■ Wäre geistlicher Aufbruch das Ergebnis religiöser Leistung, hätten wir diesen in Deutschland schon lange. Trotz großer Anstrengungen der Christen werden die Kirchen leerer. Viele Gemeinden stagnieren oder kämpfen ums Überleben. Immer mehr Mitarbeiter im geistlichen Dienst erleben einen Burnout. Vor einigen Jahren ging es mir genauso.

Psalm 127 eröffnet eine neue Perspektive. Dreimal steht hier »Es ist *vergeblich*«. Gemeint ist Arbeiten und Abmühen ohne göttlichen Segen. Purer Aktionismus führt nicht zu mehr geistlichem Leben, sondern nur zu mehr Frustration und Ermüdung. Vielleicht heißt die wichtigste Lektion für uns Deutsche: Gott tut es! Er ist der Schöpfer des Lebens – im Natürlichen und im Geistlichen. Echtes Leben ist nicht »produzierbar«, nicht »made in Germany«!

Darum heißt es in Psalm 127: »*Gott gibt denen, die ihn lieben, alles Nötige im Schlaf!*« Der Vater beschenkt Menschen, die sich lieben lassen und ihn lieben.

Frucht entsteht durch Intimität und nicht durch Geschäftigkeit. Das gilt für die Beziehung zwischen Mann und Frau und auch zwischen Gott und Menschen. Ohne Nähe, Vertrautheit und Intimität entsteht kein neues Leben. Dass Gott uns im Schlaf beschenkt, stellt unser »Verdienstdenken« auf den Kopf. Gerade in Zeiten der Ruhe und Nicht-Aktivität will uns Gott der Vater besonders nahe kommen. Hier empfangen wir Segen, der durch uns zu anderen Menschen weiterfließen kann.

■ **Denk mal**
Welche Aktivitäten hindern dich, in eine tiefere Beziehung der Vertrautheit mit Gott zu kommen?

■ **Mach mal**
Ordne nach Prioritäten, was du heute vorhast. Streiche das am wenigsten Wichtige und nimm dir stattdessen Zeit für eine Begegnung mit dem Vater.

■ **Zum Vertiefen**
Ohne Gottes Segen ist alles umsonst! Gott gibt denen, die ihn lieben, alles Nötige im Schlaf! —Psalm 127,2

Manchmal beruhigt Gott den Sturm, aber manchmal lässt Gott den Sturm wüten und beruhigt sein Kind.
—Hans Peter Royer

Ruhe im Sturm

■ Ein Sturm tobt. Hohe Wellen schlagen ins Boot, es droht zu sinken. Die Jünger geraten in Panik. Im hinteren Teil des Schiffes dagegen ein verblüffendes Bild: Jesus schläft tief und fest. Nicht das Tosen der Wellen weckt ihn schließlich, sondern das ängstliche Geschrei der Jünger. Daraufhin befiehlt Jesus dem Sturm, sich zu legen. Sofort beruhigt sich der See. Eine fast unwirkliche Stille breitet sich aus (Markus 4,35–41).

Ein Detail der Geschichte verdient besondere Aufmerksamkeit: Jesus schlief mit dem Kopf auf einem Kissen. Sein sorgloser Schlaf – inmitten lebensbedrohlicher Umstände – wird ausdrücklich mit einem Kissen in Verbindung gebracht: Für uns symbolisieren Kissen Behaglichkeit, Vertrauen, Zuhausesein und Entspannung. Mitten im Sturm konnte Jesus buchstäblich seelen-ruhig schlafen. Er war zutiefst geborgen in Gott. Die Verantwortung für sein Leben und Wohlbefinden lag sicher in den Händen seines Vaters.

Bei uns zu Hause hängt ein Bild eines Künstlers mit dem schlafenden Jesus im Boot. In dieser Darstellung gibt es zwei Kissen: eines für Jesus, das andere für … Nach unserer Deutung ist es für denjenigen, der sich nach Ruhe im Sturm sehnt. Es ist die Einladung, sich neben Jesus zu legen, im Vertrauen auf Gottes Schutz. Zu oft noch lassen wir uns von den inneren und äußeren Stürmen des Alltags in Unruhe versetzen. Doch: Für jeden Sturm gibt es ein Kissen. Wir dürfen es benutzen!

■ **Denk mal**
Welche Stürme des Alltags machen dir besonders zu schaffen?

■ **Mach mal**
Nimm ein Kissen und leg dich drauf. Stell dir vor, Jesus liegt in deinem Sturm neben dir. Gib ihm deine Unruhe und empfange seinen Frieden.

■ **Zum Vertiefen**
»Warum hattet ihr solche Angst?«, fragte Jesus seine Jünger. »Habt ihr denn gar kein Vertrauen zu mir?« Voller Entsetzen flüsterten die Jünger einander zu: »Was ist das für ein Mensch! Selbst Wind und Wellen gehorchen ihm!«
—Markus 4,40–41

Wir haben einen großen Hohepriester für kleine Glaubenslichter
mit großen Schwachheiten.
—Paul Deitenbeck

Stark oder schwach?

■ Früher wollte ich immer stark und erfolgreich sein. Schwach sein fühlte sich wie Versagen an. Als ich in meiner Krisenzeit ans Ende der eigenen Kraft kam, beschäftigte ich mich mit dem Text aus 2. Korinther 12,7–10, wo Gott zu Paulus sagt, dass gerade in dessen Schwachheit Gottes Stärke zur Geltung komme. Ich konnte mich gut mit Paulus identifizieren. Täglich wurde ich nun mit meiner eigenen Schwachheit und Ohnmacht konfrontiert. Ich fühlte mich von allen Seiten überfordert: von eigenen Ansprüchen, von Erwartungen anderer, von herausfordernden Umständen, von geistlichen Angriffen.

Die Probleme ließen sich nicht einfach »wegbeten«. Stattdessen gebrauchte Gott sie, um mein Stark-sein-Wollen aufzubrechen. Er benutzte sie, um die Sehnsucht nach einer tiefen Begegnung mit seinem Vaterherzen in mir zu verstärken. In diesem Prozess wurde mir zunehmend klar: Der Vater fügt nicht seine Stärke unserer Stärke hinzu. Er beschenkt uns vielmehr mit Kraft und dem Wissen um seine Unterstützung, wenn wir ihm unsere Schwachheit zeigen.

Mit einer Haltung der Abhängigkeit und Empfangsbereitschaft öffnen wir – bildhaft gesprochen – eine Tür zu seinem Herzen. Die Haltung, sich auf die eigene Stärke zu verlassen und unabhängig von Gott sein zu wollen, verschließt sie. Mit dieser Perspektive können wir Begrenzungen leichter annehmen und mitten in schwierigen Umständen Gottes liebevolle Absichten entdecken.

■ **Denk mal**
Wie könnte es dir gelingen, es gelassen anzunehmen, wenn du deine Schwächen wahrnimmst?

■ **Mach mal**
Sprich mit Gott über einen deiner Schwachpunkte, der dich besonders beschämt oder ängstigt. Danke ihm dafür, dass er dir darin nah sein will.

■ **Zum Vertiefen**
Ich sehe immer auf den Herrn. Er steht mir zur Seite, damit ich nicht falle.
—Psalm 16,8

Wahres, echtes Gebet ist nichts anderes als Liebe.
—Augustinus

Herzensaustausch

■ Beten, ohne mit Gott wirklich vertraut zu sein, ist anstrengend. Echte Kommunikation mit ihm entsteht nicht dort, wo wir die »Zähne zusammenbeißen« und unseren Gebetsdienst ableisten, sondern wo wir uns »verlieben«.

Meine Lieblingsdefinition von Gebet ist: Herzensaustausch zweier Liebender. Unser Vater ruft uns zu sich – aber nicht zum täglichen Appell, bei dem wir Anweisungen entgegennehmen. Früher war meine »Stille Zeit« oft mühsam und leistungsorientiert. Ich fragte mich: Bete ich genug? Lese ich genug in der Bibel? Wie lange ist genug?

Die Wende kam, als mir klar wurde: Nicht ich muss Gott etwas bringen, sondern er will mich beschenken! Beten ist keine Pflichtübung. Es ist vielmehr eine wunderschöne Möglichkeit, seine Nähe zu genießen und mein Herz mit seiner Liebe und Güte sättigen zu lassen. Diese Perspektive weckt Sehnsucht und Verlangen nach ihm. Je mehr ich das Gebet als vertrauten Umgang mit dem liebenden Vater und seinem Sohn Jesus verstehe, umso mehr zieht es mich in seine Gegenwart.

Inzwischen habe ich mich freigemacht von festen »Stille-Zeit-Schemata«. Ich muss kein Programm absolvieren, um geistliche Standards zu erfüllen oder mein Gewissen zu beruhigen. Ich genieße es, mit Gott zusammen zu sein, und halte ihm mein Herz hin. Mit allem, was mich gerade bewegt. In dieser Begegnung empfange ich seine Liebe und gebe ihm meine Liebe zurück.

■ **Denk mal**
Was müsste sich bei deiner »Stillen Zeit« ändern, damit du sie mehr genießt?

■ **Mach mal**
Verbringe einige Minuten in Gottes Gegenwart und genieße seine Liebe und Nähe, ohne etwas zu tun.

■ **Zum Vertiefen**
Ich, der Hohe und Erhabene, der ewige und heilige Gott, wohne in der Höhe, im Heiligtum. Doch ich wohne auch bei denen, die traurig und bedrückt sind. —Jesaja 57,15

*Unsere Einzigartigkeit und Würde wurzeln darin,
dass wir nach dem Bilde Gottes geschaffen sind.*
—Richard J. Foster

Den eigenen Zugang finden

■ Wir haben drei Kinder. Jede Beziehung zu ihnen sieht anders aus;
nicht, weil unsere Zuneigung zu ihnen unterschiedlich wäre, sondern
weil sie in ihrer Persönlichkeit so verschieden sind. Während eines der
Kinder gern körperliche Nähe und Berührung mag, liebt ein anderes
eher Zuwendung durch praktische Unterstützung oder Geschenke.
Im Laufe der Jahre haben wir viele Eigenarten unserer Kinder entdeckt
und immer mehr verstanden, was bei ihnen »ankommt«.
Der Vater im Himmel hat Millionen unterschiedlicher Kinder. Jedes
wurde einzigartig geschaffen und hat eine eigene Persönlichkeit entwickelt. Auch für die Beziehung mit Gott gibt es keine Norm, die für
jeden passen würde. Jeder darf seinen eigenen Weg finden, wie er am
besten mit dem Vater im Alltag leben kann. Entscheidend ist: Was
bringt mich näher zu ihm? Was hilft mir, Gottes Gegenwart und Liebe
bewusst zu erleben und zu empfangen?
Der eine liebt es, die Bibel intensiv zu studieren, ein anderer hört
lieber eine Predigt. Mancher erfährt Gottes Nähe in Verbindung mit
Menschen, ein anderer bevorzugt Zeiten der Einsamkeit und Stille.
Vielleicht ist die Küche dein »Ort der Begegnung«, oder der Fitness-
raum, Hobbykeller, Garten …
Wenn wir unser Herz auf Empfang stellen, kommt er uns nah und wir
begegnen ihm. Je mehr wir unsere von Gott geschenkte Einzigartigkeit entdecken und bejahen, desto mehr können wir die Beziehung
mit ihm genießen.

■ **Denk mal**
Wann fühlst du dich glücklich und Gott ganz nahe?

■ **Mach mal**
Wo und wie würdest du heute am liebsten Gott begegnen?
Probier doch mal einen neuen Weg aus.

■ **Zum Vertiefen**
*Wer zum Herrn aufschaut, der strahlt vor Freude, und sein Vertrauen wird
nie enttäuscht. —Psalm 34,6*

Es wird kein Herz satt, es höre denn Christus und horche auf das Evangelium.
—Martin Luther

Gott genießen

■ Georg Müller, bekannter englischer »Mann des Glaubens«, gab Tausenden von elternlosen Kindern ein Zuhause. Mitten in den vielen Aufgaben und Herausforderungen verlor er dennoch nie den eigentlichen Sinn seines Lebens aus den Augen: seine Beziehung zu Gott.

Nach 40 Jahren des intensiven Einsatzes für notleidende Menschen beschrieb er, wie er seine Lebensfreude und seinen Glauben lebendig hielt: »Deutlicher als je zuvor sah ich, dass die erste […] und vorrangige Angelegenheit, der ich mich jeden Tag widmen sollte, das Glücklichsein meiner Seele im Herrn war. Meine erste Sorge sollte nicht dem Gedanken gelten, wie viel ich im Dienst für den Herrn tun, wie ich den Herrn verherrlichen könnte, sondern wie ich meine Seele in einen Zustand des Glücks versetzen und wie mein innerer Mensch genährt werden könnte.« Georg Müller nahm sich jeden Morgen Zeit, um die Bibel zu lesen und darüber nachzudenken. Dadurch wurde seine Seele zutiefst gesättigt. Dies war die Quelle seiner Freude und Kraft.

Eine ähnliche Erfahrung beschreibt der Prophet Jeremia: »*Kamen Worte von dir, so verschlang ich sie; dein Wort war mir Glück und Herzensfreude*« (Jeremia 15,16).

Je mehr wir das Wesen Gottes verstehen, desto wichtiger und wertvoller wird uns, was er sagt. Je mehr wir das liebende Vaterherz Gottes kennenlernen, desto mehr genießen wir seine Worte.

■ **Denk mal**
Mit welcher Erwartung begegnest du Gott und seinem Wort?

■ **Mach mal**
Such dir ein Segenswort aus der Bibel, das dich anspricht. Denke heute immer wieder darüber nach und lass es auf dich wirken.

■ **Zum Vertiefen**
Probiert es aus und erlebt selbst, wie gut der Herr ist! Glücklich ist, wer bei ihm Zuflucht sucht! —Psalm 34,9

Ich unterbreche während des Tages meine Arbeit ganz bewusst,
um mich in Gottes Nähe zu entspannen und seine Ruhe zu genießen.
—Eva-Maria Admiral

In Gottes Liebe eintauchen

■ Körperhaltungen beeinflussen unsere Empfangsbereitschaft. Es gibt Segnungen, die man nur im »Sitzen« oder »Liegen« an- und aufnehmen kann. Das erlebte Maria, die sich an die Füße Jesu setzte und jedes Wort von ihm aufsaugte. Die wertvollen Worte wollte sie sich nicht entgehen lassen! Jesus sagte, dass sie damit die bessere Wahl getroffen hat als ihre Schwester Martha. Diese war voll Unruhe und Hektik und damit beschäftigt, Jesus zu »bedienen«.

Sie hatte kein Verständnis für Marias vermeintliche Untätigkeit. Ihr Herz war nicht auf Empfang eingestellt. Sie ging am Ende leer aus und war frustriert (Lukas 10,38–42).

Uns geht es oft ähnlich. Im Alltag ist es manchmal herausfordernd, aus dem »Hamsterrad« auszusteigen und zur Ruhe zu kommen. Wir brauchen Zeit und Raum, um die Liebe des Vaters empfangen zu können. Ein praktischer Weg hierzu ist das sogenannte *Soaking*. Das englische Wort bedeutet »eintauchen«, »einweichen« oder »aufsaugen«.

Praktisch sieht das so aus: Man setzt oder legt sich entspannt hin. Das geht auch bei längeren Auto- oder Bahnfahrten. Durch ruhige, oft instrumentale Anbetungsmusik stimmt man sich auf Gottes wohltuende Gegenwart ein. Man gibt ihm die unruhigen Gedanken und stellt sich vor, in seine Liebe einzutauchen wie in ein Meer oder sich auf den Schoß des Vaters zu setzen. Man kann sich auch an Worte aus der Bibel erinnern oder innerlich auf ihn hören. Oder nur bei ihm sein.

■ **Denk mal**
Welche Gegebenheiten brauchst du, um bei Gott zu entspannen (Zeit, Ort, Musik, Stille, Körperhaltung etc.)?

■ **Mach mal**
Probier's mal aus: Deine Zeit mit dem Vater im Liegen verbringen, sanfte Anbetungsmusik hören. Nicht sprechen – nur genießen!

■ **Zum Vertiefen**
Maria, ihre Schwester, setzte sich zu Jesu Füßen hin und hörte ihm aufmerksam zu. Marta aber war unentwegt mit der Bewirtung ihrer Gäste beschäftigt. —Johannes 11,17

Wo immer ein Herz auf die Stimme Gottes wartet,
dort wird seine Stimme gehört werden.
—Hans Peter Royer

Auf die Stimme der Liebe hören

■ Worte haben Macht. Manchmal reicht eine einzige Äußerung, um unser Selbstbild für lange Zeit zu beeinflussen. Kinder sind besonders empfänglich für solch prägende Worte! Hören sie ständig abwertende Sätze wie: »Dich kann man aber auch nichts allein machen lassen!« oder »Hör auf zu singen – das hält man ja nicht aus!«, wirkt das lähmend und zerstörerisch.

Der australische Familientherapeut Steve Biddulph beschreibt solche negativen Du-Botschaften als »Programmierung«. Sie setzen sich im Unterbewusstsein fest und formen die Persönlichkeit mit.

Wie anders klingen dagegen die Worte, die der Vater zu uns spricht. Sie sind ermutigend, aufbauend, voll Verständnis und Wertschätzung. Sie leiten uns gut. Wir dürfen sie als Wahrheit annehmen, die uns gilt. Wir können sie den verinnerlichten Lügen kraftvoll entgegensetzen. Auch das ist ein Prozess: Durch kontinuierliches Hören auf die Stimme der Liebe geschieht eine heilsame Umprägung des Selbstbildes.

Wissenschaftliche Studien belegen, dass positive Bestätigungen (Affirmationen), die immer wieder ausgesprochen werden, verfestigte destruktive Hirnstrukturen verändern. Deshalb ist es hilfreich, negativen Stimmen immer wieder Gottes lebensspendende Worte entgegenzusetzen, wie zum Beispiel »Du bist kostbar und wertvoll in meinen Augen, ich gebe dir alles, was du benötigst, ich lebe in dir mit meiner Kraft, ich sorge mich um dich.«

■ **Denk mal**
Wie heißt ein »Typisch du!«-Satz aus deiner Kindheit, durch den du dich immer noch »festgenagelt« fühlst?

■ **Mach mal**
Nimm diese Aussage und formuliere an ihrer Stelle einen positiven Lebenssatz (Affirmation) in Übereinstimmung mit Gottes Wort.

■ **Zum Vertiefen**
Hört doch, kommt zu mir! Hört auf mich, dann werdet ihr leben!
—Jesaja 55,3

Der Wert eines geistlichen Tagebuchs besteht darin, dass es als Hilfsmittel dient, die leise Stimme Gottes zu hören und mit ihm Gemeinschaft zu haben.
—Gordon MacDonald

Das Buch der Erinnerungen

■ Im Alten Testament wurden bei besonderen Gelegenheiten Gedenksteine aufgestellt. Samuel errichtete nach einem Sieg Israels über seine Feinde zum Beispiel den Stein »Eben-Eser« (= Stein der Hilfe) und sagte dazu: »Bis hierher hat der Herr uns geholfen!« (1. Samuel 7,12). Etwas Vergleichbares ist für uns das »Buch der Erinnerungen« – unser Tagebuch. In einem Notizbuch kann man alles festhalten, was einem auf dem Weg mit dem Vater wichtig wird. Die folgenden drei Fragen können beim Strukturieren der Gedanken helfen:

1. Was habe ich mit dem Vater erlebt? Wo und wie hat er mich gesegnet? Womit hat er mich beschenkt, bei welchen Problemen eingegriffen? Es tut gut, in schwierigen Zeiten nachzulesen, wie unterschiedlich man Gottes Liebe und Eingreifen immer wieder erfahren hat. »Bis hierher hat der Herr mir geholfen« – aus dieser Standortbestimmung wächst neue Hoffnung.

2. Was bewegt mich aktuell? Was belastet, ängstigt oder schmerzt? Was freut und begeistert mich? Das Schreiben hilft, dem Vater das Herz hinzuhalten. Oft erlebt man dabei Erleichterung. In den »Zwiegesprächen« mit sich selbst und Gott kann Heilung und Befreiung geschehen.

3. Was hat der Vater zu mir geredet? Welche Wahrheiten hat er mir aufgeschlossen? Welche Worte der Liebe habe ich empfangen? Indem ich diese Zusagen auf mich wirken lasse, wird mein Herz immer wieder neu bewegt.

■ **Denk mal**
An was erinnerst du dich gern auf deinem bisherigen Weg mit Gott?

■ **Mach mal**
Schreibe deinen eigenen Psalm, in dem du dem Vater deine Empfindungen wie Dank, Schmerz oder Liebe ausdrückst.

■ **Zum Vertiefen**
Nach diesem Sieg stellte Samuel zwischen Mizpa und Schen einen großen Stein als Denkmal auf. »Bis hierher hat der Herr geholfen!«, sagte er und nannte den Stein Eben-Eser (»Stein der Hilfe«). —1. Samuel 7,12

Der Christ erkennt in der Nähe des christlichen Bruders ein leibliches
Gnadenzeichen der Gegenwart des dreieinigen Gottes.
—Dietrich Bonhoeffer

Begegnungen

■ Gott liebt es, uns durch die Begegnung mit Menschen zu beschenken. Auf einer Konferenz sagte der Gastsprecher in einer Segnungszeit zu mir: »Manfred, der Herr hat eine Botschaft für dich.« Dann nahm er mich in die Arme, drückte mich lange ganz fest und sagte: »Du bist mein geliebter Sohn, ich habe Freude an dir.«

Diese einfache und tiefe Begegnung wurde für mich sehr bedeutungsvoll. Manchmal begreife ich das Geliebtwerden tiefer, wenn ich die Worte der Liebe Gottes von einem Menschen persönlich und hörbar zugesprochen bekomme oder eine Umarmung leibhaftig spüre.

Bei den Treffen unserer »Abba-Weg-Gemeinschaft« gibt es immer eine persönliche Austauschrunde. In dieser Zeit kann jeder erzählen, wie er Gottes Vaterliebe gerade erfährt. Er kann berichten, in welchen Prozessen er sich befindet oder welche geistlichen Entdeckungen er macht. Diese Zeiten der Begegnung berühren uns oft tief. Durch den anderen, der über seine Erfahrungen mit seinem Vater spricht, bekommen wir neue Inspiration und Ermutigung für den eigenen Weg mit dem Vater.

Ab und zu ziehe ich mich mit einigen Männern für mehrere Tage zurück. Wir reden stundenlang über uns und was uns wirklich bewegt, über heikle Themen und wunde Punkte in unserem Leben. Im Hören auf Gott beten wir intensiv füreinander. In diesen Begegnungen ist Gottes Gegenwart jedes Mal spürbar nahe und er spricht in besonderer Weise zu uns.

■ **Denk mal**
Durch welche Menschen bist du in letzter Zeit von Gott beschenkt worden?

■ **Mach mal**
Halte heute die Augen offen und rechne damit, dass Gott dir durch andere begegnet. Was sagt er dir durch sie?

■ **Zum Vertiefen**
Der Herr ist denen nahe, die verzweifelt sind, und rettet jeden, der alle
Hoffnung verloren hat. —Psalm 34,19

Wenn du gut hinhörst, wird immer irgendwo ein Vogel singen.
—Susanne Vierthaler

Der Ton »A«

■ Vor einem Konzert werden die Instrumente gestimmt. Dabei orientiert man sich an dem sogenannten Kammerton A mit 440 Hertz. Ohne dieses Stimmen der Instrumente mögen die einzelnen Musiker noch so virtuos spielen – zusammen mit den anderen wird es immer schief klingen. Besonders empfindlich sind die Saiteninstrumente, die immer mal wieder eine Nachstimmung brauchen.

Ähnlich ist es mit unserem Herzen. Es kann durch äußere Einflüsse oder innere Gefühlsschwankungen nur allzu leicht »verstimmt« werden. Wir leben dann nicht mehr in Harmonie mit uns selbst. Manchmal verlieren wir die Wahrheit aus dem Auge, dass wir geliebte Kinder des Vaters sind. Dann brauchen auch unsere Herzenssaiten wieder eine Einstimmung auf den Ton »A« – wie »Abba«. Der Vater im Himmel will uns immer wieder die vielfältige Melodie seiner Liebe in unser Herz legen. Er möchte mit uns in »Ein-Klang« sein.

Die einfachen Worte »Abba, Vater« können genügen, unser eigenes Herz wieder auf Gott auszurichten und uns wieder an unser Geliebtsein zu erinnern (vgl. Römer 8,15). Im Alltag kann man auf unterschiedliche Weise diesen Ton A »hören«: im Vogelgezwitscher oder Kinderlachen, in einem berührenden Lied, in einer liebevollen Begegnung. Auch in einem Bibelwort oder in der Stille der Natur. Mit offenen Ohren kann man überall den Ton »Abba« hören und sein Herz immer wieder neu auf die »Liebesfrequenz« einstellen.

■ **Denk mal**
Was bringt deine Herzenssaiten leicht in Verstimmung?
Was hilft dir, sie wieder auf das »A« einzustimmen?

■ **Mach mal**
Achte am heutigen Tag bewusst auf dein Herz und versuche immer wieder, den Ton »Abba« zu hören.

■ **Zum Vertiefen**
Der Geist Gottes führt euch nicht in eine neue Sklaverei, in der ihr wieder Angst haben müsstet. Er macht euch vielmehr zu Gottes Kindern. Jetzt können wir zu Gott kommen und zu ihm sagen: »Vater, lieber Vater!« —Römer 8,15

Gott hat uns geschaffen, damit wir Gemeinschaft mit ihm haben.
Das ist der eigentliche Sinn unseres Lebens.
—Brennan Manning

Freundschaft mit Gott

■ Ein Kind, das sich der Liebe seiner Eltern sicher ist, will jede Freude und jeden Schmerz mit ihnen teilen. Je besser wir den himmlischen Vater kennenlernen, umso selbstverständlicher wird es für uns, ihn in alle Lebenserfahrungen einzubeziehen. Wir sind bei ihm immer willkommen. Er freut sich über unsere Wertschätzung und unseren Dank. Er wünscht sich auch, von unseren Träumen, Herausforderungen oder Sorgen zu hören und möchte, dass wir ihm unser Herz ausschütten.

Henoch im Alten Testament hatte eine solche Freundschaft mit Gott. Er war der erste Mensch, von dem es heißt, dass er »*beständig mit Gott ging*« (1. Mose 5,22–24). Er ging sozusagen Hand in Hand mit Gott durchs Leben, ohne Gesetze und Gebote beachten zu müssen. Die kamen erst viel später unter Mose dazu. Wie zwei Verliebte miteinander gehen, sich ganz nahe sind und ihre Zeit und Gedanken und Gefühle miteinander teilen, so gingen Henoch und Gott miteinander.

Das klingt sehr einfach und unspektakulär, zeigt aber, worauf es Gott ankam und bis heute ankommt: Er sehnt sich nach Menschen, deren Herzen kontinuierlich mit ihm verbunden sind. Menschen, die sich ihm in allen Lebenslagen anvertrauen.

Gott war so begeistert von Henoch, dass er ihn auf übernatürliche Weise zu sich nahm. Im Neuen Testament wird sein Lebensstil als Vorbild für Glauben hingestellt (Hebräer 11,5–6). Der Vater hat Freude an Menschen, die einfach seine Nähe lieben und genießen.

■ **Denk mal**
Wie würde deine Beziehung zu Gott wohl aussehen, wenn es keine religiösen Gebote und Normen gäbe?

■ **Mach mal**
Mach einen Spaziergang mit Gott und teile dein Herz mit ihm wie mit einem besten Freund oder liebevollen Vater.

■ **Zum Vertiefen**
Ich nenne euch nicht mehr Knechte; denn einem Knecht sagt der Herr nicht, was er vorhat. Ihr aber seid meine Freunde; denn ich habe euch alles anvertraut, was ich vom Vater gehört habe. —Johannes 15,15

Wir müssen begreifen, dass wir nichts Wirksames tun können,
wenn wir es nicht aus der intimen Gemeinschaft mit Gott heraus tun.
—John Mulinde

Balance

■ Jesus war nie im Stress. Er hetzte nicht von einem Termin zum anderen. Trotz vielfältiger Aufgaben und obwohl die Not der Menschen ihn bedrängte und tief berührte, ließ er seinen Tagesablauf nicht von den Umständen oder Erwartungen der Menschen bestimmen. Er zog sich häufig in die Einsamkeit zurück und verbrachte viel Zeit allein mit seinem Vater. Die vertraute Beziehung mit ihm hatte für Jesus oberste Priorität.

Er beschrieb seine Art zu leben so: »*Der Sohn kann nichts von sich selbst aus tun; er tut nur, was er den Vater tun sieht. Was immer der Vater tut, das tut auch der Sohn. Denn der Vater hat den Sohn lieb und zeigt ihm alles, was er tut*« (Johannes 5,19–20).

Alles, was Jesus tat, war die Folge einer innigen Verbindung mit dem Vater. Was er von ihm im Verborgenen empfing, gab er den Menschen öffentlich weiter. Sein Lebensstil verkörperte die perfekte Balance von Empfangen und Geben, Hören und Reden, Ruhen und Wirken.

Auch wir brauchen nur weiterzugeben, was wir vorher empfangen haben. Wer nur aktiv ist und dient, ohne zuvor bei Gott aufgetankt zu haben und von ihm gestärkt worden zu sein, brennt aus. Deshalb sind Zeiten der Stille und Zurückgezogenheit von entscheidender Bedeutung. Hier dient uns der Vater liebevoll, hier bekommen wir seinen Rat für den Dienst an anderen. So gestärkt kann man kraftvoll und gern dienen und geben.

■ **Denk mal**
Wie ist das Verhältnis von Empfangen und Geben in deinem Leben?

■ **Mach mal**
Nimm dir vor deiner nächsten Begegnung oder Aktivität kurz Zeit, um Gottes Liebe und Rat zu empfangen.

■ **Zum Vertiefen**
Weil der Vater den Sohn liebt, zeigt er ihm alles, was er selbst tut. Und er wird ihn noch viel größere Wunder tun lassen, so dass ihr staunen werdet.
—Johannes 5,20

Gott bittet uns, ihn zu lieben, nicht weil er unsere Liebe zu ihm braucht, sondern weil wir unsere Liebe zu ihm brauchen.
—Franz Werfel

Hast du mich lieb?

■ Obwohl Petrus in den letzten Stunden Jesu gründlich versagte, liebte er Jesus immer noch. Doch er wusste es nicht. Die Schuld und Scham, Jesus dreimal verleugnet zu haben, waren übermächtig. Wie sollte er sich je wieder unter seine Augen trauen? Er war kurz davor, alles aufzugeben und in seinen früheren Beruf zurückzukehren. In dieser Situation begegnete ihm Jesus. Er stellte Petrus dreimal dieselbe Frage: »Hast du mich lieb?« (Johannes 21,15–17). Keine Vorwürfe, kein Gespräch über seine Schuld, keine Aufarbeitung.

Am Ende konnte er nur noch sagen: »*Herr, du weißt alle Dinge; du weißt auch, dass ich dich lieb habe.*« Für Petrus war es wichtig zu wissen, dass Jesus ihn nicht aufgegeben hatte. Es war Jesus offensichtlich genauso wichtig, dass Petrus erkannte: Obwohl ich versagt habe, liebe ich Jesus immer noch. Jesus wollte, dass Petrus dies wahrnahm. Er sollte nicht im Selbstbild eines feigen Verräters und hoffnungslosen Versagers stecken bleiben.

Ich kann mich so gut mit Petrus identifizieren. Immer wieder denke ich: »Ich liebe Jesus nicht genug, wenn ich noch sündige, wenn ich schlechte Gedanken habe ...« Wenn wir uns anklagen oder abwerten, stehen wir in Gefahr, uns von Jesus zu distanzieren, statt seine Nähe zu suchen. Dann können wir uns bewusst machen: »Ich bin von Jesus geliebt« – trotz meiner Fehler! Und: »Ich liebe Jesus« – tatsächlich.

■ **Denk mal**
In welchen Situationen neigst du dazu, Jesus aus Scham den Rücken zu kehren?

■ **Mach mal**
Lass dir von Jesus die Frage stellen: »Hast du mich lieb?« Schreibe einen Brief, in dem du ehrlich deine Gedanken und Gefühle ausdrückst.

■ **Zum Vertiefen**
Jesus fragte Simon Petrus: »Simon, Sohn des Johannes, liebst du mich mehr als die anderen hier?« »Ja, Herr«, antwortete ihm Petrus, »du weißt, dass ich dich lieb habe.« »Dann hüte meine Lämmer«, sagte Jesus. —Johannes 21,15

Gott versucht, die Demut in das menschliche Herz einzupflanzen,
damit der Mensch einsieht, wie unwichtig das meiste ist, dem er nachjagt.
—C. S. Lewis

Das Herz bewahren

■ Unser Herz ist Gott kostbar. Es ist deshalb ein Schatz, den es zu hüten gilt. Der Vater wünscht sich für uns, dass wir aus unserem Herzen heraus leben, in Übereinstimmung mit ihm und mit uns selbst. Jesus ist gekommen, damit wir überfließendes Leben haben.

Wenn wir den Zugang zu unserem Herzen verlieren, verlieren wir unsere Mitte, unseren Kern, uns selbst und unsere Lebenskraft. Darum ist es wichtig, sich zu fragen: Was macht mein Herz lebendig? Womit wird es gefüllt und gesättigt? Welche Einflüsse tun mir gut, welche nicht?

Das menschliche Herz ist sensibel und durch negative Gedanken und Erfahrungen leicht zu beunruhigen. Angriffe können von allen Seiten kommen: durch verletzende Worte, durch Anklagen, durch schwierige Umstände oder schmerzhafte Erfahrungen. Oder auch durch die innere Stimme der Abwertung. Wenn wir dem Raum geben, geraten wir in Gefahr, den sicheren Ort der Liebe Gottes zu verlassen.

In solchen Situationen können uns die Worte von Franz von Sales (1567-1622) eine große Ermutigung sein: »Wenn dein Herz wandert oder leidet, bring es behutsam an seinen Platz zurück und versetze es sanft in die Gegenwart deines Herrn. Und selbst, wenn du in deinem Leben nichts getan hast, außer dein Herz zurückzubringen und wieder in die Gegenwart unseres Gottes zu versetzen, obwohl es jedes Mal wieder fortlief, nachdem du es zurückgeholt hattest, dann hast du dein Leben wohl erfüllt.«

■ **Denk mal**
In welchen Situationen stehst du in der Gefahr, dein Herz zu verlieren?

■ **Mach mal**
Nimm ein Herz (zum Beispiel aus Stoff) ganz sorgsam und liebevoll in deine Hände und stell dir dabei vor, dass du genauso achtsam mit deinem Herzen umgehst.

■ **Zum Vertiefen**
Wenn das Herz uns verurteilt, ist Gott größer als unser Herz und kennt alles. —1. Johannes 3,20

Gott und die Kirche sind oft das reine Gegenteil. Die Kirche ist oft vorhersehbar – aber nicht immer verlässlich. Gott ist im Handeln oft nicht vorhersehbar, aber im Charakter verlässlich. —Graham Cook

Enttäuscht vom Vater

■ Der englische Autor Adrian Plass erzählt in einem Buch davon, dass sein kleiner Sohn eines Tages sehr wütend auf ihn war. Der Vater hatte offenbar etwas getan, was der Sohn nicht wollte oder nicht verstand. Und so kletterte der kleine Mann auf den Sessel auf dem der Vater saß. Mit aller Gewalt, die in ihm steckte, trommelte er auf die Brust des Vaters ein und rief dabei: »Du bist sooo gemein!« Dann schlief er in den Armen des Vaters ein.

Auch wenn wir große Kinder nicht mit Fäusten auf Gott einschlagen können, würden wir es manchmal gerne tun. Es gibt Zeiten, da können wir Gottes Handeln nicht verstehen. Hiob klagt lang über Gottes vermeintlich ungerechtes Handeln. Die Psalmen sind voll von Gebeten, die Unverständnis und Schmerz Gott gegenüber zum Ausdruck bringen. »Mein Gott, mein Gott, warum hast du mich verlassen?« ist der Schrei eines Kindes, das den Vater nicht mehr verstehen kann.

Gott lässt diese Schreie zu. Dutzende davon sind in seinem Buch als Inspiration zum Gebet gesammelt. Er weiß, dass wir sein Handeln nicht immer verstehen und nachvollziehen können.

Gottes Handeln wird uns nicht immer verständlich sein. Wir können uns darauf verlassen: Gott liebt uns – auch wenn wir nicht immer verstehen können, was er tut. Er sieht uns, hat uns im Blick. Und mitten im Unverständnis und Schmerz können wir uns in seine Arme werfen. Weinen, klagen und vertrauen.

■ **Denk mal**
Welchen Schmerz und welches Unverständnis dem Vater gegenüber trägst du noch in dir?

■ **Mach mal**
Breite den Schmerz und die Irritation vor Gott aus. Bete deinen eigenen Klagepsalm. Und komme mit deinem Gott ins Gespräch.

■ **Zum Vertiefen**
Deine Gedanken sind zu schwer für mich, o Gott, es sind so unfassbar viele! Sie sind zahlreicher als der Sand am Meer; wollte ich sie alle zählen, so käme ich doch nie an ein Ende! —Psalm 139,17–18

Am Ende kommt es auf die Liebe an: die Liebe, die ich empfange,
die Liebe, mit der ich mich annehme, und die Liebe, die ich weitergebe.
—Kerstin Hack

Aus dem Überfluss geben

■ Die Liebe hat ihren Ursprung in Gott, von ihm geht alle Liebe aus. Wenn wir lieben, spiegeln wir Gottes Wesen in uns wider. »*Weil ihr Gottes geliebte Kinder seid, sollt ihr in allem seinem Vorbild folgen. Geht liebevoll miteinander um.*« (Epheser 5,1–2). Je mehr wir begreifen und ergreifen, dass wir als Kinder des Vaters unendlich geliebt sind, desto mehr werden wir befähigt, ihn, uns selbst und andere Menschen zu lieben.

Immer wieder komme ich im Alltag an die Grenzen meiner Liebesfähigkeit. Statt barmherzig, geduldig und versöhnungsbereit zu sein, reagiere ich gereizt, nachtragend oder verurteilend. Schaue ich dann genauer hin, fällt mir meistens auf, dass ich mein eigenes Geliebtsein wieder einmal aus den Augen verloren habe. Oder dass ich mit mir selbst nicht gut umgegangen bin.

Um Liebe durch mich fließen lassen zu können, muss ich selbst an die Quelle angeschlossen sein. »*Wir lieben, weil Gott uns zuerst geliebt hat*« (1. Johannes 4,19). Unsere Liebe ist eine Antwort auf Gottes Liebe. Je mehr wir die Liebe des Vaters empfangen und genießen, desto großzügiger werden wir sie weitergeben. Je mehr wir seine Liebe aus einem übervollen Herzen weiterschenken, desto mehr kann der Vater uns wieder neu mit seiner Liebe füllen.

»Mensch, du bist geschaffen nach dem Bilde Gottes, der Liebe ist. Mit Händen, um zu geben, mit einem Herzen, um zu lieben und mit zwei Armen, die gerade so lang sind, einen anderen zu umarmen« (Phil Bosmans).

■ **Denk mal**
Woran merkst du, dass du »liebessatt« bist?
Wie wirkt sich das im Umgang mit nahestehenden Personen aus?

■ **Mach mal**
Lass Liebe heute praktisch werden, indem du Gelegenheiten nutzt, jemandem zu helfen, ihn zu umarmen oder zu ermutigen.

■ **Zum Vertiefen**
Weil ihr Gottes geliebte Kinder seid, sollt ihr in allem seinem Vorbild folgen. Geht liebevoll miteinander um, so wie auch Christus euch seine Liebe erwiesen hat. Aus Liebe hat er sein Leben für uns gegeben. —Epheser 5,1–2

Als ich 14 war, war mein Vater so ignorant, dass ich es kaum ertragen konnte, den alten Mann um mich zu haben. Aber als ich 21 Jahre alt war, war ich erstaunt darüber, wie viel er gelernt hatte. —Mark Twain

Erwachsene Kinder

■ Im Lauf des Lebens wandelt sich die Beziehung zwischen Kindern und Eltern. Kleine Kinder sind von den Eltern abhängig. Und bewundern sie oft sehr. Dann kommt die Phase, in der sie ihren eigenen Weg finden und gegen vieles rebellieren, was von den Eltern kommt. Wenn die Entwicklung gut verläuft, kommt dann eine Phase der Integration. Ein gesundes, erwachsenes Miteinander wird gefunden.

Manchmal wird in Texten oder Predigten über Kindschaft fast nur über Kleinkindschaft geredet – als ob wir Gott gegenüber für immer Babys sind. Ja, der Vater liebt und versorgt uns, beschenkt uns mit seiner Liebe und Wärme – wie ein Kind.

Zugleich respektiert er uns als erwachsenes Gegenüber. Das sieht man an den Dialogen mit seinen Freunden. Hiob, der gegen Gott rebelliert – weil er ihn nicht versteht. Oder David, der in vielen Psalmen seine Irritation und sein Unverständnis zum Ausdruck bringt.

Und dann gibt es die faszinierenden Gespräche zwischen Gott und seinen großen Söhnen und Töchtern – von Abraham über Jakob, Hanna, Esther bis hin zu Nehemia. Da stehen erwachsene Männer und Frauen vor ihrem Gott, schütten ihr Herz aus und fordern ihn zum Handeln auf. Und Gott nimmt sie ernst. Er hört auf sie und geht auf ihre Bitten ein. Wir dürfen Gottes Kinder jeder Altersstufe sein: kleines Kind, Teenager, kämpferisch erwachsen, reif und vertrauensvoll.

■ **Denk mal**
In welcher Rolle siehst du dich Gott gegenüber meistens? Welche anderen Rollen möchtest du ausprobieren?

■ **Mach mal**
Wage einen Dialog mit Gott aus einer anderen Rolle als üblich: kleinkindlich abhängig, teenie-motzig, mutig erwachsen oder ruhig und weise.

■ **Zum Vertiefen**
Wir sollen zu mündigen Christen heranreifen, zu einer Gemeinde, in der Christus mit der ganzen Fülle seiner Gaben wirken kann. —Epheser 4,13

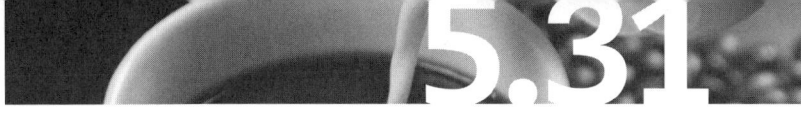

Ich kann nicht frei sein, ohne mich zu lösen. Ich kann nicht neu anfangen, es sei denn, ich erkenne, dass es Altes zu beenden gilt.
—Hans-Joachim Eckstein

Neues wagen

■ Es gibt Prägungen und Festlegungen, die unser Leben beeinträchtigen. Eine davon hieß bei mir: »Ich kann nicht schreiben.« Dies hatte mit einer schlechten Note und einem entsprechenden Kommentar zu tun, die ich vor Jahren unter einem Deutschaufsatz fand. Jahrzehntelang ließ ich mich dadurch daran hindern, meine Gedanken schriftlich zu formulieren.

Nach der Begegnung mit dem Vaterherzen Gottes sprach eine zarte Stimme in mir: »Manfred, schreibe ein Buch über meine Liebe!« Sofort reagierte ich nach meinem verinnerlichten Muster: »Das kann ich nicht!« Doch gleichzeitig spürte ich die innere Sehnsucht, mich nicht länger durch Begrenzungen einengen zu lassen und Neues zu wagen. Ich ließ mich auf das Abenteuer ein. Im Dialog mit meinem himmlischen Vater ist daraus mein erstes Buch entstanden.

Esther und ich wollen immer mehr als geliebte Kinder leben: fröhlich, spielerisch, frei. Wir probieren gerne neue Dinge aus: Esther begann mit über vierzig Jahren, Geige zu spielen und zu malen. Ich wagte vor kurzem den Weg in die Selbstständigkeit. Wir freuen uns über jede Grenzerweiterung und sind gespannt auf das Neue, das noch kommen wird. Wir möchten dich ermutigen, aus der Erfahrung der Vaterliebe Gottes heraus Neues zu wagen. Dinge, die du schon immer mal ausprobieren und machen wolltest. Einfach Neues wagen, weil du weißt, dass dein Vater mit dir geht, dich hält und stolz auf dich ist.

■ **Denk mal**
Welche Festlegungen möchtest du loswerden?
Durch welche Gedanken drücken sie sich aus?

■ **Mach mal**
Wage Neues! Probiere etwas aus, was du dir schon immer gewünscht, aber nie erlaubt hast.

■ **Zum Vertiefen**
Schaut nach vorne, denn ich will etwas Neues tun! Es hat schon begonnen, habt ihr es noch nicht gemerkt? Durch die Wüste will ich eine Straße bauen, Flüsse sollen in der öden Gegend fließen. —Jesaja 43,19

Monat 6
Von Vorbildern lernen

Von Vorbildern lernen

■ Vor einer Weile war ich auf dem Gottesacker in Neuendietendorf bei Erfurt. Dort siedelten sich vor 250 Jahren Menschen an, die in Böhmen und Mähren ihres Glaubens wegen verfolgt wurden. Auf dem Gottesacker liegen sie nebeneinander – Hunderte von Gräbern in schlichten Grabsteinen von gleicher Größe.

Viele Namen konnte ich auf den verwitterten, mit Moos überwachsenen Grabsteinen nicht erkennen. Doch ich würde mir gern ihre Geschichten erzählen lassen – was hat sie bewegt, Haus und Hof zu verlassen? Wie haben sie Christus gekannt? Was hat sie geprägt und motiviert?

Der Hebräerbrief beschreibt Menschen, die Vorbilder für gelebten Glauben sind, als »Wolke von Zeugen«. Eine Wolke erfrischt und belebt – selbst wenn man die einzelnen Tropfen darin nicht unbedingt erahnen kann. In gleicher Weise erfrischt das Wissen um Vorbilder – selbst wenn man nur wenige ihrer Geschichten im Detail kennt.

Die Geschichten von Menschen inspirieren mich. Die einen haben das Leben von Menschen durch Kunst bereichert, wie Picasso und Bach. Andere haben sich über Begrenzungen hinweggesetzt – wie Helen Keller und Margarete Steiff. Und die nächsten haben für Freiheit gekämpft – wie Sophie Scholl und Nelson Mandela. Andere brachten den Menschen Gott nahe – wie Franziskus und Hildegard von Bingen. Auf unterschiedliche Weise haben sie ihre von Gott geschenkten Gaben eingesetzt, um ihn zu ehren und Menschen zu dienen.

Ich bin dankbar. Dankbar für unzählige Vorbilder, die den Weg des Glaubens und Lebens schon vor mir gegangen sind. Durch alle Höhen und Tiefen.

Das Wenige, das du tun kannst, ist viel – wenn du nur irgendwo Schmerz
und Weh und Angst von einem Wesen nimmst.
—Albert Schweitzer (1875–1965)

Albert Schweitzer

■ Als »Urwalddoktor« wurde er weltweit berühmt. Doch Albert
Schweitzer steht für so vieles mehr: begnadeter Organist, stilgebender
Bachinterpret, prägender Kulturphilosoph und Theologe.

Schon als Kind litt der hochsensible Albert unter dem Leid anderer. Er
spürte, dass er, dem es so gut ging, die Antwort darauf sei. Mit Anfang
zwanzig verpflichtete er sich, sein Leben ab seinem 30. Lebensjahr
nur noch in den Dienst für andere Menschen zu stellen.

Also begann er mit 30 ein weiteres Studium und bekam 1913 zu seinen
Doktortiteln in Theologie und Philosophie auch noch den in Medizin
verliehen. Als Arzt wollte er Menschen dienen und Schmerz lindern –
ganz im Sinne praktischer, christlicher Nächstenliebe. Und zwar dort,
wo Hilfe am Nötigsten war: in den Kolonien Äquatorialafrikas, in denen es kaum Ärzte gab und Epidemien grassierten. So machten sich
Albert Schweitzer und seine Frau auf nach Lambaréné in Gabun.

Nach den provisorischen und harten Anfängen wuchs allmählich
ein stattliches Spital in Lambaréné. Viele Menschen fanden durch
Schweitzers Selbstlosigkeit Hilfe und medizinische Versorgung. Und
neben der Tätigkeit als Arzt, war es dem Vielbegabten unerwartet
weiterhin möglich, zu schreiben und Konzerte zu geben. Auch wenn
er bereit gewesen war, diese Leidenschaften ganz aufzugeben.

Auszug aus *Albert Schweitzer. Einer, der jedes Leben achtete* – von Andrea Specht.

■ **Denk mal**
Wo hast du erlebt, dass du etwas, das du losgelassen hast,
wieder erhalten hast oder sogar noch mehr?

■ **Mach mal**
Öffne neu deine Hände. Lass los, was dir zu wichtig geworden ist.
Und empfange, was Gott dir gibt.

■ **Zum Vertiefen**
Wer sein Leben um jeden Preis erhalten will, der wird es verlieren,
aber wer sein Leben für mich einsetzt, der wird es für immer gewinnen.
—Matthäus 16,25

Amazing Grace – how sweet the sound that saved a wretch like me.
I once was lost, but now am found, was blind but now I see.
—John Newton (1725–1807)

John Newton

■ Das Staunen über die erstaunliche Gnade Gottes, die einen verlorenen Menschen findet und einen Blinden sehend macht – das ist die kurze Zusammenfassung des Lebens von John Newton, dem Dichter dieses Liedes.

Er führte ein unmoralisches Leben. Und als Sklavenhändler verkaufte und verschleppte er Tausende von Afrikanern in die menschenhungrigen Plantagen der Neuen Welt. In einem lebensbedrohlichen Sturm erlebte er, wie Gott sein Gebet um Errettung erhörte – unverdiente Gnade. Den Sklavenhandel gab er nicht sofort auf. Er schreibt, dass es ein längerer Prozess war, bis sein Leben vom Evangelium durchdrungen war und er erkannte, dass Ausbeutung von Menschen nicht mit dem Evangelium zu vereinbaren war. Umso kraftvoller war seine Stimme, als er sie 1788 mit dem Druck eines Pamphlets gegen den Sklavenhandel erhob, das er auch an jeden Parlamentarier schickte. Ein Paukenschlag, der die englische Gesellschaft erschütterte.

Er wusste auch, dass Menschen Zeit brauchen, um Dinge zu verstehen. Als er anglikanischer Geistlicher wurde, dichtete er deshalb fast immer Lieder zu seinen Predigttexten, um die Inhalte besser zu verankern. Eines dieser Lieder – ein Lied im Rahmen einer Predigtserie über die Pilgerreise – war *Amazing Grace*.

Er begleitete auch junge Menschen – wie den adligen Wilberforce, dem er riet, seinen politischen Einfluss zu nutzen, statt Prediger zu werden – doch das ist eine andere Geschichte …

■ **Denk mal**
Wo hast du selbst Gottes erstaunliche Gnade erfahren?

■ **Mach mal**
Schenke einem jüngeren Menschen deine Zeit – begleite ihn in seinen aktuellen Prozessen.

■ **Zum Vertiefen**
Du bleibst nicht für immer zornig, sondern lässt Gnade vor Recht ergehen, daran hast du Gefallen! —Micha 7,18

Wenn ich als Fanatiker gelte, weil ich das Leiden meiner Mit-Geschöpfe zutiefst mitempfinde, so mag ich nun der unverbesserlichste Fanatiker sein, den es je gegeben hat. —William Wilberforce (1759–1833)

William Wilberforce

■ William Wilberforce stammte aus einer wohlhabenden Familie. Schon an der Universität beeindruckte er durch seine Kunstfertigkeit, mit Sprache umzugehen und seine mitreißende Rhetorik. Mit 21 Jahren wurde er Mitglied des britischen Unterhauses als Abgeordneter seiner Heimatstadt Hull. Eine erfolgreiche politische Laufbahn schien vorgezeichnet.

Wenige Jahre später, auf einer Reise durch Europa, erlebte er seine »Große Wandlung«. Er begegnete dem gnädigen Gott und wurde ein zutiefst gläubiger Christ. Von nun an wollte er für Gottes Sache leben und seinem Glauben Taten folgen lassen.

John Newton ermutigte Wilberforce, ein göttliches Leben zu leben und dabei aber in der Politik zu bleiben und seinen Einfluss für sinnvolle Zwecke zu nutzen. Die Unmenschlichkeit des Sklavenhandels bewegte immer mehr Menschen. Wilberforce übernahm bald eine führende Rolle im Kampf gegen die Sklaverei.

Nach 18 Jahren zäher, unermüdlicher politischer Überzeugungsarbeit hatte er endlich Erfolg: Der Sklavenhandel wurde in Großbritannien und seinem Machtbereich verboten. Doch das war erst der Anfang, denn das unmenschliche Übel war noch nicht mit der Wurzel ausgerissen. Wilberforce setzte sich für die Abschaffung der Sklaverei überhaupt ein. Am 26. Juli 1833 wurde auch dieser Traum von Gerechtigkeit Wirklichkeit – gerade drei Tage, bevor William Wilberforce starb.

Text von Andrea Specht.

■ **Denk mal**
Welches Leiden deiner Mitmenschen geht dir besonders nahe?

■ **Mach mal**
Überlege dir, wie du Teil der Antwort darauf sein kannst.
Und tue es.

■ **Zum Vertiefen**
Dein Reich komme, dein Wille geschehe. —Matthäus 6,10

Das Kind als Idee ist das Beste, was der Herrgott erschaffen hat.
—Astrid Lindgren (1907–2002)

Astrid Lindgren

■ »Ich mach mir die Welt, wi-di-wi-di-wie sie mir gefällt!« Sie hüpft unbeschwert und frech vor sich hin. Die berühmteste Schöpfung Astrid Lindgrens, Pippi Langstrumpf. Pippi war – wie die Autorin selbst – ihrer Zeit weit voraus. 1945 sorgten sich schockierte Eltern, was so ein Lehrerschreck und Wildfang wohl für einen Einfluss auf Kinder haben würde, die doch zu Ordnung und Fleiß erzogen werden sollten.

Astrid Lindgren trug einen großen Schatz in sich: die Bewunderung für die Schönheit der Kindheit. Die Kreativität, die Fantasie, die Neugier und Furchtlosigkeit, die Kindern ganz eigen ist, liebte sie. Und sie nahm Kinder ernst. Für Kinder schrieb sie – wild, frech, abenteuerlich, schelmisch, verträumt. Damit erkannte sie auch das Kind in jedem Erwachsenen an, das im Laufe der Jahre immer mehr verschüttet wird. Und kitzelt es beim Vorlesen einer *Ronja Räubertochter*, eines *Michel aus Lönneberga* oder eines *Karlsson vom Dach* wieder an die Oberfläche.

Astrid Lindgren lässt in einigen ihrer Figuren aufscheinen, dass die Kindheit die glücklichste Zeit ist. Die Freiheit und Unbeschwertheit von Kindern geht bei den »Großen« verloren. Sie erlebte es selbst – das Rollenbild der Frau in Astrids jungen Jahren war von Einengung geprägt. Doch Lindgren blieb im Herzen immer Kind und lädt mit ihren Geschichten ein, das Kind in uns wieder lebendiger werden zu lassen.

Zusammenfassung von *Astrid Lindgren. Eine, die Individualität großschrieb* – von Gerd König.

■ **Denk mal**
In welchem Bereich möchtest du das Kind in dir wieder lebendiger werden lassen?

■ **Mach mal**
Schalte die Rationalität mal ab und lass einer kindlichen Qualität freien Lauf: Neugier, Kreativität, Fantasie, Unbeschwertheit, …

■ **Zum Vertiefen**
Wer aber so klein und demütig sein kann, wie ein Kind, der ist der Größte in Gottes Reich. —Matthäus 18,4

Allein der Glaube ist des Gewissens Friede.
—Martin Luther (1483–1546)

Martin Luther

■ Eigentlich war sein Leben von seinem strengen Vater schon vorbestimmt: Jurastudium in Erfurt, dann Karriere. Doch es kam anders. In Todesangst bei einem Unwetter, legte der junge Luther ein Gelübde ab, dass er, wenn er heil da rauskäme, in ein Kloster eintreten würde. Er überlebte und wurde – gegen den eisernen Willen seiner Eltern – Mönch. Viel Zeit widmete er dem Studium von Gottes Wort.

Zu Luthers Zeit blühte der Ablasshandel. Wer für seine Sünden entsprechend bezahlte, konnte sich bei der Kirche von einigen Höllenqualen freikaufen. Davon stand zwar nichts in der Bibel, doch den wenigsten Menschen war Gottes Wort überhaupt zugänglich. Sie mussten sich auf die Kirche verlassen. Die Angst vor einem zornigen Gott schüchterte sie zusätzlich ein.

Schließlich positionierte sich Luther öffentlich gegen die Lehre der Kirche in 95 Thesen an der Wittenberger Schlosskirche. Zentral war seine Überzeugung: Vergebung findet man einzig bei Gott und zwar allein durch Gnade.

Offen wurde er angefeindet und verfolgt. Doch Luther blieb standhaft, weil er sich allein auf die Bibel berief und zu keinem anderen Schluss finden konnte. Eine Zeitlang hielt er sich auf der Wartburg verborgen – und übersetzte, da ihm die Zeit lang wurde, das Neue Testament in ein kraftvolles, verständliches Deutsch. So wurde Gottes Wort allen zugänglich und revolutionierte eine Religion.

Auszug aus *Martin Luther. Einer, der auf die Kraft des Wortes baute* – von Reiner Andreas Neuschäfer.

■ **Denk mal**
Welche Eigenschaft Gottes fasziniert und bewegt dich am meisten?

■ **Mach mal**
Mach dir zehn Eigenschaften Gottes bewusst und finde dazu Bibelstellen – zum Beispiel mit Google oder einer Konkordanz.

■ **Zum Vertiefen**
Wes das Herz voll ist, des geht der Mund über. —Matthäus 12,34

Irgendwann muss man einmal »Halt!« sagen, um diesen ständigen Schikanen ein Ende zu bereiten und herauszufinden, auf welche Menschenrechte ich Anspruch hatte. —Rosa Parks (1913–2005)

Rosa Parks

■ Tempomacher nennt man Läufer, die bei einem Marathon vor dem Favoriten laufen. Der spart Kräfte, da er sich in ihrem Windschatten bewegt und überholt sie erst später. Rosa Parks war die Tempomacherin, in deren Windschatten Martin Luther King an Fahrt gewann.

Sie war eine hart arbeitende afro-amerikanische Näherin, die sich am 1. Dezember 1955 im Alter von 42 Jahren nach einem langen Arbeitstag entschloss, auf ihrem Platz im Bus sitzen zu bleiben, obwohl der Busfahrer sie aufgefordert hatte, für einen weißen Mann Platz zu machen. In der damaligen Zeit der noch herrschenden Rassentrennung war das eine Straftat. Dass gerade sie sich weigerte, war kein Zufall. Sie gehörte der »Nationalen Vereinigung für den Fortschritt der Farbigen« an, die Menschen im gewaltlosen Widerstand schulte.

Sie wurde verhaftet, verlor ihre Arbeit, bekam Drohbriefe und ihr Mann erlitt einen Nervenzusammenbruch. Doch ihr Protest gegen die ungerechte Behandlung führte zu einem Boykott der Busgesellschaft. Afroamerikaner weigerten sich 381 Tage lang, die Busse zu benutzen. Sie organisierten Fahrgemeinschaften oder gingen kilometerweit, Hand in Hand, zu Fuß. Das ging so lange, bis der Oberste Gerichtshof der USA die Rassentrennung in den Bussen der Stadt aufhob. Rosa Parks wurde 1996 mit der Freiheitsmedaille, der höchsten zivilen Auszeichnung der USA, geehrt. Das *Time Magazine* wählte sie zu einer der 100 bedeutendsten Menschen des 20. Jahrhunderts.

■ **Denk mal**
Wo ist es für dich dran, Stellung zu beziehen, indem du bei etwas nicht mitmachst?

■ **Mach mal**
Nimm dir Zeit, die Erklärung der Menschenrechte durchzulesen und dir zu überlegen, für welche Rechte du dich stark machen möchtest.

■ **Zum Vertiefen**
Gott wird deine Gerechtigkeit hervorbringen wie das Licht und dein Recht wie den Mittag. —Psalm 37,6

Der Gerechte in seiner Niederlage ist stärker als der Böse in seinem Triumph.
—Martin Luther King (1929–1968)

Martin Luther King

■ Michael King, ein angesehener schwarzer Pfarrer in den USA, war auf einer Reise in Deutschland mit dem Reformator Martin Luther in Berührung gekommen. Tief beeindruckt nahm er daraufhin dessen Namen für sich und seinen Sohn an: Martin Luther King senior und junior.

Der hochintelligente Martin Luther King junior sollte ebenfalls auf der Grundlage der Bibel entscheidende Veränderungen hervorbringen. Obwohl die Sklaverei in den USA schon 100 Jahre abgeschafft war, war Rassentrennung weiterhin tief in der Gesellschaft verwurzelt.

Von der Bibel und seinem Glauben motiviert, träumte Luther King von einer Gerechtigkeit für alle, die ein friedliches Miteinander auf Augenhöhe möglich machen würde. Auch die Unterdrücker, davon war er fest überzeugt, hatten Gerechtigkeit bitter nötig. Auch sie brauchten die Freiheit, um Liebe und Gemeinschaft zu leben.

Martin Luther King wurde zum Vorkämpfer der schwarzen Bürgerrechtsbewegung in den USA. Mit Aktionen zivilen Ungehorsams provozierten er und seine Anhänger eine Gesellschaft, die in Schwarz und Weiß trennte. Oft ernteten sie Prügel, Haftstrafen und Anfeindungen. Und schließlich fiel Luther King einem Attentat zum Opfer.

Luther King war ein Prophet, der eine Zukunft von Gleichheit und Versöhnung voraussah. An diesen Traum glaubte er bis zuletzt. Viele steckte er damit an – und schließlich hatten sie Erfolg.

Auszug aus *Martin Luther King. Einer, dessen Traum die Welt veränderte* – von Reiner App.

■ **Denk mal**
Welchen konkreten Traum einer gerechteren Welt träumst du?

■ **Mach mal**
Beginne für diesen Traum zu beten und frage Gott, wie du Teil der Antwort oder Lösung sein kannst.

■ **Zum Vertiefen**
Gebt nur Gott und seiner Sache den ersten Platz in eurem Leben, so wird er euch auch alles geben, was ihr nötig habt. —Matthäus 6,33

Eine große Entdeckung ist das Ergebnis langer Arbeit.
—Marie Curie (1867–1934)

Marie Curie

■ Als erste Frau überhaupt erhielt Marie Curie den Nobelpreis. Und das sogar gleich zweimal: in Physik und Chemie. Auch nach ihrem Tod kam die Entdeckerin der Radioaktivität zu höchsten Ehren. In einem Staatsakt wurde 1995 ihr Sarg in das Pariser Panthéon umgebettet. Als erste Frau und Wissenschaftlerin ruht sie nun in der Ruhmeshalle berühmter Männer.

Ein Leben lang hatte sie gelernt und unermüdlich geforscht, oft unter größten Entbehrungen. Die Welt zu erkennen, die Gesetze der Mathematik, Physik und Chemie in ihren kleinsten Teilchen zu bestimmen, war für sie der Sinn ihres Lebens.

Als Frau hatte sie es dabei besonders schwer. Ende des 19. Jahrhunderts waren die Naturwissenschaften noch eine reine Männerdomäne. Marie Curie gab nicht auf. Wochenlang wiederholte sie die immer gleichen Messungen und Experimente. Asketisch forschte sie in ihrem dunklen, feuchten Labor, das nur rudimentär ausgestattet war. Doch ihre Ausdauer wurde belohnt.

Die Nobelpreisträgerin und zweifache Mutter war nach dem Unfalltod ihres Mannes auch noch alleinerziehend. Sie setzte sich zudem mit anderen internationalen Wissenschaftlern für den Weltfrieden ein und half 1914 mit mobilen Röntgenwagen an der Kriegsfront. Sie war eine außergewöhnliche Wegbereiterin in Domänen, die Frauen vorher nicht zugänglich waren.

Zusammenfassung von *Marie Curie. Eine, die um ihr Leben forschte* – von Clara B. Stern.

■ **Denk mal**
Was in deinem Leben braucht gerade Ausdauer oder Disziplin?

■ **Mach mal**
Sprich mit Gott darüber. Bitte ihn, dir zum Wollen das Umsetzen zu schenken. Und schaffe selbst Räume dafür.

■ **Zum Vertiefen**
Gott selbst bewirkt beides in euch: den guten Willen und die Kraft, ihn auch auszuführen. —Philipper 2,13

Jeder Tag, an dem du nicht lächelst, ist ein verlorener Tag.
—*Charlie Chaplin (1889–1977)*

Charlie Chaplin

■ Charles Spencer Chaplin prägte eine Ära – bis heute gilt er als *die* Stummfilm-Ikone. Durch seine Komödien – insbesondere die Figur des vagabundierenden *Tramps* mit Stock, Lippenbart und Melone – brachte er Millionen zum Lachen.

Dabei hatte er selbst im Leben nicht viel zu lachen gehabt. Was er in den Armenhäusern Londons erlebt hatte, in denen er Jahre seiner Kindheit verbringen musste, setzte er gesellschaftskritisch um. Seine Filme prangerten die Armut und politische Missstände an. Doch nutzte er die Sprache der Komödie: Dem Leben ins Gesicht zu lachen war seine Überlebensstrategie.

Chaplins Karriere glich einem Senkrechtstart. Seine erste Stummfilmrolle, der *Tramp*, war der Durchbruch. Er besaß das erstaunliche Talent, subtilste Gefühle durch feine Gesten aufscheinen zu lassen und Menschen damit tief zu berühren. Seine Filme waren so universell wie ein Lachen.

Er arbeitete hart und zielstrebig – Chaplin war nicht nur Schauspieler in seinen Filmen, sondern auch Regisseur und Autor. Die Produktivität war erstaunlich – im ersten Jahr seiner Filmkarriere drehte er 35 Kurzfilme ab. Mit 25 war er ein berühmter Mann und einer der bestbezahlten Schauspieler. Chaplin machte deutlich, dass Erfolg eine Folge von Leidenschaft ist.

Zusammenfassung von *Charlie Chaplin. Einer, der dem Leben ins Gesicht lachte* – von Gerd König.

■ **Denk mal**
In welcher Situation möchtest du dem Leben mit mehr Humor und Leichtigkeit begegnen?

■ **Mach mal**
Bitte Gott um Gelassenheit in der Situation.
Lache dem Leben heute ins Gesicht.

■ **Zum Vertiefen**
Sara rief: »Gott lässt mich wieder lachen!« —1. Mose 21,6

Gott achtet nicht darauf, wie viel wir tun,
sondern mit wie viel Liebe wir etwas tun.
—Mutter Teresa (1910–1997)

Mutter Teresa

■ Agnes Bojaxhiu – später Mutter Teresa genannt – wuchs in einer wohlhabenden Familie in Skopje auf. Ihre Erziehung war vom tiefen Glauben ihrer Mutter geprägt. Schon mit zwölf wusste Agnes, dass sie zu einem Leben für Gott berufen war: Als Missionarin wollte sie in Indien Menschen dienen. Mit 18 Jahren schloss sie sich dem katholischen Loreto-Orden an, der sie schließlich ins indische Bengalen aussandte.

Dort nahm sie den Namen Schwester Maria Teresa an – nach ihrem Glaubensvorbild der Heiligen Thérèse von Lisieux. Diese lebte nach dem Grundsatz, dass es nicht auf große Dinge ankomme, sondern auf kleine, die mit großer Liebe getan werden. Das wollte die Novizin – Gott und die Menschen von ganzem Herzen lieben. 1937 legte sie ihre ewigen Gelübde ab und wurde damit zur »Mutter Teresa«.

Jahre später – Mutter Teresa war inzwischen Schulleiterin in Indien – erhielt sie völlig unerwartet die »Berufung in der Berufung«. Sie hörte den deutlichen Ruf Jesu, in die Slums von Kalkutta zu gehen und Jesus dort in den Leidenden zu finden und zu lieben.

Im erschütternden Anblick von Verwahrlosung und Aussatz ihren Herrn wahrzunehmen, wurde bestimmend für Mutter Teresas Dienst. Mit Hingabe und ohne Unterschied widmete sie sich menschlicher Not. Jedem Leben brachte sie Würde, Achtung und Liebe entgegen.

Auszug aus *Mutter Teresa. Eine, die hingebungsvoll liebte* – von Andrea Specht.

■ **Denk mal**
In welchem Bereich willst du große Dinge tun und erreichen?

■ **Mach mal**
Schau auf die kleinen Dinge in deinem Leben und bitte Gott,
dir hierfür Liebe zu schenken.

■ **Zum Vertiefen**
Was ihr einem meiner geringsten Brüder getan habt, das habt ihr für mich
getan. —Matthäus 25,40

Die Druckerkunst ist die Artillerie der Idee.
—Antoine Comte de Rivaról

Johannes Gutenberg

■ Zum »Man of the Millennium« wurde er 1998 gekürt: Johannes Gutenberg (1397–1468). Zu Recht. Seine Erfindung hat unsere Welt so nachhaltig verändert und geprägt, dass ein Leben ohne sie heute nicht denkbar wäre. Niemand hat wohl so stark dazu beigetragen, unsere Welt vom Mittelalter in die Neuzeit zu katapultieren, wie er.

Die Veränderung geschah vor allem, indem durch den Buchdruck viel mehr Menschen Zugang zu Texten und Bildung bekamen und Ideen viel schneller Verbreitung fanden. Das hat die Reformation ebenso begünstigt wie die Entwicklung der Wissenschaft.

Gutenberg ist zuerst als Vater des modernen Buchdrucks mit beweglichen Lettern zu nennen. Der Druck mit Metallbuchstaben war in Asien zwar schon bekannt. Doch es war sein Verdienst, Verfahren zu entwickeln, mit deren Hilfe Texte hundertmal schneller als zuvor kopiert werden konnten.

Bis weit ins 20. Jahrhundert hinein wurde noch mit beweglichen Lettern gedruckt. Erst das digitale Zeitalter brachte Veränderung. Gutenberg druckte viel Verschiedenes: Flugschriften, Ablassbriefe, Lehrbücher, Grammatiken. Doch er ist vor allem für den Druck der Bibel um ca. 1454 bekannt. Auf den Schwingen seiner Druckverfahren nahmen Reformation und persönliches Bibellesen erst richtig Fahrt auf.

Auszug aus *Johannes Gutenberg. Einer, der die Medien revolutionierte* – von Kerstin Hack.

■ **Denk mal**
Wie würde dein Tag ohne gedruckte Texte aussehen?

■ **Mach mal**
Mach dir heute bewusst, wie viele selbstverständliche Dinge du nutzt, die andere erfunden und perfektioniert haben.

■ **Zum Vertiefen**
Dein Wort ist wie ein Licht in der Nacht, das meinen Weg erleuchtet.
—Psalm 119,105

Oh Herr, mache mich zu einem Werkzeug deines Friedens.
—Franz von Assisi (1182–1226)

Franz von Assisi

■ Aus einer wohlhabenden Familie stammend, starb er als »fratello poverello« – armer kleiner Bruder Francesco: das Leben des Heiligen Franziskus zeichnet eine spitze Kehrtwende. Nach Jahren von Ehrgeiz und Reichtum als Sohn einer reichen Kaufmannsfamilie fiel er in eine Krise. Da sprach Jesus, den er bis dahin wenig kannte, durch eine Vision in sein Leben: Franziskus solle das Haus Gottes wieder aufbauen.

Ihm wurde bald klar, dass damit kein Kirchengebäude gemeint war, sondern die Kirche als Gemeinschaft der Gläubigen. Ganz neu begegnete er Gott als einem liebenden, persönlichen Gott. Revolutionär wandte sich Franziskus von allem Materiellen ab und begann, sich für die geistige Revolution einzusetzen, die ihm aufgetragen wurde.

Sein Ideal der Armut, das rigorose Ablehnen von Besitz, provozierte in einer Zeit, in der man alles für mehr Wohlstand tat. Und was noch viel revolutionärer war: Franziskus überwand alle Schranken zwischen Ständen und Klassen. Sogar Religionen. Wo Menschen sich bekriegten, trat er mit seiner »einfältigen« Haltung der Liebe dazwischen und bat um Frieden. Viele schlossen sich ihm an.

1209 erbat er sich die päpstliche Erlaubnis, eine Ordensgemeinschaft zu gründen. Die »Franziskaner« breiteten sich über ganz Europa aus – ihre Sprache der Liebe Gottes erreichte die Herzen der Menschen.

Zusammenfassung von *Franz von Assisi. Einer, der aus Liebe rebellierte* – von Reiner App.

■ **Denk mal**
Welche drei Situationen fallen dir ein, in denen du Frieden gestiftet hast oder zum Frieden beitragen konntest?

■ **Mach mal**
Bitte Gott, dir in einer aktuellen Situation – bei dir, in deinem Umfeld – zu zeigen, wie du zum Frieden beitragen kannst.

■ **Zum Vertiefen**
Glücklich sind, die Frieden stiften, denn Gott wird sie seine Kinder nennen.
—Matthäus 5,9

Irgendwer musste schließlich den Anfang machen.
—Sophie Scholl (1921–1943)

Sophie Scholl

■ Sophie Scholl erlebte in ihrer Jugend, wie sich nationalsozialistisches Gedankengut ausbreitete, und schließlich Hitler an die Macht kam. Der Überwachungsapparat der Nazis säte Angst und Misstrauen, Menschen duckten sich lieber und sagten nichts. Die sensible, nachdenkliche Sophie litt unter diesem Schweigen und Misstrauen. Sie war unfähig, die Augen vor dem Unrecht zu verschließen. Ihrem Herzen und Glauben folgend, musste sie handeln.

Als Studentin kam sie in München durch ihren Bruder Hans zur regimekritischen Widerstandsbewegung die »Weiße Rose«. Deren Ziel war es, durch Flugblätter das betäubende Schweigen zu durchbrechen und die Bevölkerung wachzurütteln. Dass diese Aktionen sie das Leben kosten konnten, wussten sie.

Die Nazis fahndeten fiebrig nach den Drahtziehern der Bewegung. Als schließlich Sophie Scholl und ihr Bruder gefasst wurden, war das Erstaunen groß. Hinter dem Hochverrat hätte niemand eine so unschuldig wirkende, gerade 21-jährige junge Frau vermutet.

In den Verhören blieb sie fest und nahm das Urteil der Hinrichtung gefasst hin. Selbst am Tag ihrer Hinrichtung umarmte sie offenherzig das Leben – den herrlichen Tag, die Süßigkeiten der Eltern und die letzte Zigarette mit den Freunden. Sie sei gestorben, sagte der Henker, wie er noch nie jemanden hätte sterben sehen.

Auszug aus *Sophie Scholl. Eine, die nicht schwieg* – von Andrea Specht.

■ **Denk mal**
Wo hast du in deinem Leben schon Angst überwunden?
Was hat dir dabei geholfen?

■ **Mach mal**
Freue dich über deinen Mut. Nutze heute eine Möglichkeit, deine Meinung zu vertreten anstatt zu schweigen.

■ **Zum Vertiefen**
Wirkliche Liebe ist frei von Angst. Ja, die Liebe vertreibt sogar die Angst.
—1. Johannes 4,18

Einfachheit ist der Schlüssel zu Eleganz.
—Coco Chanel (1883–1971)

Coco Chanel

■ Coco Chanel ist die einzige Modeschöpferin, die es auf die *Time Magazine* Liste der 100 wichtigsten Personen des 20. Jahrhunderts geschafft hat. Mit gutem Grund: Ihre Modeentwürfe revolutionierten die Damenbekleidung im 20. Jahrhundert und ihre Designprinzipien prägen die Modewelt bis heute.

Andere Modeschöpfer entwarfen damals nur ein Kleid pro Kundin – jede wollte individuell sein. Chanel war eine der ersten, die Mode für »die Frau« entwarf – nicht für eine einzelne. Sie wollte es Frauen ermöglichen, am Leben teilzuhaben und lehnte die mit Borten, Litzen und Rüschen überfrachtete bisherige Damenmode ebenso ab wie das einschnürende Korsett.

Cocos Kreationen zeichnen sich aus durch schlichte Eleganz, gerade Schnitte, geometrische Formen und dezente, nicht zu auffällige Farben. Sie bevorzugte eine natürlich schlanke Silhouette.

Die mondäne, erfolgreiche Coco Chanel hatte hart gekämpft. Aus bitterarmen Verhältnissen stammend, in einem Waisenhaus aufgewachsen, schlug sie sich eine Zeitlang als erfolglose Sängerin »Coco« durch. Bis sie begann, Hüte zu entwerfen und zu ihrer Bestimmung fand. Unterstützt von ihren Geliebten und Förderern, konnte sie ihr Talent leben: Sie eröffnete ihr erstes Hutatelier in Paris und schließlich Modehäuser in verschiedenen Städten. Ihre zeitlose Mode überdauert bis heute.

Auszug aus *Coco Chanel. Eine, die Frauenmode revolutionierte* – von Kerstin Hack.

■ **Denk mal**
Welche »Borten« und »Rüschen« überfrachten dein Leben?

■ **Mach mal**
Bitte Gott um schlichte Klarheit in diesem Bereich deines Lebens und dass er das Wesentliche neu hervorscheinen lässt.

■ **Zum Vertiefen**
Die Frucht tragenden Reben beschneidet der Weingärtner sorgfältig, damit sie noch mehr Frucht bringen. —Johannes 15,2

Geh aus mein Herz und suche Freud'
in dieser lieben Sommerszeit an deines Gottes Gaben.
—Paul Gerhardt (1607–1676)

Paul Gerhardt

■ Er hatte kein leichtes Leben. Früh wurde Paul Gerhardt Vollwaise und erlebte den gesamten Dreißigjährigen Krieg in Deutschland – mitsamt der Pest als Folge, die zusätzlich vielen Menschen den Tod brachte. Trotzdem schloss er die Schule und ein Studium der Theologie ab, wurde Hauslehrer und später Pfarrer. Er heiratete und erlebte die Geburt von fünf Kindern – um vier von ihnen bald wieder zu beerdigen.

Gerhardt war ein Lyriker und Lieddichter. Seine Erfahrungen mit Leid und Schmerz prägen seine Texte. Aber auch, wie sein Glaube ihm durch schwere Zeiten half. Insgesamt hat er mehr als 130 Kirchenlieder gedichtet – und gilt so neben Martin Luther als der bedeutendste deutsche Dichter für Kirchenlieder. Nicht verwunderlich ist, dass Passionslieder die größte Zahl seines Schaffens bilden. Doch zeugen seine Texte davon, dass ihn die Trauer und das Leid nicht verbittert haben.

Er stellt in bescheidener, schnörkelloser Sprache Gott als den nahen, sich kümmernden Gott in den Fokus. In einer Zeit, in der die Theologie einen richtenden Gott predigte, betonte Gerhardt einen persönlichen Gott. Er rückte den Einzelnen in seiner Gottesbeziehung in den Mittelpunkt, der bei Gott Ermutigung und Erbauung finden konnte.

Bis heute gehören die vertonten Texte von Paul Gerhardt zum festen Bestandteil des evangelischen Liederbuches. Sie trösten und ermutigen durch die persönliche Erfahrung, die Gerhardt mit Gott machte. Sie laden dazu ein, Gott zu loben und zu danken.

Text von Andrea Specht.

■ **Denk mal**
Wie erfährst du Gott in herausforderungsvollen Zeiten?

■ **Mach mal**
Lies einige Texte von Paul Gerhardt – im Gesangbuch oder im Internet.

■ **Zum Vertiefen**
Ich will den Herrn allezeit preisen; nie will ich aufhören, ihn zu rühmen.
—Psalm 34,2

Unsere Fehlschläge sind oft erfolgreicher als unsere Erfolge.
—Henry Ford (1863–1947)

Henry Ford

■ Als kleiner Junge nahm er neugierig alles auseinander, was er in die Finger bekam. Seine Geschwister brachten ihr Spielzeug vor Henry in Sicherheit – es wäre sofort zerlegt worden. Henry Ford war ein leidenschaftlicher Bastler, Tüftler und Erfinder. Optimieren wurde schließlich sein Beruf.

Das Automobil hatten andere erfunden – doch Ford machte es für die breite Masse erschwinglich. In der Zeit vor Fords T-Modell konnten sich nur wenige Reiche einen motorisierten fahrbaren Untersatz leisten. Das änderte sich schlagartig.

Die Massenproduktion am Fließband machte es möglich: Arbeitsabläufe wurden in einzelne Handgriffe zerteilt, die jeweils ein Arbeiter erledigte. Dann wurde das Fahrzeugteil auf der Produktionsstraße zum nächsten Arbeiter weiterbefördert. Dadurch brachte Ford eine Revolution ins Rollen. Und das nicht nur für Autos – er läutete das Zeitalter der Massenprodukte allgemein ein.

Neben seinem Erfindererfolg war er auch bahnbrechend in der Unternehmensführung: Lohnerhöhungen und Arbeitszeitverkürzung banden seine Arbeiter an die Firma und machten sie mit der erhöhten Kaufkraft zu seinen Kunden. Innerhalb weniger Jahre war jedes zweite Auto auf amerikanischen Straßen ein Ford, die Produktion der Autos kletterte auf 10.000 Stück pro Tag und Henry Ford war einer der berühmtesten und reichsten Männer weltweit.

Zusammenfassung von *Henry Ford. Einer, der die Welt ins Rollen brachte* – von Jörg Achim Zoll.

■ **Denk mal**
Was möchtest du in deinem Leben optimieren oder standardisieren?

■ **Mach mal**
Bestimme heute drei Bereiche, die du optimieren kannst. Schreibe auf, wie du vorgehen kannst und setzte es um.

■ **Zum Vertiefen**
O Herr, hilf uns doch! Gib uns Gelingen! —Psalm 118,25

Durch Weglaufen löst man keine Probleme.
—Aung San Suu Kyi (*1945)

Aung San Suu Kyi

▪ Eine junge, zierliche, schüchterne Frau, die in Oxford studiert und geheiratet hatte, wurde über Nacht zur Hoffnungsträgerin Burmas. Aung San Suu Kyi hatte 1988 nur ihre schwerkranke Mutter im Burma besuchen wollen und geriet dabei mitten hinein in die politischen Wirren ihres Heimatlandes. Freiheits- und Demokratiebestrebungen wurden von der Militärjunta brutal niedergeschlagen.

Als Tochter eines Nationalhelden wurde Suu Kyi gebeten, die junge Demokratiebewegung anzuführen. Vorerst widerwillig stimmte sie zu. Doch sie spürte, dass es für ihr Volk bedeutsam war, dass sie diese Rolle ausfüllte. Nie zuvor hatte sie öffentlich geredet, jetzt sprach sie vor Hunderttausenden, die ihr hoffnungsvoll zujubelten. Ein anderes Burma schien möglich. Doch man machte ihr das Leben schwer.

Die junge Frau lebte Furchtlosigkeit vor, in einem Land, das jahrelang von Angst regiert wurde. Sie war überzeugt, dass jeder aus der Spirale von Hass und Angst herauswolle – auch die Machthaber selbst. Unermüdlich setzte sie sich für Dialog ein und streckte den »Feinden« die Hand entgegen.

Sie hielt jahrelangen Hausarrest aus sowie die schmerzliche Trennung von ihrer Familie in England. Jederzeit hätte sie das Land verlassen können, doch dann wären ihr die Türen zur Rückkehr verschlossen gewesen. Nach 25 Jahren Ausharren zog sie 2013 offiziell in die demokratisch gewählte Regierung Burmas ein.

Auszug aus *Aung San Suu Kyi. Eine, die entschlossen durchhielt* – von Andrea Specht.

▪ **Denk mal**
Wovor läufst du weg?
Was brauchst du, um dich sicher zu fühlen?

▪ **Mach mal**
Lege deine Ängste vor Gott hin und bitte ihn um die Sicherheit, die du brauchst.

▪ **Zum Vertiefen**
Die Güte des Herrn hat kein Ende, sein Erbarmen hört niemals auf, es ist jeden Morgen neu! —Klagelieder 3,22–23

Wenn wir von unserer eigenen Angst befreit sind,
befreit unsere Gegenwart automatisch andere.
—Nelson Mandela (1918–2013)

Nelson Mandela

■ Rolihlahla – Unruhestifter, nannten die Xhosa-Eltern ihren Sohn. In der Schule erhielt er den englischen Namen Nelson. Doch im Geist blieb er Rebell. Gegen das ungerechte Apartheids-System, das Schwarze und Weiße trennte und Schwarze zu Bürgern zweiter Klasse machte, lehnte Mandela sich auf. Der intelligente Jurist ließ sich das Unrecht nicht gefallen. Er wehrte sich und verbündete sich mit Gleichgesinnten.

Schließlich wurde er hinter Gitter gebracht, wo er 27 lange Jahre seines Lebens verbrachte. In der winzigen Zelle hielt er es nur aus, weil er seinen Geist und Körper rege hielt. Und die Hoffnung nicht aufgab, dass er eines Tages wieder in Freiheit leben würde. In einem von Gleichheit geprägten Südafrika.

1989 brodelte es im Land. Die neue weiße Regierung erkannte, dass ein Umbruch bevorstand. Sie ließ Nelson Mandela frei und nahm Verhandlungen mit seiner Partei auf. Die Weißen zeigten sich bereit, gemeinsam mit den Schwarzen zu regieren. Doch das Unrecht der Vergangenheit wog schwer zwischen den Menschen.

Mandela hatte die Stärke zur Versöhnung. Trotz allem, was er erlitten hatte, schaute er nach vorn und reichte den ehemaligen Feinden die Hand. Damit setzte er ein Beispiel. Entscheidend trug er dazu bei, dass kein Bürgerkrieg ausbrach, sondern Versöhnung geschehen konnte.

Zusammenfassung von *Nelson Mandela. Einer, der Gegensätze versöhnte* – von Jörg Achim Zoll.

■ **Denk mal**
In welcher Situation brauchst du die Kraft, nach vorn zu sehen, statt auf das Geschehen aus der Vergangenheit?

■ **Mach mal**
Lass die alte Situation und die beteiligten Menschen los. Vergib ihnen und wenn nötig auch dir. Bitte Gott, dir dabei zu helfen.

■ **Zum Vertiefen**
Seid immer bereit, einander zu vergeben, so wie Gott euch durch Jesus Christus vergeben hat. —Epheser 4,32

*Der Christus im eigenen Herzen ist schwächer
als der Christus im Worte des Bruders.*
—Dietrich Bonhoeffer (1906–1945)

Dietrich Bonhoeffer

■ Dietrich Bonhoeffer lebte in einer Zeit der Gleichschaltung – der Nazidiktatur waren Andersdenkende gefährlich. Der Staat gab absolute Normen für Werte und Religion vor – und verfolgte Abweichungen. Bonhoeffer passte sich nicht an und vertrat konsequent seine Überzeugung. Was er über den Glauben und christliche Nachfolge schrieb erhält dadurch ihr Gewicht, dass Bonhoeffer lebte, was er predigte.
Als junger Vikar kümmerte er sich – auch aus eigener Tasche – um verarmte Kinder. Er lebte die Gemeinschaft, die er als grundlegend für das christliche Miteinander verstand.
Entgegen vieler Amtskollegen positionierte er sich klar gegen den Arier-Paragrafen, weil er in der Degradierung von Menschen einen Widerspruch zur biblischen Lehre sah. Als er in den sicheren USA hätte bleiben können, kehrte er zurück nach Deutschland, wo Gefahr – und schließlich sein Tod durch die Nazis – auf ihn wartete. Selbst als Häftling hatte er noch die Kraft, seinen Mitgefangenen Trost zu spenden und mit ihnen zu beten.
Die Texte, die er aus dem Gefängnis schrieb, zeugen von einer großen Glaubenstiefe trotz Zerrissenheit und ermutigen bis heute unzählige Menschen. Dabei war Dietrich Bonhoeffer ein äußerst sensibler, teilweise von Depressionen geplagter Mann, der oft an sich selbst und Gott zweifelte. Doch er lebte vor, wie Gottvertrauen und der in Gemeinschaft erfahrene Glaube Kraft spenden.

Auszug aus *Dietrich Bonhoeffer. Einer, der standhaft blieb* – von Reiner Andreas Neuschäfer.

■ **Denk mal**
Wann hast du erlebt, wie Gemeinschaft deinen Glauben stärkt?

■ **Mach mal**
Überlege, wo und wie du Gemeinschaft mehr leben möchtest und plane es konkret.

■ **Zum Vertiefen**
Leben wir aber im Licht Gottes, dann sind wir auch miteinander verbunden.
—1. Johannes 1,7

Für Kinder ist nur das Beste gut genug.
—Margarete Steiff (1847–1909)

Margarete Steiff

■ Margarete Steiff litt an Kinderlähmung. Sie konnte ein Bein gar nicht, eines etwas und den rechten Arm kaum belasten. Im 19. Jahrhundert blieb Behinderten wenig Spielraum. Man traute ihnen wenig zu oder versteckte sie sogar. Margarete nahm das nicht hin und forderte sich und andere so heraus. Sie wollte aktiv am Leben teilnehmen. Die Familie unterstützte sie und entwickelte praktische Hilfsmittel für sie – so wurde sie zum Beispiel in einem Leiterwagen zur Schule gezogen.

Handarbeiten fielen ihr schwer, aber sie fand heraus, dass sie, wenn sie eine Nähmaschine umdrehte und rückwärts nähte, sie diese mit ihrem gesunden linken Arm bedienen konnte. So machte sie ein Nähgeschäft auf und wurde zur erfolgreichen Unternehmerin. Der Durchbruch gelang ihr, als sie begann, Kinderspielzeug zum Liebhaben herzustellen. Warme, weiche Tierfiguren aus Wolle und Filz, die die Kinder beim Einschlafen im Arm halten konnten. Die sie streicheln und liebhaben konnten. Damit löste sie eine Lawine aus.

Ihr Nähgeschäft wuchs im Lauf der Jahre zu einem großen Unternehmen an, in dem sie 400 Angestellte beschäftigte. Daneben arbeiteten 1800 Heimarbeiterinnen für sie.

Margarete Steiff brachte Kinderaugen zum Leuchten. Und sie wuchs mit Entschlossenheit über ihre Beschränkung hinaus.

Auszug aus *Margarete Steiff. Eine, die ihre Schwäche zur Stärke machte* – von Ulrike Halbe-Bauer.

■ **Denk mal**
Wo könntest du jemanden unterstützen, seine Einschränkung als Chance zu sehen?

■ **Mach mal**
Übe heute den Blick auf Dinge ein: Wenn etwas nicht möglich ist, birgt es eine andere Möglichkeit.

■ **Zum Vertiefen**
Gerade, wenn ich schwach bin, bin ich stark durch Christus.
—2. Korinther 12,10

Bei einer andächtigen Musik ist allezeit Gott mit seiner Gnaden Gegenwart.
—Johann Sebastian Bach (1685–1750)

Johann Sebastian Bach

■ Johann Sebastian Bach wurde in eine Musikerfamilie hineingeboren. Er erbte ihr Talent und sog die Liebe zur Musik quasi mit der Muttermilch auf. Johann Sebastian zeigte schon früh unglaubliches musikalisches Talent, besonders für die Geige und die Orgel.

Dass er gut war, wenn nicht gar genial, war ihm bewusst. Doch zeitlebens litt er unter Vorgesetzten, die ihn, das Musikgenie, einengten oder in seinem Komponieren missverstanden. Oft zog er von einer Anstellung zur nächsten weiter. Teilweise im Unfrieden.

Ihm ging es um die vollendete Entfaltung der Musik, um Erfüllung höchster Ansprüche, Schaffensfreiheit und exzellente Musiker. Für Bach war Musik eine Kunst, die Himmel und Erde in sich fassen konnte. Jede Musik – ob geistlich oder weltlich – war für Bach letztlich Ausdruck des Glaubens. Sie existierte nicht unabhängig von Gott, sondern kam von ihm und wies auf ihn hin. Unter alle Kompositionen schrieb er SDG: Soli Deo Gloria. Gott allein die Ehre.

Viele Menschen erfahren bis heute durch seine Musik Gottes Realität als greifbar. Und erleben die Tiefe menschlichen Lebens in ihr – denn auch Bachs Leben war voller Schicksalsschläge und unzähligen Erfahrungen mit dem Tod. Seine Musik spricht von ihnen und einem tiefen Gottvertrauen, das ihn in allen Umständen hielt.

Auszug aus *Johann Sebastian Bach. Einer, der klangvoll die Himmel bestürmte* – von Andrea Specht.

■ **Denk mal**
Wodurch wird dir Gottes Realität und Gegenwart greifbar bewusst?

■ **Mach mal**
Höre eine Bachkantate oder ein anderes Musikstück, das dich zu Gott hinzieht.

■ **Zum Vertiefen**
Halleluja – lobt den Herrn! Singt dem Herrn ein neues Lied! Preist ihn, wenn ihr euch versammelt mit allen, die ihn lieben. —Psalm 149,1

Du hast in dir den Himmel und die Erde.
—Hildegard von Bingen (1098–1179)

Hildegard von Bingen

■ Als kleines Mädchen schon stellte sie fest, dass sie Dinge sah, die anderen verborgen waren: wie die Farbe eines Kalbs, das noch im Mutterleib war. Hildegard war anders und wurde dafür oft ausgelacht. Also behielt sie lieber für sich, was sie innerlich wusste.

Mit 15 wurde sie Benediktinerin. Eines Tages hatte sie eine starke göttliche Vision und hörte eine Stimme, die ihr auftrug, alles, was sie sah, aufzuschreiben. Sie zögerte. Doch schließlich begann sie zu schreiben: Jahre ihres Lebens brachte sie die Visionen über die Schöpfung, den Kosmos, die Natur und den Menschen zu Papier.

Sie war eine Frau und hatte keine Bildung – zwei Kriterien, um im Mittelalter nicht ernst genommen zu werden. Doch die Weisheit, die aus ihren Schriften sprach, überzeugte Theologen und Herrscher ihrer Zeit und verwies auf die höhere Inspirationsquelle ihrer Visionen. Hildegards größtes Anliegen war die ganzheitliche Heilung des Menschen – ihr gesamtes Werk kann als universale Heilkunde bezeichnet werden. Es versteht den Menschen in der Welt, in Beziehung zu Gott, seinem Schöpfer und der Natur.

Das Erstaunliche: Heutige Erkenntnisse zeigen, dass die von ihr beschriebenen Erkenntnisse weit über das Wissen und die Lehren im Mittelalter hinausreichen. Ihre Methoden werden von neuesten Forschungen bestätigt.

Auszug aus *Hildegard von Bingen. Eine, die Leib und Seele nährte* – von Hildegard Strickerschmidt.

■ **Denk mal**
Welches »Anderssein« ist eine Gabe von dir?

■ **Mach mal**
Bereichere heute jemanden mit dieser Gabe.

■ **Zum Vertiefen**
Alle Weisheit fängt damit an, dass wir Gott ernst nehmen. — Psalm 111,10

Wenn es nur eine einzige Wahrheit gäbe,
könnte man nicht hundert Bilder über dasselbe Thema malen.
—Pablo Picasso (1881–1973)

Pablo Picasso

■ Pablo Picasso gilt als der bedeutendste Maler des 20. Jahrhunderts. Etwa 50.000 Werke hat der spanische Künstler der Welt hinterlassen – darunter neben Gemälden Zeichnungen, Keramiken, Plastiken und Grafiken. Picasso war ein enorm vielseitiger Künstler. Nie hörte er auf zu experimentieren, zu lernen, sich weiterzuentwickeln. Sein Gesamtwerk weist keinen einheitlichen Stil auf, sondern spiegelt seine ständige Neuerfindung durch unterschiedliche Phasen hinweg.

Die Stärke des Künstlers lag darin, dass er beharrlich nach neuen Ausdrucksformen und Perspektiven suchte – und keinen Deut auf Gefälligkeit oder die »Kunstwelt« gab.

Im Experimentieren mit Verfremdung schuf er Gemälde wie *Les Demoiselles d'Avignon*. Bilder aus geometrischen Formen und maskenartigen Objekten, die weit entfernt von jeder Wiedererkennung waren. Viele – Kritiker wie Freunde – waren schockiert. Doch Picasso trieb es noch bunter: Er löste die geometrischen Formen völlig aus ihrem Zusammenhang. Damit ermöglichte er neue Perspektiven: seine Werke bildeten die Welt nicht ab, »wie sie war«, sondern, wie er sie sah. So forderte er jeden Betrachter auf, sich das Objekt selbst zusammenzusetzen.

Wie kein anderer hat Pablo Picasso die Kunstwelt geprägt. Seine Unangepasstheit revolutionierte die Stile und Kunstformen seiner Epoche.

Zusammenfassung von *Pablo Picasso. Einer, der der Welt ein neues Gesicht gab* – von Gerd König.

■ **Denk mal**
In welchem Bereich deines Lebens brauchst du eine neue Perspektive oder eine frische Sicht auf die Dinge?

■ **Mach mal**
Überlege dir drei alternative Sichtweisen auf eine Situation. Und freue dich an den Perspektiven, die das eröffnet.

■ **Zum Vertiefen**
Wie der Himmel die Erde überragt, so sind auch meine Wege viel höher als eure Wege und meine Gedanken als eure Gedanken. —Jesaja 55,9

Falls Gott die Welt geschaffen hat, war seine Hauptsorge sicher nicht,
sie so zu machen, dass wir sie verstehen können.
—Albert Einstein (1879–1955)

Albert Einstein

■ Ein sensibler, hochbegabter Junge, der es liebte, seine Geige zu spielen. Und der einfach nicht in ein vorgegebenes Schema von Wissensaneignung hineinpassen wollte: Albert Einstein, der Schulabbrecher, machte sein Abitur im zweiten Anlauf und wurde später sogar Professor. Was seinen Forscherdrang und seine wissenschaftlichen Erfolge auszeichnete, war eine Demut, ein kindliches Staunen vor der rätselhaften Schöpfung. Entgegen seiner Zeitgenossen, die alles für erklärbar hielten, war für ihn die Natur der Dinge ein tiefes Geheimnis.

Skepsis gegenüber feststehenden Wahrheiten und Autoritäten zeichnete sein Querdenken aus. Er beschritt neue Wege, hinterfragte festgefahrene Sichtweisen und prägte mit seinen Erkenntnissen grundlegend die Naturwissenschaft.

In Wissenschaftskreisen hatte Einstein es damals allerdings nicht leicht. Seine bahnbrechende Relativitätstheorie machte ihn zwar über Nacht berühmt. Doch versuchten ihn Kritiker zu widerlegen und das Nobelkomitee zögerte, ihn auszuzeichnen. Erst Jahre später erhielt er den Nobelpreis: für seinen Beitrag zur Quantenphysik.

Einsteins größtes Verdienst neben seinen Forschungsergebnissen war aber, dass er die »Rückkehr des Geistigen in eine Naturwissenschaft ermöglichte, die sich allein der Empirie und Materie verschrieben hatte.« Er blieb zeit seines Lebens empfänglich für Wunder.

Zusammenfassung von *Albert Einstein. Einer, der unsere Wahrnehmung relativierte* – von Jörg Achim Zoll.

■ **Denk mal**
Worüber hast du in letzter Zeit gestaunt?

■ **Mach mal**
Gehe heute mit einem Blick durch deinen Tag, der nach Wundern Ausschau hält.

■ **Zum Vertiefen**
Ich erinnere mich an deine großen Taten, Herr, und denke an die Wunder, die du einst vollbracht hast. —Psalm 77,12

Sie sieht mit ihren Fingern mehr, als wir mit unseren Augen!
—*Über Helen Keller (1880–1968)*

Helen Keller

■ Durch eine Krankheit wurde Helen Keller im Babyalter gehörlos und blind. Vollkommen abgeschnitten von der Welt der Worte fand sie Wege, mit ihrer Familie zu kommunizieren, was sie wollte und brauchte. Doch als sie als Siebenjährige durch ihre Hauslehrerin Anne Sullivan mithilfe des Fingeralphabets erstmals Begriffe und Bedeutungen verstand, öffneten sich ihr Welten. Anne Sullivan führte sie aus einer dunklen Welt in ein Universum von Sprache: durch das Buchstabieren von Worten in Helens Hand, durch das Ablesen von Worten, indem Helen ihre Hand auf den Mund anderer Menschen legte, durch Brailleschrift und sogar das Morsealphabet.

Helen Keller lernte rasend schnell. Was andere blinde oder stumme Kinder in ein bis zwei Jahren lernten, beherrschte sie innerhalb weniger Wochen. Es war, als wäre ein Damm gebrochen, der einen unbändigen Sturzbach des Wissens auslöste. Helen Keller lernte sogar sprechen, indem sie die Kehle sprechender Menschen fühlte und diese Vibrationen selbst nachahmte.

Als sie sich später für die Rechte und die Bildung von Blinden einsetzte und um die ganze Welt reiste, hielt sie sogar Reden. Auch durch ihre Bücher wurde sie weltweit bekannt und prägte viele. Sie hat gezeigt, was möglich ist. Helen Keller wurde nicht wegen ihrer Behinderung bekannt, sondern dafür, wie sie diese überwunden hat.

Auszug aus *Helen Keller. Eine, die mit den Händen sah* – von Andrea Specht.

■ **Denk mal**
Welche Einschränkung in deinem Leben könnte dir neue Möglichkeiten eröffnen?

■ **Mach mal**
Danke für das, was dich einschränkt. Setze heute eine Möglichkeit um, die daraus hervorgeht.

■ **Zum Vertiefen**
Mit dir, mein Gott, kann ich über Mauern springen. —Psalm 18,30

Man sieht nur mit dem Herzen gut.
Das Wesentliche ist für die Augen unsichtbar.
—Antoine de Saint-Exupéry (1900–1944)

Antoine de Saint-Exupéry

■ Sein großer Wunsch war das Fliegen: Seit seiner Kindheit wollte Antoine de Saint-Exupéry als Pilot die Lüfte erobern. Über Umwege machte der Franzose schließlich seinen Traum wahr – und wurde einer der ersten Luftpostpiloten der Compagnie Latécoère. Er flog zwischen Frankreich, Marokko und Mauretanien und war zeitweise Flugplatzchef am Rande der Wüste.

Saint-Exupérys zweite Leidenschaft galt dem Schreiben. Er formte seine Flugerfahrungen in Erzählungen um; die erste, »der Flieger«, erschien 1926 in einer Zeitschrift.

Weltweit berühmt geworden ist der fliegende Autor durch sein philosophisches Märchen *Der kleine Prinz*. Eigentlich als Kinderbuch gedacht, ist die Erzählung jedoch eine Parabel für die Welt und die Menschen. Sie ist ein werbendes Plädoyer für warmes menschliches Miteinander, für kindliches Staunen und für eine Schlichtheit, die für Wunder zugänglich bleibt.

Saint-Exupéry wandte sich gegen ein von Materialismus bestimmtes Leben. In Freundschaft, Liebe und Fantasie, wie sie Kinder haben, sah er die wahren Werte. Auch lag ihm daran, Verantwortung zu übernehmen – für die Schöpfung und für die Mitmenschen. Beide wie ein Gärtner zu hegen und zu pflegen. So wie der kleine Prinz seine einzigartige Rose gießt, umsorgt und schützt.

Zusammenfassung von *Antoine de Saint-Exupéry. Einer, der das Sehen lehrte* – von Clara B. Stern.

■ **Denk mal**
Wo wünschst du dir, dass dein Herz neu sehend oder lebendig wird?

■ **Mach mal**
Halte dein Herz Gott hin und bitte ihn, es lebendig und empfindsam zu machen.

■ **Zum Vertiefen**
Ich will euch ein anderes Herz und einen neuen Geist geben. Ich nehme das versteinerte Herz aus eurer Brust und gebe euch ein lebendiges Herz.
—Hesekiel 36,26

Seht ihr den Mond dort stehen? Er ist nur halb zu sehen, und ist doch rund und schön! So sind wohl manche Sachen, die wir getrost belachen, weil unsre Augen sie nicht sehn. —Matthias Claudius (1740–1815)

Matthias Claudius

■ Im Jahr 1740 erblickte Matthias Claudius in Norddeutschland das Licht der Welt. Zeit seines Lebens wurde er mit den dunklen Seiten des Daseins konfrontiert. Die Beschäftigung mit dem Lebensende zieht sich wie ein roter Faden durch die Texte und Gedanken von Claudius. Im christlichen Glauben fand der verheiratete Familienvater ebenso Hilfe und Halt wie in der Gesellschaft seines gastfreundlich geführten Hauses.

Als Zeitungsredakteur, Philosoph, Übersetzer und Sprachkünstler erfand Matthias Claudius eigene Formen, um Gedanken und Gefühle zur Sprache zu bringen. Kritische Töne wagte er gegenüber etlichen Zeitgenossen. Vor allem wenn sie optimistisch von einer neuen Zeit träumten. Wo die Grenzen des Machbaren und des Menschen übersehen wurden, nahm der Kritiker kein Blatt vor den Mund. Humorvoll und hintersinnig brachte er dann seine Einwände und Einsichten zu Papier. Dabei kam er immer wieder auf die letztlich unergründlichen Grundlagen des Lebens und die Geheimnisse der Liebe zu sprechen.

Etliche seiner Gedichte, Texte und Sprichwörter sind heute geflügelte Worte und gehören zum Schatz deutscher Dichtkunst. Claudius' Abendlied »Der Mond ist aufgegangen« ist das am häufigsten zitierte deutsche Gedicht und steht neben dem Erntedanklied »Alle gute Gabe« in vielen Gesangbüchern.

Text von Reiner Andreas Neuschäfer.

■ **Denk mal**
Welches Thema zieht sich wie ein roter Faden durch dein Leben?

■ **Mach mal**
Finde heute einen Weg oder kreativen Kanal, dein Lebensthema zum Ausdruck zu bringen.

■ **Zum Vertiefen**
Ich blicke zum Himmel und sehe, was deine Hände geschaffen haben; den Mond und die Sterne – allen hast du ihre Bahnen vorgezeichnet. —Psalm 8,4

Sei du selbst die Veränderung, die du dir wünschst für diese Welt.
—Mahatma Gandhi (1869–1948)

Mahatma Gandhi

■ Als junger, erfolgloser Anwalt war Mohandas Karamchand Gandhi nach Südafrika geschickt worden, um Berufserfahrung zu sammeln. Als er dort die Ungerechtigkeit der Rassentrennung am eigenen Leib erfuhr, wurde aus dem schüchternen Mann ein entschlossener Anführer. Nach unzähligen erfolgreichen Aktionen zivilen Ungehorsams für mehr Gleichberechtigung kehrte Gandhi nach über 20 Jahren als bekannter Mann nach Indien zurück. Dort wandte er sich den Nöten des indischen Volkes zu und wurde aktiv gegen die britische Obrigkeit. Dabei folgte er stets seiner Grundüberzeugung der Gewaltlosigkeit – egal ob er und seine Anhänger sich ungerechten Anordnungen der Kolonialherren widersetzten oder durch Generalstreiks das Land lahmlegten.

Immer deutlicher liefen Gandhis Anstrengungen dem einen Ziel entgegen: der Unabhängigkeit Indiens von Großbritannien. Längst war er zum Vater der Nation geworden, zur großen Seele – »Mahatma«. Millionen von Indern standen hinter ihm. Was er tat, hatte Gewicht. Mit den Kolonialherren verhandelte er nicht. Er forderte.

Als die Unabhängigkeit näher rückte, eskalierte ein unerbittlicher Verteilungsstreit zwischen Muslimen und Hindus, mit Massakern und Ausschreitungen. Gandhi versuchte, durch Einlenken und Hungerstreiks zu schlichten. Schließlich wurde er, der nie Gewalt anwendete, von einem radikalen Hindu getötet, dem Gandhi zu kompromissbereit war.

Text von Andrea Specht.

■ **Denk mal**
Was in der Welt oder deinem Umfeld möchtest du verändert sehen?

■ **Mach mal**
Überlege, welchen ersten Schritt du gehen kannst, um Teil dieser Veränderung zu sein.

■ **Zum Vertiefen**
Ein Weizenkorn, das nicht in die Erde kommt und stirbt, kann keine Frucht bringen, sondern bleibt ein einzelnes Korn. In der Erde aber keimt es und bringt viel Frucht, obwohl es selbst dabei stirbt. —Johannes 12,24

Wenn ich jemandem eine Stunde meines Lebens widme, gebe ich ihm ein großes Geschenk, denn eine Stunde meines Lebens ist mir wertvoller als viel Geld und Gut. —August Hermann Francke (1663–1727)

August Hermann Francke

■ Sein Leben lang war der Stifter von dem Wunsch angetrieben, sich für seine Mitmenschen und ihr umfassendes Wohl einzusetzen. Und zwar nachhaltig – nicht nur Linderung von Leid war ihm wichtig, sondern die bleibende Verbesserung der Verhältnisse.

Als junger Pfarrer arbeitete er in Glaucha, einer Vorstadt Halles, die von Armut, Alkoholkonsum und Gewalt geprägt war. August Hermann Francke wollte das so nicht hinnehmen. Bei Kindern sah er den Ansatz für Veränderung. Er lud sie wöchentlich ins Pfarrhaus zu einer Andacht und Armenspeisung ein. Es war ihm ein persönliches Anliegen. Mit dem Vertrauen auf Gottes Versorgung wagte es Francke später, als er seine Bildungseinrichtung aufbaute, ohne finanzielle Absicherung. Und er wurde versorgt.

Aus dem ersten Waisenhaus in Glaucha, das er aufbaute, entstand schließlich eine ganze Schulstadt, die Kinder ganzheitlich förderte – Wohnen, Lernen und Begleitung an einem Ort. Innerhalb von 25 Jahren veränderte Francke so einen ganzen Stadtteil – und bekämpfte nachhaltig Analphabetismus und Armut.

Ihm waren Menschen wichtig, denen er Zeit, Zuwendung, Liebe und Unterstützung schenkte. Damit prägte er Menschen, wie kaum ein Bildungssystem es vermag. Er wusste und erlebte, dass damit Menschen wirkliche Veränderung erfahren.

Auszug aus *August Hermann Francke. Einer, der Menschen prägte* – von Reiner Andreas Neuschäfer.

■ **Denk mal**
Welche drei Menschen haben dich nachhaltig geprägt?

■ **Mach mal**
Schreibe ihnen heute einen Dankesbrief oder danke ihnen persönlich.

■ **Zum Vertiefen**
Du öffnest deine Hand und sättigst deine Geschöpfe; allen gibst du, was sie brauchen. —Psalm 145,16

Wenn man mit Flügeln geboren wird, sollte man alles dazu tun,
sie zum Fliegen zu benutzen.
—Florence Nightingale (1820–1910)

Florence Nightingale

■ Ihr Leben schien vorgezeichnet zu sein – aus einer wohlhabenden britischen Familie stammend, würde sie standesgemäß heiraten und ihre gesellschaftliche Rolle wahrnehmen.

Doch schon als junges Mädchen wusste Florence, dass sie zu mehr berufen war. Gegen den Willen ihrer Eltern half sie verarmten und kranken Menschen in den Slums und unterrichtete arme Kinder. Ihr brennender Wunsch war es, noch besser helfen zu können und mehr über Krankheiten und Wundversorgung zu lernen. Auch das gehörte sich für eine Tochter aus gutem Hause ganz und gar nicht.

Sie setzte ihren Willen durch. Nicht nur das – sie dachte weiter. Ihr Anliegen war es, die Bedingungen für Kranke und Personal zu verbessern. Durch Statistiken, Fragebögen und Aufzeichnungen läutete sie eine Reformation des europäischen Gesundheitswesens ein.

Im Krimkrieg 1854 ging die 34-Jährige freiwillig mit anderen Krankenschwestern nach Konstantinopel, um dort in den heillos überfüllten Lazaretten zu helfen und gegen die hygienisch katastrophalen Zustände anzugehen. Wieder in England, gründet sie eine Krankenpflegeschule, um mehr Frauen dieses Wissen zu eröffnen. So wurde die Ausbildung zur Krankenschwester zu einem anerkannten Berufsweg für Frauen und Florence Nightingale hatte den Grundstein für die moderne Krankenpflege gelegt.

Text von Andrea Specht.

■ **Denk mal**
Welche Erwartungen oder Ansprüche an dich – eigene oder äußere – möchtest du im Grunde nicht erfüllen?

■ **Mach mal**
Entscheide dich, etwas zu tun, was du von ganzem Herzen tun möchtest. Nicht, was du denkst, dass du tun solltest.

■ **Zum Vertiefen**
Glücklich sind die Barmherzigen, denn Gott wird auch mit ihnen barmherzig sein. —Matthäus 5,7

Das Leben selbst ist es, das dem Menschen Fragen stellt. Er ist der vom Leben her Befragte, der dem Leben zu antworten – das Leben zu verantworten hat.
—Viktor Frankl (1905–1997)

Viktor Frankl

■ Kann man ein Konzentrationslager überleben, ohne sich als Opfer zu fühlen? Man kann. Viktor Frankl hat es vorgelebt. Der jüdische Psychologe entschied sich in der Nazizeit, trotz eines Visums für die USA, in Österreich bei seinen alten Eltern zu bleiben. Er wählte.

Er glaubte zutiefst, dass der Mensch immer Wahlmöglichkeiten hat, auch wenn diese – wie etwa in einem KZ – zeitweise sehr eingeschränkt sind. Selbst vor einem Exekutionskommando hat man immer noch die Möglichkeit zu wählen, ob man die letzten Momente seines Lebens mit hasserfüllten Gedanken oder frohen Erinnerungen verbringen will. Die Wahlmöglichkeiten mögen begrenzt sein, doch eine Wahl hat man immer. Das gibt dem Leben Würde. Wer wählt, braucht sich nicht als Opfer zu fühlen.

Er beschrieb seine Erfahrungen und Erkenntnisse in dem Buch *...trotzdem Ja zum Leben sagen – Ein Psychologe erlebt das Konzentrationslager*. Dieses Buch verkaufte sich allein in den USA mehrere Millionen Male und gab unzähligen Menschen neue Hoffnung und Lebensmut.

Frankl hatte seine Eltern und seine erste Ehefrau Tilly Grosser im Holocaust verloren. Er wählte und rief zur Versöhnung und zum Neubeginn auf.

Als Begründer der Logopädie stellte Viktor Frankl die Sinnfrage ins Zentrum seiner Arbeit. Er ermutigte Menschen, Sinn nicht irgendwo zu suchen, sondern selbst dem Leben – durch ihre Wahl – Sinn zu geben.

■ **Denk mal**
Wo denkst du zu Unrecht, du hättest keine Wahl?
Welche Wahl hast du tatsächlich?

■ **Mach mal**
Gehe heute durch den Tag und nimm bewusst wahr, wo und wie du wählst. Sei dankbar für die Würde, die dir das schenkt.

■ **Zum Vertiefen**
Habt keine Angst vor denen, die nur den Körper, aber nicht eure Seele töten können! —Matthäus 10,28

Monat 7
Die Fülle des Lebens entdecken

Die Fülle des Lebens entdecken

■ Bedürfnisse sind wunderbar. Jeder Mensch hat Bedürfnisse – etwa nach Nahrung, Beziehung, Erholung und Sinn. Alle grundlegenden Bedürfnisse sind gut. Sie dienen dem Leben: Hätten wir kein Bedürfnis nach Essen, würden wir verhungern. Hätten wir keine Sehnsucht nach Intimität, wäre die Menschheit ausgestorben. Wäre in uns nicht der Wunsch nach Beziehung, wären wir einsam und könnten vieles nicht erreichen, was nur zusammen geht.

Wer Bedürfnisse bei sich und anderen sieht und dazu beiträgt, dass sie sich erfüllen, sorgt dafür, dass Leben sich vertieft und entfaltet.

Es gibt Menschen, für die Bedürftigkeit mit negativen Assoziationen behaftet ist – sie denken, Bedürfnisse zu haben sei ein Zeichen von Schwäche. Ja, es gibt Zeiten – etwa in der frühen Kindheit, in Krankheitsphasen oder eventuell im Alter, in denen man zur Erfüllung seiner Bedürfnisse fast ausschließlich auf die Hilfe anderer angewiesen ist. Meist ist es jedoch so, dass wir einander in der Erfüllung unserer Bedürfnisse unterstützen können. Es gehört zur Schönheit des Lebens, dass wir einander brauchen.

Der Autor Henri Nouwen, der jahrelang Adam, einen schwer behinderten Mann, betreute, beschreibt den Reichtum, den er durch die Begegnung mit Adam erfahren hat. Er entdeckte den Reichtum des Gebens und des Empfangens.

Bedürfnisse bei sich und anderen zu sehen und zu stillen macht das Leben reich. Und erfüllt das Herz mit Dankbarkeit.

Talent im höchsten und weitesten Sinne bedeutet Talent zum Leben.
—Boris Leonidowitsch Pasternak

Grundlegende Bedürfnisse

■ Psychologen sprechen von verschiedenen menschlichen Bedürfnissen. Da ist ganz grundlegend das Bedürfnis nach dem Erhalt des Lebens – das zeigt sich im Streben nach Nahrung, Sicherheit und Schutz. Daneben gibt es soziale Bedürfnisse, wie etwa der Wunsch nach Liebe, Wertschätzung und Nähe zu anderen Menschen. Zu guter Letzt das Bedürfnis danach, Sinn zu finden und zu stiften.

In der biblischen Schöpfungsgeschichte entdeckte ich wunderbare Bilder für diese Bedürfnisse. Sie erzählt von sieben Tagen voller Leben, die von Gott kreativ und doch strukturiert gestaltet werden. An einem Tag wird Licht geschaffen, an einem anderen Wasser geordnet oder Raum für Ruhe gegeben. Gott macht nicht an jedem Tag das Gleiche. Er versucht auch nicht, alles unter einen Hut zu bringen, sondern setzt jeden Tag Schwerpunkte. Ich erkenne darin zentrale Bedürfnisse, deren Erfüllung die Basis für ausgewogenes und dynamisches Leben bilden:

- Kreativität
- Ordnung
- Produktivität/Sinn
- Höhepunkte
- Energie
- Reflexion
- Beziehungen
- Ruhe

■ **Denk mal**
Welche der acht zentralen Bedürfnisse kommen in deinem Leben häufig zu kurz? Was willst du daran ändern?

■ **Mach mal**
Lies einmal die Schöpfungsgeschichte aus Genesis 1 und 2.
Lass ihre Bilder auf dich wirken.

■ **Zum Vertiefen**
Ich, der Herr, habe die Sonne dazu bestimmt, den Tag zu erhellen, den Mond und die Sterne, damit sie nachts leuchten. Sie alle folgen einer festen Ordnung.
—Jeremia 31,35

Kunst ist für den Menschen genauso ein Bedürfnis wie Essen und Trinken.
—Fjodor M. Dostojewski

Wichtigste Bedürfnisse

■ Menschen haben nicht zu jeder Zeit die gleichen Bedürfnisse. Am Ende eines langen Tages sehnen sich die meisten nach Ruhe und Erholung. Wenn man Eltern von kleinen Kindern fragt, was gerade ihr wichtigstes Bedürfnis ist, kommt die Antwort wie aus der Pistole geschossen: Schlaf, Erholung, Ruhe.

Es ist in der Regel so, dass sich ein Bedürfnis am stärksten meldet. Oft können Bedürfnisse erst wahrgenommen werden, wenn das dringendste Bedürfnis erfüllt ist. Wenn etwa erschöpfte Eltern eine Erholungsphase hatten, dann melden sich auch andere Bedürfnisse wieder – etwa nach Inspiration oder Begegnung. Auch wenn das dringendste Bedürfnis meist am stärksten wahrnehmbar ist, so brauchen wir die Erfüllung aller Bedürfnisse, um ein reiches Leben zu genießen.

Wer sich etwa durch viel Arbeit das Bedürfnis nach Produktivität und Sinn erfüllt, aber Ruhe und Beziehungen vernachlässigt, wird vermutlich ausbrennen. Alle Bedürfnisse wahrzunehmen und, so gut es geht, für ihre Erfüllung zu sorgen, macht das Leben reich und schützt vor Burnout und Depression. Für jedes Bedürfnis gibt es verschiedene Wege, es zu erfüllen. Manche, die passend, andere, die unpassend sind.

Wer nachts um drei sein Bedürfnis nach neuer Energie durch Tanzen bei lauter Musik zum Ausdruck bringt, wird vermutlich Beziehungen belasten. Hier wären andere Wege zur Erfüllung des Bedürfnisses sinnvoll.

■ **Denk mal**
Welches wenig erfüllte Bedürfnis nimmst du gerade am stärksten wahr?

■ **Mach mal**
Schreibe vier verschiedene Möglichkeiten auf, dieses Bedürfnis zu erfüllen. Setze wenigstens eine davon zeitnah um.

■ **Zum Vertiefen**
Jedes Ereignis, alles auf der Welt hat seine Zeit: Geborenwerden und Sterben, Pflanzen und Ausreißen, Weinen und Lachen, Klagen und Tanzen.
—Prediger 3,1–2.4

Ergänzende Bedürfnisse bringen Menschen zusammen.
Gemeinsame Ziele halten sie zusammen.
—Erling Thu

Bedürfnisse erfüllen

▮ Gott sorgt für unsere Bedürfnisse. Das zu wissen begeistert mich als Christin. Er liebt es, seinen Kindern das zu geben, was sie brauchen. Manchmal ganz direkt – durch ein Wunder vom Himmel. Manchmal, indem er andere Menschen sendet. Oder manchmal auch, indem er uns befähigt, selbst für unsere Bedürfnisse zu sorgen. Doch nur wer weiß, was er braucht, kann Gott oder Menschen um Unterstützung bitten oder selbst aktiv werden.

Die acht Kernbedürfnisse, die ich in der Schöpfungsgeschichte sehe, helfen mir als Grundraster. Ich habe daraus ein Konzept entwickelt: *Swing. Dein Leben in Balance.* Seit mehreren Jahren gestalte ich jede Woche so, dass alle acht Lebenselemente zum Zug kommen und Zeit und Raum für sie ist. Anfangs nahm ich mir vor, jeden Tag der Woche ein bestimmtes Element besonders intensiv auszuleben. Das war sehr hilfreich, um die Erfüllung der acht grundlegenden Bedürfnisse fest in meinem Leben zu verankern.

Mittlerweile gestalte ich das etwas spielerischer. Es kann sein, dass es eine längere kreative Phase gibt, in der ich viel schreibe, male oder Neues ausprobiere. Und dass es andere Zeiten gibt, in denen Produktivität und Ordnung im Vordergrund stehen. Es ist ein bisschen wie beim Tanzen – wenn man erst einmal die Grundschritte beherrscht, kann man kreativ und spielerisch viele weitere Variationen gestalten. Wichtig ist nur, dass alle grundlegenden Bedürfnisse ihren Raum finden.

▮ **Denk mal**
Wie könnte eines deiner wichtigsten Bedürfnisse erfüllt werden – durch Gott, einen Menschen, dich selbst?

▮ **Mach mal**
Bitte heute einen anderen Menschen, Gott oder dich selbst, dir bei der Erfüllung eines konkreten Bedürfnisses behilflich zu sein.

▮ **Zum Vertiefen**
Bittet Gott, und er wird euch geben! Sucht, und ihr werdet finden! Klopft an, und euch wird die Tür geöffnet! Denn wer bittet, der bekommt. Wer sucht, der findet. Und wer anklopft, dem wird geöffnet. —Matthäus 7,7–8

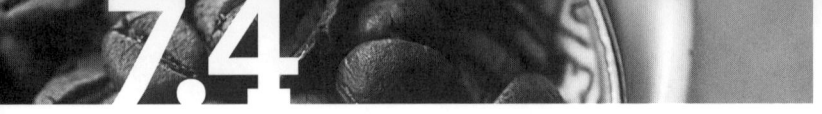

Bunt ist meine Lieblingsfarbe.
—Walter Gropius

Kreativ

■ Leben in Balance heißt nicht, dass man immer alles im Griff hat und es nichts gibt, was das Leben erschüttern oder einen emotional gründlich durcheinander bringen kann. So ein Leben gibt es nicht. Leben in Balance heißt vielmehr, dass die verschiedenen Lebenselemente alle in ausgewogener Weise vorhanden sind und zum Zuge kommen.

Die acht Lebensbereiche, die in der Schöpfungsgeschichte widergespiegelt werden, sind: explosive Kreativität, beruhigende Ordnung, nachhaltige Produktivität, regelmäßige Höhepunkte, sprudelndes Leben, belebende Beziehungen, sinnstiftende Reflexion und kraftspendende Ruhe.

Alle Menschen, die an meinen Seminaren teilnahmen, sagten mir, dass drei bis vier dieser Lebenselemente fest in ihrem Leben etabliert sind, die anderen jedoch ständig zu kurz kommen. Je nach Persönlichkeit waren die Mischungen ganz unterschiedlich. Die einen waren produktiv, gönnten sich aber kaum Zeit für Ruhe und vernachlässigten regelmäßig ihre Beziehungen. Andere waren häufig kreativ, aber ihr Leben war dennoch ohne Höhepunkte, und von gestaltender Ordnung war weit und breit keine Spur zu entdecken.

Bevor man etwas verändert, braucht man erst einmal eine klare Bestandsaufnahme: Wie sieht mein Leben derzeit aus? Was vermisse ich? Was kommt zu kurz? Was möchte ich verändern?

■ **Denk mal**
Was ist bei dir bereits gut vorhanden? Was kommt regelmäßig zu kurz? Was möchtest du vermehrt tun?

■ **Mach mal**
Schreibe alle acht Lebenselemente auf und bewerte auf einer Skala von eins (kaum vorhanden) bis zehn (sehr stark da), wie viel Raum sie in deinem Leben haben.

■ **Zum Vertiefen**
Herr, mein Gott, wie groß bist du! Majestätische Pracht ist dein Festgewand, helles Licht umhüllt dich wie ein Mantel. Du spanntest den Himmel aus wie ein Zeltdach. —Psalm 104,1–2

Wer die Nuss essen will, muss die Schale zerbrechen.
—Sprichwort

Verzichten lernen

■ Die Lebenselemente sind wie Vitamine und Spurenelemente: Vitaminmangel in einem Bereich kann man nicht durch Übermaß in einem anderen Bereich ausgleichen. Wer schlapp ist, weil ihm Eisen fehlt, der wird nicht dadurch fit, dass er seine Calciumdosis steigert.

Wir empfinden unser Leben als glücklich und dynamisch, wenn alle Lebenselemente zum Zuge kommen. Wenn wir uns unglücklich fühlen, neigen wir jedoch dazu, die Anstrengungen in dem Bereich zu verstärken, in dem wir ohnehin schon gut sind. Ein Mensch, der vor lauter Beziehungspflege kaum zur Ruhe kommt und nichts auf die Reihe kriegt, neigt in Phasen der Unzufriedenheit dazu, noch mehr Zeit mit Menschen zu verbringen.

Diese Strategie führt nicht weiter. Nur wer fehlenden Lebenselementen mehr Raum gibt, wird neue Lebensenergie gewinnen. Wer sehr ordentlich ist und sich viel Ruhe nimmt, wird erst dann glücklich, wenn er auch Höhepunkte in sein Leben einbaut. Ein extrem produktiver Mensch wird nicht glücklich, wenn er noch mehr leistet, sondern wenn er stattdessen mehr in Ruhe und Kreativität investiert.

Es kostet Entschlossenheit und Mut, genau das zu tun, was man normalerweise nicht tun würde, weil es einem schwerfällt. Es bedeutet auch, auf anderes zu verzichten, weil wir nicht unbegrenzt viel Zeit haben. Wer lernt, bewusst dem Lebenselement mehr Raum zu geben, das ständig zu kurz kommt, wird ganz neue Lebensfreude empfinden.

■ **Denk mal**
Worauf müsstest du verzichten, um einem vernachlässigten Element mehr Raum zu geben?

■ **Mach mal**
Überlege: Was wäre der kleinstmögliche erste Schritt, um dem, was oft zu kurz kommt, Raum zu geben? Gehe diesen Schritt.

■ **Zum Vertiefen**
Es ist gut, wenn du ausgewogen bist und die Extreme meidest. Wer Gott gehorcht, der findet den richtigen Weg. —Prediger 7,18

Schöpferisch tätig sein heißt, etwas Ureigenes aus sich selbst herausgeben.
—Jean Baptiste Henri Lacordaire

Kreativ handeln

■ Die Worte sind uns allen vertraut: »Am Anfang schuf Gott ...« Sie beschreiben Gottes schöpferisches Handeln. Das Wort »kreativ« ist die lateinische Bezeichnung für »schöpferisch«. Kreativ sein heißt, etwas neu zu schaffen. Gott kann aus dem Nichts heraus etwas erschaffen. Menschen können nichts aus dem Nichts in Existenz bringen, aber wir besitzen die Fähigkeit, Vorhandenes so zu kombinieren und zu gestalten, dass Neues entsteht. Die Möglichkeiten hierfür sind unbegrenzt. Jeder Satz, den wir sprechen, die Art, wie wir uns kleiden und unsere Wohnung gestalten, sind Ausdruck von Kreativität: Wir nehmen Vorhandenes und kombinieren es neu.

Kreativität ist nicht auf Musiker und Künstler beschränkt. Jeder Mensch kann im Alltag kreativ handeln, indem er sich vornimmt, Dinge anders zu tun als üblich, und so sein Handlungsspektrum erweitert. Das kann bedeuten, einen anderen Weg zur Arbeit zu gehen, ein anderes Transportmittel zu benutzen, den Partner anders zu begrüßen als üblich, eine Ecke der Wohnung neu zu gestalten, in einer anderen Körperhaltung als üblich mit Gott zu sprechen.

Wer immer wieder in großen und kleinen Dingen bewusst kreativ handelt, erweitert langfristig seinen Handlungsspielraum, was wiederum zu einem reicheren Leben führt. Etwas zu gestalten, egal, ob es etwas Großes oder Kleines ist, schenkt uns viel Befriedigung – nicht zuletzt, weil wir im Bild des kreativen Gottes geschaffen sind.

■ **Denk mal**
Wo erkennst du im Alltag Spuren von Gottes kreativem Handeln? Wie zeigt sich Kreativität bei dir selbst?

■ **Mach mal**
Kombiniere oder gestalte heute drei alltägliche Dinge oder Tätigkeiten anders als sonst. Welche Erfahrungen machst du dabei?

■ **Zum Vertiefen**
Am Anfang schuf Gott Himmel und Erde. Noch war die Erde leer und ohne Leben, von Wassermassen bedeckt. Finsternis herrschte, aber über dem Wasser schwebte der Geist Gottes. —1. Mose 1,1–3

Um ein kreatives Leben zu führen, müssen wir unsere Angst verlieren,
Unrecht zu haben.
—Joseph Chilton Pearce

Kreativitätsbremsen entfernen

■ »Ich bin ja eigentlich ganz anders, aber ich komme so selten dazu!«,
sagen Menschen, wenn es um die Frage geht, ob sie die Potentiale, die
in ihnen schlummern, entfalten.
Wir alle haben Sätze von Autoritätspersonen verinnerlicht, die Kreativität ausbremsen. Das können Sätze sein wie »So wurde das schon
immer gemacht!« oder »Du kannst das nicht so gut wie ...« Meist ist
uns nicht bewusst, dass diese Sätze zwar ein Stück Wahrheit enthal-
ten, aber nicht die ganze Wahrheit sind. Wir nehmen sie als gegeben
hin und lassen uns von ihnen im Leben ausbremsen und das kreative
Handeln verbieten.
Wer diesen Sätzen folgt, verlässt eingeschliffene Wege nicht, um Neues zu probieren. Er wird nie entdecken, wie gut er selbst Dinge tun
könnte. Um die Macht dieser Kreativitätsbremsen zu brechen, helfen
fünf Schritte:

1. *Komm dir selbst auf die Spur:* Mit welchen Sätzen bremst du dich immer wieder aus?
2. *Frage dich:* Wer sagt mir das? Von wem kommt dieser Satz? Von meinen Eltern, von Lehrern, von mir selbst?
3. *Überlege:* Würde der Leben spendende Gott das auch so sagen? Wenn
   nein: Was würde er stattdessen sagen?
4. *Entwickle Gegen-Sätze:* Was könnte ich statt der bremsenden Sätze
   sagen? Welcher Satz wäre hilfreich und befreiend?
5. *Schreibe die Gegen-Sätze auf:* Lies sie laut und verinnerliche sie, bis die
   Wahrheit ihrer Aussagen bei dir ankommt.

■ **Denk mal**
Mit welchen drei Sätzen bremst du deine Kreativität am stärksten
aus? Was wären Gegen-Sätze dazu?

■ **Mach mal**
Frage einen vertrauten Menschen: Welche einengenden Sätze
hörst du häufig von mir? Was könnte ich stattdessen besser sagen?

■ **Zum Vertiefen**
Gib mir dein Licht und deine Wahrheit! —Psalm 43,3

Ordnung ist das erste Gesetz des Himmels.
—Alexander Pope

Ordnung schaffen

■ Gott macht es von Anfang an richtig vor. Er schafft Ordnung. Er bringt die Dinge an ihren Ort, alles hat seinen Platz: Die eine Hälfte Wasser gehört – zumindest für eine gewisse Zeit – als Wolken an den Himmel, die andere als Ozeane auf die Erde.

Ordnung tut uns gut. Sie gibt Sicherheit und die Zuversicht, das Leben im Griff zu haben. Um Ordnung zu schaffen, ist es wichtig, erst einmal grundsätzlich zu entscheiden, an welchen Platz Dinge gehören. Dann braucht es die Entscheidung: Gebrauche ich diesen Gegenstand? Will ich ihn weiter besitzen? Wenn ja: Wo gehört er hin?

Gott trifft zu Beginn eine Grundsatzentscheidung: Da gehört ein Teil des Wassers hin, dort der andere. Das ist jetzt sein Platz. Wer Dinge grundsätzlich ordnet, spart sich Suchzeit und viele anstrengende Entscheidungen. Er muss nicht dauernd überlegen, wo er etwas hintut, sondern braucht es »nur« noch an seinen Platz zu stellen.

Am einfachsten geht das, wenn du durch deine Wohnung gehst und sie wie ein Gast betrachtest: Welche Gegenstände liegen immer irgendwo herum und haben keinen festen Platz? Vielleicht ist es wichtig, dass du dich, um Ordnung zu schaffen, von Unwichtigem trennst: alten Socken, nicht mehr benötigten Unterlagen, verschlissener Kleidung und der Knoblauchpresse Nr. 3. Weg damit! Dann kannst du leichter überlegen, wohin du die Dinge tun möchtest, die du tatsächlich (ge)brauchst.

■ **Denk mal**
Mit welcher Haltung betrachtest du Ordnung?
Welche Gedanken und Tipps helfen dir, Ordnung zu schaffen?

■ **Mach mal**
Notiere auf einer Liste, wo du Ordnung schaffen willst. Fang gleich mit einem Punkt an.

■ **Zum Vertiefen**
Gott befahl: »Im Wasser soll sich ein Gewölbe bilden, das die Wassermassen voneinander trennt!« Er machte ein Gewölbe und trennte damit das Wasser.
—1. Mose 1,6–7

Mit der äußeren Ordnung geht die innere Hand in Hand.
—Autor unbekannt

Ordnung halten

■ Gelegentlich mache ich das Experiment, mir vorzustellen, ich sei Besucher in meiner Wohnung oder dem Büro. Ich frage mich: Was fällt mir auf? Wie wirkt dieser Raum auf mich? Dieser Perspektivwechsel hilft mir, zu erkennen, wo Dinge nicht in Ordnung sind. Plötzlich fallen mir Stapel von Artikeln auf oder abgeblätterte Farbe, die ich bisher erfolgreich ignoriert hatte.

Dann gilt es, ein Bild von dem zu entwickeln, wie es besser sein könnte: Wie möchte ich, dass diese Räume aussehen? Und dann zu überlegen, welche Schritte folgen: Aufräumen, Wegwerfen, Renovieren.

Das gleiche Experiment kann ich auch in Bezug auf mein Leben machen. Ich kann mir vorstellen, Besucher bei mir selbst zu sein. Was nehme ich wahr? Was ist attraktiv und schön? Was braucht liebevolle Zuwendung und Erneuerung? Man kann das als radikalen Prozess durchführen, sozusagen als gründliches Ausmisten. Daneben ist es sinnvoll, sich anzugewöhnen, regelmäßig zu fragen: Wenn ich diesen Raum oder diesen Lebensbereich ansehe, was fällt mir auf?

Ich habe mir angewöhnt, es in vielen Bereichen meines Lebens gar nicht zuzulassen, dass es zur »Vermüllung« kommt. Hilfreich finde ich die Regel »eins rein, eins raus«. Wenn ich etwas Neues kaufe, gebe ich dafür etwas Altes weg. Wenn ich Akten ablege, blättere ich kurz durch den Ordner und sortiere nicht benötigte Akten aus. So bleibt das Leben schlank. Meistens.

■ **Denk mal**
Geh als »Besucher« durch deine Wohnung und dein Leben: Was fällt dir auf? Was ist gut? Was nicht?

■ **Mach mal**
Überlege dir, was du heute loslassen kannst, zum Beispiel Zeit oder Dinge, und womit du jemanden bereichern könntest.

■ **Zum Vertiefen**
O Herr, welch unermessliche Vielfalt zeigen deine Werke! Sie alle sind Zeugen deiner Weisheit, die ganze Erde ist voll von deinen Geschöpfen.
—Psalm 104,24

Jede heute nicht getroffene Entscheidung bringt morgen doppelte Denkarbeit.
—Georg Wilhelm Friedrich Hegel

Entscheiden lernen

■ Es ist merkwürdig: Für die meisten Menschen ist es viel einfacher, den Einkauf wegzuräumen, als die Papierablage wegzusortieren. Warum ist das so? Für Lebensmittel gibt es – anders als für Unterlagen – meist einen festen, klar erkennbaren Platz. Bei Unterlagen gilt es, zu entscheiden: Will ich es aufheben? Wo gehört es hin? Alle Stapel, in der Wohnung, der Mailbox oder auf dem Schreibtisch, sind Ausdruck nicht getroffener oder nicht umgesetzter Entscheidungen. Entweder hat man noch nicht entschieden: »Wo gehört das hin?« Oder man weiß die Antwort, hat die Entscheidung aber noch nicht umgesetzt.

Wenn du dir bewusst bist, dass es bei Ordnung immer um das Entscheiden geht, kannst du angesichts von Stapeln überlegen: Welche Entscheidung gilt es zu treffen? Entscheiden und sich festlegen können ist Ausdruck dessen, dass wir Gottes Ebenbild sind. Gott entscheidet klar und legt sich fest. Wer entscheiden lernt, gewinnt Lebenskraft.

Die meisten Menschen weichen Entscheidungen gerne aus. Das liegt daran, dass Entscheiden für das Gehirn sehr anstrengend ist. Beim Aufräumen des Einkaufs gibt es kaum etwas zu entscheiden, wohl aber beim Wegsortieren. Ich weiß, dass ich nach etwa 20-30 Entscheidungen gestresst und müde werde. Deshalb versuche ich, Ablage, Anfragen und andere entscheidungsintensive Prozesse so aufzuteilen, dass ich sie in kleinen Entscheidungsportionen erledigen kann.

■ **Denk mal**
Wie kannst du einüben, leichter und klarer zu entscheiden?
Für wie viele Entscheidungen reicht deine Energie?

■ **Mach mal**
Nimm dir heute einen Stapel vor, der schon lange rumliegt.
Sortiere ihn weg. Spüre, wie viele Entscheidungen du dabei triffst.

■ **Zum Vertiefen**
Entscheidet euch heute, wem ihr gehören wollt: den Göttern, die eure Vorfahren jenseits des Euphrat verehrt haben, oder den Göttern der Amoriter, in deren Land ihr lebt. Ich aber und meine Familie, wir wollen dem Herrn dienen. —Josua 24,15

Dort, wo Gott dich hingesät hat, sollst du blühen.
—*Afrikanisches Sprichwort*

Produktivität

■ Gott hat Multiplikation und Fruchtbarkeit in das Wesen der Natur und der Menschen gelegt. Neben den Fragen nach der Identität (Wer bin ich? Woher komme ich?) und der Beziehung (Bin ich angenommen? Werde ich geliebt?) ist die Frage nach der Fruchtbarkeit (Kann ich Gutes bewirken?) eine der Grundfragen des Menschen.

Produktivität ist etwas anderes als Kreativität. Kreativ sein heißt, Neues zu schaffen oder etwas neu zu kombinieren. Produktiv sein heißt, etwas Vorhandenes zu vermehren.

Frucht entsteht da, wo wir etwas, was wir haben und können, effektiv multiplizieren. So wie in der Natur, wo aus einer Zelle ganz viele werden. Aus einer Eizelle wird ein ganzer Mensch, aus einem Samen ein großer Baum. Wir können ganz unterschiedliche Dinge vermehren: Gaben, Ideen, Gedanken. Meistens haben wir ein gutes Gespür für das, was wir gerne und effektiv vermehren möchten.

Einer will Ideen weitergeben, der nächste möchte sein technisches Talent einsetzen, um Brunnen für wasserarme Regionen zu bauen, der dritte lehrt gerne, und wieder ein anderer möchte Menschen durch Beratung dabei unterstützen, ihr Leben kraftvoller zu gestalten.

Wenn du dir deiner Gaben nicht sicher bist, kannst du überlegen: Welche Träume begleiten mich schon lange? Wenn ich ungehindert tun könnte, was ich möchte, was wäre das? Was möchte ich am Ende meines Lebens bewirkt haben?

■ **Denk mal**
In welchem Bereich deines Lebens wünschst du dir besonders, Frucht zu bringen? Wie könnte das geschehen?

■ **Mach mal**
Reflektiere selbst und spreche mit guten Freunden über deine Träume. Überlege mit ihnen, wie sie Realität werden könnten.

■ **Zum Vertiefen**
Gott, der Herr, setzte den Menschen in den Garten von Eden. Er gab ihm die Aufgabe, den Garten zu bearbeiten und zu schützen. —*1. Mose 2,15*

*Es tut gut, auf den eigenen Füßen zu stehen –
diese Füße mögen sein, wie sie wollen.*
—Autor unbekannt

Auf die eigene Art

■ Häufig vergleichen wir uns mit anderen Menschen und denken frustriert: »Wenn ich so klug wäre wie Einstein, so musikalisch wie Mozart oder so aufopfernd wie Mutter Teresa, dann könnte ich im Leben anderer Menschen etwas Gutes bewirken. Aber so ...«
Wir haben oft Idealbilder von talentierten Menschen vor Augen, die anderen viel geben. Dabei übersehen wir dann unsere eigenen Talente und was wir selbst zu geben haben. Wenn mein Computer abstürzt, wünsche ich mir nicht Mutter Teresa oder Mozart herbei, sondern meine Computer-Jungs.

Mich begeistert der Ausdruck »Frucht nach seiner Art« in der Schöpfungsgeschichte. Gott erwartet nicht, dass an einer Kastanie Himbeeren wachsen und ein Apfelbaum Birnen trägt. Jede Pflanze darf auf ihre Art und Weise Frucht bringen. Das gilt auch für uns: Jeder kann das Leben anderer Menschen auf seine Art und Weise bereichern. Organische Frucht ist das Ergebnis dessen, was man ist und kann. Es ergibt keinen Sinn, künstliche Frucht zu produzieren, indem man versucht, etwas hervorzubringen, was einem nicht entspricht.

Ich als »Kerstin-Pflanze« muss nicht Buchführung unterrichten und Senioren pflegen, sondern kann das Leben anderer Menschen so bereichern, wie es mir entspricht. Wenn ich meine vorhandenen Gaben gerne einsetze, haben alle mehr davon, als wenn ich versuchen würde, etwas zu sein, was ich nicht bin.

■ **Denk mal**
Welche Gaben und Talente sind in deinem Leben ganz offensichtlich? Wie könntest du sie mehr schätzen?

■ **Mach mal**
Frage zwei gute Freunde, welche Talente sie in deinem Leben sehen und wodurch du ihr Leben am meisten bereichert hast.

■ **Zum Vertiefen**
Und Gott sprach: »Auf der Erde soll es grünen und blühen: Alle Arten von Pflanzen und Bäumen sollen wachsen und Samen und Früchte tragen!«
—1. Mose 1,11

Wenn du etwas gut kannst, mach mehr davon!
—Autor unbekannt

Talente entfalten

■ Am effektivsten sind wir da, wo wir Dinge tun, die wir gut können – das ist klar. Dennoch geistert in den Köpfen mancher Menschen die Vorstellung herum, sie müssten genau das tun, was ihnen nicht entspricht. Sie denken sogar, dass Gott das von ihnen erwartet. Ich halte das für Unsinn. Gott gibt uns nicht Talente und Leidenschaften, um dann zu sagen: »Ich will aber, dass du etwas ganz anderes machst.«
Die Stärken mancher Menschen sind klar ausgeprägt und gut erkennbar. Andere müssen erst entdecken: Was entspricht mir? Woran habe ich Freude? Wie kann ich am besten anderen gut tun?
Vielleicht bedeutet das für dich, auszuprobieren, welche Gaben du hast und in welchem Rahmen du sie gern ausüben möchtest. Dasselbe Talent kann unterschiedlich eingesetzt werden. Ich schreibe gern, aber am liebsten Praktisches. Reine Theorie passt nicht zu mir.
Es ist noch kein Meister vom Himmel gefallen. Talente kann man nicht durch Nachdenken entfalten. Sie entwickeln sich nur dann, wenn man sie einsetzt. Boris Becker sagte einmal:»In den ersten drei Jahren habe ich vor allem vom Talent gelebt und wenig gelernt.« Später lernte er viel mehr dazu. Anders als er ruhen sich viele begabte Menschen auf ihren Talenten aus und werden von anderen überholt, die weniger begabt sind, aber etwas aus ihren Gaben machen. Der Weg, zu lernen und besser zu werden, steht dir offen. Du kannst dich – mit etwas Mut – weiterentwickeln und deine Talente entfalten.

■ **Denk mal**
Welche deiner Gaben und Talente möchtest du weiterentwickeln? Was wäre der erste, konkrete Schritt?

■ **Mach mal**
Setze heute eine deiner Fähigkeiten bewusst in einem Bereich ein, in dem du es bisher nicht getan hast.

■ **Zum Vertiefen**
Ein Fürst trat eine weite Reise an. Bevor er abreiste, rief er zehn seiner Knechte zu sich, gab jedem ein Pfund Silberstücke und sagte: »Setzt dieses Geld gewinnbringend ein! Ich komme bald zurück!« —Lukas 19,12–13

Dankbare Menschen sind wie fruchtbare Felder,
sie geben das Empfangene zehnfach zurück.
—August von Kotzebue

Dankbar sein

■ Ein Schlüssel zu mehr Produktivität im Leben ist Dankbarkeit. Wer dankbar für das ist, was er hat, schafft Raum für weitere Entwicklung. Warum sollte Gott uns Neues schenken, wenn wir nicht einmal das anerkennen, was wir bereits an Talenten bekommen haben?

Dankbar zu sein bedeutet auch, wertschätzend auf das zurückzuschauen, was man bereits erreicht hat. Gott sieht sich am Ende jedes Schöpfungstages sein Werk an und bewertet es mit Bestnoten: »Siehe, es war sehr gut!«

Wir machen das anders: Häufig hetzen wir von einem Punkt unser To-do-Liste zum nächsten und sind nur auf das fixiert, was wir noch nicht erreicht haben. Damit entwickeln wir einen Lebensstil des Getrieben-Seins, der immer nur auf das Nicht-Erreichte sieht. Mit einer solchen Haltung findet man wenig Ruhe und Kraft. Gott schuf uns nach seinem Bild, das heißt, dass wir wie er wertschätzenden Rückblick auf das Geschaffene halten können.

Ich streiche die Punkte auf meiner To-do-Liste nach Erledigung nicht durch, sondern markiere sie grün. So kann ich gleich erkennen: Ich habe etwas geschaffen oder zum Wachsen gebracht – deshalb grün.

Es ist nichts Verwerfliches dabei, sich selbst zu loben. Gott tut das ja auch. Das heißt nicht, dass wir uns etwas auf uns und unsere Fähigkeiten einbilden müssen, sondern dass wir dankbar anerkennen: Gott hat mir Gaben gegeben. Ich habe sie eingesetzt. Und das ist gut so.

■ **Denk mal**
Was hast du heute erreicht, worauf du stolz sein kannst?

■ **Mach mal**
Besorge dir einen grünen Stift. Markiere auf deiner To-do-Liste grün, was du erledigt hast. Sprich dir Anerkennung dafür aus.

■ **Zum Vertiefen**
Denn die Erde lässt die Frucht aufgehen und wachsen. Zuerst kommt der Halm, dann die Ähre und endlich als Frucht die Körner. —Markus 4,28

Takt ist unhörbare Harmonie.
—Richard von Schaukal

Highlights

■ Gott schuf die Jahreszeiten und den Wechsel von Sommer und Winter, Tag und Nacht. Damit gab er dem Leben Rhythmus und Takt. Er wusste, dass Natur und Menschen das Beständige und Wiederkehrende ebenso brauchen wie das Neue, Unerwartete und Spontane, um dem Leben Form und Gestalt zu geben.

Die Jahreszeiten und der Rhythmus der Natur tragen dazu bei, dass wir in der Welt Orientierung finden. Selbst die Gestirne helfen uns, zu erkennen, in welcher Jahreszeit wir uns gerade befinden. Der Wechsel von Tag und Nacht, Sonnen- und Mondlicht, Saat und Ernte und die Jahreszeiten haben etwas erfreulich Beruhigendes. Zeiten geben uns Orientierung für unser Handeln: Es ist wenig sinnvoll, im Winter zu säen und im Frühjahr ernten zu wollen. Es ordnet das Leben, wenn wir wahrnehmen, ob wir uns gerade in einer Aufbruchs-, einer Wachstums-, einer Ernte- oder einer Ruhephase befinden.

Damit unser Leben gelingt, brauchen wir sowohl Wiederkehrendes und Vertrautes als auch Abwechslung und Neues. Arbeit, Urlaub und unsere Familien geben häufig viele Rahmenbedingungen vor. Andere können wir selbst gestalten. Wer sein Leben als zu monoton empfindet, dem kann es gut tun, bewusst mehr Abwechslung einzuplanen. Wer vor lauter Vielfalt keine Ruhe mehr findet, dem kann es gut tun, wenn er einige Dinge in sein Leben integriert, die festen Halt geben.

■ **Denk mal**
Was ist deine liebste Jahreszeit? Was daran magst du besonders? In welcher »Jahreszeit« ist dein Leben derzeit?

■ **Mach mal**
Erstelle eine Liste deiner regelmäßigen Aktivitäten und Verpflichtungen. Bewerte sie von eins (doof) bis sechs (toll). Überlege, was gut ist und was dir fehlt.

■ **Zum Vertiefen**
Gott schuf zwei große Lichter, die Sonne für den Tag und den Mond für die Nacht, dazu alle Sterne. —1. Mose 1,16

Man kann Gott nicht allein mit Arbeit dienen,
sondern auch mit Feiern und Ruhen.
—Martin Luther

Feste feiern

■ »Man muss die Feste feiern, wie sie fallen«, sagt der Volksmund. Die Bibel lädt zum Feiern ein. Im Alten Testament finden sich viele konkrete Anleitungen, wie man Feste erlebnisintensiv und genussreich gestalten kann. Anlässe zum Feiern sind sowohl die Erinnerung an Gottes Handeln als auch die Freuden des Lebens, wie zum Beispiel Saat und Ernte.

Jesus war als jemand bekannt, der gerne und gut feierte. Einmal verwandelte er sogar einige hundert Liter Wasser zu Wein, um ein Fest feucht-fröhlicher zu machen. Einigen asketischen Zeitgenossen wäre es sicher lieber gewesen, er hätte das umgekehrt gemacht. Jesus hat das Leben gefeiert, die Rückkehr von Menschen zu Gott, die Natur.

Die Bibel zeigt an vielen Stellen: Hier ist wieder ein Grund zum Feiern! Was wir feiern, stärkt uns. Eltern, die mit Lob oder kleinen Besonderheiten die Erfolge und das gute Verhalten ihrer Kinder feiern, bringen sie weiter als Menschen, die ständig herumnörgeln. Gleiches gilt für Partner und Freunde. Feiere das, wovon du mehr sehen willst!

Alle Arten von Feiern – von Hochzeit bis Beerdigung – stärken unsere Lebensfreude, die Beziehungen der Menschen zueinander und zu Gott. Alles, was uns bewegt, kann gefeiert werden: gute Schulnoten, die fertige Steuererklärung, Erntedank, ein beruflicher Erfolg, der erste Sommertag. Feiern heißt, etwas hervorzuheben – durch Worte, Essen, Dekoration, die Umgebung oder Unternehmungen.

■ **Denk mal**
Welche guten Dinge könntest du heute und in dieser Woche feiern? Wie willst du sie feiern?

■ **Mach mal**
Suche Passagen in der Bibel heraus, die davon sprechen, dass Gott feiert. Welche Anlässe feiert er?

■ **Zum Vertiefen**
Denn dort wohnt der Herr. In seiner Gegenwart sollt ihr mit euren Familien feiern, essen und euch an allem freuen, was ihr erarbeitet und von ihm geschenkt bekommen habt. —5. Mose 12,7

*In der Musik gehören Pausen bekanntlich ebenso
zum musikalischen Rhythmus wie die Noten.*
—Michel Baeriswyl

Alltagshöhepunkte

■ So wie die Musik vom Takt und Rhythmus lebt, lebt das Leben von den großen und kleinen Höhepunkten, die wir gestalten. Ein ganz normaler Tag bekommt dadurch Glanz, dass wir für eine kleine Besonderheit sorgen: eine Pause am Fenster, einen kleinen Spaziergang, einen leckeren Espresso nach dem Essen.

Höhepunkte erfreuen uns nicht nur in dem Moment, in dem wir sie erleben, sondern bereits im Vorfeld. Ich freue mich auf meine täglichen und wöchentlichen Höhepunkte: die Frühstückspause auf dem Balkon, den Besuch des Wochenmarktes und meine sportlichen Aktivitäten. Am ersten Tag des Monats nehme ich mir Zeit, den neuen Monat zu planen. Ich gehe dazu an einen besonderen Ort und freue mich schon Tage vorher auf diese besondere Zeit.

Kleine und große Höhepunkte erleuchten den Alltag und geben ihm einen besonderen Glanz. Um solche Highlights in den Alltag einzubauen, kannst du dich fragen: Was gestalte und erlebe ich gern? Was macht mir Freude? Wie kann ich dafür Raum schaffen? Du brauchst anschließend die Entschlusskraft, dies umzusetzen.

Neben den kleinen Glanzlichtern im Alltag gilt es auch, die großen Träume nicht aus dem Blick zu verlieren: Was würde ich gerne einmal im Leben ausprobiert haben oder sehen? Auch wenn die Träume noch so verrückt erscheinen: Schreibe sie auf und stelle dich dazu. »Ja, das möchte ich.« In einem zweiten Schritt kannst du überlegen, wie der Traum Realität werden könnte.

■ **Denk mal**
Was wäre der erste, konkrete Schritt, um mehr Höhepunkte in deinen Alltag zu integrieren? Wann willst du es tun?

■ **Mach mal**
Was möchtest du täglich, wöchentlich, monatlich, jährlich oder einmal im Leben tun? Liste je fünf Dinge auf, die du magst.

■ **Zum Vertiefen**
In der Gegenwart des Herrn sollt ihr fröhlich feiern, zusammen mit euren Söhnen und Töchtern, euren Sklaven und Sklavinnen. —5. Mose 12,12

Der Mensch wird geboren, um zu leben und nicht etwa,
um sich auf das Leben vorzubereiten.
—Boris Leonidowitsch Pasternak

Wimmelndes Leben

■ Gott sprach, im Wasser solle es von Leben wimmeln. Wimmeln – was für ein schönes Wort! Schon im Klang des Wortes vibriert das Leben. Genau das kommt am fünften Schöpfungstag zum Ausdruck: Es wird beschrieben, wie Gott Vögel und Fische und andere Tiere schafft und sich ihr Leben entfaltet. Es blubbert, flattert, hüpft und springt. Lebensfreude pur. An einer anderen Stelle heißt es, dass Gott große Fische geschaffen hat, um damit zu spielen (Psalm 104,26)! Es begeistert mich, dass Gott so lebensfroh, kreativ und verspielt ist.

Es wäre eigentlich logisch, dass wir als Gottes Ebenbild diese fast kindliche Lebensfreude ebenfalls erleben und ausstrahlen. Die Realität sieht häufig anders aus. Auf alten Gemälden der Schöpfungsgeschichte wirken Adam und Eva so, als müssten sie am nächsten Tag ihre Steuererklärung abgeben: steif, gedämpft. In ihrem Gesichtsausdruck und ihrer Körpersprache ist kein bisschen Begeisterung über die paradiesische Welt zu sehen. Wir ähneln ihnen häufig sehr.

Ich glaube, dass es Gottes Wunsch ist, dass wir viel von der göttlichen Lebendigkeit in der Welt, für die er uns geschaffen hat, spüren und erleben. Auch wenn viele Menschen ohne persönliche Verbindung zu Gott leben, spiegelt ihr Leben viel von der Lebensfülle der Schöpfung wider. Gott freut sich, wenn in unserem Leben Lebendigkeit zum Ausdruck kommt: in emotionaler und körperlicher Bewegung, in Leidenschaft, Begeisterung, Kreativität und Freude. Er hat die Welt so geschaffen, dass es vor Leben wimmelt. Hoffentlich auch in uns.

■ **Denk mal**
Wann fühlst du dich besonders lebendig, glücklich und frei?

■ **Mach mal**
Tu heute etwas, das du besonders gern tust und wobei du dich lebendig fühlst.

■ **Zum Vertiefen**
Dann sprach Gott: »Im Wasser soll es von Leben wimmeln, und Vögel sollen am Himmel fliegen!« Er schuf die großen Seetiere und alle anderen Lebewesen im Wasser, dazu die Vögel. —1. Mose 1,20–21

Frag dich nicht, was die Menschheit braucht. Frag dich, was dich lebendig macht. Dann gehe hin und tue es. Die Menschheit braucht nichts so sehr wie Menschen, die lebendig geworden sind. —Howard Thurman

Leben entdecken

■ Kürzlich sagte mir eine Frau: »Ich weiß gar nicht, was mir Spaß macht.« So geht es vielen. Sie sind in einem Teufelskreis gefangen. Sie kennen sich selbst und die eigenen Leidenschaften kaum. Weil sie nicht wissen, was sie gerne wollen, halten sie sich beschäftigt. Und weil sie so beschäftigt sind, kommen sie nicht dazu, zu spüren, was sie eigentlich gerne möchten.

Der erste Schritt, den eigenen Bedürfnissen auf die Spur zu kommen, ist, sich zu erinnern: Gott hat mich zum Lebendig-Sein geschaffen. Ich darf es mir erlauben. Dann gilt es, das Tempo zu reduzieren. Es ist hilfreich, weniger zu tun, wenn man mehr spüren will. Häufig stimmt es gar nicht, dass wir keine Zeit haben, wir haben lediglich Angst vor dem Alleinsein mit uns. Wir fürchten, dass wir mit uns selbst nichts anzufangen wissen.

Freiraum zu gewinnen ist gar nicht so schwer. Wer aufs Internet-Surfen oder das Lesen jeder Info-Mail verzichtet, gewinnt ebenso Zeit wie die Familienfrau, die an einem Tag einfach für zwei Tage kocht.

Die gewonnene Zeit kann man für's Nachspüren nutzen: Was mache ich gern? Es kann sein, dass man, wenn man lange überbeschäftigt war, erst einmal gar nichts mehr spürt. Dann kann man sich fragen: Was könnte es am ehesten sein? Oder man kommt mit dem Partner und Freunden ins Gespräch und fragt sie: Was denkst du – in welchen Tätigkeiten gehe ich so richtig auf? Bei welchen Aktivitäten blühe ich auf? Wann lächle und strahle ich am meisten?

■ **Denk mal**
Bei welchen zehn Aktivitäten fühlst du dich besonders lebendig? Welche möchtest du diese Woche gern tun?

■ **Mach mal**
Schreibe den Text von Howard Thurman ab und hänge ihn gut sichtbar auf.

■ **Zum Vertiefen**
Weil ich lebe, werdet auch ihr leben. —Johannes 14,19

Wer immer sagt: »Erst die Arbeit und dann das Vergnügen«,
wird nie das Vergnügen haben.
—Autor unbekannt

Wer sagt »Ich muss«?

■ An der Tür meines Büros hängt ein Schild: »Nur wenige Menschen werden sich mit 70 wünschen, sie hätten mehr Zeit im Büro verbracht!« Es erinnert mich daran, dass ich nicht für die Arbeit geschaffen wurde, sondern für das Leben.

Doch in uns allen stecken Sätze, die uns daran hindern, unser Leben zu entfalten. »Erst die Arbeit, dann das Vergnügen!« »Wenn ich es nicht tue, tut es keiner!« »Ich muss mich darum kümmern!« usw. Schnell stempeln wir uns selbst als Egoisten ab, wenn wir den eigenen Wünschen nachspüren. Oder wir bewerten unsere Bedürfnisse als unwichtig und verurteilen sie.

Hier hilft es zu fragen: Wer sagt das? Ist dieser Satz ein Satz, den der Leben spendende Gott mir sagen würde? Bringt er Leben hervor? Wenn diese Sätze offensichtlich nicht Leben spendend sind, dann ist Ausmisten angesagt. Frage dich:

• Wer sagt mir diesen Satz? Oder: Von wem habe ich das übernommen?
• Entscheide: Will ich das weiter denken?
• Wenn nein: Was will ich stattdessen denken?

Du kannst für jeden deiner Antreiber-Sätze, der dir die Lebensfreude raubt, einen Gegen-Satz entwickeln, wie zum Beispiel »Ich entscheide, was ich tue, und beziehe andere mit ein!« Überlege, was zu dir passt, was dir anders denken und fühlen hilft. Du wirst die neue innere Freiheit genießen – und die Menschen um dich herum auch.

■ **Denk mal**
Welche Denkmuster und Sätze hindern dich am Lebendigsein? Was kannst du dem entgegnen?

■ **Mach mal**
Schreibe drei deiner typischen Antreiber-Sätze auf. Entwickle ehrliche, realistische Gegen-Sätze dazu.

■ **Zum Vertiefen**
Durch Christus sind wir frei geworden, damit wir als Befreite leben. Jetzt kommt es darauf an, dass ihr euch nicht wieder vom Gesetz versklaven lasst. —Galater 5,1

Wenn du immer das tust, was du immer schon getan hast, dann wirst du
immer nur das bekommen, was du schon immer bekommen hast.
—Paul Watzlawick

Erleben

■ Der fünfte Schöpfungstag ist auch ein Tag des Entdeckens. Die Vögel, Fische und alle anderen Tiere erkunden ihren Lebensraum und wagen sich in Neuland vor.

Gewohnheiten gehören zu unserem Leben. Sie sind gut für uns und geben uns Halt und Sicherheit. Aber sie bergen auch die Gefahr, dass wir träge werden und unser Leben eintönig wird.

Vor einigen Jahren wurde ich, obwohl mein Leben in Ordnung war, immer missmutiger. Dann erkannte ich: Mir fehlte schlicht und ergreifend die Inspiration, da ich in meinem Büro meist allein arbeite. Damals habe ich mir verordnet, wenigstens einmal pro Woche etwas Neues zu entdecken, denn das regt Geist und Körper an und spendet Lebensenergie. Das Neue kann ein Café sein, eine Ausstellung oder auch eine Ecke meiner Stadt, die ich noch nicht kenne. Oder ich nehme mir Zeit, einen Bildband intensiv zu betrachten, ein Hörbuch zu hören oder einen Kurs zu besuchen, um etwas Neues zu lernen. Die Inspiration, die ich dabei erlebe, füllt meine Tanks wieder auf.

Um Neues zu entdecken, ist es wichtig, aus gewohnten Pfaden auszubrechen: Mal einen anderen Weg zur Arbeit nehmen, einen anderen Radiosender einstellen oder am Wochenende statt faul oder sehr betriebsam zu sein, aus der gewohnten Routine ausbrechen und etwas Neues wagen.

■ **Denk mal**
Wie könntest du Raum für kleine und große Entdeckungstouren schaffen?

■ **Mach mal**
Schreibe dir zehn Dinge auf, die du schon immer mal kennenlernen wolltest. Entscheide dich für zwei, die du diese Woche tun möchtest.

■ **Zum Vertiefen**
Aus jedem Samenkorn lässt Gott eine Pflanze wachsen, die so aussieht,
wie er es gewollt hat, und diese Pflanzen sind alle ganz verschieden.
—1. Korinther 15,38

Der Mensch ist Gottes Ebenbild, in dem Gott um seiner selbst willen geehrt sein will.
—Franz von Assisi

Mensch-sein

■ Wenn Gott den Menschen nach seinem Bilde schuf, wieso sind wir dann so unterschiedlich? So verschieden wie Mann und Frau oder auch Angehörige unterschiedlicher Nationen und Kulturen? Wie kann ich in dieser bunten und manchmal chaotischen Vielfalt Gottes Ebenbild erkennen?

Mir hilft die Vorstellung, dass Gottes vielfältiges Wesen und Charakter nicht in einen einzigen Menschen hineinpasste und er deshalb unterschiedliche Talente und Bereiche seiner Persönlichkeit auf die Geschlechter und verschiedenen Kulturen verteilt hat.

Der eine Mensch bringt mehr Ästhetik zum Ausdruck, der andere mehr Lebensfreude, ein dritter mehr Willenskraft. In vielem, was beim anderen anders ist als bei dir, kannst du neue Aspekte von Gottes Wesen entdecken. Die Reflexion von Gottes gutem Charakter in uns ist zweifelsohne durch das Getrenntsein von ihm verzerrt. Dennoch spiegelt sich in unserer Verschiedenheit Gottes Wesen wieder. Wenn wir Unterschiede auch als Reflexion Gottes wahrnehmen, müssen wir sie nicht als Bedrohung empfinden und bekämpfen, sondern können sie begeistert entdecken und feiern.

Das entspannt auch unser Miteinander. Gott schuf den Menschen bewusst als Gegenüber. Manches am anderen gleicht uns und ist vertraut, manches ist ziemlich anders. Gerade die Verschiedenheit bereichert unser Leben, wenn wir sie als Ergänzung und Bereicherung annehmen.

■ **Denk mal**
Wo empfindest du Verschiedenheit als Bedrohung, wo als Ergänzung? Was macht den Unterschied aus?

■ **Mach mal**
Welche zehn Eigenschaften Gottes nimmst du besonders in Menschen anderer Kulturen wahr? Erzähle das einem Vertreter dieser Kultur.

■ **Zum Vertiefen**
So schuf Gott den Menschen als sein Ebenbild, als Mann und Frau schuf er sie.
—1. Mose 1,27

Alles wirkliche Leben ist Begegnung.
—Martin Buber

Begegnung

■ »Es ist nicht gut, dass der Mensch allein lebt.« Für viele Singles ist diese Bibelstelle frustrierend. Sie folgern daraus: »Ich bin allein, das ist nicht gut.« Im hebräischen Originaltext steht jedoch nicht »ohne festen Lebenspartner«, sondern »abgetrennt vom Leben, wie ein Ast, der vom Baum abgehauen ist.«
Ob man den einen Menschen gefunden hat, mit dem man das ganze Leben gestalten möchte, steht nicht allein in unserer Hand. Wir können jedoch beeinflussen, ob wir unser Leben abgetrennt von anderen leben oder es in lebendigen Verbindungen zu anderen gestalten, die von Geben und Nehmen geprägt sind.
Man braucht nicht von einem Menschen alles zu erwarten – kein Mensch kann alle unsere Bedürfnisse nach Nähe, Spaß, Inspiration usw. erfüllen. Er muss es auch nicht, da wir in ganz verschiedenen Beziehungen eingebunden sind. Selbst Menschen, die über Einsamkeit klagen, kennen eine ganze Reihe von Menschen, zu denen sie Beziehungen stärken könnten. Es tut dir gut, zu begreifen, wie groß dieses Netz ist. In diesem Beziehungsnetz sind etwa Menschen, mit denen du tief reden und andere, mit denen du albern sein kannst. Du findest dort berufliche Kontakte, Mentoren und Menschen, denen du etwas vermitteln kannst, Freunde für Sport und Freizeitaktivitäten und vieles mehr. Manche lose Beziehung kann intensiviert und gestärkt werden.

■ **Denk mal**
Male dir auf: Mit wem bist du verbunden? Worin besteht die Verbindung? Was könnte sie stärken?

■ **Mach mal**
Schreibe oder sage heute zwei Menschen, was du an der Beziehung zu ihnen schätzt.

■ **Zum Vertiefen**
Gott, der Herr, dachte sich: »Es ist nicht gut, dass der Mensch allein lebt. Er soll eine Gefährtin bekommen, die zu ihm passt!« —1. Mose 2,18

Geteilte Freude ist doppelte Freude, geteiltes Leid ist halbes Leid.
—Deutsches Sprichwort

Gemeinsam aktiv

■ So vielfältig wie unsere Beziehungsnetze sind auch unsere Bedürfnisse. Manchmal geben wir jedoch in Freundschaften immer nur bestimmten Aspekten Raum und vernachlässigen anderes. Man treibt immer Sport miteinander, geht häufig ins Kino oder trifft sich meist zum Reden.

Viele Frauen neigen dazu, Begegnung primär in Gesprächen zu suchen, Männer eher in gemeinsamen Aktivitäten. So gut und wohltuend Routine ist, so einschränkend wird sie auf Dauer. Wer stets das gleiche mit anderen unternimmt, wird eher selten Neues an ihnen entdecken. Vertraute Gewohnheiten zu durchbrechen, schafft Raum für Entdeckungen.

An Jesus fasziniert mich, dass er Menschen nicht immer gleich begegnete und heilte, sondern ganz unterschiedlich. Wer aus Gewohntem ausbricht und mit vertrauten Menschen etwas ganz anderes als das Übliche unternimmt, wird ganz neue Seiten an ihnen und an sich selbst erkennen. Ich habe kürzlich beim Junggesellinnen-Abschied einer Freundin staunend erlebt, dass in mir und anderen Teilnehmerinnen bisher ungeahnte Talente zum Vorschein kamen.

Das Leben ist zu schön, um es nur aus der Ferne zu sehen. Ich will mit meinen Freunden nicht nur über das Leben reden, sondern etwas mit ihnen erleben und zusammen die Welt entdecken. Es kostet mehr Aufwand, hin und wieder aus dem Gewohnten auszubrechen, aber man wird mit der Vielfalt des Lebens belohnt, die man miteinander entdeckt.

■ **Denk mal**
Was sind die üblichen Aktivitäten, die du mit Freunden unternimmst? Was würdest du darüber hinaus gern tun?

■ **Mach mal**
Schlage deinem Partner oder einem Freund/einer Freundin vor, etwas zu unternehmen, was ihr noch nie zusammen getan habt.

■ **Zum Vertiefen**
Die Gläubigen lebten wie in einer großen Familie. Was sie besaßen, gehörte ihnen gemeinsam. —Apostelgeschichte 2,44

Aufmerksamkeit ist das Gedächtnis des Herzens.
—Französisches Sprichwort

Hinsehen

■ Am Ende der Schöpfungstage sah Gott alles an, was er gemacht hatte. Alles – das ist viel. Alles zu betrachten kostet Zeit. Gott nimmt sich die Zeit, alles Geschaffene und alle Geschöpfe noch einmal anzusehen und seine Beobachtungen zusammenzufassen: »Es war sehr gut.«
Die meisten Menschen, die ich kenne, erledigen eilends eins nach dem anderen und sind, kaum ist das eine fertig, schon in Gedanken bei der nächsten Aufgabe, die erledigt werden will. »Wenn ich das erst fertig habe, dann geht es mir gut«, sagen sie. Die Realität sieht aber meist so aus: Wenn das eine fertig ist, wartet schon das nächste auf uns.
Das gute Gefühl, etwas erreicht zu haben, stellt sich selten oder nie ein. Häufig weiß man schon am Ende des Tages nicht mehr, was man im Laufe des Tages gemacht hat, und kann sich dann natürlich auch nicht über das Erreichte freuen. Gott macht es besser. Er sieht alles in Ruhe an, was er getan hat, und beurteilt es.
Hinsehen kann in deinem Alltag so aussehen, dass du dir vor der Mittagspause, am Ende des Arbeitstages oder kurz vor dem Schlafengehen noch einmal Zeit nimmst, um Rückschau zu halten: Was habe ich gerade getan? Was habe ich neu gestaltet? Was war gut?
Gott hält Rückblick in Etappen. Noch bevor er mit der Schöpfung ganz fertig ist, sieht er an, was er bereits getan hat. Wir können von ihm lernen und bereits Teilschritte unserer Arbeit würdigen.

■ **Denk mal**
Was hast du gestern oder heute getan? Was war gut?
Was könntest du tun, um dein Handeln mehr zu würdigen?

■ **Mach mal**
Schreibe eine Woche lang am Ende des Tages jeweils fünf Dinge auf, die du gut erledigt hast. Betrachte sie wohlwollend und wertschätzend.

■ **Zum Vertiefen**
Die Sterne am Himmel sind ganz anders beschaffen als die Geschöpfe auf der Erde; doch jeder Stern und jedes Lebewesen ist auf seine Weise schön.
—1. Korinther 15,40

Wenn mir der Durchblick fehlt, helfe ich mir mit dem Rückblick.
—Jakob Schmitt

Bewerten

■ In manchen Situationen haben wir ein unbestimmtes gutes oder schlechtes »Bauchgefühl«. Man tut gut daran, zu lernen, Dinge klarer zu benennen und zu bewerten, statt nur ungefähr zu fühlen.

Eine einfache Methode, um bewusste Reflexion einzuüben, ist die Hand-Methode. Sie eignet sich zur Kurzreflexion kleinerer Themen, wie zum Beispiel: »Was hat mir an dem Meeting gefallen?« Man kann sie auch zur Bewertung größerer Zusammenhänge einsetzen, etwa: »Wie empfinde ich meine Arbeit/Partnerschaft/das letzte Jahr?« Sie ist, wenn man sie erst einmal eingeübt hat, sehr praktisch. Eine Hand als »Analyse-Werkzeug« hat man immer dabei.

Nimm die Finger zur Hilfe und frage dich:

- *Daumen:* Was hat mir gut gefallen?
- *Zeigefinger:* Was habe ich gelernt?
- *Mittelfinger:* Was hat mir nicht gefallen?
- *Ringfinger:* Was hat mich mit anderen verbunden?
- *Kleiner Finger:* Was kam zu kurz?
- *Handfläche:* Was war mir sonst noch wichtig?

Wenn du diese Methode eingeübt hast und beherrschst, wirst du viel schneller in der Lage sein, klar und eindeutig zu benennen, was dir gefällt oder missfällt und wo du dir konkret Veränderung wünschst. Sie eignet sich neben der persönlichen Reflexion auch zum Gespräch mit deinem Partner, Freunden oder deinem Team.

■ **Denk mal**

Welche Situationen bewertest du eher ungern?
Was könnte dir mehr Mut zum Hinsehen und Bewerten geben?

■ **Mach mal**

Schreib dir die sechs Fragen auf. Übe im Laufe der Woche mehrmals, Begegnungen und sonstige Ereignisse mit ihrer Hilfe zu bewerten.

■ **Zum Vertiefen**

Glücklich der Mensch, der weise und urteilsfähig geworden ist! Er ist reicher als jemand, der Silber und Gold besitzt. Weisheit schenkt Glück und Sicherheit. —Sprüche 3,13–14.17

Für Wunder muss man beten, für Veränderungen muss man arbeiten.
—Thomas von Aquin

Verändern

■ Gott hat es leicht. Alles, was er gemacht hat, war sehr gut. Da musste nichts korrigiert werden. Wenn wir unsere Begegnungen und Tätigkeiten ehrlich betrachten, wird das Ergebnis nicht immer so positiv aussehen. Manches ist gut und darf wohlwollend bewertet werden, anderes fordert zur Veränderung auf.

Viele Menschen wünschen sich Veränderung, bleiben aber im Alten stecken, weil sie nie konkret überlegen, was die notwendigen Handlungsschritte wären. Sie möchten womöglich liebevoller und geduldiger werden oder auch einfach nur pünktlicher kommen. Sie bleiben jedoch beim Wunsch stehen. Weil der Weg zur Veränderung nicht konkret beschrieben und formuliert wird, geschieht nichts.

Der erste Schritt für liebevolleres Verhalten könnte sein, sich täglich zu fragen: Was könnte dem anderen jetzt gut tun? Um geduldiger zu werden, kann man zunächst die Frage stellen: Wie sähe das ganz praktisch aus, wenn ich geduldiger wäre? Woran könnte man erkennen, dass ich geduldig bin? Wer pünktlicher werden möchte, kann sich fragen, was dazu gehört – zum Beispiel bessere Planung. Ein erster möglicher Schritt könnte dann sein, Anfahrtszeiten genauer zu planen.

Veränderung geschieht in tausend kleinen Schritten. Wer sich den ersten, kleinstmöglichen Schritt klarmacht und ihn geht, kommt weiter als der, der nur von Veränderung träumt.

■ **Denk mal**
Woran würde ein enger Freund deine erreichte Veränderung erkennen? Was wäre dann anders als jetzt?

■ **Mach mal**
Welche Veränderung möchtest du gestalten? Was brauchst du, um den ersten, allerkleinsten Schritt zu gehen? Fang damit an.

■ **Zum Vertiefen**
Wie viel mehr wird das Blut Jesu Christi uns innerlich erneuern und von unseren Sünden reinwaschen! —Hebräer 9,14

Ruhe ist für die Seele der Anfang der Reinigung.
—Basilius der Große

Ruhe

■ Gott ruhte am siebten Tag. Wie wohltuend. Ruhe. Was vorbei ist, darf auch vorbei sein. Es tut gut, einfach nur zu ruhen. Der Sabbat-Ruhetag ist das größte Geschenk, das Gott uns gemacht hat. Einen Tag lang nichts machen zu müssen, sondern da sein zu können. Er ist auch ein großer Ausdruck des Glaubens: Ich vertraue, dass Gott groß genug ist, mich zu versorgen, auch wenn ich einen Tag lang nicht arbeite. Wer immer arbeitet und nie zur Ruhe kommt, bringt damit zum Ausdruck: Ich glaube, dass alles von mir abhängt. Das ist – ehrlich gesagt – ziemlich arrogant.

Der Pastor Jim Henderson hat seine Lebenserkenntnis einmal so formuliert: »Im Laufe meines Lebens habe ich zwei Dinge erkannt: Es gibt einen Gott, und ich bin es nicht!« Unbewusst neigen wir alle dazu, uns für Gott zu halten und zu denken, dass alles von uns abhängt.

Gott baut den Ruhetag in die Woche ein, um uns daran zu erinnern: »Ich bin Gott. Nicht du. Ich halte die Welt in der Hand. Nicht du. Im Vertrauen zu mir darfst du loslassen und ruhen.« Der Sabbat ist Ende und Anfang. Er ist Ende von Gottes Schöpfungswoche und Anfang des Lebens der Menschen, die gerade erst geschaffen worden waren.

Sie hatten noch nichts getan, womit sie Ruhe und Erholung verdient hätten. Ruhe ist nicht Belohnung für Arbeit, sondern Voraussetzung dafür. In dem Wissen, dass Gott Gott ist, dass er erschafft, erlöst und nicht alles von mir abhängt, kann ich mein Leben gelassen gestalten.

■ **Denk mal**
In welchen Bereichen deines Lebens neigst du am stärksten dazu, zu denken, dass alles von dir abhängt?

■ **Mach mal**
Schreibe dir auf: »Es gibt einen Gott, und ich bin es nicht!« Frage dich: Wie wirkt sich dies auf mein Denken und Handeln aus?

■ **Zum Vertiefen**
Am siebten Tag hatte Gott sein Werk vollendet und ruhte von seiner Arbeit aus. —1. Mose 2,2

Wer sich Sorgen macht, hat offensichtlich noch nicht genug davon.
—Marc Flint

Zur Ruhe finden

■ Ruhe ist mehr als Nichtstun. Man kann im Liegestuhl liegen und nichts zu tun haben – und dennoch von innerer Unruhe getrieben sein. Die Gedanken rasen, man grübelt über Dinge nach, macht sich Sorgen über dieses und jenes. Vielen Menschen fällt es alles andere als leicht, zur Ruhe zu kommen. Deshalb hier ein paar ganz praktische Tipps.

Für äußere Ruhe sorgen: Eine ruhige Umgebung suchen – das beinhaltet Abgeschiedenheit von Lärm, aber auch Reduktion von optischen Reizen.

Körperlich zur Ruhe kommen: Die meisten Menschen können nicht von hundert auf null umschalten. Manchmal ist es notwendig, den angestauten Stress erst aus dem Körper zu bekommen, indem man ein Stück läuft oder einfach nur mehrmals tief durchatmet.

Innerlich zur Ruhe kommen: Uns gehen in der Regel tausend Gedanken durch den Kopf. Dinge, die zu erledigen sind, Erlebnisse, die uns beschäftigen. Es tut gut, diesen Gedanken Raum zu geben und zu erkennen: Das beschäftigt mich. Für Dinge, die noch zu erledigen sind, kannst du an deinem Ort der Stille einen Zettel und Stift bereithalten. Was aufgeschrieben ist, brauchst du nicht länger im Kopf zu behalten.

Andere Dinge kannst du im Dialog mit dir selbst oder mit Gott besprechen. Du kannst dich fragen: Was bewegt mich? Was stresst mich? Was berührt mich? Was macht mich froh? Nach einer Weile wirst du ruhiger und gelassener werden.

■ **Denk mal**
Was würde dir am meisten helfen, zur Ruhe zu finden?
Wie kannst du das in dein Leben integrieren?

■ **Mach mal**
Besorge dir das Impulsheft *Stille*. Darin findest du viele weitere Anregungen, wie du zur Ruhe kommen und sie bewahren kannst.

■ **Zum Vertiefen**
Sechs Tage lang sollt ihr eure Arbeit tun, aber am siebten Tag sollt ihr ruhen, damit eure Rinder und Esel sich erholen und auch eure Sklaven und die Fremden bei euch sich ausruhen können. —2. Mose 23,12

Gelassenheit ist eine anmutige Form des Selbstbewusstseins.
—Marie von Ebner-Eschenbach

Ruhe bewahren

■ Innere Ruhe kann man nur dann bewahren, wenn man im Rahmen des eigenen Einflussbereiches bleibt. Menschen, die sich tausend Gedanken über BSE, Atomunfälle, Politik und das Verhalten anderer Menschen machen, bewegen sich gedanklich in Bereichen, die sie nicht beeinflussen können. Das macht unruhig, ängstlich und krank. David beschreibt – modern ausgedrückt – in Psalm 131 das Geheimnis eines ruhigen Herzens so: »Ich habe mir abgewöhnt, über Dinge nachzudenken, die ich weder verstehen noch beeinflussen kann.«

Wenn mich Dinge sehr beschäftigen, frage ich mich: »Habe ich Einfluss darauf?« Wenn ja, kann ich konkret überlegen, wie ich diesen Einfluss nutzen kann. Wenn ich mir klar mache, dass ich auf Situationen, wie etwa das Wetter oder die Krankheit eines Freundes, keinen Einfluss habe, dann denke ich auch nicht weiter darüber nach. Stattdessen denke ich über die Dinge nach, auf die ich Einfluss habe: Was kann ich bei schlechtem Wetter tun? Wie könnte ich den kranken Freund ermutigen?

Das gilt auch, wenn ich begreife, dass ich beispielsweise die Antwort auf eine Frage »Warum hat er oder sie dies oder jenes getan?« nicht durch Grübeln finden werde. Dann durchbreche ich die Grübelkette und frage mich stattdessen: »Warum bewegt mich das so?« Oder ich suche das Gespräch mit der betreffenden Person. Dinge, auf die ich keinen Einfluss habe, vertraue ich bewusst Gott an und lasse sie los.

■ **Denk mal**
Welche Signale (Unruhe etc.) zeigen dir, dass du über etwas außerhalb deines Einflussbereiches nachdenkst?

■ **Mach mal**
Übe Achtsamkeit ein. Beobachte dich beim Nachdenken und frage dich: Habe ich Einfluss auf die Sache, über die ich nachdenke?

■ **Zum Vertiefen**
Ich maße mir nicht an, deine Geheimnisse und Wunder zu ergründen.
Ich bin zur Ruhe gekommen. —Psalm 131,1–2

Eine Reise von tausend Meilen beginnt mit einem einzigen kleinen Schritt.
—Chinesisches Sprichwort

Ende und Anfang

■ Du hast dich jetzt eine ganze Zeit lang mit dem Thema »Leben in Balance« auseinandergesetzt. Manches hat dich sicher spontan zur Veränderung motiviert. Vielleicht hast du deine Wohnung aufgeräumt oder dein Kreativwerkzeug wieder hervorgeholt. In anderen Bereichen wurde dir vielleicht klar: Wenn ich ein ausgewogenes und kraftvolles Leben gestalten möchte, dann sollte ich diesem Bereich mehr Raum geben. Damit es nicht bei dem guten Vorsatz bleibt, ist es wichtig, den ersten Schritt zu gehen.

Wenn du dich entschieden hast, einen Bereich deines Lebens zu verändern, dann überlege konkret: Was ist der erste, kleinstmögliche Schritt, der mir im Augenblick möglich ist und mit dem ich ohne viel Druck beginnen könnte? Das kann bei der lange fälligen Steuererklärung der Kauf eines Aktenordners sein, beim Vorsatz, Sport zu treiben, im Internet nach geeigneten Clubs zu suchen. Der erste Schritt ist der schwerste. Wenn du diesen ersten Schritt so klein und einfach wie möglich gestaltest, dann fällt es dir leichter, ihn zu gehen. Dem ersten Schritt weitere Schritte folgen zu lassen, ist dann gar nicht so schwer.

Wenn die Frage »Was ist der erste kleinstmögliche Schritt?« erst einmal zum festen Bestandteil deines Denkens geworden ist, wirst du staunen, wie viel leichter dir das Handeln fällt und wie viel kraftvoller du dein Leben gestalten kannst.

■ **Denk mal**
Welche Veränderung würde deine Lebensqualität am meisten verbessern? Was wäre der erste Schritt?

■ **Mach mal**
Erzähle einem vertrauten Menschen von dem, was du neu lernen und einüben möchtest. Bitte ihn, dich ab und zu an dein Vorhaben zu erinnern.

■ **Zum Vertiefen**
Ja, ich sage es noch einmal: Sei mutig und entschlossen! Lass dich nicht einschüchtern, und hab keine Angst! Denn ich, der Herr, dein Gott, bin bei dir, wohin du auch gehst. —Josua 1,9

Monat 8
Gott begegnen

Gott begegnen

■ Viele Menschen sehnen sich danach, Gott (wieder) zu begegnen – und haben möglicherweise gleichzeitig Angst davor. Dennoch ist da dieses Fünkchen Hoffnung. Wir ahnen, dass es sich lohnen könnte, Gott zu suchen – vielleicht. Es könnte ja sein, dass bei ihm Trost und Hilfe und Heilung zu finden sind. Und: Vielleicht ist Gott ja tatsächlich da – und wartet nur auf uns?

Ich kenne beides: Zeiten, in denen Gott für mich so wenig spürbar war, dass ich dachte, ich hätte ebenso gut mit meiner Stehlampe reden können. Ich war traurig, enttäuscht und habe mich gefragt, was bei mir oder Gott falsch ist. Ich kenne auch Zeiten, die mein Innerstes so tief und so persönlich berührt haben, dass ich mir diese Erfahrungen nur als Begegnungen mit einer liebevollen Persönlichkeit – Gott selbst – erklären kann.

Wunder können wir nicht machen. Aber vielleicht ein wenig den Raum für sie öffnen. Ich kann dir kein Patentrezept anbieten, wie du Gott begegnen kannst. Jeder Weg zu ihm und mit ihm ist einzigartig und persönlich. Aber es gibt Impulse, die helfen können, uns für ihn zu öffnen und ihn wahrzunehmen. Ich kann dir nicht garantieren, dass du Gott begegnen wirst – das liegt nicht in unserer Hand. Ich erwarte jedoch, dass du auf dem Weg der Öffnung und Begegnung auf jeden Fall bereichernde und beglückende Erfahrungen machen wirst.

Das Gipfeltreffen unseres Lebens ist und bleibt die Begegnung mit Gott.
Diese Begegnungen sind die wahre Höhe unseres Lebens.
—Bernhard Felmberg

Jesus treffen

■ Wie wäre es wohl, wenn wir Jesus hier und jetzt begegnen könnten – ihm gegenübersitzen bei einer Tasse Tee? Was würde er ausstrahlen, wie würde seine Stimme klingen, wie wäre seine Reaktion auf das, was wir ihm erzählen und anvertrauen?

Manchmal beneide ich die Jünger darum, dass sie Jesus wirklich kannten – als Mensch. Dass sie die Liebe in seinen Augen sahen, seine typischen Bewegungen kannten, sein Lachen, seinen Gang. Eine solche physische Begegnung werden wir diesseits des Himmels höchstwahrscheinlich nicht erleben. Aber wir können tiefer herausfinden, wie Jesus war und wie er mit Menschen umging.

In den Evangelien sind viele Begegnungen von Jesus mit Menschen festgehalten – und in ihrer jeweils unterschiedlichen Perspektive halten sie verschiedene Aspekte und Details fest. Wie Jesus von Emotionen überwältigt wurde, was er auf Fragen entgegnete, was ihn wütend machte, wie er sich Menschen zuwandte. Dabei wird immer wieder deutlich: Jesus ist jedem Menschen individuell begegnet. So, wie er oder sie es in dem Moment brauchte.

Oft bin ich irritiert über die Antworten, die Jesus gab – sie scheinen mit der Frage oder dem Anliegen des Fragenden wenig zu tun zu haben. Doch Jesus sah tiefer. Er reagierte auf die wirkliche Frage, auf das, was im Herzen der Person war. Das kann uns Mut machen, dass Jesus uns ganz individuell begegnet. So, wie wir es brauchen.

■ **Denk mal**
Welches Gefühl löst der Gedanke in dir aus, Jesus zu begegnen?

■ **Mach mal**
Lies in der Bibel nach, wie Jesus mit Menschen umging, denen er begegnete (zum Beispiel in Johannes 4,1–42, Lukas 19,1–10 oder Johannes 8,1–11).

■ **Zum Vertiefen**
Wenn ihr mich sucht, werdet ihr mich finden. Ja, wenn ihr mich von ganzem Herzen sucht, will ich mich von euch finden lassen. Das verspreche ich euch.
—Jeremia 29,13–14

Das Wunderbarste an Wundern ist, dass sie manchmal wirklich geschehen.
—Gilbert Keith Chesterton

Es wäre wunderbar

■ Manchmal braucht man einfach ein Wunder. Das Wunder, dass Gott uns neu begegnet – durch alle Schichten von Angst und Abwehr hindurch. Der Schnee und die innere Eiseskälte schmelzen und alles blüht wieder auf. Obwohl wir uns Wunder wünschen, wagen wir gar nicht, davon zu träumen. Oder haben gar keine genaue Vorstellung davon, was wir uns eigentlich wünschen. Aber vielleicht ist das Nachsinnen darüber, was ein Wunder in deinem Leben bewirken könnte, der erste Schritt, um etwas Wunderbares zu erleben.

Stell dir vor, du gehst heute Abend schlafen und über Nacht passiert ein Wunder. Alle Blockaden und Hindernisse sind weg und du kannst Gott so begegnen, wie du es dir immer gewünscht hast. Nur – weil es über Nacht passiert ist, weißt du gar nicht, dass ein Wunder geschehen ist. Niemand hat es dir gesagt.

Wenn du am nächsten Morgen aufwachst:

• Woran würdest du erkennen, dass das Wunder geschehen ist?
• Was wäre anders in deinen Gedanken?
• Was wäre verändert in deinen Emotionen?
• Was würdest du anders tun?
• Woran würden andere Menschen merken, dass das Wunder geschehen ist?

Nimm dir die Zeit, dir das ausführlich auszumalen und dein Wunder in allen Facetten zu betrachten. Vielleicht gab es ja sogar in letzter Zeit ein paar Momente, die ein bisschen wie ein Wunder waren. Kannst du dich erinnern?

■ **Denk mal**
Woran würdest du erkennen, dass sich dein Leben so verändert hat, wie du es dir wünschst?

■ **Mach mal**
Spiele gedanklich durch: Wie könnte mein Wunder aussehen?

■ **Zum Vertiefen**
Singt dem Herrn ein neues Lied, denn er hat Wunder getan! —Psalm 98,1

Gott kommt dir entgegen, um dich zu lieben.
—Madeleine Delbrêl

Er kommt entgegen

In der Bibel wird Gott als liebevoller Vater beschrieben, der den Wunsch hat, seinen Kindern nah zu sein und ihnen zu begegnen. Er versucht auf vielerlei Art und Weise, zu Menschen zu sprechen: durch die Schöpfung, durch Menschen, die prophetisch und visionär anderen seine Impulse und sein Herz nahe bringen. Und durch Jesus, in dem Gott uns Menschen als Mensch nah kam. Viele seiner Zeitgenossen konnten Gott in Jesus gar nicht wahrnehmen. Sie hatten erwartet, dass der Allerhöchste deutlicher, beeindruckender auftritt.

Heute geht es uns nicht anders. Wir nehmen Gottes unscheinbare Spuren im Leben manchmal nicht wahr, weil wir eindeutigere Signale erwarten. Oder wir sind so sehr vom Leistungsdenken geprägt, dass wir meinen, alles hängt an uns – sogar unsere Beziehung zu Gott.

Wir glauben, wir müssten auch in der Beziehung zu Gott etwas beweisen. Wir versuchen, durch Ernsthaftigkeit, Pilgerreisen, Gebete, gute Vorsätze oder sonstige Anstrengungen zum Ausdruck zu bringen, dass wir es mit unserer Suche nach Gott ernst meinen. Wie Kinder, die meinen, sie müssten erst ihr Zimmer aufräumen und alle Hausaufgaben machen, bevor sie ihrem Vater begegnen können.

Für uns ist es oft schwer zu begreifen und zu glauben, dass Gott uns entgegenkommt. Aber Jesus beschreibt Gott als einen Vater, der seinen Kindern entgegengeht. Nein, er geht nicht – er rennt!

Denk mal
Wo in deinem Leben könnte es sein, dass Gott dir schon entgegenkommt? Wo und wie nimmst du ihn wahr?

Mach mal
Öffne verschiedene Gegenstände, etwa: Dosen, eine Tür, ein Buch, ein Fenster, eine Verpackung, Kleidung. Beobachte dabei, wie Öffnen geschieht.

Zum Vertiefen
Er stand auf und ging zurück zu seinem Vater. Der erkannte ihn schon von weitem. Voller Mitleid lief er ihm entgegen, fiel ihm um den Hals und küsste ihn. —Lukas 15,20

8.4

Mit Gott ist überall gut sein; ohne ihn nirgends.
—Franz von Sales

Orte

■ Wo ist Gott zu finden? Wenn Gott wirklich Gott und damit auch überall anwesend ist, dann spielt der Ort der Begegnung im Grunde genommen keine Rolle – für ihn zumindest. Für uns Menschen hingegen prägen Orte meist stark den Charakter der Begegnung. Am Computer oder in der Werkstatt ist die Qualität der Begegnung anders als an einem ruhigen Fleckchen Strand.

Es ist herausfordernd, sich auf die Begegnung mit Gott einzulassen. Man weiß nicht, was einen erwartet, fürchtet vielleicht Isolation und Einsamkeit und die damit verbundenen unangenehmen Gefühle. Eine passende Umgebung, ein Ort, an dem man sich ruhig und sicher fühlt, kann dazu beitragen, sich innerlich zu entspannen, Unsicherheit zu überwinden und Gott leichter nahe zu kommen.

Welche Orte sind für dich »Seelenorte«, an denen du dein Herz öffnen und dich auf Begegnung mit deinem Schmerz, deiner Freude und deinem Gott einlassen kannst?

Ich ging an meinem früheren Wohnort häufig zu einem Kreuz am Waldrand, wenn ich Wichtiges mit Gott besprechen wollte. Ein besonderer Ort für besonders wichtige Angelegenheiten. Ich habe mich auch schon für eine Begegnung mit Gott schick angezogen – nicht weil *er* es bräuchte, sondern ich, um mir die Besonderheit des Moments deutlich zu machen.

■ **Denk mal**
An welchen Orten fällt es dir besonders leicht, dich innerlich für die Begegnung mit Gott zu öffnen?

■ **Mach mal**
Notiere dir, was für dich einen Ort kennzeichnet, an dem du Gott leichter begegnen kannst. Gehe heute an einen solchen Ort.

■ **Zum Vertiefen**
Herr, zu wem sollen wir denn gehen? Nur deine Worte bringen ewiges Leben. —Johannes 6,68

Der größte Gegner intimer Nähe zu Gott ist der Dienst für ihn.
—Dallas Willard

Erfolgreich verhindern

■ Manchmal haben wir – ohne es zu wollen – erfolgreich Strategien entwickelt, die genau das verhindern, wonach wir uns eigentlich sehnen. Manche Menschen sehnen sich nach Beziehung und Partnerschaft. Sie ziehen sich aber aus Angst vor Ablehnung zurück oder stürzen sich so in die Arbeit, dass weder im Kopf noch im Terminkalender Raum für Begegnung bleibt.

Mit Gott machen wir das manchmal unbewusst genauso. Ein Teil von uns sehnt sich nach Begegnung mit ihm, der andere torpediert genau diesen Wunsch. Wir sehnen uns vielleicht nach Antworten, einer Begegnung mit Gott, die in unserem Leben wirklich etwas verändern würde. Die Frustration darüber, dass der Glaube in unserem Leben bisher zu wenig Positivem geführt hat, ist jedoch so groß, dass wir es kaum mehr wagen, uns auf die Begegnung mit Gott einzulassen. Wir ziehen uns in einen stoischen, gefühllosen Glauben zurück und ignorieren dabei die zunehmende Trennung von Gott.

Andere Menschen haben andere Strategien, um sich Gott »vom Leibe zu halten«. Sie sperren sich und ihn in enge Glaubensdogmen und religiöse Pflichtkataloge ein, sie ignorieren ihn, halten sich beschäftigt, klagen ihn an oder sind so mit dem Dienst für ihn beschäftigt, dass die Arbeit für ihn die Begegnung mit ihm erfolgreich vereitelt. Damit verhindern sie genau das, was sie eigentlich im tiefsten Inneren wollen: eine Begegnung mit Gott, die sie tröstet, stärkt, belebt und erneuert.

■ **Denk mal**
Stell dir vor, Gott möchte dir begegnen. Was müsstest du tun, um genau das erfolgreich zu verhindern?

■ **Mach mal**
Überlege, welche Strategien die Tier- und Pflanzenwelt hat, um Begegnung zu vermeiden (zum Beispiel Einigeln).
Welche kommen dir vertraut vor?

■ **Zum Vertiefen**
Diese Leute ehren Gott mit den Lippen, aber mit dem Herzen sind sie nicht dabei. —Matthäus 15,8

Die Angst setzt die Grenzen.
—Ingmar Bergman

Der Angst ins Gesicht blicken

■ Menschen sagen oft, dass sie Angst vor bestimmten Situationen haben. Ganz präzise ist das nicht. Wir fürchten in der Regel nicht die Situation, sondern die damit verbundenen Gefühle. Wir fürchten nicht den Zahnarzt, sondern den Schmerz, den er verursachen könnte. Wir haben keine Angst vor der Prüfung, sondern vielmehr vor dem Gefühl der Unsicherheit. Wir fürchten nicht die Abfuhr, sondern das Gefühl der Minderwertigkeit usw.

Wir Menschen haben oft Angst vor der Begegnung mit Gott. Wir haben Angst davor, eigenen Schmerz erneut zu spüren. Oder wir fürchten, Gott oder ein grausamer Witzbold hätte sich einen Scherz erlaubt und eine Begegnung wäre gar nicht möglich. Oder wir wollen vermeiden, dass wir uns nach einem weiteren erfolglosen Versuch der Gottesbegegnung noch einsamer, hilfloser und verlassener fühlen, als es ohnehin schon der Fall ist.

Meine größte Angst vor Zeiten, in denen ich Gott begegnen möchte, ist die, dass ich ihn nicht wahrnehmen kann, sondern stattdessen denke und fühle, ich würde gegen eine Wand reden. Das löst bei mir tiefe Gefühle von Hilflosigkeit aus. Ich beneide Menschen, die sich leicht damit tun, Gott wahrzunehmen. Was mir hilft ist, meiner Angst ins Gesicht zu sehen und ehrlich mit Gott darüber zu reden: »Ich will Zeit mit dir verbringen, aber ich hab totale Angst davor, dass ich dir nicht begegne und mich dann hilflos fühle. So ist es.«

■ **Denk mal**
Vor welchen Gefühlen hast du in Bezug auf Begegnung mit Gott am meisten Angst?

■ **Mach mal**
Notiere deine häufigsten negativen Gefühle Gott gegenüber. Wann hast du dich ihm gegenüber zum letzten Mal »besser« gefühlt? Was war da anders?

■ **Zum Vertiefen**
Gerade dann, wenn ich Angst habe, will ich mich dir anvertrauen.
—Psalm 56,4

Gott, ich verstehe deine Wege nicht, aber du weißt den Weg für mich.
—Dietrich Bonhoeffer

Mein gutes Recht

■ Die größten Krisen in meinem Glauben hatte ich immer dann, wenn ich dachte, Gott müsste etwas für mich tun, und er meinen Erwartungen nicht entsprochen hat. Meine Reaktionen darauf waren tiefe Traurigkeit, Hilflosigkeit und viel Wut. Oft reagierte ich auch mit Rückzug. Mit einem Gott, der mir nicht hilft, mich nicht beschützt, mir nicht beisteht, wollte ich letztlich nichts zu tun haben. Wie sollte ich mich auf ihn verlassen, wenn ich in einer entscheidenden Situation seine Hilfe offensichtlich nicht erlebt hatte?

Situationen, in denen man erwartet, dass Gott etwas Bestimmtes tut, und das Erwartete nicht eintrifft, können uns sehr irritieren. Du fragst dich: Hätte ein liebender Gott nicht mein Kind beschützen, meine Ehe retten, meinen Arbeitsplatz erhalten müssen?

Wenn ich glaube, ich hätte ein Recht auf eine bestimmte Hilfestellung Gottes und diese dann nicht erlebe, bringt mich das in Distanz – zu mir und zu Gott. Der Blick auf Rechte ist meist rückwärtsgewandt: »Gott hätte das tun sollen!«

Das versperrt den Blick auf das, was ich jetzt möchte und brauche. Möglicherweise löst sich viel für dich, wenn du vermeintliche Rechte loslassen kannst, und mit Gott über das sprichst, was jetzt ist. »Bitte hilf mir, mit dem umzugehen, was mich jetzt bewegt und mir weh tut. Ich brauche jetzt deine Nähe.«

■ **Denk mal**
Vor welchem Schmerz oder Leid hätte Gott dich – deiner Meinung nach – bewahren müssen?

■ **Mach mal**
Überlege: Was ändert sich, wenn du im Hier und Jetzt Gott bittest, dich zu trösten und zu begleiten?

■ **Zum Vertiefen**
Gegen drei Uhr rief Jesus laut: »Mein Gott, mein Gott, warum hast du mich verlassen?« —Matthäus 27,46

In seiner großen Barmherzigkeit zerstört Gott unsere besten Konzepte über ihn.
—C. S. Lewis

Unerwartet

■ Jona, der Prophet, schäumte vor Wut. Er hatte erwartet, dass Gott die Menschen in Ninive für ihr gottloses Leben strafen würde. Und nun: Gott verzeiht ihnen. Jona ist stinksauer. Auf Gott.
Ärger – auf Gott oder Menschen – kommt von unerfüllten Erwartungen. Hierzulande erwarte ich, dass Autofahrer Rücksicht nehmen. Wilder Fahrstil ärgert mich. Im Libanon habe ich nicht erwartet, dass man zurückhaltend fährt. Dort war ich auch nicht sauer, als Leute es nicht getan haben, sondern habe es vielmehr genossen, selbst wild und dynamisch fahren zu können.
Manche Menschen ärgern sich über Gottes Geduld mit »bösen« Menschen, andere sind zutiefst verwirrt und enttäuscht, wenn Gott ihnen in schwierigen Situationen nicht erkennbar hilft. Wieder andere empören sich über seine scheinbare Nachlässigkeit in Bezug auf das Leid in der Welt. Andere sind frustriert, dass er ihre Gebete nicht in der Form erhört, wie sie es erbeten haben. Sie alle haben bestimmte Erwartungen an Gott, die er aber offensichtlich nicht erfüllt. Er ist Gott und muss nicht alle unsere Erwartungen erfüllen.
Jona brachte seinen ganzen Ärger vor Gott zum Ausdruck. Gott reagierte, indem er ihm durch ein Erlebnis aufzeigte, was hinter seinen Erwartungen steht. Jona kam damit nicht klar, dass Gott mitfühlt und seine Absichten ändert. Er wollte einen Gott haben, der vorhersehbar ist. Gott zeigte sich ihm – neu, anders und unerwartet.

■ **Denk mal**
Was ärgert oder frustriert dich gerade an Gott?
Welche Erwartung steckt dahinter?

■ **Mach mal**
Mach es wie Jona. Erzähle Gott offen, was dich in Bezug auf ihn ärgert oder frustriert. Erwarte, dass er dir etwas Neues über dich und dein Herz zeigt.

■ **Zum Vertiefen**
Denn wie der Himmel die Erde überragt, so sind auch meine Wege viel höher als eure Wege und meine Gedanken als eure Gedanken. —Jesaja 55,9

Es ist besser, das zu überschlafen, was du zu tun beabsichtigst,
als dich von dem wach halten zu lassen, was du getan hast.
—*Sprichwort der Igbo*

Begrenzungen

■ Es gibt nur wenig, was so schwer zu ertragen ist, wie eigene Begrenzung. Wir wissen nicht alles – und sind deshalb oft erst hinterher klüger. Auch unsere Kraft ist begrenzt.

Als ein Vater in Thailand den Tsunami auf sich zukommen sah, rettete er sich mit seiner Tochter im Arm auf einen Baum. Ein herabfallender großer Ast brach seinen Arm und schlug ihm das Baby aus der Hand. Die Wellen rissen es mit sich fort. Ich habe geweint, als ich das las. Wie schmerzhaft muss es für den Vater gewesen sein, seine Tochter zu verlieren – und zu spüren, dass seine Kraft nicht ausreichte, um der Natur zu widerstehen.

Wir reagieren auf die Konfrontation mit unseren Begrenzungen oft mit Grübeln. Wir denken: »Ach, hätte ich/er doch … ach, wenn ich nur …« Oder mit Vorwürfen an Gott und andere. »Ach, hätte er doch nur …!« Damit versuchen wir, die Grenzen zu leugnen. Wir wollen nicht wahrhaben, dass wir etwas nicht können, wollen wenigstens in Gedanken das Geschehene ungeschehen machen.

Es kann hilfreich und heilend sein, die Trauer über unsere Begrenzung zuzulassen. »Das habe ich nicht gewusst, nicht ahnen können … und darüber bin ich traurig.« »Das war außerhalb meiner Macht. Das bedrückt mich.« Grenzen einzugestehen erleichtert uns. Gott hält es aus, wenn wir mit dem Frust und der Trauer über unsere Begrenzungen zu ihm kommen. Und sie bei ihm abladen.

■ **Denk mal**
Welche deiner Begrenzungen sind für dich besonders schmerzhaft?

■ **Mach mal**
Sprich mit Gott ehrlich über die Situationen, in denen du sauer warst, dass er deine Grenzen nicht aufgehoben hat.

■ **Zum Vertiefen**
Verlass dich ganz auf meine Gnade. Denn gerade wenn du schwach bist,
kann sich meine Kraft an dir besonders zeigen. —*2. Korinther 12,9*

Nur was man annimmt, kann man verändern.
Was nehme ich vom Leben an?
—Kerstin Hack

Hinsehen

■ Manchmal fühlt sich das Leben so an, als säße man in einer Höhle, vor deren Eingang gerade ein Erdrutsch abgegangen ist. Geröll und Steine versperren den Weg nach draußen. Man sitzt da – verängstigt und ohne Hoffnung, dass die Schreie um Hilfe gehört werden. Oft fängt man in solchen Situationen an, sich zu fragen: »Warum ist das geschehen? Wie konnte das nur passieren? Warum ausgerechnet mir?«
Das Schreckliche an diesen Fragen ist, dass sie keine Antwort finden. Das ist ganz logisch. Eine Antwort braucht ein Gegenüber. Wenn wir uns selbst die Frage nach dem »Warum« stellen, werden wir immer nur die Antworten bekommen, die unser System uns gibt. Wir werden die gleichen alten Überzeugungen zu hören bekommen, die wir schon immer hatten. Das hilft meist nicht weiter.
Hilfreicher könnte es sein, sich die Frage zu stellen: »Was will ich jetzt tun?« Die Antworten darauf können sehr vielseitig sein. Vielleicht möchtest du erst einmal dem Schmerz Ausdruck verleihen, der in dir ist – trauern und weinen über Verluste. Vielleicht möchtest du die Lage, in der du dich befindest, genauer ansehen, die Steine betrachten, die dir den Weg nach »draußen« versperren und überlegen, welche davon du anpacken möchtest. Vielleicht möchtest du dir auch einfach Zeit lassen und die Begegnung mit Gott und/oder Menschen suchen, denen du vertraust und sie vorsichtig nach ihrer Perspektive fragen: »Was meint ihr, wäre jetzt für mich gut?«

■ **Denk mal**
Wie siehst du deine Lebenssituation?
Was möchtest du jetzt tun?

■ **Mach mal**
Entscheide dich für einen (kleinen) Schritt, der deine jetzige Situation positiv verändern könnte und dir gut täte.

■ **Zum Vertiefen**
Kommt alle her zu mir, die ihr euch abmüht und unter eurer Last leidet! Ich werde euch Frieden geben. —Matthäus 11,28

Kindheit und Jugend ist die Zeit, mit der wir den Rest unseres Lebens versuchen, zurecht zu kommen.
—Holger Franke

Neuer alter Schmerz

■ In unserer Kindheit und Jugend haben wir emotionale Sicherheit aufgebaut: Wir vertrauen uns selbst, Gott und dem Leben. Aber es gibt auch Bereiche, die aufgrund schwieriger Erfahrungen instabil und verletzlich sind. Neuer Schmerz berührt immer die gleichen alten Wunden – und die sind bei jedem Menschen verschieden.

Ein Mensch, der am Arbeitsplatz Mobbing erlebt, ist zutiefst verärgert über die erlebte Ungerechtigkeit. Ein anderer fühlt sich in der gleichen Situation einsam und hilflos. Und der dritte ist voller Angst. Die gleiche Situation löst unterschiedliche Gefühle aus – je nachdem, in welche Kerbe sie bei dem einzelnen schlägt.

Neuer Schmerz kann meist erst dann heilen, wenn wir es wagen, den alten Schmerz anzusehen, der uns und unser Bild von der Welt geprägt hat. Es ist wie bei einem Musikinstrument. Wenn eine bestimmte Saite angeschlagen wird, dann kommen auch andere Saiten ins Schwingen. Wer genau hinhört, kann die Grundmelodien seines Lebens hören. Wenn man erst einmal benennen kann, was genau es ist, das einen anrührt, dann kann man Schmerz auch leichter lösen.

• Was sind deine häufigsten Empfindungen und Gedanken, wenn du Schwieriges und Schmerzhaftes erlebst?
• Was denkst du über dich, das Leben und über Gott?
• Wo sind dir diese Gedanken und Gefühle zum ersten Mal begegnet?

■ **Denk mal**
Was brauchst du, um über die jetzige oder damalige Situation anders fühlen und denken zu können?

■ **Mach mal**
Wähle eine Geschichte aus der Bibel aus und stell dir vor, du wärst dabei gewesen und hättest miterlebt, wie Gott oder Jesus tröstend handelt.

■ **Zum Vertiefen**
Ich will euch trösten wie eine Mutter ihr Kind. —Jesaja 66,13

Gott kennt dein Gestern, gib ihm dein Heute, er sorgt für dein Morgen.
—Ernst Modersohn

Hier und jetzt

■ Gott kann man nur in der Gegenwart begegnen. Er hat die Vergangenheit geschaffen und wird auch in der Zukunft da sein. Aber begegnen kann man ihm nur im Hier und Jetzt.

Mir passiert es immer wieder, dass ich denke: »Ach, hätte ich ...« oder »Ach, hätte Gott doch ...« Das Vergangene lässt sich nicht mehr lösen. Es ist unwiederbringlich vorbei. Ab und zu träume ich von der Zukunft: »Ach, wäre doch schon ...« Ein bisschen Rückblick und Träumen kann entspannen und wohl tun, aber wenn ich mich zu sehr mit dem beschäftige, was nicht mehr oder noch nicht ist, raubt es mir die Kraft und Lebensfreude.

Es ist hilfreich, sich in Phasen von Schmerz und Traurigkeit über das, was noch nicht oder nicht mehr ist, wieder auf die Gegenwart auszurichten. Das kann man am besten tun, indem man sich fragt: »Was brauche ich jetzt? Was möchte ich, dass Gott für mich tut? Worum möchte ich ihn jetzt bitten?«

Das kann ganz verschieden sein. Vielleicht brauche ich Stärkung, um etwas zu lernen, was ich bisher nicht konnte. Möglicherweise wünsche ich mir Trost oder neuen Mut, auf Menschen zuzugehen. Vielleicht habe ich auch gar keine Erwartungen an Gottes Handeln. Es tut mir einfach nur gut, ihm zu sagen, wie ich mich jetzt gerade fühle, was mir zu schaffen macht. Ich kann entspannen, wenn ich darauf vertraue, dass er mir mit offenem Ohr und Herzen zuhört. Möchte er nicht genau wie ich Gemeinschaft und Austausch haben?

■ **Denk mal**
Was würdest du antworten, wenn Gott dich fragt: »Was möchtest du jetzt von mir?«

■ **Mach mal**
Wenn dir das nächste Mal ein Mensch von etwas Schmerzhaftem in der Vergangenheit erzählt, frage ihn: »Was brauchst oder möchtest du jetzt?«

■ **Zum Vertiefen**
Jetzt ist die Zeit der Gnade! Jetzt ist der Tag der Rettung! —2. Korinther 6,2

Gott wohnt, wo man ihn einlässt.
—Martin Buber

Austausch

■ Ohne Austausch sterben wir. Das fängt schon mit dem Atem an. Würden wir nur unseren eigenen Atem einatmen, würden wir in Kürze sterben. Wir brauchen frische Luft.

Was für das physische Überleben gilt, gilt auch für geistiges, emotionales und geistliches Wohlergehen. Ohne Austausch geht uns früher oder später die Luft aus. In Krisenzeiten neigen wir jedoch dazu, uns zurückzuziehen, uns abzuschotten und erst einmal für uns zu sein. Das ist eine gesunde Reaktion.

Vor einer Weile musste ich eine Reihe von schmerzhaften Zahnbehandlungen über mich ergehen lassen. Irgendwann hat mein Kiefer beschlossen: »Den Schmerz will ich nicht mehr!« Er hat einfach blockiert. Ich konnte den Mund nicht mehr öffnen. Das hatte den Vorteil, dass der Zahnarzt nicht mehr in den Mund greifen und mir weh tun konnte. Es hatte aber den Nachteil, dass ich den Mund auch zum Essen nicht mehr öffnen konnte. Ich musste ganz vorsichtig neu lernen, den Mund wieder zu öffnen. Erst ein bisschen, dann immer weiter.

Ähnlich geht es uns, wenn wir uns bewusst oder unbewusst – weil der Schmerz einfach so groß ist – Gott und Menschen verschließen. Für eine Weile hilft das, weiteren Schmerz zu vermeiden. Aber Abhilfe schafft nur eines: sich für das Öffnen zu entscheiden und dann das Öffnen ganz vorsichtig und langsam wieder einzuüben.

■ **Denk mal**
Woran würdest du und würden andere erkennen, dass du dich Gott und Menschen wieder mehr geöffnet hast?

■ **Mach mal**
Atme – am besten bei offenem Fenster – ganz tief ein und spüre, wie es sich anfühlt, Luft von außen aufzunehmen.

■ **Zum Vertiefen**
Ich, der Herr, werde euch Frieden schenken und euch aus dem Leid befreien. Ich gebe euch wieder Zukunft und Hoffnung. —Jeremia 29,11

Der schönste Dank für Gottes Gaben besteht darin, dass man sie weitergibt.
—Michael von Faulhaber

Das beste Gespräch

■ Eine tiefe Sehnsucht von mir ist, dass Menschen bereichert und beschenkt werden, wenn sie mir begegnen. Dass sie inspiriert werden, Hilfe empfangen oder die Zeit mit mir einfach »nur« als wohltuend und angenehm erleben. Das ist jedoch nicht immer der Fall. Manchmal bin ich verschlossen, selbstbezogen und ängstlich. Dann ist es für andere nicht unbedingt bereichernd, mir zu begegnen.

Begegnung mit Gott ist zuallererst und vor allem ein Geschenk an uns selbst. Aber jede lebendige Begegnung wirkt sich auf andere aus. Wir werden durch die Begegnung verändert und zunehmend bereichernd für andere Menschen. Wo Leben fließt, fließt es weiter.

Du brauchst das nicht zu produzieren oder zu machen. Kein Mensch kann Leben hervorbringen. Aber du kannst es zulassen, dich darauf einlassen und es durch dich fließen lassen. Dafür ist es jedoch notwendig, dass du es wagst, dich – trotz deiner Ängste, Befürchtungen und offenen Fragen – auf eine Begegnung mit Gott einzulassen. Dich dem Leben und Gott selbst zu öffnen.

In den nächsten Tagen geht es darum, wie du Gott in Gebet, Anbetung und Stille auf unterschiedliche Art und Weise begegnen kannst. In erster Linie, um selbst Liebe, Trost und Antworten auf manche Fragen zu erhalten. Aber auch, damit Gottes Liebe durch dich andere Menschen berühren kann.

■ **Denk mal**
Was zeichnet für dich Menschen aus, denen du gerne begegnest?

■ **Mach mal**
Mal dir ein Bild vor Augen, wie es ist, wenn du reiche und tiefe Begegnungen mit Menschen und Gott hast. Was ist auf diesem Bild zu sehen?

■ **Zum Vertiefen**
Wir wollen lieben, weil Gott uns zuerst geliebt hat. —1. Johannes 4,19

Gott will, wenn wir zu ihm beten, nicht etwas Neues von uns hören,
sondern er möchte uns hören – und das immer wieder aufs Neue.
—Hans-Joachim Eckstein

Gebet

■ Beten kann jeder. Viele kleine Kinder reden – ohne dass es ihnen jemand beigebracht hat – einfach so mit Gott. Gebet ist ganz natürlich. Es gibt kaum jemanden, der noch nie in einer schwierigen Situation zu Gott geschrien hat. Stell dir vor: Auf einer nassen Straße voll mit Herbstlaub verlierst du die Kontrolle über dein Auto oder Fahrrad, kommst ins Schleudern, ein Mercedes rast genau auf dich zu und du betest verzweifelt: »Oh Gott, hilf mir!« Oder ein Familienmitglied schwebt in Lebensgefahr. Die Ärzte bezeichnen die Lage als »kritisch bis sehr kritisch«. Da fängst du doch an zu beten: »Oh Gott, bitte lass diesen lieben Menschen nicht sterben!« Fast jeder kennt solche Gebete. »Not lehrt beten«, sagt man.

Viele erleben auch das spontane Gebet der Dankbarkeit. Etwas Wunderbares ist passiert, ein Mensch wurde gesund, eine Prüfung ist bestanden, eine Beziehung wurde gerettet. Spontan bricht es aus dir heraus: »Oh Gott, ich danke dir. Ich bin ja so froh!«

Auch wenn fast jeder beten und in extremen Situationen mit Gott sprechen kann, beinhaltet Gebet mehr, als ab und zu ein Stoß- oder Dankgebet von sich zu geben. Gebet kann Ausdruck einer intensiv gelebten Beziehung zu Gott sein. Beten kannst du lernen. Wenn du möchtest, dass deine Gespräche mit Gott über gelegentliche Stoßseufzer hinausgehen, dann wirst du in den nächsten Tagen hoffentlich einige Anregungen erhalten.

■ **Denk mal**
Wann hast du zuletzt ausführlich mit Gott geredet?

■ **Mach mal**
Lies dir das *Vaterunser* in Matthäus 6,9–13 durch.
Welcher Teil davon spricht dich gerade besonders an?

■ **Zum Vertiefen**
Herr, lehre uns beten. —Lukas 11,1

Kein einziger Mensch ist bloß ein verlorenes Teilchen im Weltall. Jeder einzelne Mensch ist von Gott, unserem Vater, geliebt und ihm mit Namen bekannt.
—Leonardo da Vinci

Abba – Papa

■ Die Jünger konnten Jesus drei Jahre lang aus der Nähe beobachten und so Antworten auf ihre Fragen finden: Was prägt sein Leben? Wie reagiert er auf herausfordernde Situationen? Wie geht er mit Menschen um? Ihnen fiel auf, dass er häufig mit Gott sprach, den er *Abba* nannte (das heißt lieber Vater, Papa). Sie selbst kannten rituelle Gebete aus dem Tempel und die Psalmen, die ihre Vorväter geschrieben hatten. Jesu Gebete waren anders. Er schien mit Gott »per du« zu sein, nannte ihn Papa und nahm sich Zeit für intensive Gespräche mit ihm.

Eines Tages hatte einer der Jünger den Mut, Jesus zu fragen: »Sag mal, wie machst du es, so vertraut mit Gott zu reden? Was ist dein Geheimnis? Kannst du uns beibringen, so zu beten wie du?« Jesus gab ihnen als Antwort das Gebet, das wir Vaterunser nennen. Die meisten von uns kennen dieses Gebet aus Gottesdiensten, wo sie es gemeinsam aus tiefstem Herzen gebetet oder manchmal auch nur aufgesagt haben. Das Vaterunser ist keine langweilige, fromme Formel, sondern eine »Gebrauchsanleitung zum Selbst-Beten«. Sie beginnt mit den Worten »Unser Vater im Himmel!«

Für Jesus war, anders als für manche von uns, der Begriff Vater positiv besetzt. Gott ist jemand, dem wir vertrauen können, der immer für uns ist, und dem gegenüber es keine Distanz gibt. So wie Kinder eines liebevollen Vaters mit ihrem Papa reden, so können und dürfen wir vertrauensvoll zu Gott kommen, wenn wir beten.

■ **Denk mal**
Was sind die fünf Eigenschaften, die dir als Erstes in den Sinn kommen, wenn du das Wort »Vater« hörst?

■ **Mach mal**
Sprich mit einem Freund darüber, wie das Vorbild deines irdischen Vaters deine Beziehung zu Gott beeinflusst.

■ **Zum Vertiefen**
Weil ihr nun seine Kinder seid, dürft ihr jetzt im Gebet zu Gott sagen: »Abba, lieber Vater!« —Römer 8,15

Ein Gebet kann ein Gespräch mit einem Freund sein.
—Engelbert Schinkel

Mit Gott reden

■ Gott bringt durch Jesus zum Ausdruck: »Ich will dich kennen, will wissen, was du denkst und fühlst. Ich will deine Träume teilen und dir meine Träume sagen. Ich will Abenteuer mit dir erleben und gemeinsam mit dir Gutes bewirken! Ich will wissen, wer und wie du bist, und was du magst und was nicht. Ich möchte, dass du mein Freund bist, und ich will dein Freund sein!«

Ich habe viele gute Freunde. Sie machen häufig nette Sachen für mich oder schenken mir etwas, ohne dass es dafür einen besonderen Anlass gibt. Das Schönste an Freundschaften sind jedoch nicht die Geschenke, sondern das Leben, das wir teilen. Wir erleben frohe und weniger angenehme Momente miteinander und reden intensiv über das, was uns beschäftigt. Wir sprechen über offene Fragen und feiern Erfolge. Manche Menschen formulieren ihre Gebete wie eine Bestellung an einen Lieferservice und erwarten, die gewünschten Artikel innerhalb von 24 Stunden frei Haus geliefert zu bekommen. Gott erhört Gebete gerne und häufig. Jeder, der mit ihm lebt, kann aus eigener Erfahrung berichten, wo Gott auf konkrete Bitten hin gehandelt hat.

Das Wichtigste an der Beziehung zu Gott ist jedoch nicht, was er für dich tut, sondern dass er mit dir kommunizieren und dein Freund sein will. Deine Gebete können gesprochen, geschrieben, gesungen oder getanzt werden (vgl. 2. Mose 15). Egal, wie – wichtig ist, dass du es tust!

■ **Denk mal**
Was bedeutet für dich echte Freundschaft?
Was sind die Eigenschaften eines Freundes?

■ **Mach mal**
Bete einmal in einer Form, die für dich ungewöhnlich und neu ist, zum Beispiel dein Gebet aufschreiben oder mit dem Körper zum Ausdruck bringen.

■ **Zum Vertiefen**
Mirjam und die anderen Frauen schlugen ihr Tamburin, und zusammen tanzten sie im Reigen. Mirjam sang ihnen vor: »Singt dem Herrn, denn er ist mächtig und erhaben!« –2. Mose 15,20–21

*Schweigen möchte ich, Herr, damit ich unter den vielen Stimmen
die deine erkenne.*
—Jörg Zink

Seine Stimme hören

■ Gott redet auf verschiedene Art und Weise. Wer einen Engel sieht
oder eine Vision hat, ist meist recht sicher, dass Gott gerade geredet
hat. Aber derartiges ist eher die Ausnahme. Zu den meisten Menschen
spricht Gott durch eine »leise, innere Stimme«. Dir geht plötzlich ein
Gedanke durch den Kopf: »Ruf Steffi an!« oder »Pass auf!« Das könnte
Gottes Reden zu dir sein.

Schritt für Schritt lernst du, dieses leise Reden Gottes von eigenen Gedanken zu unterscheiden. Jeder macht dabei am Anfang Fehler. Gott
versucht, durch »Gedankenblitze« etwas zu sagen, und man wehrt es
ab: »So ein Quatsch!« Das ist übrigens ein Indiz dafür, dass es Gott
war, der gerade geredet hat. Bei eigenen Gedanken denkt man nur
selten: »So ein Quatsch!« Im Laufe der Zeit lernt man Gottes Stimme
besser kennen und ahnt: »Du bist es«, so wie man die Stimme eines
vertrauten Freundes am Telefon schneller erkennt als die eines losen
Bekannten.

Manche Menschen wollen keine Entscheidungen verantworten und
bitten Gott deshalb bei jeder Kleinigkeit um sein Reden: »Was soll ich
heute anziehen?«, »Soll ich diese Reise buchen?« oder »Wohin soll ich
mich im Gottesdienst setzen?« Benutze Gott nicht als »Orakel«, um
Entscheidungsschwäche auszugleichen. Du kannst mit ihm eine Ab-
machung treffen: »Vater, ich bitte dich, dass du die Initiative ergreifst
und mich auf Dinge hinweist, wenn es wichtig ist. Wenn ich nichts von
dir höre, entscheide ich selbst.«

■ **Denk mal**
In welchen Situationen hast du Gottes Stimme klar gehört?
Woran hast du erkannt, dass es Gott war, der gesprochen hat?

■ **Mach mal**
Führe die nächsten überraschenden Gedanken, die dir in den
Sinn kommen, aus, solange sie nicht erkennbar im Widerspruch
zu Gottes Wesen stehen.

■ **Zum Vertiefen**
Meine Schafe erkennen meine Stimme. —Johannes 10,27

Der einzige Zweck alles Lebens: Gott fassen lernen!
—Bettina von Arnim

Himmel auf Erden

■ Jeder hat schon einmal Momente erlebt, in denen er sich vorkam wie im Himmel auf Erden: ein Abendessen bei Kerzenschein und Rotwein, ein tiefes Gespräch mit einem vertrauten Menschen, ein wunderbares Geschenk oder eine Zeit, in der Gott so spürbar anwesend war, dass man ihn fast mit Händen greifen konnte. Himmel auf Erden – das wünscht sich jeder! Und Gott lädt uns ein, daran mitzuwirken, dass der Himmel auf die Erde kommt. Der Ausdruck »Dein Reich komme« bedeutet genau das: Der Himmel soll auf die Erde kommen!
Zu beten ist das unglaubliche Angebot Gottes, mit ihm zusammen den Himmel auf die Erde zu bringen. Der Gott, der Himmel und Erde geschaffen hat, will Dinge nicht im Alleingang tun. Er hat sich vielmehr entschieden, in Kooperation mit seinem »Bodenpersonal« zu wirken. Durch Gebet können wir Gott um sein Eingreifen bitten und erwarten, dass er Segen, Leben, Heilung und andere gute Dinge zu den Menschen bringt. Das ist gewaltig!
Wenn man jemandem eine Freude machen möchte, ist es wichtig zu wissen, was diese Person mag. Der eine Mensch ist glücklich über Blumen, ein anderer freut sich über praktische Hilfe, und wieder ein anderer braucht dringend Geld oder einen Arbeitsplatz. Damit Geschenke wirklich Freude machen, ist es wichtig, die Bedürfnisse des anderen zu kennen. Beim Gebet ist es ähnlich. Wir können Gott fragen: »Vater, was ist dir wichtig? Zeige mir, was du auf dem Herzen hast!«

■ **Denk mal**
Was für Verhältnisse würdest du als »Himmel auf Erden« ansehen? Wo wünschst du dir mehr »Himmel« hin?

■ **Mach mal**
Frage Gott, was er in deiner Umgebung verändern möchte. Schreibe die Gedanken auf, die dir in den Sinn kommen.

■ **Zum Vertiefen**
Lass deinen Willen hier auf der Erde geschehen, wie er auch im Himmel geschieht. —Matthäus 6,10

Das Größte, was ein Mensch für einen anderen tun kann, ist,
dass er für ihn betet.
—Corrie ten Boom

Für andere beten

■ Das Gebet, das Jesus uns als Modell gab, heißt Vaterunser, nicht Vatermein. Jesus ermutigt uns damit nicht nur, mit anderen zu beten. Er fordert uns damit auch auf, für andere zu beten und zu erwarten, dass Gott ihnen aufgrund unserer Gebete Gutes tut.

Auf der Welt leben etwa sieben Milliarden Menschen, von denen du die meisten nicht kennst. Jeder von ihnen ist in Gottes Augen ein VIP, also ein Mensch, der für ihm unendlich wichtig ist.

In der Geschichte vom verlorenen Sohn rennt der Vater dem Sohn entgegen, um ihn willkommen zu heißen (Lukas 15,20). Gott ist wie dieser Vater. Er läuft Menschen, die sich vielleicht noch ganz zögerlich auf den Weg zu ihm machen, entgegen und rollt den »roten Teppich« für sie aus! Er würde alles für sie geben. Sogar seinen Sohn hat er für sie sterben und auferstehen lassen, um ihnen ewiges Leben zu geben, das heißt, dass sie immer bei ihm sein können: »*Denn Gott hat die Menschen so sehr geliebt, dass er seinen einzigen Sohn für sie hergab. Jeder, der an ihn glaubt, wird nicht verloren gehen, sondern das ewige Leben haben*« (Johannes 3,16).

Du kannst unmöglich persönlich für sieben Milliarden Menschen beten. Schon beim Telefonbuch deiner Stadt wirst du an deine Grenzen stoßen, wenn du jeden Menschen namentlich vor Gott bringen willst. Aber du kannst einige Menschen zu deinen VIPs machen und dafür beten, dass sie Gott kennenlernen.

■ **Denk mal**
Kennst du Menschen, die dafür gebetet haben, dass du Jesus kennenlernst?

■ **Mach mal**
Für welchen Menschen wünschst du dir am meisten, dass er Jesus kennenlernt? Bete jetzt für ihn.

■ **Zum Vertiefen**
Seitdem haben wir nicht aufgehört, für euch zu beten und Gott dafür zu bitten, dass ihr seinen Willen erkennt und sein Geist euch mit Weisheit und Einsicht erfüllt. —Kolosser 1,9

Anbetung ist das staunende Gebet.
—Friedhold Vogel

Anbetung

■ Jeder, der einmal verliebt war, weiß, dass man eine Ewigkeit damit verbringen kann, den Menschen, den man liebt, einfach anzuschauen. Gott ist noch so viel besser, schöner, herrlicher als der beste Mensch auf Erden. Aber du brauchst nicht zu warten, bis du in den Himmel kommst, um dich an Gott zu freuen und ihm diese Freude mitzuteilen. Du kannst ihn jetzt schon bestaunen. Das ist Anbetung.

In erster Linie ist Anbetung eine Herzenshaltung. Das, was im Herzen ist, kann auf verschiedene Weise zum Ausdruck gebracht werden. Manche Menschen beten Gott still an. Andere lieben es lautstark. Sie packen alle Instrumente aus, die sie haben, und feiern Gott aus vollem Herzen. Manche singen, andere rufen und jubeln und wieder andere schreiben ihre Anbetung auf (ein Beispiel aus dem Neuen Testament findest du in Epheser 1,3). Einige werfen sich vor Gott nieder und die nächsten klatschen und tanzen mit ihrem ganzen Körper.

Manche Menschen früherer Zeiten brachten Gott Opfer und bauten Altäre, um ihm zu zeigen, wie wertvoll er ihnen ist. Eine heutige Form davon kann sein, Gott Zeit, Geld oder Raum zur Verfügung zu stellen.

Anbetung geschieht im Herzen. Wie wir sie äußerlich ausdrücken, hängt von der Situation ab und davon, ob man allein und ungestört ist oder nicht. Sei kreativ und suche nach Wegen, deine Anbetung so auszudrücken, wie es zu dir und deiner Situation passt.

■ **Denk mal**
Welche äußeren Ausdrucksformen von Anbetung praktizierst du am liebsten?

■ **Mach mal**
»Baue Gott einen Altar«, indem du dein Geld, deine Zeit oder deinen Einsatz heute für etwas zur Verfügung stellst, das ihm wichtig ist.

■ **Zum Vertiefen**
Lob und Dank sei Gott, dem Vater unseres Herrn Jesus Christus! Er hat uns mit seinem Geist reich beschenkt, und durch Christus haben wir Zugang zu Gottes himmlischer Welt erhalten. —Epheser 1,3

Der wahre Mut besteht darin, gerade dann Mut zu zeigen,
wenn man nicht mutig ist.
—Jules Renard

Sich trauen

■ Es ist zu jedem Zeitpunkt möglich, Gott anzubeten. Wenn wir das Kreuz betrachten, erleben wir, dass wir durch Jesus freien Zugang zu Gott haben. Aber das empfinden wir nicht immer so. Wenn du ein schlechtes Gewissen hast, weil du in irgendeinem Punkt versagt hast, ist dann dein erster Gedanke: »Jetzt muss ich als erstes vor Gott kommen«? Oder lässt du erst eine gewisse »Schamfrist« verstreichen, eine Zeit, in der du dich so richtig schlecht fühlst, bevor du Gott wieder unter die Augen trittst?

Diese Wahrnehmung ist eine echte Katastrophe. Gerade in dem Moment, wenn wir am dringendsten zu Gott kommen müssten, trauen wir uns nicht. »So kann ich ihm doch nicht begegnen!« Man möchte erst irgendeine Form von Wiedergutmachung leisten oder sich selbst bestrafen. Das hat aber mit Umkehr nichts zu tun. Man kann nicht Buße tun, indem man sich selbst verbietet, zu Gott zurückzukehren. Der Widerspruch ist offensichtlich. Es ist nicht leicht, hier umzudenken. Aber entscheidend.

Natürlich tun wir Gott und uns keinen Gefallen, wenn wir sündigen. Aber wenn wir mit unserem Versagen zu ihm kommen, weil wir glauben, dass seine Gnade mächtiger ist, dann ehren wir ihn. Wir erkennen an, dass wir ihn brauchen. Wir bestätigen, was Jesus für uns getan hat. Wir drücken unser Vertrauen in Gottes Güte aus. Das ist Anbetung!

Text von Henning Rietz.

■ **Denk mal**
Stell dir vor: Wie sieht Jesus dich an, wenn du mit derselben Sünde zum x-ten Mal zu ihm kommst?

■ **Mach mal**
Vorschlag für ein Morgengebet: »Vater, ich will dich heute verherrlichen. Falls ich versage, dann vertraue ich auf die Größe deiner Barmherzigkeit.«

■ **Zum Vertiefen**
Wo sich die ganze Macht der Sünde zeigte, da erwies sich auch Gottes Barmherzigkeit in ihrer ganzen Größe. —Römer 5,20

Wofür ein Mensch empfänglich ist, das charakterisiert ihn,
das prägt seine Natur.
—James Tyler Kent

Empfänglich sein

■ Gott anzubeten ist keine einseitige Angelegenheit. Gott tut etwas, offenbart sich und wir reagieren darauf mit Lobpreis und Hingabe. Aber damit nicht genug: »*Wendet euch Gott zu, dann wird er zu euch kommen.*« (Jakobus 4,8). Gott ist immer da, aber es gibt auch eine besondere Nähe Gottes. Ist für dich Intimität mit Gott etwas Konkretes und Positives? Schmerzhafte Sehnsucht? Unerreichbare Utopie? Quälende Belastung? Angst davor, entdeckt zu werden?

Nicht für jeden ist das spürbare Erleben der Gegenwart Gottes angenehm. Unsere Seele reagiert mit all ihren gesunden und ungesunden Anteilen auf das Wirken des Geistes. So erlebt mancher eine besondere Nähe Gottes zuerst einmal als bedrückend statt befreiend. Ich möchte dich ermutigen, dich dem ehrlich und offen zu stellen. Du kannst dich hervorragend in ehrfürchtiger Distanz halten und Gott nie an dich, dein Herz und deine Gefühle heranlassen. Du verpasst dabei echte, tiefe Begegnung.

Die wahrscheinlichste Ursache für Blockaden in der Anbetung sind Schuldgefühle, Verletzungen und schlechte Erfahrungen. Denke nicht, dass du »halt so gestrickt« bist und Gott nicht tiefer erleben kannst. Als ob Gott für dich nicht vorgesehen hätte, dir so nahe zu sein, dass du es auch spürst. Es geht nicht darum, immer etwas zu erleben und warme Gefühle zu pflegen. Sondern darum, empfänglich zu sein und Gottes Nähe zuzulassen. Das kann ein langer Weg sein, der Umdenken und innere Heilung erfordert. Aber es lohnt sich!

Text von Henning Rietz.

■ **Denk mal**
Wenn Jesus in deinem Zimmer erschiene – was würdest du erwarten?

■ **Mach mal**
Wenn du Gottes Nähe genießen kannst, ermutige jemanden, dem es schwer fällt. Wenn es dir schwer fällt, suche Hilfe.

■ **Zum Vertiefen**
Gott rief: »Adam, wo bist du?« —1. Mose 3,9

Manchmal ist es schwer, das Wirken des Heiligen Geistes von der Wirkung einer Mollsubdominante zu unterscheiden.
—Henning Rietz

Das Wahre leben

■ Hast du schon mal eine Lobpreiszeit genossen, in der du total berührt warst, aber hinterher nicht so recht wusstest, ob das an Gott lag oder an der Musik und der allgemeinen Stimmung? Oder beobachtest du manchmal andere in der Anbetung und hältst sie für oberflächlich? Das kann einen schon sehr verunsichern. Im zweiten Fall ist es zudem sehr leicht, dem anderen Unrecht zu tun. Frag dich nicht, ob die anderen echt sind – sondern wie es mit dir steht.

Zugegeben: Musik kann manipulativ eingesetzt werden. Ihre Wirksamkeit ist von Gott angelegt, aber Musik entfaltet ihre Wirkung auch ohne direktes Wirken des Geistes Gottes. Das gilt im Übrigen auch für andere Formen der Kunst, zum Beispiel Rhetorik in einer Predigt. Gerade in einer Gruppe gibt es keine Anbetung ohne unterbewusste Einwirkungen durch Ausdrucksmittel und Gruppendynamik. Damit musst du dich abfinden. Mehr noch, das kannst du sogar bejahen und dankbar sein für jede Unterstützung deiner Anbetung.

Angst vor zu viel Emotion war noch nie ein guter Ratgeber und wer sich selbst ständig beobachtet, kann sich nicht fallen lassen. Versuche nicht, dich zu analysieren. Frag nicht: »Wie fühle ich mich gerade?«, sondern eher: »Will ich das, was ich hier tue?« Zum anderen – schau auf das Ergebnis, nicht auf das Erlebnis. Frage dich: »Stärke ich mit dem, was ich tue, meine Beziehung zu Gott?« Die Auswirkungen in deinem Leben werden zeigen, was echt war und was nicht. Nur Mut!

Text von Henning Rietz.

■ **Denk mal**
Wann hemmt dich die Sorge, nicht authentisch zu sein?

■ **Mach mal**
Schau dir bei YouTube einmal Filme von enthusiastischen Lobpreisevents an. Versuche, wertschätzend zu spüren, was die Menschen dort bewegt.

■ **Zum Vertiefen**
An ihren Früchten sollt ihr sie erkennen. —Matthäus 7,16

Anbetung verwandelt den Anbetenden in das Ebenbild dessen,
der angebetet wird.
—Jack Hayford

Auswirkungen sehen

■ Anbetung hat »Nebenwirkungen«. Wenn wir uns bewusst sind, dass Gott das Ziel unserer Anbetung ist, können wir uns den Nebenwirkungen zuwenden. Die Bibel erzählt einige spektakuläre Geschichten, in denen im Zusammenhang mit Lobpreis übernatürliche Dinge passierten. Meist war das eine Befreiung aus hoffnungsloser Lage. Unsere Anbetung wirkt mindestens in folgenden Bereichen: bei Gott, in der unsichtbaren Welt, auf uns und auf unser Umfeld.

Es klingt vielleicht anmaßend, dass du bei einem souveränen Gott Wirkung erzielst. Aber er hat nun mal dokumentiert, dass er sich über deine Anbetung freut, und seine besondere Nähe verheißen. Die Geschehnisse in der unsichtbaren Welt sind etwas schwerer zu greifen. Wir können in der Bibel jedoch einen Zusammenhang zwischen unserer Anbetung und den Auswirkungen im Himmel erkennen. Auch die abstoßende Wirkung auf böse Geister ist dort beschrieben.

Am unmittelbarsten ist die Wirkung der Anbetung auf dich selbst. Bewusste Zeit in Gottes Gegenwart prägen dein Wesen, deine Werte und deine Wahrnehmung. Anbetung wirkt auch auf unsere Gemeinschaft. Im Gottesdienst erleben und entdecken wir uns dabei als Leib Christi. Menschen, die Gott noch nicht kennen, werden nicht selten tief von der authentischen Liebe in der Anbetung berührt. Die wichtigste Sache der Welt hat eben auch die schönsten Nebenwirkungen!

Text von Henning Rietz.

■ **Denk mal**
Gibt es eine »Nebenwirkung«, nach der du dich am meisten sehnst? Hast du Gott das schon gesagt?

■ **Mach mal**
Wähle einen Ort, an dem du oft bist. Entwickle die Gewohnheit, Gott dort zu loben, selbst wenn es nur für einen Moment ist.

■ **Zum Vertiefen**
Gegen Mitternacht beteten Paulus und Silas. Sie priesen Gott laut, und die übrigen Gefangenen hörten ihnen zu. —Apostelgeschichte 16,25

8.26

Stille ernährt. Der Lärm verbraucht.
—Reinhold Schneider

Stille

■ Vor meinem Fenster zwitschert gerade lautstark ein Vogel. Von unten dringt Straßenlärm in mein Büro. Ab und an hört man auch Musiker auf der Straße. Plötzlich übertönt die Sirene eines Feuerwehrautos mit ihrem durchdringenden Klang alle anderen Geräusche – sogar das Klappern meiner Tastatur beim Schreiben.

Stille ist ein rares Gut geworden. Es gibt kaum noch einen Ort, an dem man keine Geräuschkulissen durch Musik, Telefone oder technische Geräte hat. Mittlerweile hört man nicht nur in U-Bahnen, sondern sogar in Aufzügen Hinweise aus dem Lautsprecher: »Tür schließt«. Viele Geräuschquellen schaffen wir selbst, etwa indem wir das Radio oder den MP3-Player im Hintergrund laufen lassen – häufig ohne überhaupt noch wahrzunehmen, was da gespielt wird.

Neben dem akustischen Lärm sind wir auch von unzähligen optischen Reizen umgeben, die unsere Aufmerksamkeit auf sich ziehen und Ruhe rauben. Blinkende Signalanzeigen, Werbetafeln – vieles strömt täglich auf uns ein. Meist ohne, dass wir es wollen.

Um dein Leben aus kraftvoller Ruhe leben zu können, lohnt es sich, Stille bewusst in den Alltag zu integrieren. Ein erster Schritt auf dem Weg zur Stille könnte sein, dir erst einmal bewusst zu machen, wie viel Unruhe dich ständig umgibt. Was siehst und hörst du den ganzen Tag? Was strömt auf dich ein? Willst du das alles sehen und hören?

■ **Denk mal**
Stell dir vor, es wäre ganz still. Was wäre dann anders?

■ **Mach mal**
Nimm dir Zeit und höre mehrere Minuten lang bewusst auf alle Geräusche, die dich umgeben.

■ **Zum Vertiefen**
Warum nur bin ich so traurig? Warum ist mein Herz so schwer? Auf Gott will ich hoffen, denn ich weiß: Ich werde ihm wieder danken. Er ist mein Gott, er wird mir beistehen! —Psalm 42,6

Viele Menschen wissen nicht, was sie wollen.
Aber sie sind entschlossen, es zu bekommen.
—Sir Peter Ustinov

Stille suchen

■ Der Begriff Stille bedeutet für unterschiedliche Menschen etwas ganz verschiedenes. Die einen denken bei Stille an einen Steg an einem ruhigen Gewässer. Andere an ungestörtes Zeitunglesen. Für die nächsten ist Stille vor allem in einer ruhigen, vertrauten Umarmung zu finden.

Um etwas zu finden, ist es erst einmal wichtig, dass du weißt, was du suchst. Es kann hilfreich sein, wenn du dir zunächst Gedanken darüber machst, was genau du suchst, bevor du mit der Suche beginnst. Folgende Fragen können dir dabei helfen:

- Wie definierst du für dich Stille?
- Was genau meinst du, wenn du davon sprichst, dass du Stille suchst?
- Suchst du Abwesenheit von Lärm?
- Oder eher innere Ruhe und Gelassenheit?
- Sehnst du dich nach Ungestörtheit?
- Oder nach stiller Harmonie mit anderen, vertrauten Menschen?

Stell dir vor, du würdest ein Bild malen oder einen Film drehen. Der Titel des Werkes wäre: »Ich in der Stille«. Was wäre auf dem Bild oder dem Film zu sehen? Welche Details und Handlungen wären zu erkennen? Welche Orte würden dargestellt? Welche Bilder hast du vor Augen, wenn du an Stille denkst?

Du kannst dir auch überlegen: Wie leben und gestalten andere Menschen Stille? Welche Art, Stille zu leben, findest du attraktiv? Was spricht dich an? Was könnte deine Form sein, Stille zu finden?

■ **Denk mal**
Auf einer Skala von eins (ganz wenig) bis zehn (sehr viel): Wie intensiv wünschst du dir mehr Stille in deinem Leben?

■ **Mach mal**
Schreibe zehn Dinge auf, die für dich kennzeichnend sind für Stille.

■ **Zum Vertiefen**
Nur bei Gott komme ich zur Ruhe; geduldig warte ich auf seine Hilfe.
—Psalm 62,2

Stille ist nicht nur das Fehlen von Geräuschen.
Stille ist vielmehr auch die Einkehr in sich selbst.
—Willy Meurer

Das eigene Herz entdecken

■ Wenn ich anfange, still zu werden, beginne ich zu spüren, was mein Herz bewegt. In meinem intensiven Alltag ist dafür nicht immer Raum – oder genauer: Der Raum ist da, aber ich nutze ihn nicht.

Wenn ich still werde, dann beginne ich zu spüren. Ich spüre, was mich beglückt. Lächle, wenn ich an schöne Momente zurückdenke, und durchlebe sie in Gedanken noch einmal. Manchmal spüre ich auch Traurigkeit, wenn ich in Zeiten der Stille erkenne, wo ich daneben gelebt und Dinge gedacht oder getan habe, die nicht zum Leben beitrugen. Es tut mir gut, das noch einmal zu betrachten und dann auch im Gebet Gott hinzulegen: »Schau mal, das war nicht so gut.«

In der Stille lerne ich mich – Schicht um Schicht – besser kennen. Im Alltag reagiere ich häufig spontan. Meist ist das gut, aber gelegentlich entspringen meine spontanen Reaktionen alten, negativen Mustern von Angst oder Hilflosigkeit. In der Stille wird mir das bewusst. Manchmal ist das unangenehm. Es tut weh, den eigenen Schmerz wahrzunehmen. Gelegentlich will ich dem ausweichen und weiche so auch den Zeiten der Stille aus oder bin so voller Ideen, dass ich kaum etwas spüren kann.

Wenn ich es wage, hinzusehen, dann kann ich Verhaltensmuster, die mich belasten, vor meinen Gott hinlegen und ihn bitten, mir bei Veränderungsprozessen zu helfen. Ich erlebe, wie sich manches auflöst – und dass ich weniger reagiere, sondern klarer handeln kann.

■ **Denk mal**
Wo willst du nicht so gerne hinsehen?
Was würde sich ändern, wenn du es wagen würdest?

■ **Mach mal**
Nimm dir heute Abend einige Momente Zeit, den vergangenen Tag zu betrachten. Was empfindest du, wenn du verschiedene Situationen Revue passieren lässt?

■ **Zum Vertiefen**
Kehrt doch um zu mir, und werdet ruhig, dann werdet ihr gerettet! Vertraut mir, und habt Geduld, dann seid ihr stark! —Jesaja 30,15

Es liegt im Stillsein eine wunderbare Macht der Klärung, der Reinigung und der Sammlung auf das Wesentliche.
—Dietrich Bonhoeffer

Klarheit

■ Fast jeder kennt das Phänomen, abends mit einer offenen Frage eingeschlafen zu sein und morgens plötzlich wie aus dem Nichts die Antwort zu wissen. Das überrascht uns, weil wir manchmal den ganzen vorausgegangenen Tag gegrübelt haben, ohne zu einem wirklichen Ergebnis gekommen zu sein. Dieses Phänomen hat damit zu tun, dass das Gehirn nachts weiterarbeitet, wenn es Ruhe hat und nicht mit anderen Dingen beschäftigt wird. Und damit, dass sich in der Stille unsere Gedanken sortieren und wir zu Lösungen finden.

Eine Möglichkeit, sich dies zunutze zu machen, ist, hörend zu schreiben. Das geht so: Du setzt dich mit Papier und Stift entspannt hin und wirst ganz ruhig. Am besten, du atmest tief durch und kommst zur Ruhe. Du kannst in einem Gebet Gott einladen, dir nahe zu sein und zu dir zu sprechen. Schreibe anschließend eine Frage auf, die dich bewegt. Notiere dann entspannt, was dir als Antwort auf die Frage in den Sinn kommt. Wichtig hierbei ist, nicht zu grübeln oder zu zensieren, sondern die Gedanken einfach kommen zu lassen.

Manche Menschen machen das auch nur still im Kopf. Ich persönlich bevorzuge die schriftliche Variante, weil ich meine Notizen anschließend nachlesen kann. Ich habe es immer wieder erlebt, dass ich das, was ich aufgeschrieben habe, nicht nur als meine Gedanken, sondern sogar als persönliches Reden Gottes zu mir empfunden habe.

■ **Denk mal**
In welchem Lebensbereich wünschst du dir gerade besonders intensiv Klarheit?

■ **Mach mal**
Probiere es aus: Bitte Gott, zu dir zu sprechen. Werde ruhig und schreibe deine Fragen auf. Notiere dann, was dir als Antwort in den Sinn kommt.

■ **Zum Vertiefen**
Seit die Erde steht, hat noch niemand einen Gott wie dich gehört oder gesehen. Nur du kannst den Menschen, die auf dich vertrauen, wirklich helfen. —Jesaja 64,3

Das höchste Gut des Geistes ist die Erkenntnis Gottes,
und die höchste Tugend des Geistes ist, Gott zu erkennen.
—Baruch de Spinoza

Gott entdecken

■ Pastor Jim Henderson hat einmal gesagt: »Im Laufe meines Lebens habe ich zwei Dinge erkannt. Es gibt einen Gott und ich bin es nicht.« Im Alltag leben wir oft so, als ob wir selbst Gott wären. Wir denken, alles hänge an uns. Wir machen uns Sorgen, als ob wir dadurch die Welt retten könnten und wir halten uns häufig für unersetzlich.

In der Stille wird unsere Perspektive wieder geradegerückt. Wir erkennen: Es gibt einen Gott. Er ist da. Er wacht schützend über mir. Er ist real und er ist ein Gegenüber. Er ist mächtig, liebevoll und stark. Er kommuniziert und will nahe sein. Der Blick auf Gott und sein Wesen bringt uns immer wieder zum Staunen.

Zeiten mit Gott bringen uns auch wieder in die richtige Position: Ich bin nicht Gott. Das scheint manchmal schade. Wir haben unsere eigenen Ideen, wie das Leben und die Welt laufen sollten, und manchmal beten wir auch so, als ob wir Gottes Chefberater wären: »Herr, du solltest dies oder jenes tun.« Wir denken in unserer Arroganz gelegentlich, dass wir die Dinge besser managen könnten als er. In der Stille wird uns klar, dass wir nicht Gott sind. Das ist manchmal ernüchternd, aber meistens ungemein entlastend.

Wir sind nicht Gott und müssen es nicht sein. Wir müssen nicht die Last der Welt auf unseren Schultern tragen. Wir können und müssen nicht den Überblick über alles behalten. Wir müssen nicht alles wissen, alles regeln. Es gibt einen Gott und ich bin es nicht.

■ **Denk mal**
Woran würdest du erkennen, dass du weniger häufig versuchst, Gott zu spielen als bisher?

■ **Mach mal**
Vertraue etwas, um das du dir viele Sorgen machst, bewusst Gott mit den Worten an: »Ich geb' dir das. Du bist Gott. Ich bin es nicht.«

■ **Zum Vertiefen**
Solange ich lebe, möchte ich im Hause des Herrn bleiben. Dort will ich erfahren, wie gut der Herr es mit mir meint, still nachdenken im heiligen Zelt. —Psalm 27,4

Wer die Stille nicht sucht, kann sie nicht finden.
—Kerstin Hack

Stille finden

■ Zum Abschluss dieses Kapitels möchte ich dir noch einige praktische Tipps geben, wie du mehr kraftspendende Stille in deinen Alltag einbauen kannst.

• *Stille-Störer ausschalten:* Mancher Lärm und viel optischer Stress ist unvermeidbar. Aber auf eine Menge Dinge haben wir Einfluss, den wir nutzen können. Zum Beispiel, indem wir den Sound an technischen Geräten ausstellen, Werbemails abbestellen oder Ohrstöpsel tragen.

• *Stille Räume gestalten:* Einer der stärksten Stille-Störer ist die Unordnung. Auch überladene Räume, in denen sich vieles angesammelt hat, helfen nicht, innerlich zur Ruhe zu kommen. Schaffe Schritt für Schritt einen schönen, aufgeräumten Raum, in dem du wirklich zur Ruhe kommen kannst.

• *Einfluss nutzen:* Oft kommen wir nicht zur Ruhe, weil ständig jemand etwas von uns will. Dabei haben die wenigsten Menschen ein Interesse daran, unsere Ruhe zu stören und Stress und Hektik in unser Leben zu bringen. Stattdessen respektieren die meisten unsere Bitte um Ungestörtheit – wenn wir sie zum Ausdruck bringen. Denn kaum jemand kann Gedanken lesen. Hier ist Offenheit gefragt.

• *Multitasking ade:* Multitasking ist zwar modern, funktioniert aber nicht gut. Es ist wesentlich effektiver, eine Sache nach der anderen zu tun als gleichzeitig. Man bleibt dabei innerlich ruhiger und gelassener.

■ **Denk mal**
Auf einer Skala von eins (fast gar nicht) bis zehn (sehr gut):
Wie gut kannst du dich auf eine Aufgabe konzentrieren?

■ **Mach mal**
Übe heute bei fünf (oder mehr) Alltagtätigkeiten, wie beispielsweise Geschirrspülen, dich ganz auf die Tätigkeit zu konzentrieren, die du ausübst.

■ **Zum Vertiefen**
Am nächsten Morgen stand Jesus vor Tagesanbruch auf und ging an eine einsam gelegene Stelle, um dort allein zu beten. —Markus 1,35

Monat 9
Reiche Beziehungen gestalten

Reiche Beziehungen gestalten

■ Wenn Menschen einander von Herz zu Herz begegnen, ist das wunderbar. Zusammen lachen, verbunden sein, Leid und Freude teilen. Das gehört zu den tiefsten und schönsten Gefühlen, die Menschen kennen. Doch leider erleben wir auch das Gegenteil: verletzende, zerstörerische Worte oder gar seelische und körperliche Gewalt. Die Verbindung zueinander gelingt nicht immer.

Ich bin tief dankbar, dass Männer und Frauen sich intensiv mit der Frage beschäftigt haben, was uns dabei hilft, Wege zueinander zu finden. Sie haben beobachtet, analysiert und ihre Erkenntnisse zu Papier gebracht.

Dabei sind für mich natürlich die Worte des Alten und Neuen Testaments wichtig: der Appell, den Nächsten so zu lieben wie sich selbst, die Ermutigung, geduldig und barmherzig miteinander umzugehen.

Neben den Texten der Bibel schätze ich besonders den Ansatz des 2015 verstorbenen Marshall Rosenberg. Ihm gelang es, mit dem Modell der *Gewaltfreien Kommunikation (GfK)* einen Weg zueinander zu beschreiben, der so einfach ist, dass jedes Kind ihn verstehen kann. Und so tief, dass man ein Leben lang lernen kann.

Für mich ist der Ansatz der *Gewaltfreien Kommunikation* eine Hilfestellung, das Gebot der Nächstenliebe praktisch umzusetzen. Wann immer mir das gelingt, erlebe ich Nähe, Verbindung und die Freude, einen anderen Menschen in seiner ganz großen Eigenheit zu entdecken und als wertvoll wahrzunehmen.

Ich lade dich in diesem Monat ein auf eine Entdeckungsreise in dein Herz und zu dem Herzen anderer Menschen.

Wenn du mit dem Finger auf jemanden zeigst,
bedenke, dass vier Finger auf dich gerichtet sind.
—Autor unbekannt

Mein persönlicher Weg

■ Meine Reise zu tieferer Kommunikation begann mit einer Beschwerde. Ich beklagte ich mich bei einem Coach bitter über einen anderen Trainer: »Ich habe das Gefühl, der respektiert mich gar nicht!« Seine Antwort: »Das ist kein Gefühl, sondern ein Gedanke, der sich als Gefühl tarnt.« Er fragte mich: »Was fühlst du tatsächlich, wenn du denkst, jemand respektiert dich nicht?«

Ich war sprachlos (das ist selten!). Ich brauchte eine Weile, bis ich beschreiben konnte, dass ich Traurigkeit und Einsamkeit gespürt hatte, weil die Verbindung zu dem anderen Trainer nicht gelungen war.

Er erklärte mir später, dass die Unterscheidung zwischen so genannten Pseudo-Gefühlen und echten Gefühlen aus der *Gewaltfreien Kommunikation* stammt. Ich wurde neugierig, nahm an Kursen teil und entdeckte einen Schatz. Es geht bei der *Gewaltfreien Kommunikation* nicht nur darum, verbale Konflikte zu entschärfen. Sie ist in erster Linie ein Weg zu mehr Verbindung. Zu sich selbst und zu anderen. Seit ich mich auf den gewaltfreien Weg gemacht habe, fällt es mir leichter, meinem Herzen nahe zu kommen.

Ich habe die *Gewaltfreie Kommunikation* zuallererst als Weg zu mir selbst und dann zu Gott kennengelernt. Wer kennt das nicht »Ich habe das Gefühl, Gott lässt mich im Stich!« Kein Gefühl, sondern eine Beurteilung. Ein Vorwurf, der auch da Beziehung blockiert. Der Zugang zum echten Gefühl macht den Weg wieder frei.

■ **Denk mal**
Wem hast du zuletzt einen Vorwurf gemacht?

■ **Mach mal**
Identifiziere die Gefühle und unerfüllten Bedürfnisse, die hinter deinem Vorwurf stecken.

■ **Zum Vertiefen**
Vor dir, Herr, kann ich nichts verbergen, prüfe meine geheimsten Gedanken und Gefühle! —Psalm 26,2

Die Feder verwundet ärger als ein Pfeil.
—Jüdisches Sprichwort

Gewaltfreie Kommunikation?

■ »Gewaltfreie Kommunikation? Was soll das? Ich bin doch nicht gewalttätig!« Das höre ich oft, wenn ich Menschen erzähle, dass ich Trainerin für *Gewaltfreie Kommunikation* bin. Wer ein wenig tiefer hinschaut, erkennt jedoch sehr wohl, dass nicht nur Handlungen, sondern auch Worte voller Gewalt stecken können – Gewalt, die manchmal härter trifft als ein Faustschlag:

- Man provoziert und sucht Streit.
- Man tut anderen mit Worten weh.
- Man macht einander Vorwürfe.
- Man redet schlecht über andere.
- Man demütigt das Gegenüber.
- Man stellt andere bloß.
- Man lässt dem anderen im Gespräch keinen Raum.

Diese und viele andere Verhaltensweisen tragen dazu bei, dass Kommunikation zum Machtspiel wird. Der, der kommunikativ stärker ist, gewinnt – zumindest vordergründig. Doch im Grunde verlieren beide – nämlich die Verbindung zueinander.

Man könnte deshalb die Methode der *Gewaltfreien Kommunikation* auch als »verbindende Kommunikation« beschreiben. Denn es geht nicht nur darum, in Gesprächen Gewalt zu vermeiden. Das wäre in manchen Fällen schon hilfreich, doch lediglich »gewaltfrei« ist noch nicht beglückend. Ziel der *Gewaltfreien Kommunikation* ist vielmehr, dass echte Verbindung entsteht. Menschen sich begegnen, von Herzen verstehen und gegenseitig bereichern und beglücken.

■ **Denk mal**
In welchen Gesprächen der letzten Zeit hast du Gewalt erlebt? In welcher Verbindung?

■ **Mach mal**
Achte heute einmal darauf, mit welchen deiner Worte und Kommunikationsmuster du (un)bewusst Gewalt ausübst.

■ **Zum Vertiefen**
Ihr sollt einander lieben, so wie ich euch geliebt habe. —Johannes 13,34

Ich glaube, dass die Freude am einfühlsamen Geben und Nehmen unserem natürlichen Wesen entspricht.
—Marshall B. Rosenberg

Entstehung

■ Die Entwicklung der *Gewaltfreien Kommunikation* ist eng mit dem amerikanischen Psychologen Marshall B. Rosenberg verknüpft. Er erlebte 1943 als Achtjähriger die Rassenunruhen von Detroit mit. Innerhalb weniger Tage wurden mehr als 40 Menschen aufgrund ihrer Hautfarbe getötet. Da seine Familie im Zentrum der Gewalt wohnte, verbarrikadierten sie sich tagelang. Doch damit nicht genug.

Er erzählt in seinem Buch *Gewaltfreie Kommunikation*: »Nachdem der Rassenkrawall zu Ende war und die Schule wieder anfing, entdeckte ich, dass ein Name genauso gefährlich sein kann wie eine Hautfarbe. Als der Lehrer bei der Anwesenheitskontrolle meinen Namen aufrief, starrten mich zwei Jungs an und zischten: ›Bist du ein Kike?‹ Ich hatte dieses Wort noch nie gehört und wusste nicht, dass es eine abfällige Bezeichnung für Juden ist. Nach der Schule warteten die beiden auf mich. Sie warfen mich zu Boden, traten und verprügelten mich.«

Diese Erfahrungen haben Rosenberg geprägt und ihn dazu gebracht, nach Wegen zu suchen, wie Menschen in ihren Handlungen und Worten auf Gewalt verzichten und sich besser verstehen können. Er entwickelte die Methode der *Gewaltfreien Kommunikation*, brachte sie vielen Menschen nahe und setzte sie selbst weltweit ein. Als Mediator vermittelte er auch in extremen politischen Konflikten – etwa in Nahost oder Serbien – zwischen verfeindeten Gruppen.

■ **Denk mal**
In welche Situationen möchtest du Frieden bringen?

■ **Mach mal**
Beobachte heute die Gespräche von anderen. Wo siehst und erlebst du Trennung und Gewalt? Wo ist Nähe und Verbindung zu erleben?

■ **Zum Vertiefen**
Deshalb wollen wir uns mit allen Kräften darum bemühen, in Frieden miteinander zu leben und einander helfen, im Glauben zu wachsen.
—Römer 14,19

*Die Gewaltfreie Kommunikation ist ein Bewusstwerdungsprozess,
der sich als Kommunikationsmethode maskiert hat.*
—Kit Miller

Die Grundlagen

■ Marshall Rosenberg wurde beeinflusst vom Ansatz der Gewaltfreiheit, den Mahatma Gandhi gelehrt und praktiziert hat. Gandhi meint mit »gewaltfrei« mehr als den Verzicht auf Knüppel und Gewehr. Er versteht darunter unser einfühlendes Wesen, das sich wieder entfaltet, wenn die Gewalt in unseren Herzen nachlässt. Gewaltfreiheit beginnt laut Gandhi im Inneren und wirkt sich nach außen aus.

Geprägt wurde Rosenberg auch durch den Psychologen Carl Rogers, der den Ansatz der non-direktiven, klientenzentrierten Gesprächstherapie entwickelt hat. Vereinfacht gesagt glaubte Rogers nicht mehr, dass der behandelnde Arzt der »allwissende Gott in Weiß« ist, der das Gespräch direktiv führt: Er glaubte vielmehr, dass der Klient die Lösungen bereits in sich trage. Die Aufgabe des Therapeuten sei es lediglich, dem Klienten durch bedingungslose, positive Wertschätzung, Empathie und eine Haltung von Echtheit und Wahrhaftigkeit beim Entdecken dieser Lösungen zu helfen.

Diese Erkenntnisse übertrug Marshall Rosenberg auf Kommunikation im Allgemeinen – auch außerhalb von therapeutischen Kontexten. Er versteht die *Gewaltfreie Kommunikation* ganz allgemein als eine Methode zur Verbesserung des zwischenmenschlichen Miteinanders. Vorraussetzung ist dabei die Fähigkeit, sich in den anderen einfühlen zu können. Funktionierende Kommunikation und dauerhaft friedliche Beziehungen gelingen nur bei echtem empathischem Kontakt.

■ **Denk mal**
Welche Menschen kennst du, die richtig gut empathisch zuhören können? Was zeichnet sie aus?

■ **Mach mal**
Beobachte dich heute: Wie gut kannst du dich offen auf das einlassen, was vom anderen kommt?

■ **Zum Vertiefen**
Setzt alles daran, mit jedem Menschen Frieden zu haben und ein Leben zu leben, das Gott gefällt. Sonst werdet ihr den Herrn niemals sehen.
—Hebräer 12,14

Wir haben verlernt, die Augen auf etwas ruhen zu lassen;
deshalb erkennen wir so wenig.
—Jean Giono

Schritt 1: Beobachtung

■ Vier einfache Schritte zu sich selbst und zum anderen bilden die Basis der *Gewaltfreien Kommunikation*: Beobachtung, Gefühl, Bedürfnis und Bitte. Die vier Schritte geht man zuerst innerlich für sich selbst – die sogenannte »Selbsteinfühlung«. Dann erst innerlich oder kommunikativ mit dem anderen.

Der erste Schritt ist die reine Beobachtung. Hier geht es darum, lediglich zu beschreiben, was geschehen ist – ohne Bewertung der Handlungen des anderen. Es kann dabei helfen, sich vorzustellen, man würde die Szene noch einmal filmen wollen und müsste eine Anleitung für den Regisseur schreiben. Das ist gar nicht so einfach.

Häufig schwingen starke Gefühle und Bewertungen mit, die das neutrale Beschreiben erschweren. Nur die Fakten zu beschreiben, entlastet und ist der erste Schritt zu guter Kommunikation.

Ein Beispiel: Ich redete in einem Café mit einer Freundin. Ihr kleines Kind lief zwischen den Tischen auf und ab. Eine Frau stand auf und sagte: »Sie sollten besser auf ihr Kind aufpassen. Es hat mich mehrfach angefasst!« Das war die neutrale Beschreibung.

Bevor ich das innerlich mit Hilfe der GfK geklärt hatte, klang das so: »Wir haben uns ganz normal unterhalten. Da stand die Tussi vom Nachbartisch auf, baute sich vor uns auf und meckerte uns an, wir sollten besser auf unser Kind aufpassen.«

■ **Denk mal**
Welche Situation in letzter Zeit hat dich geärgert, gestresst oder belastet?

■ **Mach mal**
Beschreibe die Situation, die du gewählt hast, so neutral wie möglich. Überprüfe deine Beschreibung auch mit einem Freund.

■ **Zum Vertiefen**
Als Jesus den Nathanael erblickte, sagte er: »Hier kommt ein aufrichtiger Mensch, ein wahrer Israelit!« »Woher kennst du mich?«, wollte Nathanael wissen. Jesus erwiderte: »Noch bevor Philippus dich rief, habe ich dich unter dem Feigenbaum gesehen.« —Johannes 1,47–48

Ein feines Gefühl lässt sich so wenig lernen wie ein echtes.
Man hat es – oder man hat es nicht.
—Theodor Fontane

Schritt 2: Gefühle

■ Hat man eine Situation klar beschrieben, besteht der nächste Schritt darin, die eigenen Gefühle zu benennen. Wie genau ging es mir denn mit der Situation? Was habe ich dabei empfunden?

Viele Menschen sind gut darin, die Handlungen anderer zu beschreiben, aber können schlecht benennen, was sie selbst bewegt. Das trifft auch, aber nicht nur, auf Menschen zu, die viel meckern und klagen. Offensichtlich bewegt sie etwas, aber sie beschreiben das Verhalten der anderen, nicht wie sie sich selbst dabei fühlen: »Immer muss er den Wasserhahn laufen lassen!« »Nie hört sie mir zu!« Wenn man sie fragt: »Bist du darüber irritiert? Oder bist du traurig?«, sind sie oft sprachlos. Sie haben es nicht gelernt, ihre Gefühle zu spüren und zu benennen.

Zu echten Gefühlen gehören beispielsweise: Schmerz, Trauer, Freude, Glücksgefühle, Angst, Ekel, Mutlosigkeit, innere Ruhe, Nervosität, Erleichterung, Irritation, Begeisterung, Neugier, Frustration. Außerdem Entsetzen, Schwäche, Trägheit, Lebendigkeit, Fröhlichkeit, Sicherheit, Unsicherheit, Berührtsein, Staunen und vieles mehr.

Um zu lernen, Gefühle zu erspüren und zu benennen, kann es hilfreich sein, sich eine »Vokabelliste« möglicher Gefühle anzueignen (siehe *bit.ly/gewaltfreiforum* › PDF › S. 12). Das kann dem Gespräch eine Wendung geben. Kann der andere seine Gefühle nicht benennen, weil ihm die Vokabeln fehlen, darfst du ihm ruhig welche zur Auswahl anbieten: »Kann es sein, dass du dich gerade entmutigt/hilflos/erleichtert ... fühlst?«

■ **Denk mal**
Was hilft dir dabei, deine Gefühle zu erkennen und zu benennen?

■ **Mach mal**
Fühle und benenne in Bezug auf eine konkrete Situation die Gefühle, die du hattest oder hast.

■ **Zum Vertiefen**
Im Wasser spiegelt sich dein Gesicht, und in deinen Gedanken und Gefühlen erkennst du dich selbst! —Sprüche 27,19

Ein Freund ist jemand, der weiß, dass man ihn gerade braucht.
—Oscar Wilde

Schritt 3: Bedürfnis

■ »Juhu – ich bin total erleichtert!« Oder: »Gerade bin ich sehr nieder-geschlagen und ratlos.« Wer spürt und benennen kann, was er fühlt, hat einen entscheidenden Schritt getan – ist jedoch noch nicht am Ziel. Es geht weiter.

Gefühle sind nicht das Entscheidende. Sie sind lediglich Wegweiser auf der Spur nach unseren Bedürfnissen. Hinter jedem Gefühl steckt ein Bedürfnis. Gefühle zeigen – ähnlich wie ein Thermometer –, ob das Leben sich im »warmen« oder »kalten« Bereich befindet. Mit anderen Worten: Ob Bedürfnisse erfüllt sind oder nicht. »Gute«, angenehme Gefühle signalisieren: Ein wichtiges Bedürfnis ist erfüllt. Wenn wir Freude spüren, dann ist womöglich das Bedürfnis, etwas zu bewirken, oder der Wunsch nach Verbindung zu anderen Menschen erfüllt.

Gefühle, die unangenehm sind, signalisieren: Ein Bedürfnis ist nicht erfüllt. Wenn wir uns erschöpft fühlen, ist vielleicht das Bedürfnis nach Ruhe nicht erfüllt. Wenn man hinter den Gefühlen die Bedürf-nisse erkennt, kann man handeln. Ist man begeistert, weil das Be-dürfnis nach persönlicher Entwicklung gestillt ist, kann man dafür sorgen, dass es häufiger erfüllt wird. Ist man gelangweilt, weil Inspi-ration fehlt, kann man Abhilfe schaffen.

Das zentrale Bedürfnis des Menschen ist der Erhalt seines Lebens. Dem ordnen sich alle weiteren Bedürfnisse unter, wie zum Beispiel: Verbindung zu anderen, Weiterentwicklung, Ruhe, Feiern, Autonomie, Sicherheit, Bewegung, Inspiration, Spiritualität.

■ **Denk mal**
Welche wichtigen Bedürfnisse sind bei dir aktuell gut erfüllt? Welche weniger gut? Wie fühlt sich das an?

■ **Mach mal**
Überlege dir in Bezug auf eine negative und eine positive Situation, welche Bedürfnisse erfüllt oder unerfüllt waren.

■ **Zum Vertiefen**
Großzügig schenkt er den Bedürftigen, was sie brauchen; auf seine barmherzige Liebe kann man immer zählen. —Psalm 112,9

Dankbare Menschen haben mit dem Bitten viel weniger Probleme.
—Ernst Ferstl

Schritt 4: Bitten

■ Jetzt kann ich etwas tun! Hat man erkannt, welche Bedürfnisse hinter den Gefühlen stehen, kann man dafür Sorge tragen, dass das Bedürfnis erfüllt wird – indem man eine Bitte formuliert:
- an sich selbst,
- an eine höhere Macht/Gott,
- an einen anderen Menschen.

Ist man beispielsweise müde und erschöpft, kann man sich selbst bitten, sich Ruhe zu gönnen. Man kann seine Sorgen und Lasten Gott anvertrauen. Oder man kann andere Menschen bitten, ruhig(er) zu sein oder ganz konkrete Arbeiten abzunehmen.

Wichtig bei Bitten an andere Menschen ist, dass sie in der Gegenwart erfüllbar sind. Kein Mensch kann ehrlich versprechen, dass er künftig immer den Müll raustragen wird. Aber er kann auf folgende Bitte antworten: »Bitte trag den Müll jetzt raus.«

Eine Bitte kann auch eine Klärungsbitte sein. Man möchte wissen, ob das eigene Anliegen angekommen ist und fragt: »Bitte sag mir, ob du verstanden hast, wie wichtig es mir ist, dass es sauber ist und der Müll einmal wöchentlich rausgetragen wird.« Die meisten Menschen helfen gern, wenn man klare Bitten an sie richtet. Sie sind froh, wenn sie konkret wissen, was sie tun können, damit es uns besser geht.

Es kann auch sein, dass jemand die Erfüllung einer Bitte ablehnt – das ist sein gutes Recht. Dann haben wir immer noch die Möglichkeit, uns selbst oder Gott zu bitten. Es gibt immer eine Vielzahl von Möglichkeiten, ein Bedürfnis zu erfüllen.

■ **Denk mal**
Welche deiner Bedürfnisse kommen regelmäßig zu kurz?

■ **Mach mal**
Überlege dir, worum du dich in Bezug auf diese unerfüllten Bedürfnisse selbst bitten möchtest.

■ **Zum Vertiefen**
Worum ihr in meinem Namen bitten werdet, das werde ich euch geben.
—Johannes 14,13

*Man kann keinen anderen für das Nichtvorhandensein von Liebe
im eigenen Leben verantwortlich machen.*
—Michael Willfort

Wie ich mir – so du mir

■ Im Coaching klagen Menschen oft über das, was ihre Partner ihnen nicht geben. Respekt, Anerkennung, Unterstützung. Oder sie beklagen die fehlende Verbindung. Wenn ich genauer nachfrage, ob sie selbst sich respektieren, sich selbst Anerkennung aussprechen oder wahrnehmen, wo sie Hilfe brauchen, dann kommt oft großes Staunen.

Man erwartet vom anderen, dass er einem etwas gibt, was man sich selbst nicht zu geben bereit ist. Es scheint so zu sein, dass andere Menschen einen selten besser behandeln, als man selbst es tut. Viele Menschen würden ihre Freunde oder Kollegen niemals so beschimpfen oder abschätzig behandeln, wie sie es mit sich selbst tun.

Unglücklicherweise löst die Art, wie man sich behandelt, beim anderen ein Echo aus. Wer sich selbst ständig schlecht macht, wird von anderen Menschen nur selten Wertschätzung erhalten – auch wenn er sich natürlich besonders danach sehnt.

Von daher kann ein sinnvoller erster Schritt zu besseren Beziehungen mit anderen sein, sich selbst besser zu behandeln. Wer sich selbst für einen wertvollen, liebenswerten Menschen voller Schätze und Kostbarkeiten hält, wird meist auch von anderen so gesehen. Sich selbst gut zu behandeln, kann man lernen. Der erste Schritt kann sein, die eigenen Bedürfnisse wahrzunehmen und angemessen für sie zu sorgen. Weil man es wert ist.

■ **Denk mal**
Auf einer Skala von eins (sehr mies) bis zehn (sehr gut):
Wie behandelst du dich meist selbst?

■ **Mach mal**
Tue heute etwas für dich, das auf der Skala einen oder zwei
Punkte weiter in Richtung zehn angesiedelt ist.

■ **Zum Vertiefen**
Auch deinen Mitmenschen sollst du so lieben wie dich selbst. —Lukas 10,27

Menschen bauen zu viele Mauern und zu wenig Brücken.
—Isaac Newton

Wege zueinander

■ Es ist wunderbar, wenn wir uns selbst näher kommen. Wer mit sich selbst gut umgeht, dem geht es erst einmal gut. Mit sich. Auch ohne andere Menschen. Er erlebt einen Reichtum im Wahrnehmen eigener Gefühle und weiß, wie er sich selbst wichtige Bedürfnisse erfüllen kann. Wer weiß, was er fühlt und braucht, kann auch leichter mit Gott in Kontakt treten und in der Begegnung mit ihm Reichtum erleben.

Manchen Menschen genügt das: bei sich selbst und bei Gott sein. Manche Einsiedler haben darin tiefe Schätze entdeckt. Auch manche Menschen, die Einzelhaft erleiden mussten, haben in der Einsamkeit und der Möglichkeit der vertieften Begegnung mit sich selbst und mit Gott große Bereicherung erfahren.

Die meisten von uns leben mit anderen. Selbst Mönche und Nonnen haben meist Glaubensgeschwister um sich herum. Da ist es hilfreich, wenn man weiß, wie Verbindung gelingen kann. In Krisen ermöglichen die vier Schritte der *Gewaltfreien Kommunikation* ein besseres Verstehen. Man entschärft Konflikte, wenn man Vorwürfe und Schuldzuweisung vermeidet und stattdessen zum Kern vordringt – den Gefühlen und dahinterliegenden Bedürfnissen. Sowohl bei sich selbst – das ist die Grundlage – als auch beim anderen. Man kann hinter den Urteilen und Schuldzuweisungen die – oft unausgesprochenen – Bitten des anderen erkennen. Das gibt einem die Möglichkeit, direkt etwas dazu beizutragen, dass er bekommen kann, was er tatsächlich braucht.

■ **Denk mal**
Wie gut kannst du mit dir allein zufrieden sein?
Was hilft dir dabei?

■ **Mach mal**
Verbringe ein paar Stunden oder einen Tag mit dir selbst – ohne Handy! – und genieße es, dir selbst nahe zu sein und zu spüren, was in dir lebendig ist.

■ **Zum Vertiefen**
Überhebt euch nicht über andere, seid freundlich und geduldig! Geht in Liebe aufeinander ein! —Epheser 4,2

Auch eine tausend Meilen weite Reise
beginnt mit einem einzigen kleinen Schritt.
—Laotse

Von mir zu dir

■ Es ist eine Binsenweisheit: Nur wenn man bei sich und mit sich im Reinen ist, kann man dem anderen wahrhaftig begegnen. Deswegen ist der Prozess der Selbsteinfühlung und Selbstklärung mit Hilfe der vier Schritte so wichtig. Das läuft innerlich im Stillen ab. Wenn man darin geübt ist, kann man innerhalb von einigen Momenten Klarheit über die Situation, die eigenen Gefühle, Bedürfnisse und mögliche Bitten gewinnen.

In manchen Situationen – oder wenn die Übung fehlt – geht das nicht so schnell. Dann ist es sinnvoll, ein verfahrenes Gespräch zu unterbrechen und um eine Auszeit zur Selbstklärung zu bitten oder – wenn das nicht möglich ist – sich kurz aufs »stille Örtchen« zurückzuziehen. Anschließend kann man die vier Schritte im Dialog mit dem anderen gehen. Man fragt ihn, wie sich die Situation für ihn darstellt, wie er sich fühlt und welches Bedürfnis dahinter steht. Und erfragt anschließend, welche Bitte er hat.

»Als ich sagte, dass es schön wäre, wieder zu ›unserer‹ Finca zu fahren, hast du gesagt: ›Nicht schon wieder Mallorca!‹ (Situation). Kann es sein, dass du unglücklich über die Idee bist (Gefühle), weil du dir Abwechslung wünschst (Bedürfnis)? Magst du mir sagen, was dir wichtig ist, und überlegen, was es an Möglichkeiten gibt (Bitte)?«

Es kann sein, dass der andere dem zustimmt: »Ja, das ist so!« Oder auch sagt: »Nein, nicht ganz.« Man ist auf jeden Fall in einem ein- und mitfühlenden Gespräch.

■ **Denk mal**
In welchen Situationen wäre eine Gesprächsunterbrechung zur Selbstreflexion angebracht (gewesen)?

■ **Mach mal**
Bitte beim nächsten Gespräch, das sich »aufheizt«, um eine Pause, um deine Gedanken und Gefühle zu sortieren. Gehe die vier Schritte für dich durch.

■ **Zum Vertiefen**
Liebe deinen Mitmenschen, so wie du dich selber liebst! —Matthäus 22,39

Bevor du jemanden verurteilst,
solltest du eine Meile in seinen Mokassins gehen.
—Indianisches Sprichwort

Der Weg zum anderen

■ »So ein gemeiner Kerl. Der ist immer gegen mich!« Wer so denkt und redet, wird anderen kaum nahe kommen. Denn eine Voraussetzung für Verbindung ist, dem anderen gute Absichten zu unterstellen. Das heißt nicht, dass man all seine Handlungen gutheißt.

Ein Beispiel: Es steckt eine gute Absicht dahinter, wenn jemand sein Bedürfnis nach Freiraum erfüllen will. Doch man braucht es nicht gut zu finden, wenn er, um das zu erreichen, Menschen anbrüllt oder sich schmollend zurückzieht. Das wäre ein Weg, der andere möglicherweise verletzt und Verbindung zerstört. Doch seine Absicht, nämlich Freiraum zu erreichen, ist prinzipiell gut. Anders formuliert: Menschen wählen oft schlechte Wege zu einem prinzipiell guten Ziel.

Der englische Literaturwissenschaftler C. S. Lewis behauptet, dass Menschen nicht das Böse um des Bösen selbst willen wählen können. Sie wollen in der Regel immer etwas Gutes für sich.

Ziel eines Einbrechers ist meist nicht, viele Menschen zu schädigen. Er will in der Regel Gutes für sich – etwa mehr finanziellen Freiraum. Was Menschen tun, tun sie für sich. Die meisten Rowdies auf den Straßen nehmen sich nicht vor: »Ich will möglichst viele Verkehrsteilnehmer ärgern und stressen.« Sie fahren lediglich so, wie es ihnen am besten erscheint. Sie tun etwas für sich selbst. Es kann Beziehungen entlasten, wenn man weiß: Was der andere tut, tut er für sich, nicht gegen mich.

■ **Denk mal**
Wo hast du mal etwas Positives für dich erreichen wollen – und andere hielten deine Handlung für negativ?

■ **Mach mal**
Denke an fünf Situationen zurück, in denen Menschen etwas getan haben, was du negativ fandst, was sie da womöglich für sich selbst taten.

■ **Zum Vertiefen**
Denkt nicht immer zuerst an euch, sondern kümmert und sorgt euch auch um die anderen. —Philipper 2,4

Um das eigene Innenleben kennenlernen zu können,
muss man zunächst einmal die Welt beobachten.
—Alexandra Johnson

Schritt 1: Die Situation

■ Auch auf dem Weg zum anderen können wir den vier Schritten folgen. Der erste Schritt ist die reine Beobachtung ohne Verallgemeinerung (»immer« oder »nie«). Man fragt: Was genau ist wann geschehen? Von welchen Voraussetzungen ging der andere aus? Ohne Vor-Verurteilung.

Kürzlich hat sich jemand über mich geärgert. Ich hatte eine Familie mit an Bord eines Schiffes genommen, das ich zum Coaching- und Seminarschiff umbaue. Ein Verantwortlicher am Liegeplatz teilte mir freundlich, aber doch mit – in meinen Ohren – recht scharfem Unterton mit, dass Kinder da verboten seien. Ich fühlte mich danach beschämt und irritiert – woher hätte ich das wissen sollen?

Hätte er Schritt 1 – eine klare Beobachtung – gemacht und überlegt, was ich wissen konnte und was nicht, wäre ihm womöglich klar geworden: Sie liegt mit ihrem Schiff erst seit einer Woche hier. Vermutlich hat ihr bisher niemand die Regeln erklärt. Vielleicht wäre die Reaktion dann weicher ausgefallen: »Ich habe neulich gesehen, dass Sie Kinder mit an Bord genommen haben (Beobachtung). Mir ist dabei mulmig geworden (Gefühl). Es ist mir wichtig, dass keine Unfälle passieren (Bedürfnis nach Sicherheit). Deshalb möchte ich Ihnen gern die Sicherheitsregeln erklären, die hier gelten. Ist das okay (Bitte)?«

Oft verurteilen wir einen Menschen oder ärgern uns über ihn, weil wir etwas als gegeben voraussetzen, was nicht notwendigerweise gegeben ist: »Das hätte er oder sie doch wissen müssen!«

■ **Denk mal**
Was hilft dir dabei, etwas aus der Sicht des anderen zu sehen?

■ **Mach mal**
Beschreibe einem anderen Menschen eine Situation, die dich belastet hat, so neutral und sachlich wie möglich.

■ **Zum Vertiefen**
Richtet nicht über andere, dann wird Gott auch nicht über euch richten!
Verurteilt keinen Menschen, dann wird Gott euch auch nicht verurteilen.
—Lukas 6,37

Das Geheimnis, mit allen Menschen in Frieden zu leben, besteht in der Kunst, jeden seiner Individualität nach zu verstehen.
—Friedrich Ludwig Jahn

Schritt 2: Gefühle des anderen

■ Wenn man erfasst hat, wie sich die Situation aus Sicht des anderen darstellt, besteht Schritt 2 darin, sich in die Gefühle des anderen hineinzuversetzen: Wie hat er sich wohl in der Situation gefühlt? Das kann man tun, indem man ihn direkt fragt – wenn die Situation und die Kommunikationsbasis das zulassen. Wenn das nicht möglich ist, kann man empathisch nachfühlen, was den anderen bewogen hat, so zu handeln.

Ein Beispiel: Ich bat die Sachbearbeiterin im Finanzamt, meine Steuer zügig zu bearbeiten. Sie antwortete, dass meine Akte schon auf ihrem Schreibtisch sei, sie aber keinen Termin zusagen könne, da sie am nächsten Tag für drei Wochen in den Urlaub fahren würde. Ich war natürlich frustriert. Mein Bedürfnis nach Unterstützung und Sicherheit war nicht erfüllt. Dennoch habe ich mich gefragt: Wie war die Situation aus ihrer Sicht und was hat sie wohl gefühlt? Für sie war die Situation vermutlich überraschend und kurzfristig. Vielleicht hätte sie die Situation so beschrieben: »Ausgerechnet in den allerletzten Stunden vor dem Urlaub – wenn noch so viel fertig werden muss – ruft eine Frau an und will wissen, wie es um ihre Bearbeitung steht. Ich war schon am Rand meiner Kraft und fühlte mich überarbeitet und urlaubsreif.«

Wenn man offen erfragen oder sich empathisch in das hineinversetzen kann, was der andere fühlt, ist das Problem nicht unbedingt gelöst. Doch es entsteht Nähe und Verbindung.

■ **Denk mal**
   Wann und wo hast du erlebt, dass sich jemand in dich hineinversetzt hat und dadurch viel Nähe entstand?

■ **Mach mal**
   Wenn jemand dir von einer Situation erzählt, versuche zu erspüren oder zu erfragen, wie er sich dabei gefühlt hat.

■ **Zum Vertiefen**
   Ein vernünftiger Mensch kann seine Gefühle beherrschen; es ehrt ihn, wenn er über Fehler hinwegsehen kann. —Sprüche 19,11

Nur wer den Menschen liebt, wird ihn verstehen.
Wer ihn verachtet, wird ihn nicht einmal sehen.
—Christian Morgenstern

Schritt 3: Bedürfnisse des anderen

■ Autor Steven Covey erzählte einmal, dass ihn die Vorliebe seiner Frau für einen bestimmten Produzenten von Haushaltsgeräten – und die damit verbundenen langen Einkaufswege – eher genervt haben. Für ihn war es egal, welche Marke ein Gerät hatte. Für sie nicht. Es musste ein bestimmter Hersteller sein.

Irgendwann erzählte sie von ihrer Kindheit: Ihre Familie konnte in den harten Jahren nach dem Krieg nur durchkommen, weil eine Firma ihrem kriegsversehrten Vater Arbeit gab. Es war besagter Hersteller von Haushaltsgeräten. Er verstand: Ihr geht es nicht um die Geräte. Sie will vielmehr Dank für die erfahrene Hilfe ausdrücken. Das konnte er nachvollziehen. Dann verstand er auch, dass sie die Treue zu diesem Hersteller als Weg gewählt hatte, um dieses Bedürfnis zu erfüllen. Wie bei jedem Bedürfnis gäbe es eine Reihe von unterschiedlichen Möglichkeiten, es zu erfüllen. Sie hätte ihre Dankbarkeit durch einen Brief ausdrücken können. Oder indem sie davon erzählt. Sie hat den Weg gewählt, der Marke treu zu sein.

Du kannst empathisch erspüren oder erfragen, welches Bedürfnis hinter dem Verhalten und den Gefühlen eines anderen Menschen steht – bei der Steuerbeamtin aus 9.14 vermutlich das Bedürfnis nach Entlastung und Autonomie. Manche Menschen können mit dem Wort Bedürfnis nicht viel anfangen. Hier kann man formulieren: »Machst du das, weil dir dies oder jenes (das jeweilige Bedürfnis) wichtig ist?«

■ **Denk mal**
Welches Gefühl hast du immer wieder?
Welches (un)erfüllte Bedürfnis steckt wohl dahinter?

■ **Mach mal**
Versuche beim nächsten Gespräch zu entdecken, welche (un)erfüllten Bedürfnisse hinter den Gefühlen liegen, die jemand beschreibt.

■ **Zum Vertiefen**
Das Geld wurde von den Aposteln an die Bedürftigen weitergegeben.
—Apostelgeschichte 4,35

Die schlechteste Münze, mit der man seine Freunde bezahlen kann,
sind Ratschläge. Nur Hilfe ist die einzig gute.
—Ferdinando Galiani

Schritt 4: Die Bitte des anderen

■ »Ich brauche gerade Trost und Unterstützung. Kannst du mir einige ermutigende Worte sagen?« Eine derart konkrete Bitte hört man selten. Den meisten Menschen fällt es nicht leicht, konkrete Bitten auszusprechen. Sie wagen es nicht, Bitten zu formulieren, weil sie gar nicht auf die Idee kommen, zu bitten. Weil sie davon ausgehen, dass der andere schon weiß, was sie brauchen – wenn sie über schreiende Kinder, nervige Kollegen oder unpünktliche Bahnen sprechen. Oder sie wagen es nicht, eine direkte Bitte zu äußern, weil sie niemandem zur Last fallen möchten. Oder man hat ihnen beigebracht, dass man das nicht darf.

Sie bedauern eine Situation, wie etwa einen überwucherten Garten, aber können nicht klar formulieren, worum sie bitten. Weil sie sich selbst noch nicht klar gemacht haben, was sie tatsächlich brauchen: etwa Mitgefühl, praktische Hilfe oder gestalterischen Rat. Manchmal ist dann immer noch nicht klar, was die Bitte hinter einer Aussage ist. Dann kann man ganz direkt fragen:

- Was brauchst du jetzt?
- Gibt es etwas, was ich jetzt für dich tun kann? Wenn ja, was?
- Was möchtest du jetzt gern von mir?

Wenn der andere auch dann noch nicht sagen kann, wie die Hilfe aussehen könnte, kann man Vorschläge machen: »Brauchst du X?« Oft hört man dann: »Ja.« Oder auch »Nein, eher Y.« Dann hat man Klarheit.

■ **Denk mal**
Wer hat dich kürzlich um etwas gebeten?
Wie ging es dir mit dieser Bitte?

■ **Mach mal**
Formuliere deine eigenen Bitten um Unterstützung möglichst konkret. Übe dich darin, versteckte Bitten in den Aussagen anderer zu hören.

■ **Zum Vertiefen**
Als Jesus ihn sah und hörte, dass er schon so lange an seiner Krankheit litt, fragte er ihn: »Willst du gesund werden?« —Johannes 5,6

Betrachte immer die helle Seite der Dinge! Und wenn sie keine haben?
Dann reibe die dunkle, bis sie hell glänzt!
—Skandinavisches Sprichwort

Raue Bitten

■ »Mensch, können Sie nicht mal aufpassen! Wer zu blöde zum Radfahren ist, soll besser zu Hause bleiben!« Wer in Berlin lebt, bekommt solche Sätze fast täglich zu hören. An anderen Orten ist es sicher nicht anders. Du ahnst es schon: Unter der rauen Schale steckt kunstvoll verpackt eine Bitte. Etwa: »Bitte nehmen Sie Rücksicht auf andere Verkehrsteilnehmer.«

Jede Bitte ist ein Geschenk. Sie bringt zum Ausdruck: Du kannst etwas beitragen, um mein Leben zu bereichern. Etwa an einen Radfahrer: »Wenn du auf der Straße fährst, statt auf dem Bürgersteig, fühle ich mich sicher und geschützt.«

Wohl kaum ein Mensch wird, besonders wenn er sich gerade ärgert, seine Bitten gewaltfrei kommunizieren. Etwa so: »Als ich sah, wie Sie mit dem Rad am Bürgersteig schnell an mir vorbeifuhren (Situation), bin ich erschrocken (Gefühl). Ich brauche Sicherheit (Bedürfnis). Ich bitte Sie, mir zu sagen, ob Sie das verstehen und jetzt achtsamer sein wollen (Bitte).« Die meisten Menschen sind nicht in der Lage, ihre Gefühle, Bedürfnisse und Bitten zu beschreiben. Sie bringen nur zum Ausdruck, welches Verhalten des anderen sie gerade ärgert oder irritiert. »Du bist ja furchtbar tollpatschig!« Doch wer das Einfühlen in den anderen geübt hat, kann auch hinter lautem Gepolter und Geschimpfe die Bitte des anderen hören. Er fühlt sich selbst nicht so angegriffen und kann überlegen, was der andere wohl braucht. Und erlebt Situationen dadurch viel entspannter.

■ **Denk mal**
Wer hat dich in letzter Zeit angemeckert?
Welche Bitte steckte möglicherweise dahinter?

■ **Mach mal**
Gehe heute auf Entdeckungsreise. Versuche hinter dem
Schimpfen anderer Menschen versteckte Bitten zu entdecken.

■ **Zum Vertiefen**
Tag für Tag bestürmte ihn eine Witwe mit ihrer Not: »Verhilf mir doch
endlich zu meinem Recht!« —Lukas 18,3

Ein Problem ist halb gelöst, wenn es klar formuliert ist.
—John Dewey

Zuckersüß oder klar?

■ Mit den vier Schritten zu sich selbst und zum anderen sind jetzt die wesentlichen Aspekte der *Gewaltfreien Kommunikation* dargelegt. Nun kommen wir zu den Feinheiten und zur Vertiefung.

Mancher denkt, gewaltfrei zu kommunizieren bedeutet, man müsste stets zuckersüß und lieblich sein. Das stimmt nicht unbedingt. Im Kern geht es bei gewaltfreier Kommunikation um Klarheit: Klarheit über eine Situation, die Gefühle, Bedürfnisse und Bitten. Das kann durchaus herzhaft ausgedrückt werden.

Vor einigen Jahren kam es in meinem Verlag regelmäßig zu Verzögerungen bei Projekten. Termine wurden nicht eingehalten. Die Kommunikation ließ zu wünschen übrig. Für mich als Verantwortliche wurde das zunehmend zur Belastung. Eines Tages schrieb ich sehr direkte Mails an die wichtigsten Mitarbeiter. Ich beschrieb die Situation, meine Gefühle von Frust, Hilflosigkeit und Entmutigung, mein Bedürfnis nach Sicherheit durch Planbarkeit. Ich äußerte die Bitte, mit mir zu überlegen, wie man die Situation verbessern könnte. Zuckersüß war das nicht. Aber auch nicht vorwurfsvoll und anklagend. Sondern lediglich klar beschreibend.

Auf der Basis dieser offenen Kommunikation konnten die Mitarbeiter und ich die Abläufe optimieren und besser planbar machen. Wir sind nach wie vor nicht perfekt. Doch dieser Notschrei oder »Giraffenschrei«, wie Rosenberg es nennt, hat die Basis für eine verbesserte Zusammenarbeit gelegt. Klarheit gewinnt.

■ **Denk mal**
Wer in deinem Umfeld kommuniziert angenehm klar?
Was kannst du von dieser Person lernen?

■ **Mach mal**
Sprich gewaltfrei eine Situation an, die dich schon länger belastet.

■ **Zum Vertiefen**
Denkt von euch selbst gering, und achtet den anderen mehr als euch selbst.
—Philipper 2,3

*Was ich leben will, ist Einfühlsamkeit, ein Fluss zwischen mir und anderen,
der auf gegenseitigem Geben von Herzen beruht.*
—Marshall B. Rosenberg

Verbindung erleben

■ Gewalt in der Sprache zu vermeiden, ist nur ein Aspekt der *Gewaltfreien Kommunikation.* Wenn man sich nicht mehr verbal die Köpfe ein-
schlägt oder sich verletzt, ist schon einiges gewonnen.

Es geht aber um viel mehr. Nämlich um echte, tiefe Verbindung zwischen Menschen. Deshalb kann man die vier Schritte nicht nur zur
Konfliktbewältigung nutzen, sondern auch, um Positives auszudrücken. Man kann damit beschreiben, was einen berührt und bewegt.
Das schafft tiefere Verbindung als herkömmliche Komplimente.

Sagt man einem Menschen etwa: »Das hast du gut gemacht«, freut er
sich meistens. Noch tiefer bewegt ist der andere meist jedoch, wenn
man in der Rückmeldung auch etwas Persönliches von sich mitteilt:
»Als ich vorhin sah, wie du vom Fünfmeterturm gesprungen bist (Beobachtung), war ich stolz und glücklich (Gefühl). Zu sehen, wie mutig
du warst, gibt mir Sicherheit (Bedürfnis), dass du auch andere Herausforderungen meistern wirst.« Die unausgesprochene Bitte, die dahinter steht, ist: »Nimm meine Worte als Geschenk!«

Wer anderen – natürlich passend für den jeweiligen Rahmen – mitteilt, was ihn bewegt, schafft tiefere Verbindung. Egal ob in der Familie: »Es ist für mich wohltuend, die aufgeräumte Küche zu sehen.
Danke!« Oder unter Kollegen: »Danke, dass Sie das Dokument erstellt
haben. Es hat mich erleichtert, dass Sie mir diese Arbeit abgenommen
haben – ich hatte den Kopf frei für anderes. Das hat mir gut getan!«

■ **Denk mal**
Wer hat dir kürzlich gedankt – und dabei auch etwas von sich
mitgeteilt? Wie war das für dich?

■ **Mach mal**
Wenn du das nächste Mal jemandem dankst, teile ihm konkret
mit, was seine Handlung bei dir Positives bewirkt hat.

■ **Zum Vertiefen**
*Setzt alles daran, dass die Einheit – wie sie der Heilige Geist schenkt –
nicht durch Unfrieden zerstört wird. —Epheser 4,3*

Für ein Individuum kann es keine Frage sein,
dass wenige klare Begriffe mehr wert sind als viele verworrene.
—Charles Sanders Peirce

Ich-Botschaften

■ Es hat sich herumgesprochen, dass es hilfreich ist, in der Kommunikation »Ich-Botschaften« zu senden. Also von sich selbst zu sprechen. Das wird gelegentlich missverstanden. Manche Menschen glauben, dass alleine das Wort »Ich« am Satzanfang eine Aussage zu einer Ich-Botschaft macht. Doch je nach Inhalt kann sich dahinter durchaus ein Angriff oder Vorwurf verbergen: »Ich finde, du bist ein Idiot!« etwa ist keine Ich-, sondern eine Du-Botschaft.

In der *Gewaltfreien Kommunikation* wird zur Klarheit eher der Begriff Selbstmitteilung verwendet. Es geht also darum, dem anderen etwas über sich mitzuteilen. Das ist relativ einfach, wenn der Prozess der Selbstklärung stattgefunden hat – die vier Schritte zu sich selbst vom Anfang dieses Kapitels.

Wer eine Situation klar beschreiben kann und weiß, wie er sich gefühlt und was er gebraucht hat oder hätte und worum er bitten will, kann sich dem anderen klar mitteilen. Für den Zuhörenden ist es meistens leichter und angenehmer, sich einzufühlen und Bitten zu erfüllen, wenn er das Gegenüber verstehen kann. Das gilt neben dem mündlichen Austausch natürlich auch für den schriftlichen. Wer weiß, was genau er braucht, kann das klar ausdrücken. Das erleichtert und beschleunigt Kommunikation – man erspart sich viel unnötiges Hin und Her. Ein praktischer Tipp ist, bei E-Mails die Betreffzeile in Betreffziele umzudeuten – und schon im Betreff das Ziel bzw. die Bitte klar und deutlich zu benennen.

■ **Denk mal**
   Wer in deinem Umfeld formuliert seine Bitten und Ziele sehr klar? Wie ist das für dich?

■ **Mach mal**
   Übe heute, klar von dir zu sprechen.

■ **Zum Vertiefen**
   Wer darf dich auf dem Berg Zion anbeten? Jeder, der aufrichtig lebt und andere gerecht behandelt, der durch und durch ehrlich ist und andere nicht verleumdet. —Psalm 15,1–3

Düfte sind die Gefühle der Blumen.
—Heinrich Heine

Interpretation statt Gefühl

■ Die große Überraschung: Nicht alles, was du fühlst, ist tatsächlich ein Gefühl. Selbst wenn es sich so anfühlt. Wir bezeichnen oft Gedanken über eine Situation als Gefühle. Wir interpretieren etwas und nennen es »Gefühl«. Das sind aber keine echten Gefühle, sondern im Grunde Vorwürfe an den anderen.

• Ich fühle mich ausgenutzt.
• Ich fühle mich im Stich gelassen.

Das heißt im Klartext:

• Ich denke, jemand hat mich ausgenutzt.
• Ich denke, jemand hat mich im Stich gelassen.

Die Situationen lösen natürlich echte Gefühle aus. Das Problem bei Vorwürfen, die sich als Gefühle tarnen, ist, dass sie die wahren Gefühle verdecken. Man kommt dem auf die Spur, wenn man sich eingesteht, dass man etwas über eine Situation denkt oder urteilt: »Ich denke, ich wurde ausgenutzt.« Oder, noch besser, sich auf die reine Beschreibung konzentriert – bei dem Beispiel etwa: »Ich fühle mich ausgenutzt.«

Hier könnte die reine Beschreibung sein: »Ich habe für das Projekt 60 Überstunden investiert. Ich bekam keine Anerkennung.« Anschließend kann man fragen: »Wie fühle ich mich, wenn ich denke, ich wurde ausgenutzt?« Womöglich traurig oder einsam oder hilflos.

Wenn du lernst, die wahren Gefühle hinter den Interpretationen zu entdecken, wirst du tieferen Zugang zu dir und anderen finden. Eine Liste von Interpretationen statt echten Gefühlen gibt es in dem GfK-Dokument (*bit.ly/gewaltfreiforum* › PDF › S. 13).

■ **Denk mal**
Welche Pseudogefühle/Gefühlssätze kennst du?

■ **Mach mal**
Bemühe dich heute, nichts als »Gefühl« zu beschreiben, was in Wahrheit ein Vorwurf oder ein Urteil ist. Sage lieber: »Ich denke …«

■ **Zum Vertiefen**
Durchforsche mich, o Gott, und sieh mir ins Herz, prüfe meine Gedanken und Gefühle! —Psalm 139,23

Meine Brust ist ein Archiv deutschen Gefühls.
—Heinrich Heine

Verantwortung für Gefühle

■ »Du machst mich verrückt!«, »Du machst mich wütend!«, »Du bereitest mir schlaflose Nächte!«, »Du machst mich unglücklich!«, »Wegen dir habe ich das Auto gegen den Baum gefahren!« In Gesprächen kommen solche Formulierungen immer wieder vor. Damit wird ausgedrückt: »Du bist verantwortlich für das, was ich fühle.«

Das geht gar nicht. Kein anderer Mensch kann direkt in die biochemischen Abläufe eingreifen, die unsere Emotionen steuern. Unsere Gefühle »machen« wir immer noch selbst. Wenn wir wütend, traurig, hilflos, aber auch glücklich oder zufrieden sind, dann sind es unsere Synapsen, die reagieren, und unsere Arme, die Teller werfen und Türen knallen lassen.

Die *Gewaltfreie Kommunikation* betont, dass das Verhalten anderer Menschen einen Reiz an uns sendet, auf den wir reagieren. Aber andere können nie unsere Gefühle »machen«. Gefühle haben immer mit unseren eigenen Bedürfnissen zu tun. Kein Mensch kann uns unglücklich machen. Wir sind vielleicht, wenn jemand unsere Liebe nicht erwidert, unglücklich, weil unser Bedürfnis nach Nähe und Verbindung durch diesen Menschen nicht erfüllt ist.

Doch es ist klar: Wir fühlen auf eine bestimmte Weise, weil wir etwas brauchen und das bekommen oder nicht. Der andere ist nicht für unsere Gefühle verantwortlich. Verantwortlich ist dein Bedürfnis. Und es ist wiederum deine Verantwortung, für deine Bedürfnisse zu sorgen, so gut du kannst.

■ **Denk mal**
Hat dich schon mal jemand für seine negativen Gefühle verantwortlich gemacht? Wie war das für dich?

■ **Mach mal**
Beobachte dich heute und versuche, zu entdecken, ob du dazu neigst, andere für deine Gefühle verantwortlich zu machen.

■ **Zum Vertiefen**
Achte auf deine Gedanken und Gefühle, denn sie beeinflussen dein ganzes Leben! —Sprüche 4,23

*Leben ist eine ununterbrochene Anpassung der inneren Beziehungen
an die äußeren Umstände.*
—Herbert Spencer

Situationen und Gefühle

■ John war irritiert. »Dieser Test besagt, dass ich kaum Interesse an der Begegnung mit Menschen habe. Vor einem Jahr habe ich den gleichen Test gemacht – mit dem Ergebnis, dass ich sehr gerne Zeit mit Menschen verbringe. Ich verstehe das nicht.« Wir überlegten gemeinsam, was wohl den Unterschied ausgelöst hatte.

Er hatte kurz nach dem ersten Test beruflich eine neue Aufgabe übernommen, die ihn sehr herausforderte und erschöpfte. Er hatte ein großes Bedürfnis nach Erholung. Die wenige Zeit und Kraft, die ihm nach der Arbeit noch blieb, wollte er nicht mit anderen Menschen verbringen. Sondern einfach nur seine Ruhe haben.

Je nach der Situation, in der wir uns befinden, ändern sich unsere Bedürfnisse und so auch unsere Gefühle. Ein Coach erzählte einmal von einer Frau aus San Francisco, die mehrere Dutzend Erdbeben emotional überstanden hatte. Doch Erdbeben Nr. 22 löste bei ihr ein tiefes Trauma aus, obwohl es selbst gar nicht so schwer war. Was war anders als bei vorherigen Beben? Ihre Eltern ließen sich zum Zeitpunkt von Beben Nr. 22 gerade scheiden. Das erschütterte und verunsicherte sie zutiefst. Außerdem war sie selbst kürzlich Mutter geworden – und noch unsicher in ihrer neuen Rolle. Die zusätzliche Erschütterung durch das Erdbeben war dann zu viel für sie und warf sie emotional aus dem Gleis. Unsere Emotionen werden also immer auch von der Situation beeinflusst, in der wir uns gerade befinden.

■ **Denk mal**
In welchen Situationen hat dich etwas positiv oder negativ stark bewegt, was dich sonst eher kalt lässt?

■ **Mach mal**
Wenn du bestimmte unangenehme Gefühle immer wieder fühlst, überlege, wie du die Situation ändern kannst, die sie beeinflussen.

■ **Zum Vertiefen**
Da wurde Jesus zornig, war aber zugleich tief bewegt. —Johannes 11,33

Der Reiz ist unschuldig.
—Marshall B. Rosenberg

Werte und Gefühle

■ Es ist ein Klischee, das aber statistisch belegt ist: Deutschen ist Sauberkeit und Ordnung sehr wichtig – ein hoher Wert. Ein vermüllter Strand löst bei Deutschen intensivere Gefühle aus, als bei Menschen aus Nationen, die diesen Wert nicht so teilen. In anderen Ländern hat die richtige Begrüßung einen sehr hohen Wert – Fehler können starke Emotionen auslösen.

Was im Großen gilt, stimmt auch im Kleinen. Ein Beispiel: Meine Eltern sind in ihrer Persönlichkeit unterschiedlich und ihnen sind andere Werte wichtig. So konnte es mir passieren, dass eine Handlung von mir von einem Elternteil positiv und vom anderen kritisch beurteilt wurde, weil ihre Werte verschieden waren. Einmal entdeckte ich ein T-Shirt-Kleid in einem Laden, das mir aber zu teuer war. Also kaufte ich ein T-Shirt und nähte einen Rock unten dran. Meine Mutter fand das schrecklich. Ihr ist Gründlichkeit und Ehrlichkeit wichtig. Sie war der Ansicht, dass man etwas vollständig machen sollte. Mein Vater ist eher pragmatisch. Er fand die Lösung gut. Durch ihre unterschiedlichen Werte löste die gleiche Handlung unterschiedliche Gefühle aus.

Unsere Werte und Bewertungen beeinflussen unsere Emotionen. Mir selbst ist zum Beispiel der Wert Effizienz sehr wichtig. Ich mag es, wenn Dinge gut und schnell erledigt werden können und es einfache und pragmatische Lösungen gibt. Wenn jemand sehr gründlich und lange über etwas nachdenkt, spüre ich schnell Unruhe.

■ **Denk mal**
Welche fünf Werte sind dir besonders wichtig?

■ **Mach mal**
Beobachte heute Menschen, die sich freuen oder traurig sind, und überlege dir, welche Werte da womöglich mitspielen.

■ **Zum Vertiefen**
Ich urteile nach andere Maßstäben als die Menschen. Für die Menschen ist es wichtig, was sie mit den Augen wahrnehmen können; ich dagegen schaue jedem Menschen ins Herz. —1. Samuel 16,7

Wahre Liebe ist das geheime Mitgefühl, das silberne Bindeglied, das seidene Band, das Herz an Herz und Geist an Geist in Körper und Seele binden kann.
—Sir Walter Scott

Stille Einfühlung

■ Manche Beziehungen oder Situationen sind so aufgeladen, dass eine oder beide Parteien nicht zur Kommunikation fähig sind. Dann nimmt man besser zeitlich und räumlich Abstand. Für sich selbst. Das kann in angespannten und verfahrenen Situationen nötig sein, um erst mal Raum zu finden, zu spüren und zu sortieren, was mit einem selbst los ist. Je nachdem – direkt in der Situation oder mit Abstand – geht man zuerst die vier Schritte zur Selbsteinfühlung. Man fragt sich:

- Was ist los? (Situation)
- Was fühle ich? (Gefühl)
- Was brauche ich? (Bedürfnis)
- Worum will ich bitten? (Bitte)

Wenn die Selbsteinfühlung fehlt, geschieht das, was man in Gesprächen oft erlebt: Jeder will den anderen dazu bringen, einen zu verstehen. Keiner hört richtig zu. Wer sich selbst gut zugehört hat, hat dann die Ohren und das Herz frei, den anderen gut zu hören. Ist der andere aber nicht zum Gespräch bereit, fühlt man sich eben still in ihn ein. Man stellt sich innerlich in seine Schuhe und überlegt:

- Wie ist die Situation für ihn? (Situation)
- Was fühlt er wohl? (Gefühl)
- Was braucht er wohl? (Bedürfnis)
- Worum bittet er wohl? (Bitte)

Vermutlich trifft man es nicht zu 100 Prozent. Nicht schlimm! Es geht zunächst darum, wieder Verbindung herzustellen. Wenn man sich in einen anderen einfühlt, kommt man ihm nah – das wird er spüren.

■ **Denk mal**
Wann hast du dich zuletzt tief verstanden gefühlt?

■ **Mach mal**
Übe heute, dich stumm in einen anderen Menschen einzufühlen.

■ **Zum Vertiefen**
Hiob hatte drei Freunde. Als sie von dem Unglück hörten, das über Hiob hereingebrochen war, vereinbarten sie, Hiob zu besuchen. Sie wollten ihm ihr Mitgefühl zeigen und ihn trösten. —Hiob 2,11

Es sind die Freunde, die man um 4 Uhr morgens anrufen kann,
welche von Bedeutung sind.
—Marlene Dietrich

Vorab bitten

■ Der Mann einer Freundin musste berufsbedingt für einige Monate verreisen. Sie war selbst berufstätig und hatte ein kleines Kind. Sie machte sich erst Sorgen, wie sie eventuelle Schwierigkeiten in dieser Zeit bewältigen sollte. Dann machte sie einen Plan. Sie listete alle potentiellen Probleme auf, die sie sich vorstellen konnte. Und fragte dann einzelne Menschen im Voraus, ob sie um Hilfe bitten könnte, falls dieses Problem auftreten würde:

- Niemand kann das Kind abholen.
- Ein technisches Gerät muss repariert werden.
- Sie benötigt Betreuung des Kindes im Krankheitsfall.
- Sie braucht einen Ersatz bei Seminaren.

Es ist für viele Menschen leichter, in der Krise um Hilfe zu bitten, wenn man mit dem anderen im Vorfeld besprochen hat, dass im Bedarfsfall eine Bitte um Hilfe akzeptabel wäre. Dann kann man entspannter bitten. Ein paar Beispiele:

- Darf ich dich – wenn nötig – anrufen und um Rat bitten?
- Darf ich dich ab und zu bitten, die Kinder zu hüten, wenn ich einkaufen muss?
- Darf ich dich um ein Darlehen bitten, falls das Geld für das Projekt nicht reicht?

Solche Absprachen können sehr entlasten. Sie sind ein Sicherheitsnetz. Es verleiht Sicherheit, selbst wenn man es nie braucht. Und Absprachen machen, wenn man wirklich Hilfe braucht, das Bitten einfacher.

■ **Denk mal**
Mit wem hast du Vereinbarungen für Krisenfälle getroffen?

■ **Mach mal**
Schreibe die (möglichen) Probleme auf, die dir Sorgen machen, und wen du um Hilfe bitten könntest. Sprich es mit den Personen ab.

■ **Zum Vertiefen**
Wenn du wüsstest, was Gott dir geben will und wer dich hier um Wasser bittet, würdest du mich um das Wasser bitten, das du zum Leben brauchst. Und ich würde es dir geben. —Johannes 4,10

Gegen das Fehlschlagen eines Planes gibt es keinen besseren Trost,
als auf der Stelle einen neuen zu machen oder bereitzuhalten.
—Jean Paul

Bedürfnisse und Strategien

■ Die *Gewaltfreie Kommunikation* unterscheidet zwischen Bedürfnissen und Strategien. Ein Bedürfnis ist universell und unabhängig von konkreten Personen oder Situationen, die zur Erfüllung beitragen können. So ist das Bedürfnis nach Nahrung, Schutz und Sicherheit auf verschiedene Art und Weise erfüllbar. Die vielfältigen Wege, ein Bedürfnis zu stillen, nennt die *Gewaltfreie Kommunikation* Strategien.

Warum ist diese Unterscheidung so wichtig? Weil Streit fast immer auf der Ebene der Strategien stattfindet. Bedürfnisse sind nicht diskutabel. Kaum jemand wird versuchen, anderen ihre zentralen Bedürfnisse abzusprechen.

Fast immer streitet man darüber, was die beste Strategie zur Erfüllung eines Bedürfnisses ist. Menschen in Europa und den USA haben das Bedürfnis nach Sicherheit. In den USA halten viele Menschen den privaten Besitz von Schusswaffen für eine gute Strategie, um dieses Bedürfnis zu erfüllen. Viele Europäer sehen das anders. Oder Mütter und Kinder sind sich einig, dass das Bedürfnis nach Nahrung berechtigt ist. Was die beste Strategie ist, ob Pommes oder Gemüse, darüber ist man dann unterschiedlicher Meinung.

Man streitet und streitet, ob nun dies oder jenes der beste Weg ist. Und kommt oft nicht weiter, weil die jeweiligen Strategien tief mit einem berechtigten Bedürfnis verknüpft sind. Wird das transparent, entsteht in der Regel Verständnis – das entlastet Beziehungen ungemein.

■ **Denk mal**
   Welche Situationen kennst du, in denen man sich über Strategie streitet, ohne auf die Bedürfnisse einzugehen?

■ **Mach mal**
   Überlege, wenn du das nächste Mal für ein bestimmtes Vorgehen vehement eintrittst: Was ist Bedürfnis, was ist Strategie?

■ **Zum Vertiefen**
   Was der Fleißige plant, bringt ihm Gewinn; wer aber allzu schnell etwas erreichen will, hat nur Verlust. —Sprüche 21,5

Meine Frau ist meine Lieblingsstrategie zur Erfüllung vieler Bedürfnisse.
—Klaus-Dieter Gens

Fantasievoll Wege finden

■ Die *Gewaltfreie Kommunikation* ist eine Einladung zur Fantasie. Wer sich mit Gefühlen und Bedürfnissen beschäftigt, wird schnell feststellen, dass Menschen unterschiedliche Strategien haben, die eigenen Bedürfnisse zu erfüllen. Und dass Strategien auf Anhieb nicht immer gut zusammenpassen.

Wer gelernt hat, zwischen Strategie und Bedürfnis zu unterscheiden, kann im Streitfall oder auch nur, wenn die Pläne nicht zusammenpassen, nachfragen: Warum ist dir das so wichtig? Was gibt dir das? Und dann das Bedürfnis hinter der jeweiligen Strategie entdecken.

Wenn man das Bedürfnis kennt, kann man unterschiedliche Strategien finden, es zu erfüllen. Die Autorin Talane Miedaner hat in dem Buch *Coach dich selbst, sonst liebt dich keiner* für eine Reihe von Bedürfnissen jeweils Dutzende von Wegen gefunden, wie man sie erfüllen kann. »Man« kann man selbst sein, der Partner oder Freunde. Davon kann man sich inspirieren lassen.

Oder selbst anfangen, zu überlegen, auf welche Art und Weise die eigenen Bedürfnisse und die des Partners oder von Freunden am besten erfüllt werden. Das ist auch als »Backup« für Zeiten, in denen man nicht so fantasievoll ist, hilfreich. Ich habe mir für stressige Phasen notiert, was mir hilft, Ruhe zu finden. Wenn ich tatsächlich gestresst bin, brauche ich nur auf die Liste sehen und etwas davon auszuwählen.

■ **Denk mal**
Welche Bedürfnisse sind bei dir oft unerfüllt?

■ **Mach mal**
Mache – vielleicht gemeinsam mit Freunden – ein Brainstorming. Findet so viele Wege wie möglich, um diese Bedürfnisse zu erfüllen.

■ **Zum Vertiefen**
Herr, zeige mir, welchen Weg ich einschlagen soll, und lass mich erkennen, was du von mir willst! —Psalm 25,4

Übung macht den Meister.
—Sprichwort

Die vier Schritte in der Praxis

■ »Mal ehrlich, so spricht doch kein Mensch: ›Als ich gesehen habe, dass du ... getan hast, fühlte ich X, weil ich das Bedürfnis nach Y habe. Deshalb bitte ich dich um Z!‹« Das höre ich oft, wenn Menschen zum ersten Mal von den vier Schritten der *Gewaltfreien Kommunikation* hören. Sie haben recht. So spricht niemand im Alltag.

Es ist bei der *Gewaltfreien Kommunikation* wie bei einer Fremdsprache. Da übt man auch zu Beginn Sätze wie: »Ich heiße Peter. Ich komme aus München. Ich bin Schaffner.« Die würde man im »echten« Leben selten so formulieren. Doch wenn man eine Sprache erst einmal in den Grundzügen sicher beherrscht, kann man variieren und mit Worten und Satzbau spielen. Für den, der etwas neu einübt, empfiehlt es sich, einen standardisierten Ablauf so lange zu praktizieren, bis man ihn quasi wie im Schlaf beherrscht.

Manche fürchten, dass dieser Prozess Zeit kosten könnte, weil die vier Schritte ausführlicher sind als kurze Bemerkungen. Das mag sein. Es dauert etwas länger, die einzelnen Schritte sauber durchzugehen, als wenn man nur schnell irgendwie antwortet. Wer es jedoch geübt hat, wird erleben, dass es letztlich Zeit und Ärger spart. Wer klar und emotional transparent kommuniziert, spart sich manchen Ärger und viel Zeit, die sonst mit Streit verloren geht. Und er erlebt mehr Verbindung und Nähe zu sich selbst und den Menschen, mit denen er zu tun hat. Dafür lohnt sich das Üben dann schon.

■ **Denk mal**
Welcher der vier Schritte fällt dir am wenigsten leicht?
Was könnte dir helfen, ihn zu praktizieren?

■ **Mach mal**
Achte besonders darauf, den für dich schweren Schritt zu üben.
Freue dich über die Schritte, die dir schon leichter fallen.

■ **Zum Vertiefen**
Wenn ich in allen Sprachen der Welt, ja mit Engelszungen reden könnte, aber ich hätte keine Liebe, so wären alle meine Worte hohl und leer, ohne jeden Klang, wie ein dumpfer Paukenschlag. —1. Korinther 13,1

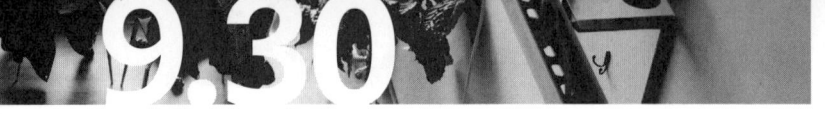
Vollkommenheit entsteht durch die Barmherzigkeit mit dem nicht Perfekten.
—Martin Schleske

Jemals perfekt?

■ Ich gebe es zu: In den Wochen, bevor ich begann, dieses Kapitel zu schreiben, fühlte ich mich unsicher. Ich fragte mich: »Wie kann ich über *Gewaltfreie Kommunikation* schreiben, wenn ich selbst noch so oft mich und andere anklage, in Vorwürfen und Schuldzuweisungen steckenbleibe?« Nein, perfekt bin ich nicht. Und auch die *Gewaltfreie Kommunikation* beherrsche ich nicht vollkommen.

Doch im Laufe der Zeit habe ich einiges gelernt. Viele Konflikte kann ich schneller und leichter lösen. Einige entstehen gar nicht erst. Manches ist mir in Fleisch und Blut übergegangen – etwa der Satz: »Was der andere tut, tut er für sich, nicht gegen mich!« Andere Aspekte, wie etwa die Haltung der Empathie, bedürfen nach wie vor der Einübung. Mir tut es gut, regelmäßig gemeinsam mit anderen, die ebenfalls *Gewaltfreie Kommunikation* lernen, praktisch zu üben.

Um zu verankern, was du über *Gewaltfreie Kommunikation* gelesen und gelernt hast, ist es wichtig, sie zu üben und im Alltag anzuwenden. Es gibt auch Seminare und Übungsgruppen dazu, um die Prinzipien tiefer zu verstehen (*www.gewaltfrei.de*). Basisseminare zur *Gewaltfreien Kommunikation* biete ich selbst an (*www.dte-training.de*).

Es ist etwas anderes, ob du etwas »nur« liest oder mit Hilfe eines erfahrenen Trainers und anderer Menschen, die mit dir lernen, praktisch einübst. Ob mit Trainer oder allein – wichtig ist es, das Wissen praktisch umzusetzen und neue Muster in der Kommunikation einzuüben.

■ **Denk mal**
Wann hattest du beim Lesen und Durcharbeiten dieses Kapitels das größte »Aha-Erlebnis«?

■ **Mach mal**
Schreibe dir vier neue Erkenntnisse auf, die du dir merken willst.

■ **Zum Vertiefen**
Vollkommen aber ist meine Freude, wenn ihr die gleiche Gesinnung habt, in der einen Liebe miteinander verbunden bleibt und fest zusammenhaltet.
—Philipper 2,2

Die glücklichsten Menschen sind nicht die, die am meisten haben,
sondern die, die am meisten danken können.
—Wilhelm Oehler

Giraffendank

■ Auch beim Danken setzt die *Gewaltfreie Kommunikation* die vier Schritte ein. Ein einfaches »Danke« ist schön und wohltuend. Doch es berührt Menschen weit mehr, wenn man ihnen Einblick in die eigene Situation gewährt. Und dann erklärt, wie man sich gefühlt hat und welches Bedürfnis durch ihr Handeln erfüllt wurde. Damit verbunden ist die ausgesprochene oder unausgesprochene Bitte, den Dank anzunehmen. Das wird auch als »Giraffendank« bezeichnet.

Nach einem leckeren Essen könnte man sagen: »Danke, das war gut!« Oder: »Als ich vorhin ankam (Situation), war ich hungrig und erschöpft (Gefühl). Jetzt bin ich voll neuer Energie und Zufriedenheit. Ich habe es genossen (Bedürfnisse). Du hast mir gut getan. Danke dir!« Es mag für andere ungewöhnlich sein, so einen persönlich formulierten Dank zu hören, doch vermutlich wird es sie dennoch bewegen.

Und an dieser Stelle ganz schlicht und einfach »Danke« an dich. Du hast dich vier Wochen mit verbindender, gewaltfreier Kommunikation beschäftigt (Situation). Das erfüllt mich mit Glück und Freude (Gefühle). Denn Menschen zu inspirieren und etwas von dem weiterzugeben, was ich weiß, ist für mich ein Weg, um ihr Leben zu bereichern. Das tue ich gern (Bedürfnis). Und wenn du möchtest, kannst du dich immer wieder neu davon inspirieren lassen und anderen davon erzählen – oder ihnen dieses Buch empfehlen (Bitte). Danke!

■ **Denk mal**
Wofür bist du nach dem Lesen dieses Kapitels am meisten dankbar?

■ **Mach mal**
Bringe deinen Dank an Gott, Menschen oder dich selbst in »Giraffensprache« zum Ausdruck.

■ **Zum Vertiefen**
Für ihre Mühe sollt ihr sie lieben und ihnen dankbar sein. Vor allem aber lebt in Frieden miteinander. —1. Thessalonicher 5,13

Monat 10
Lebensfreude spüren

Lebensfreude spüren

■ Das Leben bietet viele Gelegenheiten, sich zu freuen – doch oft kommt erstaunlich wenig davon im Herzen an. Mehr Lebensfreude wünschen sich viele – das höre ich im Coaching sehr oft.

Lange dachte ich, dass es typbedingt sei, wie viel Freude man spürt. Die einen freuen sich eben mehr, die anderen weniger. Ich vermutete, dass ich wohl zu denen gehöre, die das Leben mehr genießen als andere. Dann entdeckte ich, dass die Fähigkeit, sich zu freuen, auch mit Denk- und Verhaltensmustern zu tun hat.

Manche Menschen sind von vielen Dingen so belastet, dass wenig Raum für Lebensfreude und Genuss bleibt. Sie haben nie gelernt, wie sie Raum für mehr Lebensfreude schaffen und zu mehr Freude finden können. Dem wollen wir in diesem Monat nachgehen und Antworten auf folgende Fragen finden:

- Was führt dazu, dass man das Leben genießt?
- Welche Haltungen verstärken Lebensfreude?
- Was trägt dazu bei, Glück und Zufriedenheit zu erleben?

Neben den Antworten auf diese Fragen wollen wir auch praktische Schritte auf dem Weg zu mehr Lebensfreude wagen. Manchmal kommt die Freude einfach angeflogen. Das ist und bleibt ein Geschenk. Aber man kann Landebahnen für sie bauen, damit sie bei uns ankommen kann.

Die Seele ernährt sich von dem, worüber sie sich freut.
—Augustinus

Körper und Seele

■ Freude ist eine Emotion, die man im Körper spürt und dann in den Gedanken und Gefühlen wahrnimmt. Jeder kennt das: Wenn man nach einem langen Tag hundemüde ist und sich kaum mehr auf den Beinen halten kann, spürt man keine Freude. Selbst dann nicht, wenn einem etwas widerfährt, was normalerweise Freude auslöst.

Manche Menschen sind chronisch müde. Ihr Körper ist gestresst und überfordert. Das kann aufgrund von Schlaf- oder Bewegungsmangel sein oder auch aufgrund von zu wenig Eisen oder Vitamin B, C oder D im Blut. Oder es fehlt Magnesium, das zur Entspannung und Gelassenheit beiträgt.

Aufputschgetränke helfen nicht, um den Mangel an gesunden Substanzen auszugleichen. Schlaf braucht man – den kann man durch nichts anderes ersetzen. Eisen gibt es im Fleisch, Vitamin C gibt's in Zitrusfrüchten, Vitamin D bildet sich, wenn man sich viel im Freien aufhält. Übergangsweise kann es auch sinnvoll sein, sich die Substanzen in konzentrierter Form zuzuführen. Vitamin D zum Beispiel hebt die Stimmung, gerade im Winter, wenn das Sonnenlicht knapp ist, stark an.

Bleibt die Seele auf Dauer im Keller, kann es sinnvoll sein, beim Arzt ein großes Blutbild machen zu lassen, um eventuellen Mangel abzuklären. Denn wenn dem Körper die nötige Energie fehlt, hat auch die Seele keine Kraft, sich zu freuen.

■ **Denk mal**
Auf einer Skala von eins (schlapp) bis zehn (superstark):
Wo befindest du dich gerade?

■ **Mach mal**
Tue heute etwas, was deinen Körper stärkt oder entlastet.

■ **Zum Vertiefen**
Habt ihr etwa vergessen, dass euer Leib ein Tempel des Heiligen Geistes ist, den euch Gott gegeben hat? Ihr gehört also nicht mehr euch selbst.
—1. Korinther 6,19

Nur Wasser kann eine Wüste verwandeln.
Wasser ist Leben. Liebe ist lebendiges Wasser.
—Phil Bosmans

Bedürfnisse und Freude

■ Freude kann man nicht direkt beeinflussen. Wenn das so wäre, würden wir es einfach tun. Wenn jemand uns sagt: »Mensch, freu dich doch!«, dann würden wir uns freuen. So einfach ist es aber nicht.

Man kann nicht auf Knopfdruck Freude empfinden. Freude ist wie alle Gefühle nicht »machbar«. Sie ist das Ergebnis davon, dass Bedürfnisse erfüllt sind. Bleiben wesentliche Bedürfnisse, zum Beispiel nach Nähe, Sicherheit, Freiheit und Sinn unerfüllt, fühlen Menschen sich unsicher, ängstlich, sorgenvoll und einsam. Werden hingegen Bedürfnisse wie Freiheit, Nähe, Verbundenheit und Abenteuer erfüllt, spüren Menschen Freude, Leichtigkeit und Energie.

Man kann Freude nicht machen, aber sehr wohl dafür sorgen, dass sich die Chance erhöht, Freude zu empfinden. Man kann zentralen Bedürfnissen nachspüren und Wege finden, wie man sie erfüllen kann. Man kann lernen, den Raum zu schaffen, den die Freude braucht, um sich niederzulassen.

Das muss kein Egoismus sein. Wer gut für sich sorgt, hat meist auch Kapazitäten für andere. Es gehört zu den grundlegenden Bedürfnissen des Menschen, etwas zum Wohl der Allgemeinheit beitragen zu wollen. Wenn man das tut, empfindet man Sinn und Freude. Und man fühlt sich mit Gott und Menschen tiefer verbunden, als wenn man nur an sich denkt. Von daher ist das aktive Handeln für andere ein guter Weg, eigene und fremde Bedürfnisse zu erfüllen.

■ **Denk mal**
Welche deiner Bedürfnisse kommen gerade häufig zu kurz?

■ **Mach mal**
Unternimm heute etwas, das dieses Bedürfnis erfüllt.

■ **Zum Vertiefen**
Jesus sagte: »Wer Durst hat, der soll zu mir kommen und trinken! Wer an mich glaubt, wird erfahren, was die Heilige Schrift sagt: Wie ein Strom wird Leben schaffendes Wasser von ihm ausgehen.« —Johannes 7,37–38

Die Basis einer gesunden Ordnung ist ein großer Papierkorb.
—Kurt Tucholsky

Freiraum

■ Wer Lebensfreude erleben will, braucht Platz und Freiraum. Innerlich und äußerlich. Wenn Herz und Leben überfüllt sind, hat die Seele nur wenig Platz und Raum, um Freude zu erleben. Alles, was in unserem Leben herumliegt, kostet uns Kraft. Das ist selbst dann der Fall, wenn wir die Papierstapel, Kleiderberge und Krimskrams-Ecken gar nicht mehr bewusst wahrnehmen. Denn sie signalisieren: »Hier ist etwas nicht in Ordnung. Du solltest dich darum kümmern.« Das nimmt die innere Freiheit, die man braucht, um das Leben zu genießen.
Ausmisten befreit. Deshalb empfiehlt sich eine Radikalkur. Überlege:
• Was will ich ordnen?
• Wovon will ich mich trennen?
Das gilt sowohl für Gegenstände als auch für innere Anklagen. Für Dinge, die man anderen Menschen immer noch nachträgt. Auch hier kann man ent-sorgen. Wer etwas ent-sorgt hat, ist einige Sorgen los und gewinnt Freiraum für Freude.
Meine Empfehlung: Fange gleich damit an! Auch wenn du nur fünf Minuten Zeit hast, kannst du eine kleine Ecke ordnen. Hat sich in deiner Umgebung so viel angesammelt, dass du es nicht auf einmal entsorgen kannst, dann mache einen Plan. Überlege dir, wann und wie du die einzelnen Bereiche angehen willst.
Bei inneren Entsorgungsprozessen kann es hilfreich sein, alles zu notieren, was dich belastet und was du anderen nachträgst. Und es dann eins nach dem anderen zu vergeben und loszulassen.

■ **Denk mal**
Was in deinem Leben oder deiner Umgebung belastet dich am meisten? Wie kannst du es ent-sorgen?

■ **Mach mal**
Was du heute kannst entsorgen … Beginne gleich damit, etwas loszulassen, aufzuräumen oder zu entrümpeln.

■ **Zum Vertiefen**
Wenn euch also der Sohn Gottes befreit, dann seid ihr wirklich frei.
—Johannes 8,36

*Es empfiehlt sich, nicht möglichst viele Freunde zu erwerben,
sondern nur so viele, als zum gemeinsamen Leben genügen.
Es ist nicht möglich, mit vielen innig befreundet zu sein. —Aristoteles*

Beziehungen

■ Ein Klick und »Ihr seid jetzt Freunde.« Facebook, Twitter, Beruf und Ehrenamt sorgen dafür, dass wir unendlich viele Freunde haben. Mehr als die meisten von uns verkraften können. Denn mit jeder – noch so dünnen – Bindung an einen Menschen sind auch Erwartungen verbunden. »Du solltest dich doch wenigstens am Geburtstag mal melden.« Oder: »Wir haben uns schon so lange nicht gesehen.« Sozialstress pur. Wenn man dann auch noch auf den Gedanken kommt, man sollte alle Freunde gleich behandeln, ist der emotionale Burnout vorprogrammiert. Beziehungen, die zur Freude beitragen und das Leben bereichern sollen, werden zur Last.

Manchen Menschen fühlt man sich verpflichtet, weil sie einem in der Vergangenheit beigestanden haben. Man denkt, man müsse das ausgleichen. Muss man aber nicht. Es war so geführt, dass dieser Mensch in einer Notsituation da war. Das war ein Geschenk des Lebens. Du musst es nicht ausgleichen.

Das Leben wird diesen Menschen auch beschenken. Vielleicht durch dich. Oder durch andere. Um sich aus dem Beziehungsgewirr zu befreien, hilft nur radikale Ungleichheit. Manche Menschen sind einem lieber und wichtiger als andere. Das ist okay. Wenn dich mit einem Menschen nichts als Pflichtgefühl verbindet, dann löse dich besser von dieser Person. Wenn du mutig bist, teile es dem Menschen freundlich mit: »Ich möchte den Kontakt nicht weiter pflegen.«

■ **Denk mal**
Mit welchen Menschen verbringst du nur aus Pflichtgefühl Zeit, obwohl dir die Beziehung nichts bedeutet?

■ **Mach mal**
Male deine Beziehungen auf. Wer ist dir wie nahe und wie wichtig? Mit wem bist du besonders gerne zusammen?

■ **Zum Vertiefen**
*Wenn du mit vernünftigen Menschen Umgang pflegst, wirst du selbst vernünftig. Wenn du dich mit Dummköpfen einlässt, schadest du dir nur.
—Sprüche, 13,20*

Achte auf deine Gedanken, sie sind der Anfang deiner Taten.
—Chinesisches Sprichwort

Glaubenssätze

■ Wir alle haben Sätze in uns, die uns die Freude rauben und uns daran hindern, das Leben zu genießen. Sätze wie »Erst die Arbeit, dann das Vergnügen« oder »Müßiggang ist aller Laster Anfang« oder »Ich werde nie mit der Arbeit fertig« oder »Wenn ich mich nicht darum kümmere, bleibt alles liegen«.

Scheinbar gibt es ja auch genug Beweise dafür, dass diese Sätze stimmen. Es scheint wahr zu sein, dass nichts getan wird und die Katastrophe ausbricht, wenn wir die Arbeit nicht tun. Oder dass wir nie fertig werden. Oder dass uns nie etwas gelingt. Es kann hilfreich sein, solche Glaubenssätze oder inneren Überzeugungen, die dir Lebensfreude rauben, kritisch zu betrachten. Folgendes Vorgehen hat sich bewährt, um solche Glaubenssätze zu lösen:

1. Trenne den Satz von den scheinbaren Beweisen und betrachte ihn isoliert.
2. Frage dich: Warum ist diese Überzeugung unter Umständen abwegig?
3. War derjenige, der mir das beigebracht hat, ein froher Mensch?
4. Was wird es mich emotional, geistlich, gesundheitlich oder finanziell kosten, wenn ich diesen Satz nicht aufgebe?
5. Was wird es meine Familie oder Freunde kosten, wenn ich diesen Satz nicht aufgebe?
6. Wie verbessert sich mein Leben, wenn ich diese Überzeugung ändere?
7. Was könnte ich stattdessen denken?
8. Was verändert sich dadurch?

■ **Denk mal**
   Welche inneren Sätze hindern dich besonders daran, das Leben zu genießen?

■ **Mach mal**
   Probiere die vorgeschlagene Vorgehensweise einmal aus.
   Es kann hilfreich sein, wenn ein Freund dir die Fragen stellt.

■ **Zum Vertiefen**
   Das alles kann ich durch Christus, der mir Kraft und Stärke gibt.
   —Philipper 4,13

Wer alles perfekt haben und stets perfekt sein will, wird perfekt unglücklich.
—Walter Ludin

Perfektionismus

■ Der Wissenschaftler Vilfredo Pareto hat festgestellt, dass man mit 20 Prozent des Aufwandes 80 Prozent des Ergebnisses erzielt. In 20 Prozent der Zeit kann man einen Text ziemlich gut schreiben. Die restlichen 80 Prozent der Zeit braucht man, um alles perfekt zu machen. In 20 Prozent der Zeit ist 80 Prozent der Wohnung ziemlich gut geputzt. Die restlichen 80 Prozent braucht man, um alle kleinen Ecken noch perfekt zu reinigen.

Wer alles perfekt haben will, wird damit nie erfolgreich sein. Perfektion ist nicht erreichbar. Selbst die schönsten Pflanzen und Menschen sind nicht perfekt. Der beste Text könnte noch einen Hauch besser sein. Und natürlich könnte man in der Wohnung auch noch einige Ecken mit Zahnbürste und Mikrofasertuch reinigen. Perfektion ist unerreichbar. Perfektionismus ist ein Sklaventreiber, der zu diesem ohnehin nicht erreichbaren Ziel treibt. Er bestimmt – nicht mehr man selbst. Wer Freiraum für mehr Lebensfreude gewinnen will, legt am besten die Standards selbst fest.

Wie gut will ich das machen – nahezu »perfekt« oder reicht mir »gut genug«? Wer bei Tätigkeiten, die nicht so wichtig sind, auf Perfektion verzichtet und sich mit 80 Prozent Ergebnis zufriedengibt, gewinnt Zeit für das Wesentliche. In den meisten Fällen merken andere den Unterschied nicht einmal. Und: In einigen wichtigen Bereichen kannst du durchaus »perfekt« sein – wenn du willst und es sich lohnt.

■ **Denk mal**
   Bei welchen Aufgaben tappst du besonders leicht in die Perfektionismusfalle?

■ **Mach mal**
   Führe etwas, das du sonst »perfekt« machst, nur ziemlich gut aus. Beobachte, ob anderen der Unterschied überhaupt auffällt.

■ **Zum Vertiefen**
   Sei nicht zu fromm, und übertreib es nicht mit deiner Weisheit!
   Warum willst du dich selbst zugrunde richten? —Prediger 7,16

Im Laufe meines Lebens habe ich zwei Dinge erkannt:
Es gibt einen Gott. Und ich bin es nicht.
—Jim Henderson

Ent-Sorgen

■ Viele Menschen verbringen sehr viel Zeit damit, über Dinge nachzudenken, die sie nicht beeinflussen können. Sie denken über das nach, was sie in der Vergangenheit (nicht) gemacht haben und grübeln: »Ach hätte ich doch (nicht) ...« Oder sie fragen sich sorgenvoll, was die Zukunft bringt.

Diese Art zu denken ist weitverbreitet. Dennoch hat sie zwei große Nachteile: Über Dinge nachzudenken, die man nicht beeinflussen kann, bringt nichts. Man kann nicht rückwirkend beeinflussen, was gewesen ist. Und man kann für die Zukunft nicht sagen, was wird. Erst die Zukunft wird zeigen, was geworden ist.

Aus der Grübelfalle kannst du dich auf zwei Wegen befreien:

1. Überlege, ob du die Situation, die dich besorgt, (noch) beeinflussen kannst. Wenn nicht, dann entscheide: Über Dinge, die ich nicht (mehr) beeinflussen kann, denke ich nicht (weiter) nach. Die lasse ich los.

2. Gelingt das nicht, dann kannst du weiter überlegen: Was brauche ich jetzt? Das kann in Bezug auf die Vergangenheit Entlastung oder (Selbst-)Vergebung sein. Oder im Blick auf die Zukunft die Frage, was dir Sicherheit und Stärke geben würde.

Wer sich auf das konzentriert, was er tatsächlich beeinflussen kann, gewinnt Freiraum. Er kann sich auf die wesentlichen Dinge konzentrieren. Es ist entspannend zu wissen, dass nicht alles an uns hängt.

■ **Denk mal**
Welche Dinge bereiten dir Sorgen?
Was brauchst du, um Gelassenheit zu gewinnen?

■ **Mach mal**
Sortiere bei Dingen, die dich beschäftigen, klar: Kann ich das beeinflussen? Wenn ja, dann überlege, wie. Wenn nein, dann lass es los.

■ **Zum Vertiefen**
Überlasst alle eure Sorgen Gott, denn er sorgt für euch. —1. Petrus 5,7

Suche dir eine Arbeit, die du liebst,
und du wirst nicht einen Tag arbeiten müssen.
—Konfuzius

Ungeliebte Arbeiten

■ Zwei meiner Freunde heißen *Mr President* – benannt nach einem amerikanischen Präsidenten, der angeblich im Haushalt hilft – und *Michelle* – nach seiner Frau. Es handelt sich dabei um einen Roboter-Staubsauger, den ich im Internet günstig ersteigert habe, und um eine Spülmaschine. Beide nehmen mir viel Arbeit ab. *Mr President* muss ich nur in einen Raum stellen und auf Start drücken, dann legt er selbstständig los. Herrlich. Und *Michelle* spült – sogar mit Ökofunktion – Berge von Geschirr für mich.

Jeder hat Aufgaben, die er nicht gern macht. Aber häufig denken wir, dass wir sie nun mal machen müssen. Wer sagt das? Wer verbietet uns, manche ungeliebten Dinge einfach nicht mehr zu tun? Oder kreative Wege zu finden, wie man Aufgaben delegieren oder effektiver lösen kann?

Als Selbstständige überlege ich oft: Kann das jemand anderes besser als ich? Kann ich in der frei werdenden Zeit Dinge tun, die ich besser kann? Diese Möglichkeit hat nicht jeder. Aber man kann zumindest überlegen, ob man sich mal den Luxus gönnt, sich die Fenster putzen zu lassen oder einen Änderungsschneider in Anspruch zu nehmen. Wenn das Budget knapp ist, kann man mit Freunden überlegen, ob man ungeliebte Arbeiten einfach tauscht. Der eine repariert vielleicht gerne Fahrräder und der andere kennt sich mit Steuererklärungen aus. Oder man macht Dinge zusammmen. Gemeinsam putzen ist halb so schlimm wie alleine. Mal ist der eine dran, mal der andere.

■ **Denk mal**
   Welche ungeliebten Arbeiten würdest du besonders gerne loswerden?

■ **Mach mal**
   Lass dir für mindestens fünf ungeliebte große oder kleine Tätigkeiten Lösungen einfallen.

■ **Zum Vertiefen**
   Kümmert euch um die Schwierigkeiten und Probleme des anderen,
   und tragt die Last gemeinsam. —Galater 6,2

In einem gesunden Körper wohnt ein gesunder Geist.
—Juvenal

Energie

■ Gerade komme ich vom Sport. Bewegung ist eigentlich nicht so mein Ding. In meiner Familie galt ich als »Widerstandskämpferin gegen den Sport«, weil ich lieber in der Sonne lag und las, als auf einem Tennisplatz oder im Wald herumzurennen. Das ist bis heute so geblieben. So richtig viel kann ich sportlicher Betätigung – mal abgesehen von Radfahren, Skifahren und Klettern – nicht abgewinnen. Dennoch sorge ich regelmäßig für Bewegung. Mein Leben und meine Emotionen sind mir das wert.

Ich weiß, dass ich nur dann leistungsfähig bin, wenn ich auch körperlich fit bin. Aber auch Emotionen hängen von körperlicher Fitness ab. Jeder kennt das: Wenn man schlaff und müde ist, können einen die schönsten Dinge nicht mehr begeistern. Man schleppt sich mühsam durch eine Ausstellung, über die man in energiegeladenem Zustand begeistert wäre. Und selbst der Partner, mit dem man gern zusammen ist, kann einem kaum mehr als ein müdes Lächeln entlocken.

Seele und Körper hängen zusammen. Energiereserven aufzufüllen ist deshalb eine Voraussetzung dafür, wieder mehr Freude zu spüren. Man kann auftanken, indem man sich erholt und zur Ruhe kommt. Doch wer immer nur ruht, wird nie fit. Deshalb empfiehlt es sich, auch Wege zu suchen, wie man aktiv Energie gewinnen kann. Welche Tätigkeiten und Lebensmittel belasten deinen Körper? Wie könntest du sie einschränken? Was entspannt deinen Körper und macht ihn stark?

■ **Denk mal**
Wie könntest du weniger von dem tun, was dir Energie raubt, und wie kannst du mehr Stärke gewinnen?

■ **Mach mal**
Nimm dir ein paar Minuten Zeit, um dich ausgiebig zu dehnen, zu strecken und einige Muskelpartien zu kräftigen (zum Beispiel Kniebeugen oder Liegestütze).

■ **Zum Vertiefen**
Den Erschöpften gibt er neue Kraft, und die Schwachen macht er stark.
—Jesaja 40,29

Der Mensch ist, was er isst.
—Ludwig Feuerbach

Ernährung

■ Ob und wie viel Lebensfreude wir empfinden, hängt auch mit dem zusammen, was wir in unserem Körper aufnehmen. Hat man schwer gegessen, kann man sich kaum leicht fühlen. Auch andere Faktoren aus der Nahrung beeinflussen unsere Lebensfreude. Kohlenhydrate – besonders Zucker und Weizen – lassen den Blutzuckerspiegel schnell extrem in die Höhe schnellen. Er sinkt aber genauso schnell wieder ab. Man ist nach so einem schnellen Zuckeranstieg nur noch schneller wieder im Keller. Körperlich und seelisch.

Ähnliches gilt für Aufputschgetränke. Koffein in größeren Mengen löst sogar Angstzustände aus – das berühmte »Flattern«. Für den Körper bedeutet das Stress – und der mindert Lebensfreude.

Die beste Ernährung für ein gutes Seelenleben besteht aus genügend pflanzlichen (zum Beispiel Linsen) und tierischen Eiweißen (am besten Fisch oder helles Fleisch), viel Gemüse und Salat und etwas Obst und Kohlenhydrate. Und selten oder nie industriell gefertigte »Nahrung«, die häufig keine echten Nährstoffe liefern.

Wer sich vital ernährt, wird auch innerlich Vitalität empfinden. Das gilt besonders mittags, wo ein knackiger Salat mit etwas Eiweiß weit mehr Energie für den Nachmittag spendet als ein großes Menü. Sauerstoff und etwas Vitamin C muntern gesünder auf als Aufputschgetränke. Jeder kann hier experimentieren, was ihm körperlich und seelisch wirklich guttut.

■ **Denk mal**
Was wäre für dich der erste Schritt hin zu mehr Vitalität?

■ **Mach mal**
Probiere aus, einen Tag sehr ungesund zu essen, am nächsten Tag sehr frisch und vital. Beobachte, wie sich das auf dein Gefühlsleben auswirkt.

■ **Zum Vertiefen**
Versuch es doch zehn Tage lang, uns nur Gemüse und Wasser zu geben. Danach vergleiche unser Aussehen mit dem der anderen jungen Männer. Dann entscheide, was du in Zukunft mit uns tun willst. —Daniel 1,12–13

Schaffen begrenzt das Gesichtsfeld, betrachten erweitert es.
—Oscar Wilde

Augen auf

■ Wir sind umgeben von Schönheit. Oft sehen wir sie nur nicht, weil wir achtlos vorüberhuschen. Wir rennen vorbei an Löwenzahnblüten, lachenden Kindern mit Zahnlücken, älteren Damen mit wunderbar verrunzelten Händen, die die Geschichte eines ganzen Lebens widerspiegeln. Wir nehmen nicht wahr, dass uns anregende Gerüche, interessante Formen und faszinierende Gegenstände umgeben.

Wissenschaftler haben herausgefunden: Wenn wir etwas ausführlich – wenigstens 20 Sekunden lang – betrachten, werden Glückshormone ausgeschüttet. Das steigert sofort die Lebensfreude. Und nicht nur das. Wenn man sich tagsüber Zeit nimmt, etwas richtig zu betrachten, hat man am Abend und an späteren Tagen Erinnerungen, auf die man zurückgreifen kann. Zu Frühlingsbeginn habe ich einen großen Schmetterling so lange intensiv betrachtet, bis er wegflatterte. Das Bild habe ich immer noch vor Augen.

Du kannst natürlich nicht nur mit den Augen »sehen«, sondern auch mit allen anderen Sinnen: Du kannst etwas ganz bewusst hören, ertasten, riechen oder schmecken. Die Wirkung wird verstärkt, wenn du nach dem intensiven Wahrnehmen bewusst entscheidest: Dieses Bild oder diese Erfahrung will ich im Gedächtnis behalten. Und dich am Ende des Tages oder der Woche noch einmal daran erinnerst.

■ **Denk mal**
Welche schönen Bilder hast du innerlich vor Augen?
Wie hast du diese Bilder »gesammelt«?

■ **Mach mal**
Nimm dir heute mehrfach Zeit, etwas zu betrachten oder zu berühren. Lass es tief auf dich wirken und genieße das Gefühl, das es auslöst.

■ **Zum Vertiefen**
Ja, ich werde ihn anschauen; mit eigenen Augen werde ich ihn sehen, aber nicht als Fremden. Danach sehne ich mich von ganzem Herzen! —Hiob 19,27

Wer noch staunen kann, wird auf Schritt und Tritt beschenkt.
—Oskar Kokoschka

Achtsamkeit

■ Die Welt ist voller Wunder. Ein Schmetterling auf einer Blüte. Die Gestalt eines Blattes oder die vielen Samen auf einer Pusteblume. Ein schönes Kunstwerk oder beeindruckende Architektur. Die Glätte einer Oberfläche. Die erstaunliche Klarheit von Glas. Wir sind umgeben von Wundern, die uns ins Staunen bringen könnten – wenn wir sie wahrnehmen würden.

Doch wir meinen oft, die erstaunlichen Dinge alle schon zu kennen. Wir sind enttäuscht, wenn der *Tadsch Mahal* vor smoggrauem Himmel nicht so wunderbar wirkt wie in Hochglanzprospekten. Oder frustriert, wenn der *Eiffelturm* in der Realität nicht so beeindruckend aussieht wie auf den Bildern von Starfotografen.

Kinder haben das Staunen noch nicht verlernt. Selbst in einen rostigen Blechtopf können sie sich intensiv vertiefen. Sie bestaunen ihn, als sei er eines der sieben Weltwunder. Sie erleben automatisch, wofür wir uns bewusst entscheiden können: Etwas (wie) zum ersten Mal zu sehen.

Staunen kann der, der etwas so wahrnimmt, als hätte er es bisher noch nie gesehen. Diese Haltung kann man bewusst einnehmen. Man kann über alles staunen: die Häuser auf dem Heimweg von der Arbeit, das Gesicht eines vertrauten Freundes, die eigenen Fingernägel …

Wer öfter etwas wie ein Kind betrachtet, als hätte er es noch nie gesehen, erhöht seine Chancen extrem, häufiger tiefe Lebensfreude zu erleben. Also: Staune mal wieder.

■ **Denk mal**
Worüber und wann kannst du am meisten staunen?
Was hilft dir, eine Haltung des Staunens zu entwickeln?

■ **Mach mal**
Betrachte heute etwas, das dir vertraut ist, als hättest du es noch nie gesehen. Gewöhne dir an, das öfter zu tun.

■ **Zum Vertiefen**
Seht euch einmal unter den Völkern um! Ja, schaut genau hin, und ihr werdet aus dem Staunen nicht mehr herauskommen! —Habakuk 1,5

*Ein Durchschnittsmensch, der sich auf den wirkungsvollsten Punkt
konzentriert, wird erfolgreicher sein als ein Genie, das sich verzettelt.*
—Wolfgang Mewes

Konzentration

■ Kinder haben einen untrüglichen Sinn dafür, ob ein Mensch sich ihnen echt zuwendet oder nur so tut, als hätte er Interesse an ihnen. Von Jesus wird berichtet, dass er sich Kindern voll und ganz zuwendete. So intensiv, dass die Erwachsenen neidisch wurden und sagten, er solle sich doch um Wichtigeres kümmern. Für ihn war die Begegnung aber gerade das Wichtigste. Er schaltete sein Handy aus (bzw. brachte die kritischen Stimmen um sich herum zum Schweigen), kümmerte sich auch nicht darum, dass er anderen Menschen helfen und sie retten musste. Er war ganz für die Kinder da.

In unserer Zeit, in der die Fähigkeit zum Multitasking als Voraussetzung für effektives Arbeiten und Leben gilt, scheint Konzentration auf nur eine einzige Sache oder Person Verschwendung von Zeit und Energie zu sein. Warum nur eine Sache tun, wenn man doch gleichzeitig telefonieren und im Internet surfen oder Kaffee trinken und arbeiten kann?

Wissenschaftler entdeckten, dass es viel mehr Energie kostet, wenn man mehrere Dinge gleichzeitig tut, als wenn man sich auf eine einzige Sache konzentriert. Alles, was zu viel Energie kostet, schmälert die Freude. Wer erst eine Sache mit voller Konzentration erledigt und dann die nächste, ist effektiver als jemand, der beides gleichzeitig versucht. Wissenschaftler haben auch festgestellt, dass man bei Aufgaben, auf die man sich konzentriert, die tiefsten Glückserlebnisse hat. Egal, ob das Wäsche sortieren oder Listen tippen ist.

■ **Denk mal**
Wo bist du besonders von Multitasking bedroht?
Was würde dir helfen, dich auf eine Sache zu konzentrieren?

■ **Mach mal**
Spiele oder sprich heute mit einem Kind.
Schenke ihm deine volle Aufmerksamkeit.

■ **Zum Vertiefen**
*Jesus sagte: »Lasst die Kinder zu mir kommen! Schickt sie nicht weg! Denn
für Menschen wie sie ist das Reich Gottes bestimmt.« —Lukas 18,16*

Du musst im Leben gar nichts. Nur eines Tages sterben.
Bis dahin kannst du dich immer entscheiden.
—Kerstin Hack

Freiheit

■ Der beste Weg, sich die Lebensfreude zu verderben, ist zu denken: »Ich muss.« Bei einem Seminar sagte ich den Teilnehmern den oben zitierten Satz. »Du musst gar nichts!« Es entspann sich eine intensive Diskussion. »Aber ich muss doch einkaufen!« »Wer sagt das? Du hast die Freiheit zu überlegen: Will ich mit den Resten aus dem Kühlschrank klarkommen? Oder möchte ich lieber frische Lebensmittel einkaufen?« Wenn du dir klarmachst, was du lieber willst, dann handelst du freiwillig, nicht gezwungen. Es geht darum – im Rahmen bestehender Möglichkeiten – zu entscheiden. Was will ich lieber? Wenn ich das eine lieber will als das andere, dann bin ich nicht gezwungen, sondern frei.

Ein inneres »Muss« kann einem jede Freude verderben. Wer denkt, er muss, verliert sogar den Spaß an Dingen, die er im Grunde gern tut. Eigentlich genieße ich es, zu schreiben. Aber wenn ich denke: »Ich muss jetzt den Artikel schreiben«, macht es mir kaum noch Freude.

Ich habe mir deswegen angewöhnt, bei Dingen, die ich gerne tue, »Ich will« zu sagen: »Ich will den Artikel schreiben.« »Ich möchte den Brief beantworten.« Es gibt jedoch Tätigkeiten, bei denen mir ein echtes »Ich will« nicht leicht über die Lippen kommt: Buchführung, Steuererklärung oder Fahrrad putzen. Hier kann ich immerhin sagen: »Ich *werde* es machen.« Wenn ich so denke und spreche, bin ich nicht mehr Opfer der Umstände. Ich bin vielmehr diejenige, die entscheidet und dann handelt. Und das fühlt sich richtig gut, kraftvoll und frei an.

■ **Denk mal**
Bei welchen Tätigkeiten sagst du besonders oft »Ich muss«?

■ **Mach mal**
Ersetze jedes Mal »Ich muss« mit »Ich will«, wenn du dich dabei erwischst, »Ich muss« zu sagen oder zu denken.

■ **Zum Vertiefen**
Wo der Geist des Herrn ist, da ist Freiheit. —2. Korinther 3,17

*Die gefährlichste Weltanschauung ist die Weltanschauung derer,
die die Welt nie angeschaut haben.*
—Alexander von Humboldt

Vorurteilsfrei

■ Meine Mutter war gegen Kriegsende noch ein kleines Mädchen. In ihrer Heimat herrschte große Angst davor, was geschehen würde, wenn die Russen einmarschierten. Die gefürchteten Russen kamen nie. Stattdessen kamen die Amerikaner und brachten Kaugummi und Schokolade mit. Was blieb, war die Angst vor »den Russen« und vor allem, was östlich der deutschen Grenze lag. Eine Angst, die sie an mich weitergab – durch Erzählungen, Gesten und in Form von Vorurteilen. Ohne es bewusst zu wollen, übernahm ich ihre Denkmuster.

Das führte dazu, dass ich – wegen des unguten Gefühls – noch nie in Polen war, obwohl es nicht weit von Berlin entfernt ist. Aber innerlich unendlich weit weg. Als ich mit einer Bekannten darüber sprach, stellten wir fest, dass wir beide die gleichen Ängste von unseren Müttern übernommen hatten. Das hatte erfolgreich verhindert, dass wir uns ein eigenes Bild machten. Die Vorurteile hatten uns blockiert.

Sie hatten uns davon abgehalten, ein faszinierendes Land selbst zu entdecken. Doch das holten wir nach. Wir fuhren gemeinsam nach Polen und lernten an einem langen Wochenende das Land und seine Einwohner ein kleines bisschen kennen. Ich freue mich auf weitere Begegnungen.

Vorurteile verhindern Begegnung. Wenn du mehr Lebensfreude erleben möchtest, schau dir mal an, welche Vorurteile dich von Begegnung abhalten. Und überlege, wie du sie lösen kannst.

■ **Denk mal**
Welche Länder, Nahrungsmittel oder Bevölkerungsgruppen verursachen in dir ungute Gefühle?

■ **Mach mal**
Gehe heute auf einen Menschen aus einer vorurteilsbehafteten Gruppe zu. Oder probiere etwas aus, vor dem du bisher eher zurückgeschreckt bist.

■ **Zum Vertiefen**
Denn vor Gott sind alle Menschen gleich. —Römer 2,11

Essen ist ein Bedürfnis, Genießen ist eine Kunst.
—François de La Rochefoucauld

Genießen

■ In meiner Familie wurde meist Margarine aufs Brot geschmiert. Butter gab es nur zu besonderen Gelegenheiten. Als ich zu Beginn meines Studiums erstmals alleine lebte, war eine meiner ersten »Amtshandlungen«, mir Butter zu kaufen. Echte, cremige Butter, die auf Vollkornbrot einfach fantastisch schmeckt. Der Genuss hat sich bis heute nicht »abgenutzt«. Butter ist für mich etwas Besonderes geblieben, das ich nach wie vor sehr genieße.

Ob man etwas genießen kann, hat viel damit zu tun, ob man es als etwas Besonderes wahrnimmt. Das Wort »genießen« hatte im Deutschen ursprünglich nur die Bedeutung von »etwas nutzen«. Die Frage: »Hast du heute schon etwas genossen?«, war früher gleichbedeutend mit der Frage, ob man schon gegessen hatte. Man kann sein weiches Bett, leckeren Kaffee oder feines Essen einfach nur nutzen – oder es als etwas Besonderes wahrnehmen und tief genießen.

Wenn man etwas zum x-ten Mal genossen hat, nimmt man das Besondere oft nicht mehr so intensiv wahr. Wenn du es tiefer genießen möchtest, hilft es, es wie zum ersten Mal wahrzunehmen. Das erste Mal ist immer etwas Besonderes. Etwas aufzunehmen, als würdest du es zum ersten Mal tun, steigert den Genuss. Du kannst bei alltäglichen Dingen daran denken, dass es das erste Mal an diesem Tag ist, dass du diese Sache erlebst. Die erste Dusche an diesem Tag, der erste Kaffee oder das erste Stück Brot mit Butter. Welch ein Genuss!

■ **Denk mal**
Was könnte dir helfen, Dinge öfter und tiefer zu genießen?

■ **Mach mal**
Probiere heute aus, Dinge wie zum ersten Mal (an diesem Tag) zu genießen, und beobachte, welchen Unterschied dies macht.

■ **Zum Vertiefen**
Also iss dein Brot, trink deinen Wein, und sei fröhlich dabei! —Prediger 9,7

Denke immer daran, dass es nur eine wichtige Zeit gibt: Heute. Hier. Jetzt.
—Leo Tolstoi

Hier und Jetzt

■ »Was wird morgen werden?« »Wie schön (oder schlimm) war es gestern.« Viele Menschen sind gar nicht da. Statt ihr Leben in der Gegenwart zu leben, verbringen sie viel Zeit damit, über die Vergangenheit nachzudenken: Sie grübeln, ob sie dieses oder jenes nicht hätten besser machen können. Über etwas nachzudenken, auf das man keinerlei Einfluss hat, ist einer der effektivsten Wege, sich die Lebensfreude zu verderben. Dinge, die in der Vergangenheit liegen, kann man nicht mehr ändern. Was in der Zukunft liegt, kann man auch nur zum geringen Teil beeinflussen. Dennoch verbringen wir viel Zeit mit Nachsinnen über das Gewesene und das, was vielleicht kommt.

Ein Weg, das Leben zu meistern, ist zu fragen: »Was brauche ich jetzt?« Wenn die Vergangenheit uns beschäftigt, weist das oft auf ein noch nicht gestilltes Bedürfnis hin. Vielleicht brauchst du noch Trost, Klärung oder Unterstützung. Wenn du fragst: »Was brauche ich jetzt?«, kannst du klar handeln.

Das Gleiche gilt für die Zukunft. Wenn du dir Sorgen um die Zukunft machst, kannst du dich auch fragen: »Was brauche ich jetzt?« Vielleicht brauchst du die Zuversicht, dass du Künftiges gut bewältigen kannst. Oder Ideen, wie du es anpacken könntest. Wenn du die Frage: »Was brauche ich jetzt?«, beantwortet hast, kannst du weiterfragen: »Wie kann ich das, was ich brauche, bekommen, entwickeln oder erbitten?« Dann kannst du dein Leben im Hier und Jetzt gestalten.

■ **Denk mal**
Welche Fragen beschäftigen dich oft im Blick auf Vergangenheit oder Zukunft? Was brauchst du jetzt?

■ **Mach mal**
Übe es ein: Wann immer du dich beim Grübeln über Vergangenes oder Zukünftiges erwischst, frage dich: »Was brauche ich jetzt?«

■ **Zum Vertiefen**
Deshalb habt keine Angst vor der Zukunft! Es ist doch genug, wenn jeder Tag seine eigenen Lasten hat. Gott wird auch morgen für euch sorgen.
—Matthäus 6,34

*Man kann nicht gleichzeitig das Leben erleben und darüber nachdenken,
ohne dass einem der Wert des Erlebens und Denkens verloren geht.*
—Leanne Payne

Tür auf

■ Das Glück wartet draußen vor der Tür. Es gibt nur wenige Menschen, die tiefes Glück und Lebensfreude ganz allein für sich auf dem Sofa erleben. Das Sofa oder auch die heimische Badewanne können ein gemütlicher Ort sein, an dem wir neue Kraft tanken. Doch tiefes Glück und wahre Freude erlebt man dort eher selten.

Das Glück finden wir meistens vor der Wohnungstür. Dort draußen warten Begegnungen, Abenteuer und neue Erfahrungen auf uns. Doch gerade in Zeiten, in denen wir uns überlastet und kraftlos fühlen, neigen wir dazu, uns zu verkriechen und das Leben an uns vorbeiziehen zu lassen. Eine Freundin erzählte mir, dass in einer beruflich herausfordernden Phase ihr Leben praktisch nur noch aus Arbeit und Ausruhen bestand. Sie wechselte zwischen Arbeit, Haushalt, Ausruhen. Arbeit, Haushalt, Ausruhen. Arbeit, Haushalt, Ausruhen.

In stressigen Phasen neigen wir dazu, Erleben, Begegnungen und Lebensfreude auf einen späteren Zeitpunkt zu verschieben. Wir denken, dass wir dann wieder mehr Energie haben. Ein Rezept für viel Glück und Freude ist das nicht. Genau das Gegenteil ist richtig: Gerade in Stresszeiten ist es wichtig, Dinge zu erleben, die Energie spenden. Das kann ein schöner Spaziergang sein, Sport, ein kulturelles Ereignis oder Begegnung mit Menschen, die einem wohltun. Auch wenn die Versuchung, dich ins Schneckenhaus zu verkriechen, gerade in solchen Zeiten sehr groß ist: Raff dich auf und gehe vor die Tür. Dort wartet das Leben darauf, dir zu begegnen.

■ **Denk mal**
Wo hast du die letzten zehn sehr glücklichen Momente erlebt?

■ **Mach mal**
Gehe raus. Am besten gleich.
Selbst wenn es nur für einige Minuten ist.

■ **Zum Vertiefen**
Du zeigst mir den Weg, der zum Leben führt. Du beschenkst mich mit Freude, denn du bist bei mir. Ich kann mein Glück nicht fassen, nie hört es auf. —Psalm 16,11

Musik wäscht die Seele vom Staub des Alltags rein.
—Berthold Auerbach

Mund auf

■ Während ich diese Zeilen schreibe, singt sich Andrea Bocelli die Seele aus dem Leib. Ich liebe die Musik dieses leidenschaftlichen italienischen Tenors, der das Singen von den Vögeln gelernt hat. Manchmal singe ich mit. Ich kann außer »Mamma mia« und »Pizza« kein Italienisch und Singen ist auch nicht meine größte Stärke. Doch wenn ich die Musik auf volle Lautstärke drehe, sodass die Nachbarn meine Gesangseinlage nicht hören können, macht mir sogar Putzen ziemlich viel Spaß.

Wenn man glücklich ist, fängt man oft automatisch an zu singen. Verliebte trällern laufend vor sich hin oder pfeifen glücklich ihre Freude in die Welt hinaus. Doch es funktioniert auch umgekehrt: Wer singt, wird glücklicher. Dabei ist es egal, ob man eine meisterhafte Stimme hat oder nur ungeübter »Badewannen-Tenor« ist. Singen setzt Glückshormone für die Seele frei. Die machen uns fröhlich und beschwingt und geben Energie. Mein Vater spielte früher Handball. Auf den Fahrten im Mannschaftsbus sang die ganze Mannschaft Volkslieder – und gewann so Energie für die vor ihnen liegenden Spiele.

Wenn du Energie und Freude brauchst, ist Singen eines der besten Dinge, die du für dich tun kannst. Du kannst entweder die Begleitstimme zu einer CD oder MP3 singen – oder Lieder, die du auswendig kannst. Wenn du Lieder mit Texten wählst, die dich ermutigen und stärken, wirst du noch mehr Gewinn davon haben. Aber auch unverständliche italienische Arien können die Seele in Schwingung versetzen.

■ **Denk mal**
Welche Musik belebt dich besonders?

■ **Mach mal**
Singe diese Woche jeden Tag wenigstens ein Lied.

■ **Zum Vertiefen**
Wem es gut geht und wer Grund zur Freude hat, der soll Gott Loblieder singen. —Jakobus 5,13

Wer sprechen kann, kann singen.
Wer laufen kann, kann tanzen.
—Afrikanisches Sprichwort

Bewegungsraum erweitern

■ Wer nur Deutsch spricht, kann nur mit Menschen kommunizieren, die ebenfalls Deutsch können. Wer am PC nur Grundkenntnisse beherrscht, wird an vielen Stellen an seine Grenzen kommen. Grenzen sind Hinweise: »Hier kommst du (bisher) nicht weiter.« Unser Leben wird immer begrenzt bleiben. Doch wir können unsere bisherigen Grenzen durchaus erweitern und uns dadurch neue Möglichkeiten für Begegnungen, Erfahrungen und Lebensfreude eröffnen.

Es ist immer mühsam, etwas neu zu lernen, egal, ob es sich um eine Sprache, die Einarbeitung in ein Programm oder neue Bewegungsabläufe handelt. Doch jede neu erworbene Fähigkeit erweitert die eigenen Möglichkeiten. Und das steigert die Lebensfreude. Das hat damit zu tun, dass jede Fähigkeit, die wir erwerben, unsere Freiheit vergrößert. Ein Baby hat nur wenige Freiheiten. Es ist abhängig davon, dass andere es füttern, kleiden, transportieren und versorgen.

Wer nur eine oder wenige Möglichkeiten hat, eigene Bedürfnisse zu stillen, kann nicht wählen. Er erlebt eine Einschränkung seiner Freiheit. Wer hingegen über viele Möglichkeiten verfügt, kann in größerer Freiheit handeln.

Deshalb ist die Erweiterung der eigenen Fähigkeiten immer ein Zugewinn an Freiheit und Lebensfreude. Was du lernen willst, kannst du frei wählen: Kochen, Tanzen, Computerkenntnisse oder Kommunikation – die Welt steht dir offen.

■ **Denk mal**
Welche Fähigkeit würde dich weiterbringen?
Wie kannst du sie entwickeln?

■ **Mach mal**
Probiere heute etwas Neues aus: ein Kochrezept, ein Computerprogramm, einen Bewegungsablauf oder ... oder ... oder ...

■ **Zum Vertiefen**
Gott führte mich heraus ins Weite, er befreite mich, weil er Gefallen an mir hatte. —Psalm 18,20

Mit der körperlichen Verwöhnung und Trägheit geht die geistige Trägheit Hand in Hand.
—Hermann Hesse

Beweglichkeit

■ Lebensfreude erleben wir nicht nur im Kopf. Sie ist im ganzen Körper verankert. Wer sich in seinem Körper wohlfühlt, hat eine größere Chance, Freude zu erleben, als jemand, der träge und matt ist. Das hat mit der inneren Energie, aber auch mit Beweglichkeit zu tun. Ein beweglicher Körper transportiert Signale schneller als ein träger Körper. Und: Wer Balance übt, baut im Gehirn Synapsen auf, die das Erfassen komplexer Zusammenhänge erleichtern.

Beweglichkeit kann man einüben. Je mehr verschiedene Bewegungsformen man kennt, desto leichter ist es auch, sich im Alltag locker zu bewegen. Als ich angefangen habe, Fahrrad zu fahren, war das ganz schön wackelig. Beim Skifahren war es genauso. Meiner Skilehrerin gelang es nicht sonderlich gut, uns das Bremsen beizubringen, sodass mein Bruder und ich immer die Biobremse verwendeten und am Ende des Skikurses mit durchweichten Kleidern nach Hause kamen.

Heute klappt das mit dem Bremsen ganz gut. Ich genieße den Bewegungsraum, den ich mir erobert habe. Mein Körper kann sich jetzt in Autos, auf Fahrrädern, Inlineskates, Skiern und Schlittschuhen relativ mühelos fortbewegen. Ich genieße es. Die Seele und das Denken reagieren auf körperliche Leichtigkeit mit innerer Leichtigkeit. Deshalb lohnt es sich, den Körper so beweglich und durchlässig wie möglich zu halten. Schon ein paar Minuten Gymnastik im Alltag können viel bewegen.

■ **Denk mal**
Wo kommst du körperlich an die Grenzen deiner Beweglichkeit? Wie könntest du sie erweitern?

■ **Mach mal**
Mache täglich ein paar Übungen, die zu mehr Beweglichkeit führen. Wenn du keine kennst, besorge dir eine Anleitung.

■ **Zum Vertiefen**
Mühsam versuchte er einige Schritte zu gehen, denn er hatte noch nie zuvor eine Rüstung getragen. »Das geht nicht! Ich kann mich ja kaum darin bewegen«, sagte er und zog die Rüstung wieder aus. —1. Samuel 17,39

Der wahre Lohn eines guten Werkes liegt stets in diesem selbst.
—*Ägyptisches Sprichwort*

Beitragen

■ Es ist wissenschaftlich erwiesen, dass Menschen, die zum Wohl anderer beitragen, glücklicher sind als solche, die sich nur um sich selbst kümmern. Das ist durchaus verständlich. Wer andere Menschen unterstützt, erlebt sich selbst als wirksam und stark. Zum Leben anderer beizutragen ist ein tiefes Bedürfnis des Menschen. Wer erlebt, dass sein Handeln anderen hilft, erfährt tiefes Glück.

Manchmal sind wir etwas fantasielos, wenn es darum geht, was wir für andere tun können. Uns fallen immer nur die üblichen Dinge ein: für jemanden putzen, einer älteren Dame über die Straße helfen (Achtung: Nicht jede Dame will das) usw. Nicht alle »üblichen Hilfstätigkeiten« erleben wir als reizvoll. Am glücklichsten sind wir, wenn unsere größten Fähigkeiten auf die größten Bedürfnisse anderer Menschen treffen. So kann das Organisationstalent eines Menschen für einen sozialen Verein nützlicher sein, als wenn er Suppe für Bedürftige kocht. Es lohnt sich deshalb, zu überlegen und zu spüren: Was tue ich gern? Welche besonderen Fähigkeiten habe ich? Wo werden meine Fähigkeiten besonders gebraucht?

In manchen Städten gibt es Freiwilligen-Agenturen, die einen bei der Suche nach dem passenden Platz für ehrenamtliches Engagement unterstützen. Doch auch ohne Organisation gibt es mitten im Alltag viele Gelegenheiten, anzupacken und zu helfen. Wenn du heute die Augen aufmachst, findest du bestimmt viele davon.

■ **Denk mal**
Auf welche Art und Weise unterstützt du andere Menschen besonders gern? Wie könntest du das mehr tun?

■ **Mach mal**
Tue heute drei Menschen etwas Gutes – ohne eine Gegenleistung dafür zu erwarten.

■ **Zum Vertiefen**
Manche sind freigebig und werden dabei immer reicher, andere sind geizig und werden arm dabei. Wer anderen Gutes tut, dem geht es selber gut; wer anderen hilft, dem wird geholfen. —Sprüche 11,24–25

Ich bin nicht mit dem Hunger nach Freiheit geboren worden.
Ich bin frei geboren worden.
—Nelson Mandela

In Freiheit handeln

■ Die Aufforderung Jesu, die Extrameile mit einem Menschen zu gehen, ist für mich einer der faszinierendsten Texte der Bibel. Zur römischen Zeit war es üblich, dass Soldaten Menschen zwingen konnten, ihr Gepäck zu schleppen. Man hatte nur die Wahl, das mitzumachen oder sich auf eine Auseinandersetzung einzulassen – und dabei wohl immer den Kürzeren zu ziehen. Schließlich verfügten Soldaten über Schwerter und die sind bekanntlich meist stärker als Fäuste.

Jesus zeigt eine dritte Alternative auf. Wenn dich jemand zwingt, dann beschenke ihn freiwillig. Dann bist du kein Opfer, sondern Handelnder. Wer denkt, er müsse anderen zuliebe etwas tun und hat keine Wahl, ist nicht frei. Menschen beklagen oft, dass andere sie zu etwas genötigt oder gezwungen hätten. Dabei vergessen sie, dass sie diejenigen sind, die frei entscheiden können. Andere können versuchen, uns zu beeinflussen. Ob das gelingt, bestimmen wir selbst.

Viktor Frankl sagte, dass man sogar vor dem Erschießungskommando immer noch die Freiheit hat, wie man reagieren will. Man hat die Wahl, ob man mit Hass und Groll im Herzen stirbt oder die letzten Minuten seines Lebens mit guten Erinnerungen verbringt. Er sagte das nicht als Theoretiker, sondern als jemand, der selbst mehrere Jahre im KZ gelebt hatte. Er war überzeugt davon: Niemand kann dich zu etwas zwingen. Du kannst immer frei entscheiden, was du tun willst. Du bist immer frei, wenn du bereit bist, die Konsequenzen deiner Entscheidung zu tragen.

■ **Denk mal**
In welchen Situationen denkst du, andere würden dich zwingen? Was möchtest du hier selbst gerne tun oder geben?

■ **Mach mal**
Tue heute etwas freiwillig, von dem du bisher gedacht hast, du müsstest es tun.

■ **Zum Vertiefen**
Wenn einer von dir verlangt, eine Meile mit ihm zu gehen, dann gehe zwei Meilen mit ihm! —Matthäus 5,41

Weise ist der Mensch, der nicht den Dingen nachtrauert, die er nicht besitzt,
sondern sich der Dinge erfreut, die er hat.
—Epiktet

Möglichkeiten entdecken

■ »Ich kann nicht musizieren, nicht gut tanzen, ich habe nicht das
Geld, um mir eine tolle Reise zu gönnen. Ich bin nicht super kontakt-
freudig. Ich kann dieses und jenes nicht.« Solche Klagen höre ich oft.
Menschen erklären mir, dass sie glücklicher wären, wenn sie mehr
Geld, mehr Talente, mehr Einfluss, mehr Möglichkeiten hätten. Ich
glaube nicht, dass das stimmt.

Kinder sind oft glücklicher als Erwachsene. Sie haben weniger Besitz,
weniger ausgebaute Talente, weniger Möglichkeiten. Aber sie besitzen
die Fähigkeit, das zu nutzen, was sie haben. Ein alter Joghurtbecher
wird für sie zu einem unendlich vielfältigen Spielzeug. Sie entdecken
ständig Möglichkeiten. Das macht sie glücklich.

Das Jammern über fehlende oder verlorene Möglichkeiten sorgt dafür, dass man nicht mehr sieht, welche Möglichkeiten man hat. Deine
Stimme ist vielleicht nicht konzertreif, aber wer sagt, dass du nicht
beim Duschen singen kannst? Du hast vielleicht nicht das Geld für
einen Tauchurlaub am Roten Meer, aber wer hindert dich daran, in das
bunte Leben in deiner Umgebung einzutauchen?

Es tut gut, über Möglichkeiten, die man nicht (mehr) hat, einmal bewusst zu trauern. Sich davon zu verabschieden und sich innerlich davon zu lösen. Dann kann man sich fröhlich wie ein Kind den vielen
Möglichkeiten zuwenden, die einem bleiben. Und staunend das Leben
und seine Vielfalt entdecken.

■ **Denk mal**
Über welche Möglichkeiten, die du (noch) hast, freust du dich
besonders?

■ **Mach mal**
Schreibe für jede Möglichkeit, die dir derzeit verschlossen ist,
zehn Möglichkeiten auf, die dir offenstehen.

■ **Zum Vertiefen**
Aber sie kamen an den vielen Menschen nicht vorbei. Kurz entschlossen
stiegen sie auf das Dach, deckten die Ziegel ab und ließen den Mann auf
seiner Trage durch die Öffnung zu Jesus hinunter. —Lukas 5,19

Arbeit ist schwer, ist oft genug ein freudloses und mühseliges Stochern;
aber nicht arbeiten – das ist die Hölle.
—Thomas Mann

Genussvoll arbeiten

■ Alles um sich herum vergessen – die Zeit, Sorgen, Verpflichtungen –
und ganz bei der einen Sache sein. Der Glücksforscher mit dem fast
unaussprechlichen Namen Mihaly Csikszentmihaly hat herausgefunden, dass Menschen besonders dann tiefes Glück empfinden, wenn sie
ganz in einer Tätigkeit aufgehen. Das kann eine berufliche Aufgabe
oder ein privates Hobby sein.

Dazu müssen zwei Voraussetzungen erfüllt sein: Die Tätigkeit sollte
herausfordernd sein. Aber nicht überfordernd. Dann erlebt man das,
was Csikszentmihaly als »Flow« bezeichnet: das zeitlose Aufgehen in
einer Tätigkeit. Vor einer Weile habe ich an einem Tanzkurs teilge-
nommen, der weit jenseits meiner Fähigkeiten lag. Es war zwar lustig,
doch Flow habe ich dabei nicht erlebt. Ich war vielmehr ständig überfordert. In einem anderen Tanzkurs machte ich angenehmere Erfahrungen. Ich fühlte mich sicher und lerne jede Woche dazu.

Ich genieße es, auf der Basis von Bewegungen, bei denen ich mich sicher fühle, Neues auszuprobieren. Manchmal kann ich dabei die Zeit
und die Welt um mich herum völlig vergessen. Das ist eine schöne
Erfahrung.

Eine Möglichkeit, mehr Lebensfreude zu erleben, ist, immer wieder
Raum für derartige Erfahrungen zu schaffen. Man kann das tun, indem man bewusst Tätigkeiten wählt, die etwas herausfordernd, aber
nicht überfordernd sind. Flow ist nicht automatisch garantiert, aber
die Chancen dafür erhöhen sich.

■ **Denk mal**
Bei welchen Tätigkeiten erlebst du häufig das Flow-Gefühl?

■ **Mach mal**
Nimm dir heute Zeit, etwas zu tun, was dich vielleicht in einen
Flow-Zustand versetzen könnte.

■ **Zum Vertiefen**
Ehre den Herrn mit deinen Opfergaben: Schenke ihm das Beste deiner
Ernte. Dann wird er deine Vorratskammern füllen und deine Weinfässer
überfließen lassen. —Sprüche 3,9–10

Der Reichtum des Lebens besteht aus gemeinsamen Erinnerungen.
—Cesare Pavese

Gemeinsam

■ Eine Quelle für Glück und Lebensfreude sind Dinge, die man gemeinsam erlebt. Das können Urlaube sein, Ausflüge, Museumsbesuche. Geteilte Erlebnisse steigern die Freude zweifach. Zum einen ist es oft intensiver und schöner, wenn man etwas gemeinsam erlebt. Es ist wunderbar, wenn man zu einem anderen sagen kann: »Schau mal!« – und der andere dann auch sieht, was man gerade selbst sieht.

Darüber hinaus verbindet es. Man teilt Erinnerungen. »Weißt du noch, wie wir zwei Stunden in der Schlange zur Ausstellung standen?« Oder: »Weißt du noch, wie wir vor dem Gewitter geflüchtet sind?« Selbst Erlebnisse, die im Moment des Geschehens unangenehm waren, können im Nachhinein zu geliebten Erinnerungen werden.

Singles sind manchmal frustriert, weil sie keinen Partner haben, der »ständig« für gemeinsame Unternehmungen zur Verfügung steht. Und Menschen mit Partner beklagen sich darüber, dass er oder sie bestimmte Interessen nicht teilt. Vor lauter Frust über das, was nicht geht, verpassen sie die Möglichkeiten, die ihnen offenstehen.

Die Lösung: kreativ werden. Mal überlegen, was man in der Vergangenheit gerne getan hat. Und was man gerne mal wieder tun würde. Anschließend im Kopf – oder noch besser auf Papier – die Menschen auflisten, die man kennt. Und überlegen, mit wem man das machen könnte. Oder neue Menschen kennenlernen.

■ **Denk mal**
Welche Sache, die du gern tust, hast du schon länger nicht mehr gemacht, weil du eine zweite Person dafür brauchst?

■ **Mach mal**
Mach eine Liste von Menschen, die du kennst, und eine andere von Dingen, die du gern tust. Dann überlege, mit wem du was tun könntest.

■ **Zum Vertiefen**
Alle Christen waren ein Herz und eine Seele. Niemand betrachtete sein Eigentum als privaten Besitz, sondern alles gehörte ihnen gemeinsam.
—Apostelgeschichte 4,32

Unwissenheit ist die Mutter aller Abenteuer.
—Hägar

Abenteuer

■ Als Abenteuer wird laut Wikipedia eine risikoreiche Unternehmung oder auch ein Erlebnis bezeichnet, das sich (meistens) stark vom Alltag unterscheidet. Es beinhaltet das Verlassen des gewohnten Umfeldes und des sozialen Netzwerkes, um etwas (Riskantes) zu unternehmen, bei dem der Ausgang ungewiss ist.

Große Abenteuer wie Weltumseglungen, Expeditionen und Touren in unerforschtes Gelände erfordern ein gewisses Maß an Mut und Vorbereitung. Das ist nicht jedermanns Sache. Doch fast jeder Mensch sehnt sich nach kleineren und größeren Abenteuern. Insbesondere wenn die größten Abenteuer im Leben darin bestehen, einem beruflichen Wettbewerber einen Kunden abzujagen oder einen abgestürzten Computer wieder zum Laufen zu bringen. Oder darin, einem einjährigen Kind siebenmal am Tag die Windeln zu wechseln. Wer einen derartigen Alltag hat, sehnt sich nach Abwechslung.

Kleine Abenteuer sind jederzeit möglich. Du kannst dich in deiner Umgebung auf Entdeckungsreise begeben und dein näheres Umfeld erkunden. Oder an einem freien Tag zu einem Ort fahren, den du noch nicht kennst. Du kannst auch jemanden aus einer anderen Kultur bitten, dich zu einer Veranstaltung mitzunehmen, zu der du nicht allein gehen würdest. Oder einen Kurs belegen, um etwas zu lernen, das dich herausfordert. Du könntest auch einfach in einem Café wildfremde Menschen ansprechen und kennenlernen.

■ **Denk mal**
Was könnte das erste kleine Abenteuer sein, das du unternimmst? Wann?

■ **Mach mal**
Gehe oder fahre in einem beliebigen Ort von einer Straße, die mit A beginnt, zu einer, die mit Z beginnt. Entdecke unterwegs Neues.

■ **Zum Vertiefen**
Dort fand unser Offizier ein Schiff aus Alexandria, das nach Italien segelte. Mit diesem Schiff setzten wir unsere Reise fort. —Apostelgeschichte 27,6

Genuss ist eine Frage der Fantasie.
—Markus M. Ronner

Ideenliste

■ »Was sollen wir machen? Uns ist sooo langweilig.« Jeder, der Kinder hat oder kennt, hat das sicher schon einmal gehört. Aber mal ehrlich: Als Erwachsene geht es uns doch manchmal genauso. Wir wissen nicht recht, was wir mit uns anfangen können. Statt rumzumaulen, bleiben wir einfach am Computer hängen. Machen sinnlose Spiele, chatten oder basteln an irgendwas herum. Putzen Ecken, die es gar nicht nötig haben (okay, das ist mir noch nie passiert). Kurz: Aus lauter Langeweile verbringen wir unsere Zeit mit Dingen, die uns nicht wirklich guttun.

Ich habe das Problem, dass ich manchmal nicht weiß, was mir jetzt guttun würde, folgendermaßen gelöst: Auf einem Stapel mit Karteikarten habe ich je eine Tätigkeit notiert, die ich wohltuend finde. Das sind ganz unterschiedliche Dinge: ein paar Minuten Pause in der Sonne machen, tanzen, ein schönes Buch betrachten. Oder ein Lied hören, singen oder einen Brief schreiben.

Es passiert zwar nur selten, dass ich nicht weiß, was ich tun kann oder möchte. Doch wenn es der Fall ist, habe ich meine Notfallliste. Ich ziehe wahllos eine Karte und mache dann, was daraufsteht. Oder etwas anderes, wozu sie mich inspiriert. Man kann die Karten natürlich auch als Listen im Handy oder auf dem Computer speichern – so wie es eben ins eigene Leben passt.

■ **Denk mal**
Welche Tätigkeiten in der letzten Woche haben dir besonders viel Freude gemacht?

■ **Mach mal**
Fertige dir »Notfallkarten« an, auf denen Dinge stehen, die dir Freude machen. Schreibe mindestens 20 Dinge auf.

■ **Zum Vertiefen**
Orientiert euch an dem, was wahrhaftig, gut und gerecht, was anständig, liebenswert und schön ist. Wo immer ihr etwas Gutes entdeckt, das Lob verdient, darüber denkt nach. —Philipper 4,8

Urlaub ist, nichts zu tun, und dafür den ganzen Tag zur Verfügung zu haben.
—Autor unbekannt

Urlaub im Alltag

■ »Der letzte Urlaub war sooo schön«, sagt man oft mit einem tiefen Seufzer. Dann wendet man sich wieder den Papierstapeln oder Geschirrbergen zu. Im Urlaub erleben wir häufig – nicht immer – viel Lebensfreude. Das liegt daran, dass wir dort unbewusst vieles richtig machen: Wir lassen uns Zeit und hetzen uns nicht. Manchmal sitzen wir einfach nur da und starren ins Leere oder beobachten die Menschen, die an uns vorbeiflanieren. Wir lassen uns auf Entdeckungsreisen und Unbekanntes ein. Meist nehmen wir im Urlaub die Dinge mit etwas mehr Gelassenheit. Statt über die Verspätung des Busses zu schimpfen, freuen wir uns, dass wir in der Sonne warten und das schöne Wetter genießen können. Wir lassen uns auf Begegnungen mit Menschen aus einer anderen Umgebung ein und probieren exotische Gerichte aus. Wir essen mit Genuss. Und verlieren – für eine begrenzte Zeit – unsere Aufgaben und Pflichten aus dem Blick.

All diese Dinge tragen dazu bei, dass man das Leben genießt. Die gute Nachricht: Man kann dies nicht nur während arbeitsfreier Tage erleben. Es ist jeden Tag möglich. Du musst nur entscheiden: Heute gönne ich mir ein bisschen Urlaub. Das muss nicht viel sein: ein Cappuccino im Straßencafé, der Blick in den Sternenhimmel von der Terrasse des Fitnessstudios, eine in Ruhe genossene Mahlzeit oder Entdeckungsreise in die Umgebung. Schon sind die Batterien wieder voller.

■ **Denk mal**
Was gibt dir das stärkste Urlaubsgefühl?
Wie kannst du es ab und zu in den Alltag integrieren?

■ **Mach mal**
Gönne dir heute ein Stück Urlaub. Plane gleich, wie du es konkret und praktisch machen willst.

■ **Zum Vertiefen**
Da sagte Jesus zu ihnen: »Kommt, wir gehen an einen einsamen Ort, wo wir allein sind und wo ihr euch ein wenig ausruhen könnt.« Denn es war ein ständiges Kommen und Gehen, sodass sie nicht einmal Zeit zum Essen fanden. —Markus 6,31

Seine Freude in der Freude des anderen finden können,
das ist das Geheimnis des Glücks.
—Georges Bernanos

Freude auskosten

■ Als ich einer Freundin von einem überraschenden beruflichen Erfolg berichtete, nahm sie sich die Zeit, die Freude mit mir tief auszukosten. Sie sagte nicht nur das übliche »Wie toll!« oder »Klasse!« Vielmehr fragte sie intensiv nach: »Was genau beglückt dich da so sehr?« »Was daran begeistert dich?« »Was sagt dieser Erfolg über dich aus – und über das, was du geleistet hast?«

Mehr als 40 Minuten nahm sie sich die Zeit, mit meiner Freude mitzufühlen und sie durch ihre Fragen zu stärken und zu vertiefen. Mich hat das sehr berührt. Mitgefühl kenne ich eher aus traurigen Situationen. Da ist es glücklicherweise öfter der Fall, dass wir uns in den anderen einfühlen und mitfühlen. Und durch unsere Fragen und Anteilnahme zum Ausdruck bringen, dass uns seine Situation nahegeht. Aber tiefes Mitfühlen mit Freude? Das hatte ich zumindest bis zu diesem Zeitpunkt noch nie in solcher Intensität erlebt. Aber es ist etwas, das ich lernen möchte.

Wenn Menschen mir von beglückenden Erfahrungen erzählen, möchte ich ihnen den Raum geben, die Freude zu vertiefen, indem ich nachfrage, was genau sie freut, begeistert und beglückt. Oder mal Vermutungen äußern: »Bist du so glücklich, weil dir wichtig ist, dass …?«

Davon haben übrigens beide etwas: Nachdem die Freundin sich so intensiv mit mir gefreut hatte, war sie selbst beglückt: »Das, was ich von dir gehört habe, gibt mir ganz viel Hoffnung und Zuversicht.«

■ **Denk mal**
Wann hast du dich das letzte Mal intensiv mit jemandem gefreut? Wie hast du deine Freude gezeigt?

■ **Mach mal**
Wenn dir jemand etwas erzählt, was ihn freut, versuche, dich in ihn einzufühlen. Frage nach: »Was genau macht dich so glücklich?«

■ **Zum Vertiefen**
Leidet ein Teil des Körpers, so leiden alle anderen mit, und wird ein Teil gelobt, freuen sich auch alle anderen. —1. Korinther 12,26

Feiern ist die Möglichkeit, lachend und Gott preisend vorwärts zu gehen.
—Richard J. Foster

Feiern

■ Der Wunsch, besondere Ereignisse zu feiern, gehört ganz tief zum Menschsein. Feiern bedeutet, schöne, außergewöhnliche Dinge wahrzunehmen und sie zu würdigen. Es gibt große Anlässe für Feste wie etwa Weihnachten, Geburtstage und Hochzeiten.

Aber auch im Alltag kann man feiern. Es gibt täglich tausend Gelegenheiten, das Leben zu feiern. Man kann feiern, dass man einen Text fertig geschrieben, etwas gekocht oder die Wäsche aufgehängt hat. Man kann feiern, dass die Sonne scheint oder dass der Körper weitgehend gesund ist. Man kann Begegnungen und Freundschaften ebenso feiern wie einen Abschluss oder Neubeginn. Feiern bedeutet nichts anderes, als einen kurzen oder längeren Moment das Alltägliche ruhen zu lassen und das Besondere zu genießen.

Das kann man allein durch seine innere Haltung tun: Du kannst feiern, wie weit du mit etwas gekommen bist, und dir die Zeit nehmen, dich darüber zu freuen. Oder du kannst dir etwas Besonderes gönnen. Nach Erledigung der Bügelwäsche vielleicht ein Stück edle Schokolade oder – etwas kalorienbewusster – eine leckere Tasse Tee. Bei größeren Anlässen zum Feiern kannst du entsprechend »dicker auftragen« und das Besondere ausgiebig feiern. Wenn du es lernst, die kleinen Besonderheiten im Alltag wahrzunehmen, sie zu würdigen und zu feiern, wird deine Lebensfreude garantiert zunehmen. Das wünsche ich dir von Herzen.

■ **Denk mal**
Welche Anlässe zu feiern gab es in den letzten Tagen?
Finde mindestens fünf große oder kleine Gründe zu feiern.

■ **Mach mal**
Feiere heute ein Ereignis – ein großes oder kleines.

■ **Zum Vertiefen**
Diesen Tag hat der Herr zum Fest gemacht, lasst uns fröhlich sein und jubeln! —Psalm 118,24

Monat 11
Segen erfahren

Segen erfahren

■ Ein passendes Bild für Segen ist das einer Rolltreppe. Dort, wo Segen ist, kommt man leichter vorwärts. Es ist, als ob Gott unter unsere Schritte noch etwas von seiner Kraft legt. So können wir das Ziel leichter und mit weniger Anstrengung erreichen.

Segen ersetzt eigenes Engagement nicht. Gott entmündigt uns nicht und nimmt uns das eigene Handeln nicht ab. Doch er unterfüttert und stärkt es. Das ist Segen.

Wir können Raum für Segen schaffen. Unser Verhalten, unser Glaube trägt dazu bei, eine »Landebahn« für Gottes Segen zu schaffen. So wie die Berliner zur Zeit der Luftbrücke Landebahnen für die »Rosinenbomber« repariert und gebaut haben. Landebahnen für Gottes Segen bauen – das kann und darf unser Beitrag sein.

Wir können Segen an andere weitergeben: Sie segnen für ihr Leben und die Herausforderungen, in denen sie stehen. Doch der Segen selbst ist unverdient und immer ein himmlisches Geschenk. Deshalb lade ich dich ein, die vielfältigen Aspekte des Segens zu entdecken und Gott für seine unverdienten Geschenke zu danken.

Kleiner Hinweis zum Schluss: Die folgenden Texte über Segen haben meine Freundin Rosemarie Stresemann und ich gemeinsam geschrieben. In den Kapiteln, wo es sinnvoll ist, machen wir jeweils deutlich, wer von uns beiden schreibt.

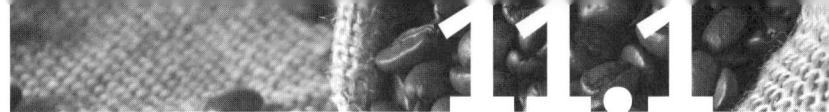

Mehr ist ein Segen als zehntausend Kronen.
—*Annette von Droste-Hülshoff*

Orte des Segens

■ Unsere Beschäftigung mit »Segen« wurde ausgelöst durch die Lektüre des Buches *The Grace Outpouring* von Roy Godwin. Er ist Leiter des christlichen Erholungszentrums *Ffald-y-Brenin* in Wales. Der Untertitel des Buches lautet auf Deutsch »Andere durch Gebet segnen«. Wir lasen von gewaltigen Veränderungen, die dort durch einfache Segensgebete ausgelöst wurden: nicht nur im Leben von Menschen, sondern auch in der Natur und in der Fruchtbarkeit von Tieren. Die Christen sprachen regelmäßig Segen über der Gegend aus, in der sie waren – und die Bauern in der Umgebung erlebten, dass ihre Felder mehr Ertrag brachten und ihre Tiere fruchtbarer wurden.

Es geschah oft, dass Menschen, die bei Wanderungen zufällig an dem Gebetszentrum vorbeikamen, aufs Gelände gingen. Sie erzählten, dass sie wie angezogen waren von etwas ungemein Schönem, für das sie selbst keine Worte fanden. Sie erlebten Gott in seiner liebevollen Zuwendung und Gegenwart.

Wir machten eine Urlaubsreise an diesen Ort und erlebten eine Woche walisischen Dauerregen und Menschen, die auch nicht anders waren als wir – vielleicht abgesehen davon, dass sie dreimal am Tag zum Gebet innehielten. Sie waren unkompliziert und unspektakulär.

Dennoch war an diesem Ort etwas anders. Es war leichter, Gott zu erleben und zu beten und Gebetserhörungen, wie eine dauerhafte Heilung, zu erfahren. Es machte uns neugierig, mehr darüber zu entdecken, was Segen ist und bewirkt.

■ **Denk mal**
Kennst du Menschen oder Orte, die in besonderer Weise Gottes Segen ausstrahlen?

■ **Mach mal**
Bitte Gott, dir in den nächsten Wochen klarer zu zeigen, was Segen ist und beinhaltet.

■ **Zum Vertiefen**
*Jakob rief: »Tatsächlich – der Herr wohnt hier, und ich habe es nicht gewusst!« —*1. Mose 28,16

Wer sein Glück als Gottes Segen erkennt,
der ist auch gütig und freundlich gegen die Menschen.
—Johann Peter Hebel

Was meinen wir mit Segen?

■ Wir verwenden das Wort »Segen« in unserem Sprachgebrauch. Man sagt: »Sich regen bringt Segen.« Wenn Kinder sich verletzen, trösten Mütter manchmal mit den Worten: »Heile, heile Segen, drei Tage Regen, drei Tage Sonnenschein und alles wird wieder gut sein.«

Es gibt Segenswünsche, die so tief in die Alltagssprache eingegangen sind, dass sie gar nicht mehr als Segensworte erkannt werden. Dazu gehört zum Beispiel das süddeutsche »Grüß Gott« und »Ade« oder auch das bayerische »Pfüat di«. Mit »Grüß Gott« sprach man anderen den Segen Gottes zu. »Ade« kommt von dem französischen »à Dieu« und bedeutet »Gott befohlen«. »Pfüat di« heißt: »Behüte dich Gott.« Christen wünschen sich gegenseitig »Gottes Segen«.

Obwohl das Wort Segen noch in unserer Sprache verwendet wird, haben die meisten Menschen keine klare Vorstellung davon, was Segen eigentlich ist. Ist das einfach ein netter Wunsch? So ähnlich wie »Guten Morgen« oder »Gute Besserung ». Oder steckt mehr dahinter?

Segen ist in der Bibel nicht nur ein gut gemeinter Wunsch für Wohlergehen. Er ist immer ein kraftvoller Zuspruch, der Auswirkungen hat. Segnen beinhaltet eine Kraft, die weit über einen frommen Wunsch hinausgeht.

Wenn man in der Bibel von Menschen – wie etwa Hiob in seinen guten Zeiten – liest, die von Gott gesegnet waren, kann man erkennen, welch gewaltigen Unterschied es macht, ob ein Leben gesegnet ist oder nicht.

■ **Denk mal**
Wie würdest du erklären oder beschreiben, was Segen ist?

■ **Mach mal**
Schlage mal im Lexikon die Bedeutung von »Segen« nach.

■ **Zum Vertiefen**
Durch den Segen der Frommen kommt eine Stadt, aber durch den Mund der Gottlosen wird sie niedergerissen. —Sprüche 11,11

Ich wünsch dir Gottes Segen, ich wünsch dir seine Nähe, seine Kraft,
ein reich erfülltes Leben, über dem die Hand des Höchsten wacht.
—Martin Pepper

Was ist Segen in der Bibel?

■ In der Bibel begegnet uns das Wort »Segen« oder »segnen« allein im Alten Testament über 400-mal. Das hebräische Wort »barach« hat viele Bedeutungsebenen. Man kann es unter anderem folgendermaßen übersetzen: mit heilvoller Kraft begaben, loben, preisen, zusprechen, Gutes zusagen. Das ist erst einmal eine ganz grobe Definition, die das Feld des Segens umreißt – wie eine erste, grobe Skizze. In den weiteren Kapiteln dieses Monats werden wir diese Skizze weiter ausmalen und fein zeichnen. Allgemein kann man sagen: Segen stärkt immer das Leben. Er mehrt es, schützt es, erhält es, bringt es zum Überfluss und in die Fruchtbarkeit.

Segen wird in der Regel verbal ausgedrückt, aber oft begleiten ihn auch Zeichenhandlungen oder Gesten. Das deutsche Wort »segnen« kommt vom lateinischen »signare« – »etwas mit einem Zeichen versehen«. Das lateinische Wort für Segen ist »benedictio« und bedeutet »Gutes sagen«. Es zeigt einen weiteren wichtigen Aspekt des Segens auf: Es ist ein gutes Wort, das zu oder über einem Menschen oder einer Situation ausgesprochen wird.

Bekannt sind Segenswünsche, die wir uns am Geburtstag zusingen oder die uns am Abschluss eines Gottesdienstes zugesprochen werden. Viele Menschen kennen auch die beliebten irischen Segenswünsche, die weite Verbreitung gefunden haben. Dennoch ist den meisten Menschen nicht genau klar, worum es beim Segen im Kern geht.

■ **Denk mal**
Was fällt dir beim Wort Segen als Erstes ein?

■ **Mach mal**
Schreib einmal das Wort Segen in einen Kreis und notiere drumherum alles, was dir spontan dazu einfällt: Stichworte, Sätze, Fragen.

■ **Zum Vertiefen**
Sein Segen gilt allen, die ihn achten, ganz gleich, ob unbedeutend oder einflussreich! —Psalm 115,13

Der tiefe Frieden des Friedenssohnes sei mit dir.
—Keltischer Friedenssegen

So sieht Segen aus

■ Vieles verändert sich, wenn Segen ausgesprochen wird. Segen ist mehr als ein »warmer Gedanke« oder »netter Wunsch«. Ein Segenswort ist ein Wort, das Kraft hat – Gottes eigene Kraft, die durch den Segen an den Gesegneten weitergegeben wird. Diese Worte des Segens können erstaunliche Auswirkungen im Leben der gesegneten Menschen und Situationen zeigen und überraschende Veränderungen bewirken.

Das eingangs erwähnte *Ffald-y-Brenin* ist ein Tagungszentrum und Gebetshaus in Wales. Dort haben die Mitarbeiter vor einigen Jahren begonnen, einmal pro Woche die Region zu segnen. Es ist ein ländliches Gebiet. Sie nahmen sich Zeit und sprachen spezifischen Segen aus – über den Feldern, dem Vieh und den Menschen. Schon nach kurzer Zeit erlebten sie Erstaunliches: Die Bauern erzählten ihnen, dass ihre Schafe mehr Lämmer als früher warfen, ihre Felder mehr Ertrag brachten, und die Bullen waren echte Prachtexemplare.

Ähnliches erlebten auch Bauern in der Schweiz, die ihre Felder und Tiere segneten. Sie erlebten Bewahrung vor Gewitterstürmen und ernteten – mitten in einer Trockenzeit – übergroße Kartoffeln (engl. Bericht unter bit.ly/schweizer-bauern).

Segensauswirkungen kann man nicht immer so direkt messen. Aber es macht einen Unterschied, wenn Ehemänner ihre Frauen und Ehefrauen ihre Männer segnen, Eltern ihre Kinder, Angestellte ihre Arbeitgeber und Chefs ihre Mitarbeiter.

■ **Denk mal**
Welche der oben erwähnten Bereiche hast du bisher noch nie gesegnet? Welche möchtest du gern segnen?

■ **Mach mal**
Wähle einen Menschen oder eine spezifische Situation aus und sprich diese Woche lang täglich den Segen Gottes darüber aus.

■ **Zum Vertiefen**
Gott wird dir seinen Segen schenken: Regen bewässert dein Land von oben, und das Wasser aus den Tiefen der Erde macht deine Felder fruchtbar; Menschen und Tiere vermehren sich und breiten sich aus. —1. Mose 49,25

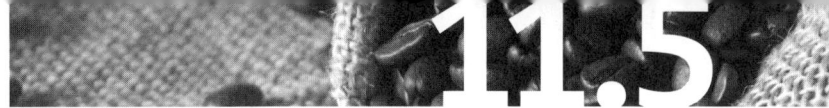

Ach bleib mit deinem Segen bei uns, du reicher Herr;
dein Gnad und alls Vermögen in uns reichlich vermehr.
—Josua Stegmann

Der erste Segen

■ Gott ruft durch sein kraftvolles, schöpferisches Wort Himmel, Erde, Tiere und Pflanzen ins Dasein. Und danach spricht er den ersten Segen über den Tieren aus. Er hört sich fast wie ein Befehl an. Gottes Segenswort befiehlt seiner neuen Schöpfung Fruchtbarkeit und Vermehrung. Durch den Segen erhalten die Tiere noch eine *zusätzliche,* göttliche Lebenskraft. Der Segen Gottes sorgt also dafür, dass das, was Gott sich mit seiner Schöpfung gedacht hat, auch geschehen kann. Mit dem Segen gibt Gott Pflanzen und Tieren die Kraft, dass sie sich wirklich vermehren können.

Schließlich schafft Gott den Menschen als sein Gegenüber. Auch der Mensch kann und muss nicht ohne Segen leben. Er wird wie die Tiere und Pflanzen mit einem Auftrag gesegnet: »*Vermehrt euch, bevölkert die Erde, und nehmt sie in Besitz! Ihr sollt Macht haben über alle Tiere: über die Fische, die Vögel und alle anderen Tiere auf der Erde!*« (1. Mose 1,28).

Als Gott seine Schöpfung nach sechs Tagen vollendet hatte, segnete er den siebten Tag und heiligte ihn. Den siebten Tag der Woche sondert er dadurch aus. Der Segen Gottes verleiht diesem Tag etwas Besonderes. In ihm liegt eine göttliche Erneuerungskraft des Lebens, die das Volk Israel stärken sollte, wenn es an diesem Tag von der Arbeit ruhte. Der Sabbat sollte später zum ersten Zeichen des Bundes zwischen Gott und dem Volk Israel werden.

■ **Denk mal**
Wo brauchst du Stärkung deines Lebens?

■ **Mach mal**
Bitte Gott oder einen Menschen darum, dass er genau diese Lebensbereiche oder Beziehungen segnet.

■ **Zum Vertiefen**
Gott segnete sie und sagte: »Vermehrt euch und füllt die Meere, und auch ihr Vögel, vermehrt euch!« —1. Mose 1,22

Kinder sind ein Segen Gottes.
—William Shakespeare

Segen zur Fruchtbarkeit

■ Schon bevor der Mensch geschaffen wurde, legte Gott die ganze Welt für Fruchtbarkeit an. In 1. Mose 1,11 heißt es: »*Die Erde lasse Gras hervorsprossen, Kraut, das Samen hervorbringt, Fruchtbäume, die auf der Erde Früchte tragen nach ihrer Art, in denen ihr Same ist!*«

Diese wunderbare Bibelstelle beschreibt die Einladung, Frucht zu bringen. Gott hat nicht überall auf der Erde Bäume und Gras gepflanzt. Er pflanzte lediglich einige – und legte in sie das Potenzial zur Vermehrung.

Etwas zu vermehren ist etwas zutiefst Befriedigendes. Gott hat das in der Schöpfung angelegt – und auch in uns Menschen steckt der tiefe Wunsch, etwas zu vermehren. In der Regel ist das etwas Bestimmtes. Wir sehnen uns danach, dass das Leben für andere Menschen leichter, glücklicher und besser wird. Wenn wir etwas dazu beitragen können, bringen wir Frucht. Das erfüllt uns mit tiefer Freude.

Wir sind geschaffen als Gottes Ebenbild. Wenn wir vermehren, was in uns ist, vermehren wir sein Bild auf der Erde. Dazu segnet Gott den Menschen. Das Wunderbare: Dieser Beitrag kann ganz unterschiedlich aussehen. Wir sind alle nach Gottes Ebenbild geschaffen. Doch je nach Geschlecht und Persönlichkeit bringen wir andere Aspekte dessen, wer Gott ist, zum Ausdruck. Ein Mensch lebt besonders stark Gottes Barmherzigkeit aus, ein anderer bringt Gottes Schönheit zum Ausdruck oder seine Kreativität. Dazu segnet uns Gott.

■ **Denk mal**
Auf welche Art und Weise möchtest du besonders gern Gottes Wesen in dieser Welt widerspiegeln?

■ **Mach mal**
Stell dich mit offenen Händen hin und stelle dir vor, wie Gott dich dafür segnet, sein Wesen zu vermehren. Empfange seinen Segen!

■ **Zum Vertiefen**
So schuf Gott den Menschen als sein Ebenbild, als Mann und Frau schuf er sie. Er segnete sie und sprach: »Vermehrt euch, bevölkert die Erde, und nehmt sie in Besitz!« —1. Mose 1,27–28

Auf Gottes Wegen ist Gottes Segen.
—Deutsches Sprichwort

Gott segnet Abraham und Isaak

■ Gott will den Menschen Gutes tun. Er möchte, dass ihr Leben gelingt, und will es stärken. Aber er hat dem Menschen auch die Freiheit gegeben zu wählen. Der Segen ist ein Geschenk Gottes, das er denen gerne gibt, die ihm vertrauen.

Abraham war so ein Mensch, der Gott vertraute. Gott forderte ihn heraus, seine Heimat zu verlassen und in ein Land zu ziehen, das ihm gezeigt werden sollte. Er versprach ihm: »*Ich will dich zu einem großen Volk machen und dich segnen und deinen Namen groß machen, und du sollst ein Segen sein. Ich will segnen, die dich segnen, und verfluchen, die dich verfluchen; und in dir sollen gesegnet werden alle Geschlechter auf der Erde!*« (1. Mose 12,2–3).

Was für ein gewaltiges Versprechen! Abraham sollte nicht nur selbst gesegnet sein, sondern auch als Person zum Segen werden. Hier begegnen wir zum ersten Mal dem Versprechen, dass ein Mensch, und nicht nur seine Worte, für andere zum Segen werden soll.

Dieses Versprechen bekräftigte Gott später durch einen ewigen Bund. Der Segen sollte nicht aufhören, den er durch Abraham allen Menschen auf der Erde schenken wollte. Abraham gab diesen Segen an seinen Sohn Isaak weiter und Gott selbst bestätigte das. Isaak wiederum segnete seinen Sohn Jakob. Bis heute sind die Juden als Nachkommen Abrahams in einem Bund mit Gott, der auch besonderen Segen beinhaltet. Wer sich freundschaftlich zu ihnen stellt, sie segnet, wird von Gott gesegnet. Das beinhaltet Gottes Zusage an Abraham.

■ **Denk mal**
Woran kann man deiner Meinung nach die Auswirkungen des Segens über dem jüdischen Volk erkennen?

■ **Mach mal**
Sprich doch heute Gutes über die Juden aus, die in deinem Land leben. Segne sie zum Beispiel mit 4. Mose 6,24–26.

■ **Zum Vertiefen**
Ich will dich segnen. —1. Mose 12,2

Erbitte Gottes Segen für deine Arbeit,
aber verlange nicht auch noch, dass er sie tut.
—Charles-Louis de Montesquieu

Auswirkungen des Segens

■ Segen kann man nicht direkt messen. Eine Möglichkeit ist jedoch, Vergleiche anzustellen. Wenn Gott ein Volk segnet und sich der Segen auf andere auswirkt, so müsste das ja irgendwie erkennbar sein.

Spannend ist es, die Nobelpreisträger in den Blick zu nehmen. Der Nobelpreis wird seit 1901 an Menschen verliehen, die Bahnbrechendes für die Menschheit geleistet haben. In ihren Erfindungen und Forschungen steckt Segen für viele Menschen.

Juden machen etwa 0,2 Prozent der Weltbevölkerung aus. Bis Oktober 2012 wurden 555 Nobelpreise verliehen. Bei »normaler« Verteilung sollten also 0,2 Prozent der Nobelpreise an Juden gehen – also 1,11 Nobelpreise. Die Preisträgerzahlen zeigen etwas anderes:

- Medizin: 54 jüdische Preisträger
- Physik: 51 jüdische Preisträger
- Chemie: 31 jüdische Preisträger
- Wirtschaft: 27 jüdische Preisträger
- Literatur: 13 jüdische Preisträger
- Frieden: neun jüdische Preisträger

Insgesamt gingen weit über 20 Prozent der Nobelpreise an Menschen jüdischer Herkunft. Dass jüdische Literaten, Politiker und Forscher in Wissenschaft, Kultur und Friedensgestaltung überdurchschnittlich stark vertreten sind, hat sicher viele Gründe. Einer könnte sein, dass sich hier der Segen Gottes ganz handfest zum Wohl vieler Menschen auswirkt: »Ich will dich segnen und du sollst ein Segen sein.«

■ **Denk mal**
Für welche Leistungen jüdischer Menschen bist du besonders dankbar? Wo profitierst du von ihrem Segen?

■ **Mach mal**
Informiere dich ausführlicher über den Segen, den einzelne jüdische Nobelpreisträger gebracht haben: *israelnet.de/nobelpreis*

■ **Zum Vertiefen**
Der Herr wird seinem Volk Macht verleihen, er wird es segnen und ihm Frieden schenken. —Psalm 29,11

Nichts auf Erden darf uns die Hoffnung rauben, und es gibt keinen Fluch,
den der Himmel nicht in Segen verwandeln könnte.
—Friedrich Martin von Bodenstedt

Was ist Fluch?

■ Nicht nur der Segen, sondern auch der Fluch begegnet uns schon am Anfang der Bibel. Beides kann von Gott oder Menschen ausgesprochen werden.

Der Fluch ist eine aktiv wirksame Kraft, die sich dem werdenden und wachsenden Leben entgegenstellt. Er zerstört alles Leben, veranlasst Krankheit, Mangel, Unglück, Unfruchtbarkeit, Dürre. Er wirkt sich auf die Natur aus. Der Boden gibt beispielsweise keinen Ertrag oder es regnet nicht. Fluch wirkt sich auch auf den Besitz des Menschen aus. Er nimmt Schutz weg und gibt den Feinden Macht. Fluch ist eng mit dem Tod verbunden. Während Gottes Segen das geschaffene Leben mit einer heilvollen Kraft stärkt, schadet der Fluch dem Leben und stärkt Kräfte, die den Tod bringen. Wer unter einem Fluch lebt, hat Misserfolg trotz aller Mühe.

Wie kam der Mensch unter Fluch? Zum Leben unter dem Segen ist Gehorsam und Vertrauen zu Gott nötig. Zum Fluch führen Ungehorsam und Abkehr. Die ersten Menschen – Adam und Eva – waren Gott nicht gehorsam und vertrauten seinem Wort nicht. Daher mussten sie nach dem Sündenfall den Raum des Segens – das Paradies – verlassen. Der erste Fluch wurde von Gott über dem Acker und der Arbeit des Mannes ausgesprochen. Menschen fluchen oft demjenigen, der sie verletzt. So wollen sie sich rächen. Gott aber will den Menschen wachrütteln und ihn dazu bringen, umzukehren und seinen Segen zu suchen.

■ **Denk mal**
In welcher Form ist dir Fluch schon einmal begegnet?

■ **Mach mal**
Jesus sagt: »*Wenn Menschen dich verflucht haben, dann segne sie.*« – Setze das heute um.

■ **Zum Vertiefen**
Der Ackerboden soll verflucht sein! Dein ganzes Leben lang wirst du dich
abmühen, um dich von seinem Ertrag zu ernähren. —1. Mose 3,17

Segen kann gedeihn, wo wir alles teilen,
schlimmen Schaden heilen, lieben und verzeihn.
—Dieter Trautwein

Segen und Fluch als Wahl

■ Gott gibt jedem Menschen eine Wahl. Obwohl durch den Sündenfall der Tod zu allen Menschen kam, ist Tod nicht der Wille Gottes für den Menschen. Er gibt uns zum zweiten Mal eine Wahl. Wieder, wie bei den beiden Bäumen im Paradies, darf der Mensch wählen zwischen Leben und Tod – zwischen Segen und Fluch.

Gott hatte Abraham versprochen, dass er durch ihn und seine Nachkommen alle Menschen segnen wollte. Wie hat er dieses Versprechen eingelöst? Durch einen Nachkommen von Abraham: Jesus Christus. Jeder Fluch, der schon in der Welt wirksam war, wird durch den Tod, den Jesus starb, unwirksam gemacht.

Gott gibt den stärksten Segen in die Welt, den er zu geben hat: seinen Sohn Jesus Christus. In ihm kommt Gottes Leben zu allen Menschen – zuerst zu den Juden, aber dann auch zu allen Menschen auf der ganzen Welt. Gott bietet einen neuen Segensbund an, der allen Menschen offensteht. Wer sein Leben Jesus anvertraut und an ihn glaubt, lebt in den Bedingungen des Neuen Bundes. Gott verspricht darin, ihn mit all dem Segen, der in Christus ist, zu segnen. Paulus sagt: »*Gott spricht uns von unserer Schuld frei und schenkt uns ewiges Leben durch Jesus Christus*« (Römer 5,21).

Alles, was wir zur Stärkung des Lebens brauchen, wird uns in der Verbindung mit Jesus geschenkt. Jeder Mensch darf noch einmal frei wählen: Segen oder Fluch. Wenn er den Segen wählt, nimmt Gott ihn in sein Reich auf und verändert sein Leben zum Segen für andere.

■ **Denk mal**
Welche Wahl hast du getroffen?

■ **Mach mal**
Wenn du dich noch nicht entschieden hast, unter Gottes Segen leben zu wollen, dann triff die Entscheidung doch heute.

■ **Zum Vertiefen**
Himmel und Erde sind meine Zeugen, dass ich euch heute vor die Wahl gestellt habe zwischen Leben und Tod, zwischen Segen und Fluch. Wählt das Leben, damit ihr und eure Kinder nicht umkommt! —5. Mose 30,19

Abend und Morgen sind seine Sorgen;
segnen und mehren, Unglück verwehren
sind seine Werke und Taten allein. —Paul Gerhardt

Was wird alles gesegnet?

■ Hast du schon einmal versucht, auf einer Rolltreppe in die falsche Richtung zu laufen? Du schaffst es trotz größter Anstrengung kaum, am Ende anzukommen. Gottes Segen macht das Leben leichter. Du bekommst Unterstützung und kannst, im Bild gesprochen, die »Rolltreppe des Segens« benutzen. So erreichst du leichter das Ziel, das Gott sich für dein Leben gedacht hat.

Es gibt keinen Lebensbereich, den Gott nicht mit seinem Segen stärken und berühren möchte. In der Bibel findet sich in 5. Mose 28 eine lange Auflistung einzelner Bereiche, die Gott segnen will: den Wohnort, die Hausarbeit, den Beruf, die Kinder, das Einkommen, die Tiere, die Felder und das Land. Er will durch seinen Segen Schutz geben auf Reisen und in unserem Zuhause. Gottes Segen verhilft zu Wohlstand. Nicht als Selbstzweck – wer gesegnet ist, kann anderen abgeben und muss nicht borgen. Neben den materiellen Segnungen gibt es auch eine Fülle von geistlichen. Zu diesen geistlichen Segnungen, an denen wir durch unsere Verbindung mit Jesus Anteil haben, gehören unter anderem: Erlösung, Erfüllung mit dem Heiligen Geist, Vergebung der Sünden und Heilung von Krankheiten.

Paulus segnet die Gemeinde in Korinth daher mit folgenden Worten: *»Die Gnade unseres Herrn Jesus Christus, die Liebe Gottes und die Kraft des Heiligen Geistes, der euch Gemeinschaft untereinander schenkt, sei mit euch allen!«* (2. Korinther 13,13). Alles, was dem Leben guttut, darf gesegnet werden – aber nichts, was es zerstört.

■ **Denk mal**
Welcher konkrete Bereich in deinem Leben braucht gerade Segen?

■ **Mach mal**
Bitte jemanden, dich für diesen Bereich zu segnen, oder bitte Gott, dass er dich darin segnet.

■ **Zum Vertiefen**
Gesegnet wird sein die Frucht deines Leibes und die Frucht deines Ackerlandes und die Frucht deines Viehs … —5. Mose 28,4

Wenn du um Segen betest, verlange eine ordentliche Portion!
—Pavel Kosorin

Segen ganz praktisch

■ Segen ist nicht einfach ein Wunsch, sondern es ist ein Wort, das genau das bewirken soll, was zugesagt wird. Derjenige, der wirkt, ist Gott selber. So wie er in der Schöpfung sprach und alles durch sein Wort entstanden ist.

In seinem Namen wird gesegnet. Wer segnet, drückt in dieser spezifischen Form auch seinen Glauben an Gott aus. Wer Gott nicht vertraut, kann auch nicht in seinem Namen segnen.

Segen kann sich ganz verschieden auswirken und sich besonders in einigen spezifischen Lebensbereichen entfalten. In meinem (Kerstins) Leben erfahre ich Segen oft in Form von Gunst. Das kann auf der materiellen Ebene sein. Vielfach bekomme ich Dinge günstiger – das Wort »günstig« kommt von Gunst. Manchmal sogar umsonst. Ich erlebe Gunst von Menschen, die mir gerne helfen und mich unterstützen. Als ich etwa im Rahmen meines Schiffsprojektes vor einer riesigen Werftrechnung stand, erlebte ich einen solchen Segen.

Über 200 Menschen halfen mir, sie zu bezahlen. Andere packten bei der Renovierung des Schiffs mit an. Bei vielen Problemen, die mit dem Verlag oder dem Schiffsprojekt zu tun haben, erlebe ich solche konkreten Segnungen. Andere erleben den Segen, der in Psalm 1 beschrieben ist: Was immer sie unternehmen, gelingt ihnen gut. Sie scheinen ein »goldenes Händchen« für das zu haben, was sie anpacken – egal, ob es Gemeindebau oder Finanzinvestitionen oder kreative Projekte oder neue Erfindungen sind.

■ **Denk mal**
Wo erlebst du besonders viel Segen in deinem Leben?
Woran mag das liegen?

■ **Mach mal**
Wenn du Menschen kennst, die in einem dir wichtigen Bereich besonders gesegnet sind, dann komm mit ihnen darüber ins Gespräch.

■ **Zum Vertiefen**
Der Herr denkt an uns und wird uns segnen. —Psalm 115,12

An Gottes Segen ist alles gelegen.
—Sprichwort

Jakobs Kampf um den Segen

■ Jakob und Esau waren Isaaks Zwillingssöhne. Esau war der Erstgeborene. Er achtete aber das Recht seiner Erstgeburt nicht und verkaufte es für eine leckere Linsensuppe an Jakob. Zur damaligen Zeit bekam der erstgeborene Sohn ein doppeltes Erbteil und einen speziellen Segen des Vaters. Den brauchte er auch für seine besondere Verantwortung gegenüber allen anderen Mitgliedern der Familie.

Jakob aber wollte nicht nur das Erstgeburtsrecht und die Pflichten haben, sondern auch den Segen. Er verkleidete sich als sein Bruder und erschlich sich so den Segen von seinem alten, halb blinden Vater Isaak. Als Esau später merkte, dass Jakob ihm den Segen gestohlen hatte, wurde er sehr zornig. Jakobs Leben war nun bedroht und er musste fliehen. Lange Jahre arbeitete er bei weit entfernt lebenden Verwandten. Gott segnete ihn dort! Der Segen lag nun mal auf ihm.

Doch eines Tages forderte Gott ihn auf, zurückzukehren und Esau zu begegnen. Bevor er nach langer Wanderung Esaus Gebiet betrat, wurde er in der Nacht in einen Ringkampf verwickelt. Jakob erkannte in dem Mann, der mit ihm rang, Gott. Er wollte ihn nicht loslassen, bis er von ihm den Segen erhalten hatte – diesmal als Geschenk. Dafür musste er seinen Namen sagen: »Ich bin Jakob« (= ein Betrüger). Gott segnete ihn mit einem neuen Namen: »Du sollst nicht mehr Jakob heißen, sondern Israel.« Gottes Segen schenkte Jakob eine neue Identität. Danach konnte er Esau begegnen und ihm den Segen weitergeben.

■ **Denk mal**
In welchem Lebensbereich hast du dir selber etwas genommen –
bräuchtest aber dringend Gottes Segen?

■ **Mach mal**
Lies die Geschichte nach und entdecke, wie unterschiedlich Jakob
und Esau von ihrem Vater gesegnet werden (1. Mose 27).

■ **Zum Vertiefen**
Ich lasse dich nicht eher los, bis du mich gesegnet hast! —1. Mose 32,27

Der Segen der Eltern ist es, der den Kindern Hütten erbaut.
—Japanisches Sprichwort

Segen in Generationen

■ *»Alle Völker der Erde sollen durch dich gesegnet werden«* (1. Mose 12,3). Was für ein gewaltiges Versprechen hatte Gott Abraham gegeben! Abraham segnete seinen Sohn Isaak, dieser segnete Jakob. Jakob segnete seinen Sohn Josef und dessen beiden Söhne. Dieser Segen sollte aber nicht nur innerhalb der eigenen Familie weitergegeben werden. Er sollte sich auf alle Völker der Erde auswirken. Nicht nur einige Generationen lang, sondern bis in Ewigkeit.

Wie hat Gott dieses Versprechen eingelöst? Jesus war Segensträger und Segensbringer: Durch Jesus hat Gott alle Menschen von dem Fluch der Sünde und des Todes befreit. Er wurde schon von Elisabeth gesegnet, als er noch im Mutterleib von Maria war. Er lebte ein Leben unter dem Segen seines Vaters im Himmel und gab diesen Segen sichtbar weiter. Er segnete die Kinder, denen er begegnete – die nächste Generation. Er segnete die fünf Brote und zwei Fische, die seine Jünger ihm brachten.

Danach reichten sie aus, um 5000 Menschen satt zu machen. Wenn Jesus Segnungsworte spricht, werden Menschen geheilt. Nach der Auferstehung segnete Jesus seine Jünger. In Jesus haben Christen nun für immer Zugang zu allen Segnungen Gottes. Er stärkt unser Leben und erfüllt Gottes Zusage gegenüber Abraham. Petrus sagte zu den Juden: *»Gott hat seinen Knecht Jesus zu euch geschickt und bietet euch damit das Heil an. Er wird euch segnen, wenn ihr umkehrt und euer Leben ändert«* (Apostelgeschichte 3,26).

■ **Denk mal**
Was bedeutet es dir, dass Gott dir durch Jesus seinen Segen schenkt?

■ **Mach mal**
Nutze eine Konkordanz oder google im Internet, wie oft im Zusammenhang mit Jesus das Wort »Segen« erwähnt wird.

■ **Zum Vertiefen**
Der Segen, den Gott Abraham zugesagt hatte, sollte durch den Tod Jesu am Kreuz allen Völkern geschenkt werden. —Galater 3,14

*Wir wirken, aber unser Wirken ist ein Mitwirken mit Gottes Wirken,
denn seine Gnade kommt uns zuvor.*
—Augustinus

Segen in Generationen II

■ Ein spannendes historisches Beispiel, an dem man die langfristigen Auswirkungen von Segen erahnen kann, ist das Leben von Jonathan Edwards und seiner Frau – besonders wenn man es mit dem von Edwards' Studienkollegen Max Jukes vergleicht.

Max Jukes war überzeugter Atheist und heiratete ein atheistisches Mädchen. Jonathan Edwards, der ein gläubiger Christ war, wählte eine gläubige Partnerin. Edwards und seine Frau bemühten sich, nach Gottes Geboten zu leben, und beteten viel für ihre zahlreichen Kinder.

Von Jukes weiß man nur, dass er bewusst ohne Gott lebte. Von seinen 540 Nachkommen, deren Spur man bis heute verfolgen kann, lebten 310 von staatlicher Unterstützung, 150 waren Verbrecher, sieben waren Mörder, 100 waren Trinker und mehr als die Hälfte der Frauen waren Prostituierte. Seine Nachkommen kosteten den amerikanischen Staat 1,25 Millionen Dollar.

Im Kontrast dazu steht Edwards Familie. Von den 1394 Nachkommen von Edwards hatten 294 einen Collegeabschluss, 65 waren Collegeprofessoren und 13 waren Collegepräsidenten. Außerdem gab es unter seinen Nachkommen 30 Richter, 60 Ärzte, 60 bekannte Autoren, 75 Offiziere, 80 Beamte, 100 Rechtsanwälte, 100 Prediger und Missionare und einige Politiker: drei US-Senatoren, mehrere Gouverneure und einen Vizepräsidenten der Vereinigten Staaten. Edwards Nachkommen kosteten den Staat keinen Cent.

Quelle: *cai.org/de/bibelstudien/der-segen-gottes*

■ **Denk mal**
Welche Segensspuren kannst du in deiner Familie entdecken?

■ **Mach mal**
Segne heute jemanden aus der nächsten Generation (in deiner Familie oder deinem Umfeld).

■ **Zum Vertiefen**
Das Haus des Gottlosen wird abgerissen, aber die Familie des Aufrichtigen blüht auf. —Sprüche 14,11

Millionen Wege sind offen dem Herrn, dich zu segnen.
—Johann Kaspar Lavater

Wie komme ich zu Segen?

■ Segen fällt uns nicht automatisch zu. Um ihn zu erhalten, ist die Entscheidung nötig, Gott zu gehorchen und nicht mehr eigene Wege zu gehen. Gott hat einen guten Plan für jedes Leben. Nur wenn wir ihm unser Leben anvertrauen, kann es ganz unter seinen Segen kommen.

Der Prophet Jeremia macht das mit folgenden Worten deutlich: *»Ich, der Herr, sage: Mein Fluch lastet auf dem, der sich von mir abwendet, seine Hoffnung auf Menschen setzt und nur auf menschliche Kraft vertraut. Er ist wie ein Dornstrauch in der Wüste, der vergeblich auf Regen wartet. Er steht in einem dürren, unfruchtbaren Land, wo niemand wohnt. Doch ich segne jeden, der mir ganz und gar vertraut.*

Er ist wie ein Baum, der nah am Bach steht und seine Wurzeln zum Wasser streckt: Die Hitze fürchtet er nicht, denn seine Blätter bleiben grün. Auch wenn ein trockenes Jahr kommt, sorgt er sich nicht, sondern trägt Jahr für Jahr Frucht« (Jeremia 17,5–9).

Vertrauen und Gehorsam sind zwei Schlüssel, die Segenstüren aufschließen. Der dritte Schlüssel ist Dankbarkeit. Gott segnet uns gerne. Er freut sich über jeden, der ihm dafür auch dankt. Wer dankbar ist, verstärkt damit den empfangenen Segen. Er freut sich und gibt gleich wieder Segen an Gott zurück.

Lob und Dank ausgedrückt gegenüber Gott wird im Hebräischen auch »segnen« genannt. Wer den Tag über achtsam ist, hat viele Gelegenheiten, Gottes Segensspuren zu entdecken und ihm dafür zu danken.

■ **Denk mal**
Für welche Segnungen hast du Gott schon gedankt?

■ **Mach mal**
Entscheide dich: Mit welchem Schlüssel könntest du eine neue Segenstür aufschließen?

■ **Zum Vertiefen**
Wenn ihr Gott gehorcht, werdet ihr seinen ganzen Segen erfahren.
—5. Mose 28,2

Die Gnade segnet den, der sie gewährt, und den, der sie empfängt.
—William Shakespeare

Wie komme ich zu Segen? II

■ Wenn wir vertrauen, verspricht Gott, uns zu segnen. Es gibt Dutzende Geschichten von Menschen, die im Vertrauen zu Gott etwas gewagt haben und dann von ihm gesegnet wurden. Der Segen ging oft weit über die Situation hinaus, in der sie vertrauten. Es war quasi Segen mit Zinsen.

Ein Missionar hatte einen Mann Gottes eingeladen, der eine besondere Gabe hatte, für kranke Menschen zu beten. Doch der Gastsprecher kam nicht. In seiner Not und im Vertrauen zu Gott begann er, selbst für die Kranken zu beten – und erlebte, wie Gott sie heilte. Mittlerweile hat Gott ihn gebraucht, um Tausenden von Menschen das Evangelium der Erlösung und Gottes heilende Kraft zu bringen. Er heißt Reinhard Bonnke. John Wimber erlebte Ähnliches. Gott belohnte sein Nichtaufgeben und Vertrauen im Bereich Heilung damit, dass nicht nur er, sondern die Bewegung, die er leitete, viele Heilungen erlebt.

Ich (Kerstin) mache gern bei Preisausschreiben mit – und gewinne oft. Ich führe das darauf zurück, dass ich den ersten Preis, den ich jemals gewonnen habe – ein einwöchiges christliches Ferienlager – an ein Mädchen verschenkt habe, von der ich wollte, dass sie Gott kennenlernt. Gott scheint es Freude zu machen, mich dafür zu segnen.

Wo immer du vor Herausforderungen stehst und dich entscheidest, im Vertrauen zu wachsen, erweiterst du automatisch den Raum für Segen in deinem Leben.

■ **Denk mal**
Vor welchen Hindernissen stehst du gerade?
Wie könnte durch Vertrauen daraus Segen werden?

■ **Mach mal**
Danke Gott für die Herausforderungen, in denen du gerade stehst, und bitte ihn, dir zu helfen, sie im Vertrauen zu überwinden – und dich zu segnen.

■ **Zum Vertiefen**
Gebt mir, was ich von euch erwarte – und dann prüft mich, ob ich nicht Segen die Fülle herabschütte. —Maleachi 3,10

Es kommt nicht darauf an, geliebt zu werden,
sondern zu lieben und anderen zum Segen zu sein.
—Eva von Tiele-Winckler

Segen – priesterlicher Dienst

■ Aus dem Volk Israel wählte Gott den Stamm Levi für priesterliche Aufgaben aus. Das war aber eigentlich nur eine Notlösung. Gottes ursprüngliche Absicht war, dass ganz Israel ein Volk von Priestern sein sollte: Menschen, die in besonderer Nähe zu Gott leben und andere in seine Nähe bringen sollten. Den Priestern und Leviten wurden besondere Aufgaben zugeteilt. Neben Opfern und Gebet sollten sie auch das Volk segnen.

Segnen ist also ein eigener Dienst an den Menschen, der nicht zu verwechseln ist mit Gebet oder Fürbitte. Die Anweisung an die Leviten lautete: »Sag Aaron und seinen Söhnen, sie sollen die Israeliten mit diesen Worten segnen: ›Der Herr segne dich und bewahre dich! Der Herr wende sich dir in Liebe zu und zeige dir sein Erbarmen! Der Herr sei dir nah und gebe dir Frieden!‹ So sollen sie in meinem Namen zu den Israeliten sprechen, und ich selbst werde mein Volk dann segnen« (4. Mose 6,23–27).

Wurde der Name Gottes über einem Menschen ausgerufen, galt das als Rechtsakt. Es bedeutete, dass die Person Gott gehört. Mit dem Segen wurde daher auch ausgesprochen, dass Gott der Herr ist.

Auch Jesus hat seine Nachfolger beauftragt zu segnen. Nicht nur die Freunde, sondern auch die Feinde. Wer im Namen Jesu einen Menschen segnet, ruft damit auch die Herrschaft Jesu über ihm aus. Er bringt ihn hinein in den Wirkungsbereich Gottes.

■ **Denk mal**
Wo hast du den Dienst des Segnens schon erlebt?

■ **Mach mal**
Lies einmal im 5. Buch Mose das 33. Kapitel und achte besonders auf die Unterschiede in den verschiedenen Segnungen.

■ **Zum Vertiefen**
Zur selben Zeit sonderte der Herr den Stamm Levi aus, ihm zu dienen und in seinem Namen zu segnen bis auf diesen Tag. —5. Mose 10,8

Die Gnade erfasst alles und lässt keinen Winkel frei.
—Antonius von Padua

Wir segnen mit Gott

■ Segen kann man auf ganz verschiedene Weise erbitten oder zusprechen. Die Unterschiede kann man an folgenden Beispielen erkennen:
• Ich wünsche dir gute Besserung. (Wunsch)
• Herr, bitte heile ihn. (Fürbitte)
• Gott will dich heilen. (prophetischer Zuspruch)
• Der Herr heile dich. (Segensbitte)
• Ich segne dich in seinem Namen mit Heilung. (Segen)

Wir können Gott um Segen bitten – wie wir etwa von Jabez lesen: »Bitte segne mich und lass mein Gebiet größer werden. Beschütze und bewahre mich vor Unglück« (1. Chronik 4,10). Dieses Gebet hat viele Menschen inspiriert, um Segen in ihrem Leben zu bitten. Was klar ist: Wenn wir um Segen bitten, dann beten wir zu Gott. Wenn wir hingegen Segen aussprechen und andere segnen, tun wir es mit Gott. Wir bitten nicht »nur« um Segen, sondern sprechen im Namen Jesu Segen aus. Dazu sind wir befähigt und autorisiert. Denn wir sind Miterben aller Verheißungen, die durch Christus wirksam sind.

Das heißt natürlich nicht, dass wir jetzt im Gießkannenprinzip alles segnen sollen, was uns begegnet. Es bedeutet vielmehr, dass wir aus der Verbindung zu Christus heraus sensibel für das werden, was er gerade stärken und segnen möchte. Um es dann in seinem Auftrag zu tun. Für mich (Kerstin) ist das Segnendürfen in seinem Namen ein großer Ausdruck der Würde, die Gott uns schenkt. Ich finde es sehr bewegend, anderen Menschen ganz direkt Segen zusprechen zu können.

■ **Denk mal**
Welche der obigen Segensformen praktizierst du am meisten?

■ **Mach mal**
Probiere es einmal aus, jemandem den Segen Gottes ganz direkt zuzusprechen: »Ich segne dich mit …«

■ **Zum Vertiefen**
Denkt und redet Gutes über den anderen, denn ihr wisst ja, wie viel Segen Gott euch zugedacht hat. —1. Petrus 3,9

Jeder Weg zur Erfüllung unserer Sendung,
auch der langsam und verwirrte, ist Segen.
—Paul Gerhardt

Segenszeichen

■ Jüdischen Eltern ist es wichtig, dass ihre Kinder gesegnet sind. Deswegen brachten sie damals die Kinder zu Jesus. Er legte ihnen beim Segnen die Hände auf. So tun es jüdische Eltern noch heute an jedem Sabbatabend, wenn sie ihre Kinder segnen. Sie sprechen dann den in 11.18 genannten Text, der als Priestersegen Aarons überliefert ist (4. Mose 6,24–26).

Priester hoben die Hände auf beim Segnen. Die Väter der Bibel hingegen legten ihren Kindern beim Segnen die Hände auf. Der Unterschied: Das eine Mal wurde eine große Menge gesegnet – das andere Mal eine Einzelperson.

Durch Segen wird Schutz und Friede weitergegeben. Durch die liebevolle Berührung der aufgelegten Hände wird der schützende Segen auch körperlich erfahrbar. Im Laufe der Kirchengeschichte haben sich noch andere Formen von Segenszeichen entwickelt: Der Segnende macht mit dem Finger ein Zeichen des Kreuzes auf die Stirn. Er kann dabei auch Öl benutzen. Dieses steht als Zeichen für den Heiligen Geist. In der orthodoxen und katholischen Kirche kann der Gesegnete auch zusätzlich mit geweihtem Wasser besprengt werden. Durch Handauflegung wird auch der Segen der Heilung vermittelt.

Entscheidend für den Segen ist aber immer das zugesprochene Wort. Es kann ein Wort aus der Bibel sein oder auch eine prophetische Zusage, die der Segnende für den anderen Menschen von Gott empfangen hat. Wer Gottes Segen hat, wird von seinem kräftigen Wort getragen. Sein Wort ist mächtig – es trägt und erhält das ganze Universum.

■ **Denk mal**
Welche Gesten beim Segnen sind dir bekannt?

■ **Mach mal**
Wenn möglich, segne doch heute einen Menschen unter Handauflegung.

■ **Zum Vertiefen**
Dann nahm er die Kinder in seine Arme, legte ihnen die Hände auf und segnete sie. —Markus 10,16

So kommet vor sein Angesicht mit jauchzenvollem Springen;
bezahlet die gelobte Pflicht und lasst uns fröhlich singen.
—Johann Jakob Schütz

Gott segnen

■ In Psalm 103 lesen wir, dass unsere Seele Gott segnen soll. Hier steht im Hebräischen tatsächlich das Wort für »segnen«. Gott segnen? Können wir Menschen Gott wirklich segnen? Können wir ihm irgendetwas geben, das er nicht selber schon in sich hat? Es gehört zum Geheimnis der Freiheit und der Kindschaft, dass wir Gott beschenken können. Alles, was von Gott kommt, soll vermehrt in einem Kreislauf zu ihm zurückkehren. So ist es auch mit dem Segen.
In einer guten Beziehung gibt es immer einen Austausch an Liebe, von Geben und Nehmen. Gott nimmt gerne etwas von uns an, was er uns vorher selbst geschenkt hat. So wie ein Vater sich über ein Geschenk freut, das sein Kind mit »seinem« Geld gekauft hat.
Wir können Gott segnen, indem wir ihn für alles, was er uns geschenkt hat, loben und ihm danken. Dankbarkeit vergrößert messbar die psychische Stabilität und Zufriedenheit im Leben. Wer das Gute (den Segen) wahrnimmt und dankt, ist auch fähiger, anderen Gutes zu tun.
Wenn wir Gott segnen, ehren und ihm danken, bekommt Gott etwas zurück, das sich nun mit unserer Liebe verbunden hat. Wir können in diesem Segenskreislauf die Beziehung mit Gott stärken. Der Fluss der Liebe zwischen Mensch und Gott wird – bildlich gesprochen – durch das gegenseitige Segnen immer breiter. In der Offenbarung heißt es, dass Jesus würdig ist, Macht, Stärke, Ehre, Ruhm und Anbetung zu empfangen! Das alles geben wir ihm, wenn wir ihn segnen. Wir machen Gott Freude dadurch und auch unsere Freude wird vergrößert.

■ **Denk mal**
Was hast du von Gott empfangen?

■ **Mach mal**
Notiere dir mindestens fünf konkrete Segnungen, die dein Leben stärken. Segne Gott heute durch dein Lob dafür.

■ **Zum Vertiefen**
Segne den Herrn, meine Seele, und vergiss nicht, was er dir Gutes getan hat.
—Psalm 103,2

Der Reichtum der Felder soll deine leeren Scheunen füllen,
der Reichtum deiner Worte die hungernden Herzen.
—Irischer Segen

Auf die Worte achten

■ Als ehemalige Lehrerin weiß ich (Rosemarie), wie unbedachte Äußerungen das Leben von Kindern prägen und den Weg zur Entfaltung ihrer Talente abschneiden können. Worte wie: »Das kannst du nicht! Das lernst du nie! Dafür bist du zu doof! Immer machst du die gleichen Fehler!«, wirken wie Flüche.

Doch auch das Umgekehrte kann der Fall sein. Ein ermutigendes Wort kann stärken und Wunder wirken. Eine meiner (Kerstins) frühesten Kindheitserinnerungen ist eine Situation im Kindergarten. Ich hatte eine Sandburg gebaut und sie an den Außenwänden mit Sandförmchen verziert. Die Kindergärtnerin rief die anderen Kinder und sagte: »Schaut mal, wie schön Kerstin das gemacht hat!« Sie hat eine Begabung gesehen und mich und andere darauf aufmerksam gemacht. Ich bin mir sicher, dass ihre Worte mein vorhandenes kreatives Talent ermutigt und gestärkt haben – etwas, wovon bis heute sehr viele Menschen profitieren.

Nicht umsonst sagt uns die Bibel, dass wir uns darum bemühen sollen, achtsam mit unseren Worten umzugehen. Gott möchte nicht, dass wir an der Zerstörung des Lebens mitwirken. Er zeigt uns deutlich auf, dass es nicht egal ist, auf welche Weise wir über uns und andere reden. Oft verhindern wir unbewusst Gottes Segenswirken. Durch verurteilendes, verächtliches Denken und Reden setzen wir den Segensabsichten Gottes Fluch entgegen – das soll nicht sein! Das, was wir reden, sollte eine Segenskraft für den werden, der es hört.

■ **Denk mal**
Wem könntest du heute etwas Gutes und Ermutigendes sagen?

■ **Mach mal**
Sage oder schreibe heute einem Menschen etwas, das Wertschätzung und Ermutigung ausdrückt.

■ **Zum Vertiefen**
Worte haben Macht: Sie können über Leben und Tod entscheiden. Darum ist jeder für die Folgen seiner Worte verantwortlich. —Sprüche 18,21

Es gibt einen Hunger nach dem täglichen Brot und einen Hunger nach Liebe,
Freundlichkeit und gegenseitiger Achtung.
—Mutter Teresa

Die Macht der Worte

■ Segnen bedeutet, etwas Vorhandenes zu stärken. Das sieht man schon in der Schöpfungsgeschichte. Zuerst schafft Gott etwas – dann segnet er es mit der Fähigkeit, sich auszubreiten und zu vermehren. Um segnen zu können, ist deshalb erst der Blick auf das nötig, was schon vorhanden ist.

Ich (Kerstin) arbeite als Coach. In einer Coachingstunde geht es thematisch oft um Probleme, für die Menschen Lösungen suchen. Darauf konzentrieren wir uns. Doch »nebenbei« achte ich bewusst darauf, welche Stärken ich in der Person sehe, die ich coache. Das kann die Fähigkeit sein, entschieden an etwas dranzubleiben, oder die präzise oder bildhafte Sprache oder ...

Zum Ende des Coachinggesprächs, wenn das Thema fertig bearbeitet ist, erzähle ich der Person meistens noch, was mir an Stärken bei ihr aufgefallen ist. Das sind keine billigen Komplimente im Sinne von: »Sie sind toll!«, sondern sehr klare, spezifische Rückmeldungen. Sie bringen zum Ausdruck, was ich an der Person wahrgenommen habe. Echt gesehen zu werden und wertschätzende Worte zu erhalten ist für viele Menschen tief berührend. So wie es bei einer Frau war, die Schwierigkeiten hatte, mit den Negativreaktionen anderer Menschen auf ihr behindertes Kind umzugehen. Sie fand Hilfe im Coaching. Einige Monate nach Abschluss des Coachings fragte der Coach, was ihr denn am meisten geholfen habe. Sie antwortete: »Dass Sie mir gesagt haben, ich sei eine gute Mutter!«

■ **Denk mal**
Welche Talente siehst du in den Menschen in deinem Umfeld?

■ **Mach mal**
Segne heute einen oder mehrere Menschen, indem du auf Begabungen aufmerksam machst: »Ich sehe in dir ...«

■ **Zum Vertiefen**
Redet auch nicht schlecht voneinander. Was ihr sagt, soll für jeden gut und hilfreich sein, eine Wohltat für alle. —Epheser 4,29

Die Seele hat die Farbe deiner Gedanken.
—Marc Aurel

Gute und schlechte Gedanken

■ Kürzlich hatte ich (Rosemarie) den Schlüssel verlegt. Während der Suche fing ich an, mich innerlich zu beschimpfen: »Du Idiot, warum passt du auch nicht besser auf! Du hattest dir doch vorgenommen, den Schlüssel immer an einen bestimmten Platz zu legen.«

Plötzlich hörte ich eine andere Stimme, die mich liebevoll korrigierte: »Ich möchte nicht, dass du so über dich sprichst. Ich liebe dich und möchte, dass du auch mit dir selbst barmherzig umgehst.« Dieser Einwand Gottes hat mein Denken über mich verändert. Ich achte seither darauf, mich nicht innerlich zu beschimpfen. Unsere Worte haben Kraft. Sie fördern und unterstützen das Leben oder wirken zerstörerisch.

Gedanken sind wie Samen, die man sät und die sich vermehren. Oder wie Furchen, die man zieht. Wenn man die gleichen Gedanken häufig denkt, graben sie sich immer tiefer ein, bis man gar nicht mehr anders denken kann.

Bei stärkenden Gedanken ist das kein Problem: »Ich bin kostbar, angenommen und geliebt«, kann man nicht zu oft denken. Bei Gedanken wie: »Ich bin nichts wert«, »Ich schaff das nicht« oder »Alle sind gegen mich«, ist das anders. Wir neigen dazu, nur noch das als Wirklichkeit zu sehen, was unsere Gedanken bestätigt und verstärkt.

Wenn du immer wiederkehrende negative Gedanken hast, kannst du Gott bitten, dir seine Wahrheit zu zeigen. Vielleicht suchst du dir auch die Unterstützung eines Seelsorgers oder Coaches dazu.

■ **Denk mal**
Wie denkst und redest du über andere?
Wie über dich selbst?

■ **Mach mal**
Notiere dir während des Tages Worte oder Gedanken, von denen du merkst, dass sie zerstörerisch wirken. Setze ihnen Segensworte entgegen.

■ **Zum Vertiefen**
Herr, lass dir meine Worte und meine Gedanken gefallen! —Psalm 19,15

Wo die Liebe zu Gott lebendig ist, da gedeiht alles Gute,
da wird es Frühling im Herzen!
—Arndt Scheller

Mein Land

■ Von Jabez lesen wir in der Bibel, dass er Gott um die Erweiterung seines Gebietes bittet. Weiter heißt es: Gott erhörte sein Gebet. Konkret ging es ihm um die Erweiterung seines Wirkungskreises oder Einflusses. Womöglich bezog sich sein Gebet auf seinen Einfluss in der Gemeinschaft. Oder auch auf dem Ackerland – das heutige Äquivalent wäre unsere Arbeitsstätte. Segen vergrößert unseren Einflussbereich. Unsere Stimme hat mehr Gewicht und wird gehört. Wir bekommen mehr Raum, um uns einzubringen und zu entfalten und somit Menschen Gutes zu tun.

Erbitte Gottes Segen für deine Arbeit und beginne, alles, was du tust, zu segnen. Zum Beispiel so: »Gott segne mich mit Kraft, all das Gute zu tun, das nach seinem Willen durch mich heute geschehen soll. Durch Jesus Christus möge er in meinem Leben das bewirken, woran er Freude hat. Er segne das Werk meiner Hände.«

Als Landwirt kann dich der Segen über dem Stamm Josef inspirieren. Du findest ihn in 5. Mose 33,13–16: »*Der Herr segne euer Land mit kostbarem Regen vom Himmel und mit Quellwasser aus der Tiefe. Er segne euch mit den reichen Gaben, die das ganze Jahr über im Sonnenlicht wachsen. Er segne euch mit den herrlichsten Wäldern oben auf den uralten Bergen und Höhen. Er beschenke euch mit all den Schätzen und dem ganzen Reichtum, den die Erde hervorbringt.*«

Wer so sein Arbeitsumfeld und alles, was sich in seinem Besitz und Einflussbereich befindet, segnet, sorgt dafür, dass es sich durch Gottes Kraft gut entwickeln kann.

■ **Denk mal**
In welchem Lebensbereich ersehnst du dir Erweiterung?

■ **Mach mal**
Beginne diesen Lebensbereich zu segnen.

■ **Zum Vertiefen**
Bitte segne mich, und lass mein Gebiet größer werden! Beschütze mich, und bewahre mich vor Unglück! Möge kein Leid mich treffen! —1. Chronik 4,10

Ew'gen Segen bringt dir, was du mild verstreust,
nicht, was karg du magst zusammenklittern.
—Friedrich Rückert

Familie, Ehe

■ Es gibt in der Bibel einen wunderbaren Text in Sprüche 31. Der hat bei Luther die – wenig passende – Überschrift »Lob der tüchtigen Hausfrau.« Wenig passend, weil die Frau, die da beschrieben wird, Künstlerin, Unternehmerin und Landwirtin ist. Sie hat einen Mann, der ihre umfassenden Fähigkeiten und ihren Charakter anerkennt. Er bringt das mit seinen Worten zum Ausdruck. In mehr als 300 Worten beschreibt er ihre Stärken und was er an ihr schätzt.

Traditionelle Juden sprechen diesen Text jede Woche (!) als Segen über ihren Frauen aus. Man kann nur erahnen, wie das Selbstwertgefühl und die innere Sicherheit einer Frau gestärkt werden, wenn sie jede Woche diese wertschätzenden Worte hört. Keine »billigen« Komplimente, sondern Worte, die die Stärke einer handlungsfähigen Frau beschreiben. Wow!

Auch die Männer und Kinder erhalten ihren spezifischen Segen. Die Männer in der Synagoge vom Rabbi, die Kinder von den Vätern. Das Alter spielt dabei keine Rolle.

Auch die erwachsenen Söhne lassen sich von ihren Vätern segnen.

Ich (Kerstin) frage mich, wie viel unnötiger Kampf zwischen den Geschlechtern innerhalb von Ehen, Familien und im Beruf vermieden oder abgemildert werden könnte, wenn wir einander regelmäßig segnen würden. Wenn wir die Wertschätzung Gottes und unsere eigene den anderen gegenüber zum Ausdruck bringen könnten. Segen schafft einen Schutzraum und Orte der Geborgenheit.

■ **Denk mal**
Was schätzt du besonders am anderen Geschlecht?
Und an Kindern?

■ **Mach mal**
Segne heute einen Menschen vom anderen Geschlecht, indem du seine/ihre spezifischen Stärken hervorhebst.

■ **Zum Vertiefen**
Ihr Mann lobt sie überschwänglich: »Es gibt wohl viele gute und tüchtige Frauen, doch du übertriffst sie alle!« —Sprüche 31,29

Was ist aller Segen des Landes,
wenn die Gemüter nicht gesegnet sind mit Frieden?
—Jeremias Gotthelf

Politik

■ Es gibt wahrscheinlich keine Menschengruppe, über die mehr gemeckert, geschimpft und geflucht wird, als die Politiker. Kommt das Gespräch auf Politik, fällt jedem etwas ein, das ihm nicht passt. Schuld sind immer »die da oben«. Wir leben in einer »Nörgelokratie«. Was verändert das Meckern? Wie wir gesehen haben, hat negatives Reden eine zerstörerische Wirkung. Es »reißt die Stadt nieder« – den Lebens- und Schutzraum, den Menschen brauchen.

Politiker brauchen genauso Vergebung und Gnade wie jeder andere Mensch. Statt sie zu richten und zu verfluchen, können wir durch Gebet und Segen etwas positiv verändern. Ein ganzes Land kann so transformiert werden. Dafür gibt es in der Welt inzwischen viele Beispiele, die auch in den Transformationvideos (bei Down to Earth erhältlich) dokumentiert wurden.

Hier einige Beispiele, wie man Politiker segnen kann: »Ich segne die Herzen aller, die als Politiker unserem Land dienen. Dass die Härte ihrer Herzen in Weichheit verwandelt wird. Mögen sie die Liebe Jesu erkennen und von ihr erfasst werden. Ich segne alle, die Aufrichtigkeit lieben, mit der Kraft zur Ehrlichkeit und einem Hunger nach Gerechtigkeit. Ich segne ihr politisches Urteilsvermögen, damit sie erkennen können, was gut ist für unser Land. Ich segne die Beziehungen der Politiker untereinander, dass sie von Verständnis und Freundlichkeit geprägt sind.« Weitere Segnungen unter bit.ly/segnungen.

■ **Denk mal**
Über welchen Politiker regst du dich am meisten auf?

■ **Mach mal**
Segne in dieser Woche besonders die Politiker, deren Handeln dir gerade nicht gefällt. Beginne damit, wenn du Nachrichten hörst.

■ **Zum Vertiefen**
Betet besonders für alle, die in Regierung und Staat Verantwortung tragen,
damit wir in Ruhe und Frieden leben können, ehrfürchtig vor Gott und
aufrichtig unseren Mitmenschen gegenüber. —1. Timotheus 2,2

*Heilung bedeutet, dass der Mensch erfährt, was ihn trägt,
wenn alles andere aufhört, ihn zu tragen.*
—Wolfram von Eschenbach

Kranke

■ Die Bibel gibt klare Anweisungen, was jemand tun kann, wenn er krank ist. Er soll Menschen, die geistlich reif sind und Verantwortung tragen, holen lassen, damit sie für ihn beten. Gott verspricht: *»Ihr Gebet im Glauben an Gott wird den Kranken heilen, und der Herr wird ihn aufrichten. Und wenn er Sünden begangen hat, wird Gott ihm vergeben«* (Jakobus 5,15).

Immer wieder erleben Christen, dass Gott auf Gebet hin eingreift und Menschen gesund macht. Manchmal von »kleinen« Widrigkeiten wie Kopfschmerzen oder Übelkeit, manchmal von lebensbedrohlichen Krankheiten oder unheilbaren Verletzungen. Auch die Evangelien erzählen eine Heilungsgeschichte nach der anderen.

Krankheit und Heilung sind ein komplexes Gebiet – es spielen viele psychosoziale Faktoren mit. Man kann nicht immer verstehen, warum nicht jeder Mensch, der um Heilung betet oder beten lässt, hier auf Erden gesund wird. Doch klar ist auch: Wenn Menschen für andere beten, geschehen mehr Heilungen, als wenn nicht gebetet wird.

Die Christen in Wales segnen kranke Menschen oft einfach nur und erleben, wie Gott zum Teil dramatisch heilt: jahrelange Erschöpfungszustände, einen nicht mehr funktionierenden Darm und vieles mehr. Ich (Rosemarie) wurde bei unserem Aufenthalt in *Ffald-y-Brenin* von einem Bandscheibenvorfall geheilt, der mir trotz aller Gymnastik immer wieder bei längerem Sitzen Schmerzen bereitete. In Berlin angekommen war und blieb ich schmerzfrei.

■ **Denk mal**
Wer in deinem Umfeld braucht Heilung?

■ **Mach mal**
Bete für diesen Menschen und/oder bitte geistlich
Verantwortliche, gemäß Jakobus 5 segnend für ihn zu beten.

■ **Zum Vertiefen**
Wenn jemand von euch krank ist, soll er die Ältesten der Gemeinde zu sich rufen, damit sie für ihn beten, ihn im Namen des Herrn segnen und ihn mit Öl salben. —Jakobus 5,14

*Ich wünsche dir, dass das Feuer, das du in deinem Herd schürst,
nie verlöschen wird, es soll aber auch die Wärme nicht erkalten,
die du einem Fremden schenkst. —Irischer Segen*

Dinge

■ In 5. Mose werden auch der Korb und der Backtrog gesegnet. Der Backtrog ist bei mir (Kerstin) zugegebenermaßen nicht oft im Einsatz. Meinen Kuchen und mein Brot kaufe ich beim Bäcker. Doch es gibt jede Menge Dinge, mit denen ich täglich zu tun habe und die mir meinen Lebensunterhalt sichern oder zu meinem Komfort beitragen: Computer, Internet, das Telefon, Papier, Drucker, Dusche, Wasserversorgung usw.

Auch Dinge können gesegnet sein. Vor einer Weile hatten wir einen definitiv nicht gesegneten Internetserver. Unsere Webseite stürzte täglich mehrfach ab und war für die Menschen, die sich über unsere Bücher informieren wollten, nicht mehr erreichbar. Es kostete viel Zeit, Mühe und Geld, das täglich zu reparieren. Natürlich konnte auch niemand einkaufen – was sich wiederum auf meinen Lebensunterhalt auswirkte. Seit wir die Firma gewechselt haben, läuft es wie am Schnürchen. Woran es bei der ersten Firma lag, wissen wir nicht – nur dass sie aus Gründen der Gewinnoptimierung am Service gespart hat. Manchmal ist es so, dass Sünde, die nicht bereinigt und bekannt wurde, Segen auf Dingen blockiert – und Sachen immer kaputtgehen und schwierig sind.

Hier kann man Gott um Vergebung bitten und die Dinge segnen – wie etwa das Auto eines guten Freundes. Das machte mitten in der Examenszeit, wo er es täglich brauchte und keine Zeit für einen Werkstattbesuch hatte, Probleme. Ich legte ihm die Hände auf – und von da an war es gut.

■ **Denk mal**
Mit welchen materiellen Dingen erlebst du viel Segen?
Mit welchen eher weniger?

■ **Mach mal**
Gehe einmal durch deine Wohnung und bitte Gott um Segen für alle Dinge, die du oft brauchst. Und ggf. auch für deine Fahrzeuge.

■ **Zum Vertiefen**
Gesegnet wird sein dein Korb und dein Backtrog. —5. Mose 28,5

Man soll die Feinde lieben, nicht weil sie schon Brüder sind,
sondern damit sie Brüder werden.
—Augustinus

Feinde

■ Als Lehrerin habe ich (Rosemarie) immer wieder erlebt, wie sich Kinder in der Pause bei ihren Streitereien beschimpften. Sagte der eine: »Du Idiot!«, versuchte der so Beschimpfte ihn noch zu übertreffen: »Du Oberidiot!« Nie habe ich es erlebt, weder bei einem Kind noch bei einem Erwachsenen, dass in so einer Situation jemand sagte: »Sei gesegnet!«

Aber genau das ist Gottes Weg für uns. Jesus fordert seine Nachfolger auf, ihre Feinde zu lieben. Er ist gekommen, damit alle Menschen die Liebe des Vaters im Himmel erfahren. Ein konkreter Ausdruck der Liebe ist der Segen.

Jesus hat es klargemacht: Segnen ist unser Auftrag – es gibt keine Ausnahme. Es gibt nicht einen Menschen, den wir verfluchen dürfen. Ganz egal, was er uns angetan hat. Jeder ist auf die Barmherzigkeit und die Vergebung Gottes angewiesen. Wenn wir sie selber in Anspruch genommen haben, dann möchte Jesus auch, dass wir sie weitergeben.

Aber erlauben wir damit nicht, dass das Böse sich weiter ausbreitet? Stärken wir durch den Segen nicht vielleicht ein böses Tun? Gesegnet wird der Mensch – nicht das, was er tut. Der Segen soll gerade dazu verhelfen, dass das Böse in dem anderen Menschen überwunden wird. Der Segen ist Gottes Gegenkraft gegen das Böse. Wer andere segnet, wird bewahrt vor Bitterkeit und Groll. Nur mit einem vergebenden Herzen kann man wirklich segnen. Das doppelt Gute: Damit bleibt man auch selber im Segensstrom Gottes.

■ **Denk mal**
Welcher Mensch erscheint dir als ein Feind?
Wer macht dir gerade Mühe durch seine Worte oder Handlungen?

■ **Mach mal**
Vergib dem, der dir Böses angetan hat, und segne sein Leben.

■ **Zum Vertiefen**
Vergeltet Böses nicht mit Bösem und Beschimpfungen nicht mit Beschimpfungen! Im Gegenteil: Segnet! —1. Petrus 3,9

Wirst du anderen zum Segen, so lebst du ein doppeltes Leben.
—Sprichwort

Ein Segen sein

▇ Immer wieder sagen Menschen mir (Kerstin): »Du bist ein Segen für viele!« Ich erlebe wiederum selbst viel Segen: Menschen ermutigen, unterstützen und helfen mir. Sie beten für mich und sprechen mir Gottes Liebe zu. Und Gott selbst liebt mich, mehr als ich überhaupt aufnehmen kann. Ich strecke mich nach Segen aus, wo ich ihn nur kriegen kann. Wenn ich Menschen sehe, die in einem bestimmten Bereich ihres Lebens gesegnet sind, bitte ich sie, mich spezifisch dafür zu segnen.

Das hat sogar in Lebensbereichen, in denen ich definitiv nicht sehr gesegnet war, Auswirkungen gezeigt. Durch spezifischen Segen von musikalischen Menschen wurde meine mangelnde Musikalität zwar nicht »weggebeamt«, doch erheblich abgemildert. Das ist ein Segen für die Menschen um mich …

Wenn ich Gott und Menschen um Segen bitte, tue ich das nicht zum Selbstzweck. Natürlich freue ich mich und genieße es, wenn ich gesegnet bin. Wie etwa durch einen lebenslangen Massagegutschein, den mir kürzlich jemand versprach. Was für ein Segen!

Doch es geht mir immer auch darum, dass andere Menschen etwas von dem Segen erhalten, den ich bekomme. Je mehr Segen ich empfange, umso mehr kann ich weitergeben. In Form von Impulsen und Rat, von materiellen Gaben und Geschenken. So war auch der Segen an Abraham gedacht – nicht nur für ihn. Er konnte die Freundschaft Gottes, die Liebe seiner Frau und den materiellen Segen durchaus genießen. Doch es ging auch darum, ein Segen zu sein – für andere. Wir dürfen auch ein Segen sein.

▇ **Denk mal**
Wo warst und bist du ein Segen für andere?

▇ **Mach mal**
Bitte Gott um Vermehrung des Segens auf deinem Leben –
zum Wohle anderer.

▇ **Zum Vertiefen**
Ich will euch erretten, dass ihr ein Segen werden sollt. —Sacharja 8,13

Monat 12
Einander bereichern

Einander bereichern

■ Wer etwas empfangen hat, will in der Regel auch geben. Wir können gar nicht anders. Es ist in uns so angelegt, dass wir gerne etwas teilen, wenn wir realisieren, dass wir selbst etwas haben.

Keine Frage. Du hast etwas. Du bist reich. Selbst wenn bei dir das Geld knapp ist, bist du reich. Du hast Menschen, die mit dir teilen. Und du kannst selbst etwas geben.

Ich möchte dich mitnehmen auf eine Entdeckungsreise. Du kannst herausfinden, welche Schätze du hast. Das können materielle Schätze sein. Aber auch Schätze an Zeit, Wissen und Fähigkeiten. Allein die Tatsache, dass man Schätze hat, bedeutet noch nicht, dass man weiß, mit wem man sie teilen soll. Menschen mit viel Vermögen erleben oft, dass andere Menschen ihnen Vorschläge machen, wie sie dieses einsetzen sollten. Egal, über wie viel oder wenig materielles oder immaterielles Vermögen man verfügt – es tut auf jeden Fall gut, sich zu entscheiden, wem man es in welcher Form geben möchte.

Manchmal hilft es auch, sich von anderen inspirieren zu lassen. Es gibt so viele Möglichkeiten, zu teilen – wir werden sie nie alle ausschöpfen können. Aber wir können uns von der einen oder anderen Idee inspirieren lassen. Sie eins zu eins kopieren oder davon inspiriert eigene Ideen entwickeln, wie wir die Schätze, die wir haben, teilen möchten. Wir können einander bereichern, indem wir teilen, was wir haben. Auch das macht dankbar.

Ich hab' ein Haus, ein Äffchen und ein Pferd,
und jeder, der uns mag, kriegt unser Einmaleins gelehrt.
—Pippi Langstrumpf-Song

Was ich habe?

■ Pippi Langstrumpf singt fröhlich von den Schätzen, die sie hat und von ihrer Bereitschaft, das zu teilen, was sie weiß: »Jeder, der uns mag, kriegt unser Einmaleins gelehrt.« Das klingt anders als »Mein Haus, mein Auto, mein Boot. Alles nur für mich!«
Pippi Langstrumpf nimmt sich selbst als reich wahr – und teilt großmütig mit anderen, was sie hat. Ob es nun ihr Pferd ist, auf dem alle reiten dürfen, das Bett, das zum Flugzeug umgebaut wird oder der reiche Schatz ihrer Ideen.
Die meisten von uns lieben Pippi, weil sie so frech, so unverschämt glücklich und so großzügig ist. Auch wenn sie manchmal ihren Vater, den kitzeligen Ephraim Langstrumpf vermisst, erlebt sie das Leben meist als Fest und lässt andere frohen Herzens daran teilhaben.
Selbst wenn wir keine Truhen voller Goldstücke im Schlafzimmer haben: Die meisten von uns sind unermesslich reich. Wir besitzen materielle und immaterielle Schätze, von denen unsere Vorfahren nicht einmal zu träumen wagten. Sowohl, was Materielles als auch, was Lebensmöglichkeiten, Bildung, Reisen und vieles mehr anbelangt.
Arm sind wir nur dann, wenn wir die Schätze, die wir haben, nicht wahrnehmen und uns mit den prozentual wenigen Menschen vergleichen, die superreich sind. Oder wenn wir dem Leben und anderen Menschen misstrauen. Wer misstraut, gibt nichts ab. Wer vertraut, der gibt gern.

■ **Denk mal**
Was ist der größte Reichtum in deinem Leben?

■ **Mach mal**
Schreibe 20 Dinge und Lebensoptionen auf, die du hast.

■ **Zum Vertiefen**
Aber Gott sagte zu ihm: »Du Narr! Noch in dieser Nacht wirst du sterben.
Was bleibt dir dann von deinem Reichtum?« —Lukas 12,20

Wie du mir, so ich dir.
—Deutsches Sprichwort

Der Wunsch nach Ausgleich

■ Es ist im Menschen angelegt: Wenn ein Mensch etwas empfangen hat, sehnt er sich meist danach, anderen etwas zurückzugeben. In uns scheint es eine Art Waage zu geben, die den Ausgleich schaffen will. Das gilt im Positiven wie im Negativen. Wer Schläge empfangen hat, will sich meist rächen. Durch die aggressive Handlung eines anderen Menschen wurde etwas in einem zerstört oder man hat Schaden erlitten. Und möchte dafür Ausgleich haben. Das Konzept des Schadenersatzes kommt daher.

Gleichzeitig gilt auch: Wer Gutes empfangen hat, hat oft den Wunsch, Dankbarkeit zum Ausdruck zu bringen. Wenn das eigene Leben durch einen anderen Menschen oder auch durch übernatürliche Fügung bereichert und gestärkt wurde, dann möchte man etwas von dem zurückgeben, was man empfangen hat.

Ausgleich zu erwarten und zu geben, ist natürlich und in der Regel angemessen. Schwierig wird es dann, wenn Ausgleich nicht möglich ist. Etwa wenn ein Mensch, der einem geschadet hat, innerlich oder reell nicht mehr erreichbar ist. Oder man das Gute, das man empfangen hat, beim besten Willen nicht zurückzahlen kann.

Hier kann man dann den Weg wählen, über den Ausgleich hinauszugehen. Etwa durch Vergebung. Das bedeutet nichts anderes, als auf den berechtigten Ausgleich zu verzichten. Oder bei Gutem durch Dankbarkeit: die Geschenke des Lebens mit freudigem Herzen annehmen.

■ **Denk mal**
Wo in deinem Leben ist Ausgleich nicht mehr möglich?

■ **Mach mal**
Danke Gott und/oder Menschen für die Geschenke, die du empfangen hast. Lass Erfahrungen los, für die kein Ausgleich mehr möglich ist.

■ **Zum Vertiefen**
Und vergesst nicht, Gutes zu tun und mit anderen zu teilen. An solchen Opfern hat Gott Freude. —Hebräer 13,16

Wer anderen eine Grube gräbt, fällt selbst hinein.
—Deutsches Sprichwort

Ebenen des Misstrauens

■ Manchen Menschen fällt Vertrauen schwer. Misstrauen gegen Gott und die Welt und auch gegen sich selbst wirkt für sie natürlicher. Im Coaching spricht man von drei Ebenen des Misstrauens.

1. *Vorbeugende Revanche:* Den anderen über den Tisch ziehen. Man vertraut nicht, reagiert vorbeugend mit Gewalt.
2. *Sofortige Revanche:* Der andere hat einem etwas Schweres angetan, man schlägt sofort zurück. Mit Worten oder Fäusten.
3. *Zeitverzögerte Revanche:* Der andere hat einem etwas angetan. Man erwartet, dass er es bald ausgleicht und wieder gut macht.

Wer so lebt, hat innerlich nur wenig Freiraum. Er muss sich ständig gegen vermeintliche Bedrohungen wehren. In Situationen, in denen ein anderer das Unrecht, das er einem zugefügt hat, nicht mehr gutmachen kann oder will, bleibt man selbst gefangen.

So wie der Mann, dessen Vater eine hohe Position innehatte, die durch das Verhalten seines Sohn gefährdet war. Frustriert und verärgert über seine gescheiterten Ambitionen sagte der Vater: »Wenn ich mich von einem Kind scheiden lassen könnte, würde ich es tun!« Der Sohn versuchte 25 Jahre lang den Vater dazu zu bewegen, diese Worte zurückzunehmen und spielte zugleich alle Racheszenarien durch, die man sich nur denken konnte. Frei war er nicht.

■ **Denk mal**
In welchen Bereichen bewegst du dich auf Ebenen des Misstrauens?

■ **Mach mal**
Male dir eine Welt aus, in der alle Menschen einander mit Misstrauen begegnen. Kontrastiere das mit einem Bild von einer Welt des Vertrauens.

■ **Zum Vertiefen**
Wer anderen eine Grube gräbt, fällt selbst hinein; und wer mit Steinen wirft, wird selbst getroffen! —Sprüche 26,27

Was uns hindert, unsere Freunde auf den Grund unseres Herzens blicken zu lassen, ist gewöhnlich nicht so sehr Misstrauen gegen sie als gegen uns.
—François de La Rochefoucauld

Misstrauen verkleinern

■ Coaches gehen davon aus, dass man sich Schritt für Schritt von viel Misstrauen zu weniger Misstrauen entwickeln kann. Ein plötzlicher Schritt vom tiefsten Misstrauen zu vollem Vertrauen ist für die meisten Menschen eher unwahrscheinlich.

Man stelle sich nur ein Straßenkind vor, das ein Leben lang erlebt hat, ausgebeutet und geschlagen zu werden. Vorsichtshalber schlägt es selbst zu, bevor es Prügel einsteckt. Mal angenommen dieses Kind kommt an einen Ort, an dem es sicher ist. Hier wird der erste Schritt sein, zu lernen, nicht vorbeugend zuzuschlagen. Sondern sich nur dann zu verteidigen, wenn es tatsächlich angegriffen wird.

Man braucht aber gar nicht so weit in die Ferne zu schweifen. Menschen, die von einigen Männern oder Frauen enttäuscht wurden, sind auch auf der tiefsten Ebene des Misstrauens. Sie begegnen »den Männern« oder »den Frauen« schon vorbeugend mit Misstrauen. Pauschalurteile und Worte wie »immer« sind dann schnell bei der Hand.

Die berühmte Therapeutin Virginia Satir sagt, dass jeder Mensch das Recht hat, nach seinem eigenen Verhalten beurteilt zu werden – nicht nach dem Verhalten anderer. Selbst wenn er zur gleichen Kategorie gehört wie ein Mensch, mit dem man schlechte Erfahrungen gemacht hat. Der erste Schritt dazu, pauschales Misstrauen abzulegen, kann sein, sich wieder bewusst auf neue Menschen einzulassen und sie nach ihren eigenen Handlungen zu beurteilen.

■ **Denk mal**
Gegenüber welchen Menschengruppen hast du vorbeugendes Misstrauen entwickelt?

■ **Mach mal**
Entscheide dich heute bewusst, das Misstrauen loszulassen und dich auf echte Begegnung mit diesem Personenkreis einzulassen.

■ **Zum Vertiefen**
Herr, wer dich kennenlernt, der wird dir gern vertrauen. Wer sich auf dich verlässt, der ist nie verlassen. —Psalm 9,11

Ohne Vertrauen ist keine Führung erfolgreich.
—Reinhard K. Sprenger

Ebenen des Vertrauens

■ Auch in Bezug auf Vertrauen gibt es drei Ebenen. In einer Kultur des Vertrauens gedeiht das Leben. Egal ob es sich um eine Familie, eine Firma oder eine Gemeinde handelt. Je stärker das Vertrauen ist, umso mehr können Menschen miteinander erreichen.

1. *Schnelle Rückzahlung:* Man hat jemandem etwas Gutes getan und erwartet, dass er sich schnell revanchiert. »Ich hab dir bei deinem Projekt geholfen, jetzt hilf du mir bei meinem!«

2. *Spätere Rückzahlung:* Man hat jemandem etwas Gutes getan, aber es ist okay, wenn der andere sich irgendwann dafür erkenntlich zeigt. »Ich hab dir beim Umzug geholfen, hilf du mir demnächst mal bei meinem.« Diese Haltung trifft man auch beim Aufrechnen von Geschenken an. Peter hat mir ein Geschenk im Wert von x Euro gemacht – beim nächsten Geburtstag muss ich im genauso viel schenken.

3. *Keine Rückzahlung:* Man hat jemandem etwas Gutes getan – und erwartet gar nicht, dass der andere es einem direkt zurückgibt. Sondern man vertraut, dass man von Gott oder dem Leben genug Gutes zurückerhalten wird. »Du brauchst mir nichts zurückgeben, das Leben wird mich schon beschenken.«

Wer in weiten Bereichen seines Lebens in Ebene drei leben kann, der ist frei zu beschenken und zu empfangen. Er kann die Geschenke des Lebens annehmen und kann frei geben, ohne etwas zurück erwarten zu müssen. Wenn er etwas geschenkt bekommt, kann er es mit Freude und Dank entgegennehmen.

■ **Denk mal**
Auf welcher Ebene des Vertrauens bewegst du dich meistens?

■ **Mach mal**
Finde für jede Ebene des Vertrauens ein Beispiel aus deinem Leben.

■ **Zum Vertiefen**
Enttäusche nicht die Menschen, die dir vertrauen! Denn wenn sie sehen, dass du (Gott) mich im Stich lässt, werden sie an dir verzweifeln!
—Psalm 69,7

Es darf sein, was ist.
Ich gestalte, was wird.
—Kerstin Hack

Unterschiedliches Vertrauen

■ Menschen sind nie in allen Lebensbereichen auf nur einer Ebene des Vertrauens. Es können in einem Menschen ganz verschiedene Ebenen des Misstrauens oder Vertrauens parallel existieren. Ich finde es wichtig, sich da selbst keinen Druck zu machen, sondern anzuerkennen, wie es jetzt gerade ist. Um dann zu wachsen.

Auch hier ist es so, dass man Stufen kaum überspringen kann. Wer immer schnell Ausgleich haben will, wird nicht auf einmal auf Ausgleich verzichten können. Aber er kann sich darin üben, geduldiger zu sein. Längeren Atem zu haben, bis der Ausgleich kommt.

Ich selbst schenke Menschen oft viel Zeit. Besonders gern jungen Menschen, die ich fördern möchte. In diesem Bereich habe ich großes Vertrauen, dass ich nicht zu kurz kommen werde. In anderen Bereichen ist das Vertrauen weniger stark.

Ich kenne Referenten, die keine Seminargebühr verlangen und stattdessen die Teilnehmer bitten, zu geben, was für sie stimmig ist. Das habe ich bisher noch nie gemacht. Da fehlt mir derzeit noch das Vertrauen, dass Menschen abschätzen können, wie viel Vorbereitungszeit in einem Seminar steckt und wie es honoriert sein müsste, damit ich davon leben kann. Auch die Bücher meines Verlages verschenke ich nur gelegentlich, Derzeit ist mir ein normaler Ladenverkaufspreis noch lieber. Vielleicht werde ich das irgendwann mal anders machen. Aber derzeit passt das zu meiner jetzigen Ebene von Vertrauen.

■ **Denk mal**
In welchem Lebensbereich möchtest du im Vertrauen wachsen?

■ **Mach mal**
Nimm dir Zeit, dir vorzustellen, wie es sein wird, wenn du mehr vertrauen kannst und dadurch entspannter bist.

■ **Zum Vertiefen**
Unserer Schwester Phöbe, die im Dienst der Gemeinde von Kenchreä steht, dürft ihr vertrauen. —Römer 16,1

Das Herz gibt, die Finger geben nur her.
—Nigerianisches Sprichwort

Im Vertrauen wachsen

▪ Vertrauen hat mit Wahrnehmung zu tun. Wer den Blick auf den Mangel richtet, den er im Leben wahrnimmt, wird versuchen, alles festzuhalten und zu bewahren. Wer hingegen den Reichtum sieht, den er hat, dessen Herz wird sich öffnen – und dann öffnen sich vielleicht auch die Hände.

Ein interessanter Weg, Vertrauen zu fördern, sind Meditation und Gebet. In einer Studie wurde untersucht, welche Auswirkungen zwölf Minuten Gebet oder Meditation auf Menschen haben. Es gab die bereits bekannten Auswirkungen wie mehr Gelassenheit und Ruhe. Daneben stellten die Wissenschaftler fest, dass schon nach zwei Monaten Veränderungen in der Gehirnstruktur feststellbar waren. Der Bereich im Gehirn, der für Empathie und Mitgefühl wichtig ist, war messbar gewachsen.

Die Versuchspersonen wurden gefragt, ob sie bereit seien, etwas von ihrem Honorar für einen guten Zweck abzugeben. Die Teilnehmer, die gebetet hatten, waren weit großzügiger als die Vergleichsgruppe, die eher kognitive Formen von Gehirntraining praktiziert hatte.

Beten fördert Empathie und Großherzigkeit. Das ist nicht überraschend. Wer sich gedanklich mit einem Gott beschäftigt, der einen mit atemberaubender Natur, faszinierenden Fähigkeiten und reicher Emotionalität beschenkt, kann gar nicht anders als ins Staunen kommen. Wer die Fülle des Lebens wahrnimmt, die einem unverdient geschenkt wird, kann innerlich entspannen. Vielleicht auch leichter geben.

▪ **Denk mal**
Welche Form des Gebets oder der Meditation hilft dir,
im Vertrauen zu wachsen?

▪ **Mach mal**
Nimm dir heute zehn Minuten Zeit, um über die Geschenke, die
das Leben dir schenkt, nachzudenken. Und dankbar zu sein.

▪ **Zum Vertiefen**
Werft nun euer Vertrauen nicht weg! Es wird sich erfüllen, worauf ihr hofft.
—Hebräer 10,35

Keiner ist unnütz, er kann immer noch als schlechtes Beispiel dienen!
—Spruch

Das kann ich gut

■ Jeder kann anderen etwas geben. Manches genauso gut wie andere, manches besser. Menschen, die eine bestimmte Begabung für etwas haben, fallen manche Tätigkeiten leichter als anderen. Egal ob es sich dabei um Noten vom Blatt lesen handelt oder um den Umgang mit Bedienungsanleitungen, um Tanzschritte oder um Orientierung im Straßenverkehr.

Menschen, die in einem Bereich begabt sind, halten ihre Begabung für »normal«. Ihnen fällt nicht auf, dass es etwas Besonders ist. Sie können oft nicht nachvollziehen, warum andere sich so schwer tun und sagen oft Dinge wie: »Das ist doch ganz einfach!«

In der Regel ist es so, dass Menschen Tätigkeiten, für die sie eine Begabung mitbringen, viel Freude machen. Einer, dem Tüfteln leicht fällt, macht es auch gern. Er verbringt sogar freiwillig ganz selbstverständlich Zeit damit. Jemand, der weniger Begabung dafür mitbringt, findet es eher anstrengend und es macht ihm weniger Freude.

Von daher kann sowohl die Frage nach der Leichtigkeit als auch die Frage nach der Freude auf der Suche nach der eigenen Begabung helfen. Wichtig ist, hierbei in den verschiedensten Lebensfeldern nach möglichen Begabungen zu suchen: im Beruf, in der Familie, in Beziehungen, in der Freizeitgestaltung von Sport über Garten bis hin zu Kreativität. In jedem Lebensbereich werden andere Fähigkeiten angesprochen und aktiviert und es sind andere Begabungen gefragt.

■ **Denk mal**
Welche Tätigkeiten fallen dir leichter als anderen?
Welche Tätigkeiten machen dir besonders viel Freude?

■ **Mach mal**
Tue heute etwas, das du gern und gut tust und was dir leicht fällt. Genieße deine Gabe dabei!

■ **Zum Vertiefen**
Gott schuf sie als Mann und Frau und segnete sie und gab ihnen den Namen »Mensch«. —1. Mose 5,2

Jeder Mensch ist ein einmaliger Mensch und tatsächlich, für sich gesehen, das größte Kunstwerk aller Zeiten.
—Thomas Bernhard

Einzigartig

■ Die Bibel spricht davon, dass Menschen in Gottes Ebenbild geschaffen sind – jeder einzelne bringt etwas von dem zum Ausdruck, was den Schöpfer selbst charakterisiert. Im wahrsten Sinn des Wortes – etwas Göttliches. Allein schon dadurch ist jedes Leben wertvoll und hat Würde.

Jeder Mensch hat Eigenschaften, die er mit vielen teilt: das Geschlecht, die Nationalität, die Altersgruppe. Dann hat er daneben auch Eigenschaften, die er mit weniger Menschen teilt: etwa den Geburtsort, Ausbildungen oder sportliche Interessen. Und schließlich Eigenschaften und Erfahrungen, über die fast nur er verfügt. Das können Begabungen sein, Reiseerlebnisse oder ungewöhnliche Kombinationen von Wissen und Fähigkeiten.

Einige meiner ganz besonderen Eigenheiten: Ich bin schnell und unkonventionell, denke gern um die Ecke, liebe Kunst und Fotografie. Ich war auf einer Hochzeit im Jemen zu Gast. Wenn ich niese, blase ich die Wangen auf. Ich liebe es, Menschen zu fördern und zu begleiten. Durch Herausforderungen blühe ich auf. So wie etwa ein altes Marineschiff zu einem inspirierenden Ort umzubauen. Das bin ich.

Auch du wirst Eigenschaften und Erfahrungen haben, die du mit fast niemandem teilst und die dich einzigartig machen. Es lohnt sich, über diese Einzigartigkeiten nachzudenken. Du kannst dich über das freuen, was du an einzigartigen Schätzen hast.

■ **Denk mal**
Welche deiner einzigartigen Eigenarten machen dich besonders stolz oder glücklich?

■ **Mach mal**
Schreibe eine Liste mit 20 oder mehr Eigenschaften und Erfahrungen, die du mit nur wenigen Menschen teilst.

■ **Zum Vertiefen**
Herr, ich danke dir dafür, dass du mich so wunderbar und einzigartig gemacht hast! Großartig ist alles, was du geschaffen hast – das erkenne ich!
—Psalm 139,14

Dass wir ausgerechnet unsere blinden Flecken nicht sehen können!
—*Beat Rink*

Was andere sehen

■ Häufig hält man die Dinge, die man gut kann, für selbstverständlich. Man nimmt kaum wahr, dass einem da etwas leichter fällt als anderen. So fiel mir selbst erst auf, dass ich gut schreiben kann, als mir eine Redakteurin eine entsprechende Rückmeldung gab.

Manche tun sich aufgrund ihrer Prägung schwer, Begabung zuzugeben. Sie denken, es wäre arrogant, zu sagen: »Das kann ich gut!« Das ist es nicht. Wir sind nach Gottes Bild geschaffen. Gott selbst blickte am Ende jedes Schöpfungstages zurück und sagte: »Es war gut!«.

Gesunde Selbsteinschätzung ist nicht arrogant. Arrogant ist, wer sich einbildet, etwas zu sein, was er nicht ist. Oder wer aus dem Blick verliert, dass auch die eigenen Gaben ein Geschenk sind. Doch gerade weil man in Bezug auf die eigenen Gaben und Begabungen oft blinde Flecken hat, kann es sinnvoll sein, zu reflektieren, welche Gaben andere bei einem selbst wahrnehmen.

Als Ergänzung kann man sich Feedback von anderen einholen. Du kannst dir selbst und Menschen, die du in verschiedenen Lebensbereichen kennst, konkrete Fragen stellen, um deinen Begabungen auf die Spur zu kommen:

- Was fällt mir leichter als anderen?
- Bei was bin ich so richtig in meinem Element?
- Bei welchen Aktivitäten bin ich voll ich?
- Welches meiner Talente hättest du gern selbst?
- Für welche Aufgaben bin ich gut geeignet?

■ **Denk mal**
Was denkst du halten andere Menschen für deine fünf größten Begabungen?

■ **Mach mal**
Befrage je drei Menschen aus Freundes-, Kollegen- und Familienkreis, welche Dinge du aus ihrer Sicht besonders gut kannst.

■ **Zum Vertiefen**
Was Gott sah, gefiel ihm, denn es war gut. —1. Mose 1,10

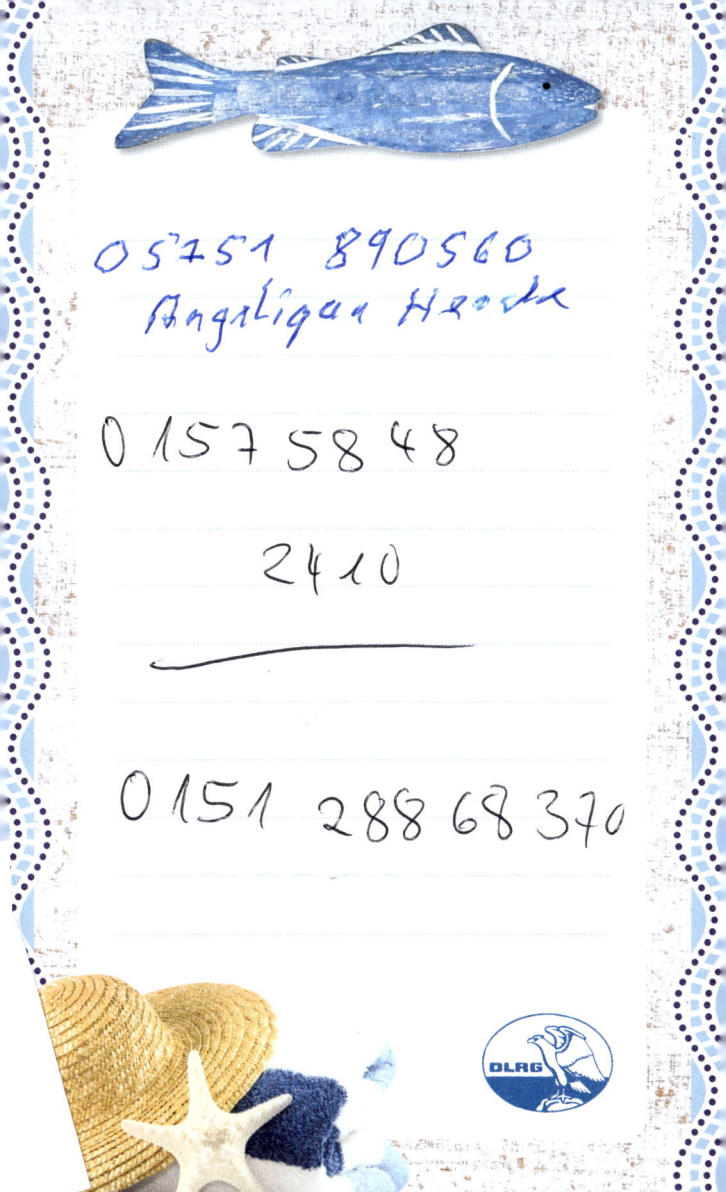

05751 890560
Angeligen Heede

0157 58 48

2410

0151 288 68 370

Jeder Mensch ist gut – am richtigen Platz.
—Thomas Giudici

Mehr geben kann man lernen

■ Einmal habe ich mit jungen Erwachsenen einen Persönlichkeitstest gemacht. Bei einer jungen Frau kam als Ergebnis heraus, dass sie sehr gern mit Menschen arbeitet und extrovertiert ist. Sie fragte mich, was das nun in Bezug auf ihre Berufswahl bedeuten würde.

Ich erklärte: «Es ist sinnvoll, einen Beruf zu suchen, in dem du kommunizieren kannst – also auf keinen Fall etwas, wobei du dich nur um Dinge kümmerst – so etwas wie Chemielaborantin passt gar nicht.» Sie rief entsetzt: »Ich *bin* Chemielaborantin!« Der Test half ihr zu erkennen, warum sie in diesem Beruf so unglücklich war – es passte nicht zu ihr. Sie entschied sich, einen kommunikativeren Beruf zu erlernen – und ist weit glücklicher damit.

Es ist gut und aufschlussreich, dir grundlegende Kenntnis deiner Persönlichkeit anzueignen. Jeder Mensch ist einzigartig. Dennoch gibt es Tendenzen, die viele teilen. Die einen sind eher introvertiert, die anderen eher extrovertiert. Entsprechend ihrer Persönlichkeit brauchen sie ein anderes Umfeld, um sich zu entfalten und wohl zu fühlen.

Persönlichkeitstests können dir helfen, deine Persönlichkeitsstruktur und deine Gaben klarer zu sehen. Das kann dir bei der Auswahl eines geeigneten Platzes Klarheit geben und dir auch helfen, einem potentiellen Arbeitgeber deine Stärken gut zu beschreiben.

Mögliche Tests sind *DISG*, *MBTI* und *StrengthsFinder 2.0*. Sie sind im Internet zu finden. Zum Teil werden sie auch als Seminare angeboten, die tiefere Auswertung ermöglichen.

■ **Denk mal**
Mit welchen zehn Stichworten würdest du deine Persönlichkeit beschreiben?

■ **Mach mal**
Mache einen Persönlichkeitstest.

■ **Zum Vertiefen**
Gott hat mich – eine geringe und unbedeutende Frau – zu Großem berufen. Zu allen Zeiten wird man mich glücklich preisen. —Lukas 1,48

Wir fangen als Narren an und werden weise durch Erfahrungen.
—*Sprichwort der Massai*

Deine Erfahrungen

■ Scheidungskind oder Flüchtlingskind sein. Reich oder arm aufwachsen. Seltene oder häufige Umzüge. Eltern, Lehrer, Kollegen oder Freunde zu haben, die einen fördern – oder auch nicht. Erfahrungen mit diversen Jobs. Die eine oder andere Weiterbildung und Auslandsaufenthalte. Wer sich – freiwillig oder unfreiwillig – auf neue Erfahrungen einlässt, erweitert seinen Horizont. Man lernt neue Orte, Menschen und Handlungsweisen kennen und übt Tätigkeiten aus, die man noch nie zuvor getan hat. Man erlebt Scheitern und Erfolg.

Jede Erfahrung prägt. Nicht alle Veränderungen sind wünschenswert. Manche Erlebnisse hinterlassen Narben in der Seele, lösen Angst und Unsicherheit aus. Doch die meisten Erfahrungen bringen einem etwas bei, was man im Leben gebrauchen kann. Es tut gut, eine Bestandsaufnahme zu machen und einmal zu überprüfen, welche Erfahrungen man gemacht hat.

• Welche Dinge habe ich gelernt, die andere nicht gelernt haben? Das können praktische Fähigkeiten ebenso sein wie kulturelle Kenntnisse.
• Welche Erfahrungen haben meinen Horizont erweitert?

Jede dieser Erfahrungen kann zum Baustein in deiner Berufung werden. Du kannst auch weiterhin ständig neue Erfahrungen machen. Einfach, indem du dich auf Neues einlässt, Kurse besuchst, neue Orte entdeckst und Dinge ausprobierst. Mit jeder neuen Erfahrung erweiterst du die Grenzen des Landes, in dem du deine Berufung ausleben kannst.

■ **Denk mal**
Welche Erfahrung möchtest du um keinen Preis missen?

■ **Mach mal**
Mache heute eine neue Erfahrung.

■ **Zum Vertiefen**
Ich mache immer wieder dieselbe Erfahrung: Das Gute will ich tun, aber ich tue das Böse. —Römer 7,21

394

Was du bist, hängt von drei Faktoren ab: Was du geerbt hast, was deine Umgebung aus dir machte und was du in freier Wahl aus deiner Umgebung und deinem Erbe gemacht hast. —Aldous Huxley

Deine Herkunft

■ Was einen Menschen ausmacht, ist auch ein Teil seines Erbes. Manches von dem, was die eigenen Vorfahren begeistert hat, wirkt sich noch Generationen später aus. Das ist häufig bei künstlerisch begabten Familien zu sehen. Durch die frühe Begegnung mit Kunst, Musik oder Theater und Förderung in diesen Bereichen entwickeln Kinder oft eine Leidenschaft für ähnliche Felder.

Das gilt natürlich in gleicher Weise für Politik, Kochen, Gartenbau, Technik, Handwerk und vieles mehr. Du kannst dich fragen, wofür sich schon deine Eltern und Großeltern begeistern konnten. Und was davon du in deinem Leben wiederentdecken kannst. Oder welche Berufe sie gewählt haben und was das zum Ausdruck bringt. Oder auch welche Fähigkeiten sie im Lauf ihrer Leben entwickelt haben.

Manchmal prägt sich familiäres Erbe im eigenen Leben anders aus als im Leben der Eltern. Die gleichen Gaben und Talente sind vorhanden, aber man wählt einen anderen Bereich, um sie zu entfalten.

Meine Mutter war Schnittdirectrice. Das ist jemand, der aus den großen Entwürfen der Modedesigner Schnittmuster für tragbare Kleidung macht. Fürs Nähen kann ich mich kaum begeistern. Doch ich habe von meiner Mutter die Fähigkeit geerbt oder abgeschaut, aus großen Ideen-Entwürfen lebenspraktische Konzepte zu schneidern. Es lohnt sich auch, um die Ecke zu denken, wenn man den Gaben und Leidenschaften der Eltern und Großeltern im eigenen Leben nachspürt.

■ **Denk mal**
Welche Interessen und Fähigkeiten deiner Vorfahren spiegeln sich in dir wider?

■ **Mach mal**
Nimm dir Zeit, deine Eltern und gegebenenfalls Großeltern zu befragen, wie und warum sie bestimmte Berufe wählten.

■ **Zum Vertiefen**
Sie staunten alle darüber, wie Jesus Gottes rettende Gnade verkündete, und fragten sich ungläubig: »Ist das nicht der Sohn Josefs, unseres Zimmermanns?« —Lukas 4,22

Echter Erfolg stellt sich nicht ein, indem wir unsere Werte verkündigen, sondern indem wir sie täglich in die Tat umsetzen.
—Ken Blanchard

Meine Werte

■ Ich verfüge über einige Talente. Immer wieder bekomme ich Anfragen: »Kerstin, könntest du hier etwas tun? Du kannst das doch gut, würdest du dies oder jenes tun?« Ich erhalte mehr Anfragen für Vorträge, Artikel und Engagement, als ich wahrnehmen kann. Von Spendenbriefen ganz zu schweigen.

Sowohl bei beruflichen Anfragen als auch in Bezug auf das Ehrenamt ist es sinnvoll, zu entscheiden, wofür man seine Talente und Zeit am besten einsetzen will. Beim Entscheiden hilft es, einen Blick auf die eigenen Vorlieben, Werte und Talente zu werfen.

Ich beispielsweise liebe es, Menschen zu trainieren, ihnen beizubringen, was ich kann und weiß. Vorträge sind dafür gut geeignet, Seminare noch besser. Online-Kurse sind für Training meist effektiver als Bücher. Wenn die Zeit nicht für alles reicht, wähle ich das, was aus meiner Sicht Menschen am stärksten fördert.

Effizienz ist ein Wert, der für mich einen großen Stellenwert hat. Auch wenn ich nachvollziehen kann, dass es nötig ist, finde ich es bedauerlich, wenn bei großen Hilfsprojekten viel Geld in die Verwaltung fließt. Ich spende deshalb lieber an kleine Projekte mit schlanker Organisationsstruktur. Weil mir persönliche Kontakte wichtig sind, oft an Organisationen, deren Mitarbeiter ich zum Teil seit Jahren kenne.

Wer sich seiner Werte bewusst ist, kann klarer entscheiden, wofür er seine Ressourcen einsetzen möchte. Das schenkt Kraft.

■ **Denk mal**
Was sind deine fünf wichtigsten Werte in Bezug auf den Einsatz deiner Zeit?

■ **Mach mal**
Mache eine Mindmap, welches Engagement zu welchen Werten passen würde.

■ **Zum Vertiefen**
Wenn ein Mensch auf Werte vertraut, die nicht tragen, betrügt er sich selbst, nur Enttäuschung wird sein Lohn sein. —Hiob 15,31

Menschen, die nach immer größerem Reichtum jagen, ohne sich jemals Zeit zu gönnen, ihn zu genießen, sind wie Hungrige, die immerfort kochen, sich aber nie zu Tisch setzen. —Marie von Ebner-Eschenbach

Reichtum genießen

■ Die Familie meiner Großmutter war so arm, dass sie sich keine Schuhe für ihre Kinder leisten konnten. Meine Oma band sich im Winter Bündel von Stroh unter die Wollsocken – und lief damit die vier Kilometer zur Schule in den Nachbarort. Dort stellte sie sich erst einmal an den Ofen, um aufzuwärmen. Auch mein Vater berichtet davon, dass ihm als Kind im Winter die Füße am metallenen Bettgestell festfroren. Um nachts zu heizen, fehlte das Geld.

Verglichen mit meinen Vorfahren bin ich unermesslich reich – selbst wenn ich beim Blick auf meinen Kontostand manchmal etwas anderes denke. Ich habe es auch im Winter warm, genug zu Essen und um mir Kleidung zu kaufen. Was für ein Reichtum!

Auch als alte Frau war meine Oma, gemessen am deutschen Standard, nicht reich. 400 D-Mark Rente und ein kleiner Gemüsegarten ist nicht viel. Sie war jedoch einer der großzügigsten Menschen, die ich je erlebt habe. Wann immer wir Enkel – selbst als Erwachsene – zu Besuch kamen, steckte sie uns etwas zu: Schokolade, Bonbons oder auch mal einen Geldschein. Sie genoss ihren »Reichtum«. An Geburtstagsfeiern sagte sie oft: »In der Kanne ist echter Bohnenkaffe« oder »Der Kuchen ist mit echter Butter gebacken!« Das waren für sie Schätze, die in früheren Jahrzehnten nicht denkbar waren.

Wer teilen lernen will, darf zuerst einmal den eigenen Reichtum wahrnehmen und unbeschwert genießen. Und kann dann aus der Fülle heraus teilen.

■ **Denk mal**
Für wie reich hältst du dich?

■ **Mach mal**
Danke einem Menschen, der dich im Lauf deines Lebens beschenkt hat.

■ **Zum Vertiefen**
Versuche nicht, mit aller Gewalt reich zu werden, denn das ist unvernünftig!
—Sprüche 23,4

12.16

Man muss die Feste feiern wie sie fallen!
—Sprichwort

Feiern

■ Dieses Kapitel schreibe ich an meinem Geburtstag. Eine gute Freundin hat mir Blumen gekauft, Kuchen besorgt und ein leckeres Frühstück gemacht, um mit mir zu feiern, dass ich auf dieser Welt bin. Andere haben mich angerufen oder mir Geschenke gemacht, um ihrer Freude Ausdruck zu verleihen.

Anlässe zu feiern gibt es genug. Es kann ein beruflicher Erfolg sein, eine sportliche Leistung oder auch das eine oder andere Kilo, das weggeschmolzen ist. Man kann natürlich allein feiern – und sich zum Beispiel nach einem Projektabschluss etwas Gutes gönnen.

Noch schöner wird es, wenn man gemeinsam feiert. Feiern heißt: Dieses Ereignis ist etwas Besonderes. Das wollen wir markieren. Große Ereignisse wie etwa Hochzeiten, Geburtstage oder Taufen begeht man in der Regel mit besonderen Festen.

Feiern braucht sich nicht allein auf große Ereignisse zu beschränken. Man kann auch kleine Erfolge, Meilensteine oder etwas, was man geschenkt bekam, feiern. Den Abschluss einer Dokumentation. Das Aufblühen der Obstbäume. Das Ausräumen eines Kleiderschanks. Zu solchen Ereignissen ist natürlich ein rauschendes Fest nicht angemessen. Aber ein freudiges Schulterklopfen, ein leckeres Konfekt oder ein genussvolles Stehen unter den blühenden Bäumen – all das kann Feiern sein. Wenn man die Freude dann auch noch mit anderen teilt, macht es das Feiern vielfach schöner.

■ **Denk mal**
Wer in deinem Umfeld hat gerade etwas zu feiern?

■ **Mach mal**
Feiere heute eine eher kleine Sache.
Lade andere ein, sich mit dir zu freuen.

■ **Zum Vertiefen**
Freut euch mit den Fröhlichen! Weint aber auch mit den Trauernden!
—Römer 12,15

Was ist Reichtum? Für jemanden ist ein altes Hemd schon Reichtum.
Ein anderer ist mit zehn Millionen arm.
—Franz Kafka

Radikal teilen

■ In dieser Welt sind Güter ungerecht verteilt. Während die einen verhungern, produzieren andere Berge von Wohlstandsmüll. Aus manchen Küstenregionen Afrikas fliehen Menschen, weil europäische Fischflotten die Gewässer leer fischen oder große Blumenfarmen den Bauern das Wasser abgraben. und die Menschen ihren Lebensunterhalt verlieren.

Vor 2000 Jahren sagte ein radikaler Reformer, Johannes der Täufer, Menschen, dass sich die Qualität ihres Lebens auch an ihrem Teilen messen lässt. Sein Maßstab war radikal – er forderte 50:50. Wer zwei Sachen hat, soll eine davon hergeben. So dass alle etwas haben. Manche Menschen ließen sich von ihm und anderen zu einem Lebensstil der Armut und Bescheidenheit inspirieren: Mönche und Nonnen, aber auch Kommunitäten wie die Hutterer, die auf Privatbesitz weitgehend verzichten.

So zu leben ist für die meisten von uns kaum denkbar. Dennoch: Wir alle haben mehr als genug. »So viel Strand gibt es gar nicht auf der Welt, wie ich Strandtaschen habe!«, hörte ich kürzlich eine Frau in einem Laden sagen. Es ist sogar so, dass unser überflüssiger Besitz uns oft mehr Last ist, als dass er uns Freude bereitet. Freunde von mir haben ihren Besitz um 50 Prozent reduziert – und vermissen nichts!

Wir alle können etwas abgeben und bescheidener leben lernen. Dabei erleben wir, wie viel wir haben. Und werden reich beschenkt. Oft mit Erleichterung und auch mit Freude, wenn wir teilen.

■ **Denk mal**
Auf wie viel Prozent deines Besitzes könntest du problemlos verzichten?

■ **Mach mal**
Mache einen Plan, was von deinem Besitz du abgeben möchtest und an wen.

■ **Zum Vertiefen**
Jesus rief seine Jünger zu sich und sagte: »Eines ist sicher: Diese arme
Witwe hat mehr gegeben als alle anderen.« —Markus 12,43

Ich bin nun in das Alter gekommen, in dem ich erst mein Gebiss und mein Hörgerät nötig habe, um zu fragen, wo meine Brille ist.
—Tina Turner

Überflüssiges abgeben

■ Eine Bekannte besitzt ein Haushaltsgerät, mit dem man das Grün von Erdbeeren entfernen kann. Benutzt hat sie es noch nie: »Ich kann mir nie merken, wo es ist!«. Dinge, die man nicht mehr braucht, an andere weiterzugeben, ist ein leichter Einstieg ins Geben. Du kannst überlegen: Wovon besitze ich mehr als nötig? Das weiterzugeben, tut kaum weh. Es entlastet vielmehr. Du sparst sogar Geld, weil du so weniger Platz brauchst.

Manche Menschen scheuen sich davor, Dinge wegzugeben, die sie selbst einmal geschenkt bekommen haben. Sie wollen nicht riskieren, den Schenkenden zu verprellen. Doch mal ehrlich: Willst du ein Leben lang Dinge horten, nur um andere nicht zu kränken? Was für eine Last! Du kannst nicht mehr Benötigtes an Menschen verschenken, für die es noch nützlich ist. Am besten an Menschen, die du kennst.

Wenn in deinem direkten Umfeld kein Bedarf ist, gibt es viele Organisationen, die sich um einkommensschwache Menschen kümmern. Oder um solche, die sich – etwa nach Flucht oder Katastrophen – eine neue Existenz aufbauen müssen. Es versteht sich von selbst, nur Dinge weiterzugeben, die noch funktionieren und gut erhalten sind.

In vielen Städten genügt es, eine Kiste mit der Aufschrift »zu verschenken« vor die Tür zu stellen. Und schon finden der pinkfarbene Gartenstuhl, die dritte Zitronenpresse und die hellblauen Seidenblumen einen neuen Besitzer.

■ **Denk mal**
Was in deinem Haushalt ist tatsächlich überflüssig und wird nicht benutzt?

■ **Mach mal**
Packe eine Kiste mit Gegenständen, die du nicht mehr brauchst und gib sie ab. Tipp: Finde wenigstens 20 Dinge.

■ **Zum Vertiefen**
Es wird immer Arme in eurem Land geben. Deshalb befehle ich euch: Helft den Menschen großzügig, die in Armut und Not geraten sind!
—5. Mose 15,11

Wenn uns Gott nur Brot gibt, Butter werden uns die Menschen geben.
—*Jiddisches Sprichwort*

Tauschen

■ Ich trage Kleidung tatsächlich oft so lange, bis sie abgewetzt ist und auseinanderfällt. Ab und an ist tatsächlich neue Kleidung nötig, weil die alte kaputt ist oder nicht mehr passt. So ging es mir neulich. Ich ging aber nicht einkaufen, sondern fragte eine Freundin, die etwas größer ist als ich, ob ich in ihrem Kleiderschrank »einkaufen« darf. Eine Stunde und viel Gelächter später waren einige ihrer Kleidungsstücke in meinen Besitz übergegangen. Wir beide hatten viel Spaß dabei. Ihr Mann witzelte, er wisse nun – da ich ihre Kleidung trage – nicht mehr, wen er küssen solle. Ich wiederum gebe gern Dinge an Freundinnen ab, die zierlicher sind als ich.

»Mein Panini-Bildchen für deines.« Tauschen erinnert an glückliche Momente der Kindheit, in denen man nach einem erfolgreichen Tauschhandel mit großen Schätzen nach Hause kam. Und weil das, was für einen keinen Wert mehr hat, für jemand anderen durchaus kostbar sein kann, sind zwei Menschen beschenkt. Manche Menschen organisieren Tauschpartys. Jeder bringt fünf oder zehn Gegenstände mit, die er nicht mehr braucht und darf sich bei dem bedienen, was andere mitgebracht haben. Das macht Spaß und spart nicht nur Geld, sondern schont auch die Umwelt – tatsächlich Benötigtes muss nicht ständig neu produziert werden.

Im Internet gibt es Tauschbörsen für Dinge, aber auch für Dienstleistungen: Haareschneiden gegen Computerreparatur. Und Fahrradflicken gegen Rückenmassage. So kann man Reichtum teilen.

■ **Denk mal**
Was von deinem Besitz würdest du gern gegen etwas anderes eintauschen?

■ **Mach mal**
Überlege was du gern mit anderen tauschen würdest und wann und wie.

■ **Zum Vertiefen**
Juda und Israel tauschten deine Waren gegen Weizen, Hirse, Honig, Öl und duftendes Harz. —*Hesekiel 27,17*

Die ganze Welt ist voll von Sachen,
und es ist wirklich nötig, dass sie jemand findet.
—Pippi Langstrumpf

Sachen gemeinsam nutzen

■ Manche Menschen fühlen sich glücklich, wenn sie möglichst viele Gegenstände besitzen. Viel zu haben gibt ihnen ein Gefühl von Sicherheit. Doch Besitz ist nicht immer sinnvoll. Viele Werkzeuge – etwa ein Akkuschrauber – werden im Lauf ihrer Existenz im Schnitt nur 20 Minuten lang eingesetzt. Es ist klug zu überlegen, ob man einen benötigten Gegenstand besitzen muss. Das lohnt sich in der Regel nur dann, wenn man einen Gegenstand häufig nutzt und er, gemessen an der Nutzungshäufigkeit, relativ günstig ist – etwa Geschirr, ein Fön usw. Dinge, die teuer sind und die man selten braucht, leiht man sich besser von Freunden, Nachbarn oder Firmen aus.

Man muss nicht alles selbst besitzen. Wichtig ist nur, dass man bei Bedarf einfachen Zugang dazu hat. Dinge gemeinsam mit anderen zu nutzen, entlastet den Geldbeutel und die Umwelt. Dazu verbindet es uns miteinander. Da ich selbst keinen DVD-Player besitze, lade ich mich ab und an zum Filme sehen zu Freundinnen ein. Das macht ohnehin mehr Spaß als alleine. Dafür unterstützt mein Raclette-Gerät ab und an die Familienfeiern von Freunden. Dafür wird das Werkzeug von Freunden aktuell bei meinem Schiffsumbau eifrig genutzt.

Man kann mit Nachbarn oder Freunden Bücher, Spiele, den Rasenmäher, die Bohrmaschine und den Fondue-Topf teilen. Firmen bieten zum Verleih unter anderem Festbekleidung, DVDs, Kostüme, Maschinen, Fahrzeuge und Schmuck an. Sogar Weihnachtsbäume und exquisite Designerhandtaschen.

■ **Denk mal**
Wann hast du dir das letzte Mal etwas geliehen? Von wem? Wem hast du etwas geliehen?

■ **Mach mal**
Mache eine Liste der Dinge, die du dir gern anschaffen willst. Überlege dann, welche du selten brauchst und dir leihen kannst.

■ **Zum Vertiefen**
Dann hob er ihn auf sein Reittier und brachte ihn in den nächsten Gasthof, wo er den Kranken besser pflegen und versorgen konnte. —Lukas 10,34

Geben macht das Leben liebevoller.
—Oscar Wilde

Geld verschenken

■ Geld zu verschenken, ist ein einfacher Weg, Reichtümer mit anderen zu teilen. Geld kann dorthin gehen, wo man selbst nicht hingehen kann. Ich etwa spende gern für sinnvolle Projekte in Afghanistan – ein Land, das ich zwar schon einmal besucht habe. Aber es ist eine Gegend, die ich nicht allzu oft bereisen kann.

Spenden kann Ausdruck von Dankbarkeit sein und auch Teil der religiösen Praxis – wie etwa das Geben von zehn Prozent des Einkommens im Judentum und Christentum oder das Geben von Almosen im Islam.

Oft ist man angesichts der weltweiten Not überfordert mit der Frage, wohin man sein Geld am besten geben sollte. Hier und da mal nach dem Gießkannenprinzip Spenden zu verteilen, befriedigt nicht wirklich. Eine Lösung kann sein, sich gut zu informieren und dann langfristig und regelmäßig an eine oder einige wenige Organisationen zu geben, deren Projekte zu deinen Interessen und Werten passen. Und sich langfristig mit Menschen und Projekten zu verbinden. Ist dir Umweltschutz und Nachhaltigkeit wichtig, wirst du gern dorthin spenden. Andere investieren lieber in Bildung oder medizinische Versorgung, Katastrophenhilfe oder den Schutz von Minderheiten.

Möglicherweise kannst du Mitarbeiter dieser Organisation kennenlernen und vielleicht selbst an der einen oder anderen Stelle praktisch mithelfen. Direkt vor Ort oder indem du Projekte bekannt machst. Dann gehen Geben und Handeln Hand in Hand.

■ **Denk mal**
Welche Organisationen machen in deinen Augen eine hervorragende Arbeit?

■ **Mach mal**
Entscheide dich, für welches Projekt du gern regelmäßig spenden möchtest. Richte idealerweise einen Dauerauftrag ein.

■ **Zum Vertiefen**
In ihrer Hand trug sie ein Glas mit wertvollem Öl. —Lukas 7,37

Wer Arbeit liebt und sparsam zehrt, der sich in aller Welt ernährt.
—Deutsches Sprichwort

Ressourcen schonen

■ Menschen an anderen Orten verhungern, weil wir Blumen genießen, die auf dringend benötigten landwirtschaftlichen Nutzflächen angebaut werden. Die Zusammenhänge globaler Wirtschaft sind komplex und schwer zu durchschauen. Doch relativ offensichtlich ist: Wenn wir sparsam mit Ressourcen umgehen, bleibt für alle mehr.

Das fängt bei der Ernährung an. Fleisch herzustellen kostet ein Vielfaches an Energie und Nahrung wie die gleiche Menge Gemüse. Von daher ist es ressourcenschonend, weniger Fleisch zu essen. Das gilt auch für alle industriell hergestellten Lebensmittel, die für Produktion und Verpackung große Mengen an Energie verbrauchen und obendrein nicht sonderlich gesund sind.

Nicht jeder will seine Freizeit damit verbringen, Wildkräuter zu sammeln. Doch mehr naturbelassene und regionale Lebensmittel auf den Speiseplan zu setzen kann ein guter Schritt zu mehr Weltverantwortung sein.

Natürlich gilt auch bei Anschaffungen zu überlegen, ob man sie tatsächlich braucht. Dinge wie Lebensmittel, Waschpulver, Kleidung und vieles mehr nutzen wir jedoch tatsächlich. Hier können wir bei der Auswahl auf Nachhaltigkeit achten. Man kann gebrauchte Dinge oder Recycling- und Upcycling-Produkte kaufen – also neue Sachen, die aus alten gemacht wurden. Man kann Dinge wählen, die möglichst fair hergestellt wurden und Menschen Chancen geben, die körperlich oder sozial benachteiligt sind.

■ **Denk mal**
Welche regionalen oder fairen Handel fördernden Initiativen kennst du?

■ **Mach mal**
Informiere dich darüber, welche Möglichkeiten es in deiner Umgebung gibt, fair, nachhaltig und ökologisch einzukaufen.

■ **Zum Vertiefen**
Wer den Armen unterdrückt, verhöhnt dessen Schöpfer. Wer dem Hilflosen beisteht, der ehrt Gott. —Sprüche 14,31

Liebe geht durch den Magen.
—Deutsches Sprichwort

Essen

■ Alle Menschen müssen essen. Nahrung miteinander zu teilen ist einer der wunderbarsten Wege, miteinander in Verbindung zu kommen. Das kann die Tasse Tee sein, bei der man ein Gespräch führt. Oder auch gemeinsames Kochen und Essen.

In vielen Familien ist die gemeinsame Mahlzeit eine der wenigen Gelegenheiten am Tag, sich auszutauschen und voneinander zu erfahren. Ein Vater von Teenagern hat es sich zur Gewohnheit gemacht, spätabends in der Küche zu sitzen. Wenn die Kinder vom Sport oder von Freunden nach Hause kamen, war der erste Gang oft der zum Kühlschrank. Beim Essen ergab sich das eine oder andere Gespräch ganz natürlich.

Beim Kochen und Essen lernt man voneinander. Der jüdische Starkoch Yotam Ottolenghi erzählt in dem Buch *Jerusalem* von seiner in Deutschland aufgewachsenen Mutter, die sich nach der Auswanderung nach Israel langsam mit den dort heimischen Gewürzen vertraut machte und so die Kultur der Umgebung besser kennenlernte. Gemeinsam mit seinem arabischen Kollegen beschreibt er die Küche dieser einzigartigen Stadt und lädt ein. Im Urlaub regionale Köstlichkeiten zu probieren gehört für viele zum Entdecken dazu.

Doch man braucht gar nicht so weit zu fahren. Manche Initiativen bieten die Möglichkeit an, dass Einheimische und Menschen mit Migrationshintergrund zusammen kochen und so mehr übereinander erfahren.

■ **Denk mal**
Was war das schönste Erlebnis, das du in Verbindung mit Essen bisher hattest?

■ **Mach mal**
Lade mal wieder einen Menschen zum gemeinsamen Kochen, Backen und/oder Essen ein.

■ **Zum Vertiefen**
Da gingen die Versammelten nach Hause und feierten ein großes Freudenfest. Sie aßen und tranken und teilten mit denen, die selbst nichts besaßen, denn sie hatten verstanden, was man ihnen verkündet hatte.
—Nehemia 8,12

Raum ist in der kleinsten Hütte.
—Friedrich Schiller

Raum

■ Eine Statistik besagt, dass jeder dritte Deutsche bereit wäre, Flüchtlingen Raum zu bieten. In vielen Häusern stehen Räume leer, nachdem Eltern gestorben oder Kinder ausgezogen sind.

Es gibt genug Platz – wenn wir ihn gut und fantasievoll nutzen. So wie in einer Senioren-Studentenpartnerschaft. Studenten bekommen ein Zimmer bei einem Senioren. In Gegenleistung zu etwas Mithilfe im Haushalt. Andere Räume werden nur zu bestimmten Zeiten frequentiert. Sie bieten Raum für mehr – wenn man sie teilt. Kirchengebäude, Büros, Werkstätten, Schulen, Sportanlagen usw. können von weit mehr Menschen als üblicherweise genutzt werden. Das spart auch Geld und schont Ressourcen.

Eine christliche Gemeinde in Berlin etwa stellt ihre Räume unter der Woche einer Privatschule zur Verfügung – unter der Bedingung, dass auch Kinder aus sozial schwachen Familien dort angenommen werden. Eine andere richtet in der kalten Jahreszeit in ihren Räumen wochentags einen Winterspielplatz ein. Büroräume könnten nach Büroschluss von »Nachtarbeitern« genutzt werden usw.

Manche bieten Freunden und Fremden gern ein Bett oder Sofa für ein paar Nächte. Sie erleben dabei spannende Begegnungen mit Menschen, die sie sonst vielleicht nie kennengelernt hätten. Oder sie stellen einen Unterstellplatz für Sachen zur Verfügung. Oder überlassen Menschen ihren Balkon oder die Badewanne für gemütliche Stunden.

■ **Denk mal**
Wie viel Raum hast du zur Verfügung?
Für wen könnte dein Raum nützlich sein?

■ **Mach mal**
Gehe durch den Wohnraum, den du zur Verfügung hast – nimm den Reichtum wahr.

■ **Zum Vertiefen**
Seid gastfreundlich und klagt nicht über die vermehrte Arbeit.
—1. Petrus 4,9

Ein Lächeln ist oft das Wesentliche.
—Antoine de Saint-Exupéry

Körper

■ Wer es gewohnt ist, in einem funktionierenden Körper zu leben, nimmt oft gar nicht wahr, was für ein Schatz das ist. Millionen von Menschen auf der Welt sind körperlich in der einen oder anderen Form eingeschränkt. Sie können nicht sehen oder gehen, hören oder riechen. Wer all das kann, kann seinen Körper nutzen, um etwas von seiner Stärke mit anderen Menschen zu teilen. Er kann Dinge für andere erledigen, Einkäufe tragen, Sachen reparieren.

Oder mit einer Umarmung Trost signalisieren oder eine Hand stärkend auf die Schulter legen, beruhigend übers Haar streicheln oder sich schützend gegen Angreifer stellen, erfrischende Lieder singen oder Worte der Klärung sprechen. Der Körper kann ungemein viel bewirken. Wer will, kann Teile seines Körpers zur Rettung anderer zur Verfügung stellen – durch eine Blut-, Plasma- oder Knochenmarkspende. Oder durch eine Organspende nach dem eigenen Ableben.

Eines der wunderbarsten Dingen, die wir mit unserem Körper tun können, ist die Mundwinkel nach oben ziehen und mit den Augen lebendig mitgehen. Lächeln nennt man diese mimische Geste. Sie wird auch als die kürzeste Entfernung zwischen zwei Menschen bezeichnet. Ein Lächeln sagt »Ich mag dich!« und »Du schaffst das!« »Ich traue dir was zu!«. Wer ein Lächeln verteilt, löst oft Freude und Stärkung aus. Ganz oft erhält er ein Lächeln zurück.

■ **Denk mal**
Wann hast du zuletzt gelächelt? Worüber?

■ **Mach mal**
Lächle heute sooft du kannst. Wenigstens 100-mal.

■ **Zum Vertiefen**
Nun besteht ein Körper aus vielen einzelnen Gliedern, nicht nur aus einem einzigen. —1. Korinther 12,14

Sie dachten, die Kugeln würden uns zum Schweigen bringen.
—Malala Yousafzai

Einfluss nutzen

■ Die Chancen sind gering, dass die wegen angeblicher Blasphemie zum Tod verurteilte Christin oder der regime-kritische Blogger aus Saudi-Arabien begnadigt werden. Und doch: Mit jeder Unterschrift erhöht sich der Druck auf die Machthaber, Urteile zu revidieren. Wir haben durch Internet und Social Media heute Möglichkeiten der Einflussnahme wie nie zuvor in der Geschichte. Was wir für andere Menschen tun, tun wir immer auch für die gesamte Menschheit – und in gewisser Weise sogar für ihren Schöpfer.

Überall auf der Welt gibt es Menschen, die nicht für sich selbst sprechen können. Kinder, die missbraucht oder abgetrieben werden, ohne ein Mitspracherecht zu haben. Arbeiter, die unter menschenunwürdigen Bedingungen ihren Lebensunterhalt verdienen müssen. Menschen, die zu Unrecht im Gefängnis sitzen.

Menschen, die nicht für sich selbst eintreten können, brauchen andere, die durch Petitionen, Engagement und Öffentlichkeitsarbeit auf Ausbeutung und ungerechte Verhältnisse aufmerksam machen und sich dagegen einsetzen.

Neben Demonstrationen, Petitionen und Protesten ist Boykott in vielen Fällen sinnvoll: Das kann bedeuten, auf Dienstleistungen von Konzernen, die bekanntermaßen Menschen ausbeuten, zu verzichten, auf unethische Geldanlagen ebenso wie auf Dinge, die durch Kinderarbeit produziert wurden.

■ **Denk mal**
Welche Formen des friedlichen Protestes hast du schon genutzt? Welche möchtest du künftig nutzen?

■ **Mach mal**
Starte oder unterschreibe eine Petition zu einem Thema, das dir am Herzen liegt.

■ **Zum Vertiefen**
Verhelft den Wehrlosen und Waisen zu ihrem Recht! Behandelt die Armen und Bedürftigen, wie es ihnen zusteht! —Psalm 82,3

Der Mensch ist Medizin für den Menschen.
—*Afrikanisches Sprichwort*

Emotionen teilen

■ Zuerst war ich fassungslos. Dann habe ich geweint. Dann gejubelt. Dann eine Freundin angerufen, um mein Glück zu teilen. Eine Woche lang sah es so aus, als müsste ich mich für immer von einem guten Freund verabschieden. Nach einem schweren Schlaganfall zeigte sein Großhirn eine Woche lang keinerlei Lebenszeichen.

Dann geschah das völlig Unerwartete: Er reagierte wieder auf Ansprache und konnte Anweisungen ausführen. Das Wort »Wunder« ist in diesem Fall die einzige passende Beschreibung. Selbst die Ärzte waren vollkommen geschockt. Die Freude, die ich erlebte habe, konnte ich nicht für mich behalten. Durch das Teilen mit engen persönlichen Freunden und mit den Lesern meines Blogs *kerstinpur.de* hat sie sich noch einmal vergrößert. Natürlich kann man jede Art von Emotionen teilen, doch geteilte Freude verstärkt die Verbindung zwischen Menschen stärker als alles andere.

Ein Freund von mir ruft, wann immer er geschäftlich einen Erfolg erlebt, als erstes seine Frau an: »Ich will Freude zuerst mit ihr teilen – nicht mit meiner Sekretärin!« So stärkt er die Verbindung zu dem Menschen, der ihm im Leben am Wichtigsten ist.

Manchmal freuen sich Menschen über Dinge, die einem selbst nicht so wichtig sind. Meine beste Freundin kann sich für das Balzverhalten von Vögeln begeistern. Nicht ganz mein Thema. Doch ich fühle mich ein, freue mich mit. Dabei erlebe ich, wie das Mitschwingen unsere Freundschaft stärkt.

■ **Denk mal**
Worüber freust du dich gerade? Mit wem möchtest du es teilen?

■ **Mach mal**
Wenn du das nächste Mal Freude bei einem anderen Menschen wahrnimmst, gehe verbal darauf ein, zum Beispiel: »Mensch, du freust dich! Das ist schön!«

■ **Zum Vertiefen**
Er fiel Benjamin um den Hals und weinte. Auch Benjamin begann zu weinen. —1. Mose 45,14

Gibt's Wunder? Ja, dich zum Beispiel. Mich vermutlich auch.
Und Leben überhaupt, alles Lebendige.
—Kurt Marti

Ermutigung

■ »Schaut mal, wie schön Kerstin die Sandburg dekoriert hat!« Dieses Lob meiner Kindergärtnerin ist eine meiner frühesten Kindheitserinnerungen. Ich habe den Verdacht, dass es meine Liebe zu Gestaltung und Kreativität maßgeblich mitgeprägt hat.

Gerade in der Kindheit brauchen wir es zur Formung unserer Persönlichkeit, dass andere Menschen uns Rückmeldung darüber geben, was sie an Fähigkeiten und Talenten in uns sehen. Oder auch wie unser Verhalten auf sie wirkt. Wer zu wenig oder zu negatives Feedback erhalten hat, wird vermutlich mit Unsicherheit zu kämpfen haben.

Doch auch für Erwachsene ist stärkende Rückmeldung kostbar. Manchmal genügen nur wenige Worte, um einen anderen Menschen zu stärken und zu festigen. Ein »Du schaffst das schon!«, kann den nötigen Rückenwind geben, um einen entscheidenden Schritt zu wagen. Oder eine Aufgabe anzugehen, vor der einem graut.

Noch stärker wirkt die Ermutigung meist, wenn man sie begründen kann. Etwa indem man den Blick auf die Vergangenheit lenkt und den anderen daran erinnert, welche Schwierigkeiten er schon gemeistert hat und wie ihm das gelungen ist. Oder auch welche Erfolge seinen Weg kennzeichnen.

Eine andere Möglichkeit, jemanden zu ermutigen, ist, ihn auf die Fähigkeiten aufmerksam zu machen, über die er verfügt und die er für die Herausforderung einsetzen kann.

■ **Denk mal**
Durch welchen Zuspruch fühlst du dich besonders ermutigt?

■ **Mach mal**
Bitte einen anderen Menschen, seine Zuversicht mit dir zu teilen. Ermutige selbst jemanden, der gerade innere Stärkung braucht.

■ **Zum Vertiefen**
Eines Tages, als David sich gerade in Horescha in der Wüste Sif aufhielt, kam Jonatan zu ihm. Er ermutigte David, nicht aufzugeben, sondern auf die Hilfe Gottes zu vertrauen. —1. Samuel 23,15–16

Von guten Mächten wunderbar geborgen, erwarten wir getrost, was kommen mag. Gott ist mit uns am Abend und am Morgen und ganz gewiss an jedem neuen Tag. —Dietrich Bonhoeffer

Glauben teilen

■ Manchmal kommen wir mit unseren menschlichen Fähigkeiten an unsere Grenzen. Da wirkt eine Situation verfahren. Da scheint es keinen Ausweg mehr zu geben. Da ist eine unermessliche Tragödie passiert. »Da hilft nur noch ein Wunder!«, sagt man dann manchmal. Und hat damit recht.

Das Wunderbare an Wundern ist, dass sie manchmal tatsächlich passieren. Für mich als gläubigen Menschen ist es kostbar zu wissen, dass da, wo unsere menschliche Macht am Ende ist, Gottes Einflussbereich noch längst nicht aufhört. Und dass wir um sein Eingreifen bitten können. Ich habe es so oft erlebt, dass auf mein Gebet oder das Gebet anderer Menschen hin erstaunliche Dinge passierten. Ein atheistischer Freund, der das mitbekam, sagte mir: »Bisher habe ich immer an den Zufall geglaubt. Aber der kommt bei dir hart an seine Grenzen.«

Bei allem Wunderbaren, das tatsächlich geschieht, gibt es auch die erhofften Wunder, die ausbleiben. Der Schmerz, wenn man ratlos zurückbleibt und Gott und die Welt nicht mehr verstehen und ertragen kann. Auch hier kann man für und mit dem anderen glauben, dass über all dem Unverständlichen göttliche Weisheit waltet. Und sich alles auf eine nicht vorstellbare Art gut fügen wird. Das Bild, das ich dafür habe, ist, dass wir einander zu Jesus tragen, wenn einer zu schwach ist, um selbst noch im Glauben stehen und gehen zu können. Dann erlebt man gemeinsam, wie er uns in der Not begegnet – auf seine Art und Weise.

■ **Denk mal**
Wer in deinem Umfeld befindet sich gerade in einer schwierigen Situation? Wie könntest du ihn ermutigen?

■ **Mach mal**
Sage oder schreibe heute einem Menschen Worte, die seinen Glauben stärken.

■ **Zum Vertiefen**
Singt miteinander Psalmen, und lobt den Herrn mit Liedern, wie sie euch sein Geist schenkt. Singt und jubelt aus vollem Herzen! —Epheser 5,19

Die Hast ist der Feind aller menschlichen Bindungen.
Wer keine Zeit für Liebe und Freundschaft hat, ist ein lebender Toter.
—Helen Keller

Zeit schenken

■ Das größte Geschenk, das du jemandem machen kannst, bist du selbst. Du, mit deinen Gedanken, deinen Erfahrungen, deiner Liebe, deinem Lächeln. In ihren letzten Stunden bereuen viele Sterbende, dass sie nicht mehr Zeit mit den Menschen verbracht haben, die ihnen wichtig waren. Oder auch, dass sie ihre Gaben und Fähigkeiten zu wenig zum Wohl anderer eingesetzt haben.

Zeit schenken fängt damit an, präsent zu sein – für die eigene Familie, aber auch für Nachbarn und Freunde. Vielleicht bedeutet es, beruflich etwas kürzer zu treten, aber dafür mehr Energie und Zeit zur Verfügung zu haben: Zeit zum Zuhören, Mitfühlen und für gemeinsame Unternehmungen.

Viele Menschen erleben tiefe Freude und Verbundenheit, wenn sie sich gemeinsam für andere einsetzen und praktisch helfen. Man kann sich gemeinsam für ein Projekt einsetzen: einen Spielplatz säubern, eine Schule renovieren helfen oder Menschen, die wenig Besuch haben, eine Freude zu machen. Wer darüber hinaus noch über Kapazitäten verfügt, kann sich ehrenamtlich engagieren. Einmalig oder regelmäßig. Schulen suchen Lesepaten, Sportvereine brauchen Trainer, Bürgerinitiativen sind auf Leute angewiesen, die anpacken. Parteien suchen Menschen, die sich politisch engagieren, Beratungsstellen suchen nach Fachkräften, die ehrenamtlich mitarbeiten. Professionelle Freiwilligenagenturen helfen dabei, den richtigen Platz zu finden.

■ **Denk mal**
Wie viel Zeit hast du pro Woche zur freien Verfügung?

■ **Mach mal**
Plane, mit wem du demnächst gern Zeit verbringen möchtest.
Mache etwas mit der Person aus.

■ **Zum Vertiefen**
Sichem verlor keine Zeit: Er kümmerte sich um alles, denn er liebte Dina …
—1. Mose 34,19

Dankbarkeit ist die zarte Pflanze, Dank ihre edle Frucht.
—Karl Christian Ernst Graf von Bentzel-Sternau

Dank teilen

■ Wer gibt, ist reich. Wer empfängt, ist reich. Wer sich bewusst macht, wie viel er empfangen hat und wie viel er geben konnte, hat allen Grund, dankbar zu sein. Dank kann man spüren und ausdrücken für die großen Dinge im Leben: erhaltene oder wiederhergestellte Gesundheit, ein Zuhause, Menschen, die einen mögen und vielleicht sogar lieben, eine Arbeitsmöglichkeit, das Leben selbst.

Aber daneben gibt es noch tausend kleine Dinge, für die du dankbar sein kannst – wenn du es möchtest: für jemanden, der dir die Tür aufhält oder einen Kaffee bringt. Für einen guten Tipp, für Hilfe beim Tischdecken, fürs pünktliche Nachhausekommen, für technische Hilfe, für das Ausleihen eines Gartengeräts, für die Reinigung der Büroräume oder dafür, dass dir der Postbote deine Briefe bringt.

Du kannst dir angewöhnen, Menschen für das zu danken, was sie für dich tun. Das wird sie freuen. Besonders tief wird Dank empfunden, wenn man nicht nur »trocken« Danke sagt, sondern dem anderen mitteilt, was man als besonders kostbar empfunden hat. Etwa, dass man durch seine Hilfe Erleichterung erlebt hat, durch seine Worte Wertschätzung, durch seine Unterstützung Entlastung.

Wer Dank mit anderen teilt, wird selbst beschenkt: Er nimmt zunehmend wahr, wie reich er ist – auch wenn an der einen oder anderen Stelle noch etwas fehlt. Sein Herz wird weit und froh. Regelmäßiger Dank an Gott und Menschen stärkt sogar die Gesundheit. Auch gut!

■ **Denk mal**
Wofür bist du gerade besonders dankbar?

■ **Mach mal**
Bringe deinen Dank zum Ausdruck.

■ **Zum Vertiefen**
Lasst euch durch nichts vom Gebet abbringen, und vergesst dabei nicht, Gott zu danken. —Kolosser 4,2

Was mir wichtig wurde

Wofür ich dankbar bin

Mehr Inspiration

Kerstin Hack (Hrsg.)
365 Tage Dank
Gutes sehen und genießen
365 Anregungen zur Dankbarkeit. Starke
Zitate und ungewöhnliche, inspirierende
Bilder laden zum Dankbarwerden ein.
Diesen Kalender kann man immer wieder
aufstellen und sich zur Dankbarkeit
inspirieren lassen – ein ganzes Leben lang.
366 Seiten, Immerwährender Aufstellkalender

Kerstin Hack
Dankbarkeit
Impulse, das Gute zu sehen
Dankbarkeit macht glücklich. Und das
Beste daran: Man kann sie erlernen und ihr
im Leben mehr Raum geben. Ideal für alle,
die zufriedener leben möchten.
32 Seiten, Impulsheft Nr. 84

Kerstin Hack
Worte des Dankes
Zitate und Gedanken für gebende Menschen
Ein Impulsheft mit Zitaten, Sprüchen und
Aphorismen zum Thema Dank. Ideal für
alle, die zur Dankbarkeit inspiriert werden
oder anderen Menschen danken wollen.
32 Seiten, Impulsheft Nr. 44

Kerstin Hack
DAN. Dankbar alles nehmen
*Onlinekurs, um die Kunst der Zufriedenheit
zu erlernen*
3 Monate lang 2 x wöchentlich Coaching-Im-
pulse, die dir helfen, Schätze wahrzunehmen
und ein zufriedenes Leben zu genießen.
www.dte-training.de/dan

Gleich bestellen: **www.down-to-earth.de**